中国社会科学院文库
国际问题研究系列
The Selected Works of CASS
International Studies

中国社会科学院创新工程学术出版资助项目

中国社会科学院文库 · 国际问题研究系列
The Selected Works of CASS · International Studies

拉美21世纪社会主义研究

SOBRE EL SOCIALISMO LATINOAMERICANO EN EL SIGLO XXI

袁东振 著

中国社会科学出版社

图书在版编目（CIP）数据

拉美21世纪社会主义研究／袁东振著．—北京：中国社会科学出版社，
2021.3

ISBN 978 – 7 – 5203 – 7812 – 3

Ⅰ.①拉…　Ⅱ.①袁…　Ⅲ.①社会主义—研究—拉丁美洲—21世纪
Ⅳ.①D773.021

中国版本图书馆 CIP 数据核字（2021）第 019886 号

出 版 人	赵剑英
责任编辑	周晓慧
责任校对	刘　念
责任印制	戴　宽

出　　版	中国社会科学出版社
社　　址	北京鼓楼西大街甲 158 号
邮　　编	100720
网　　址	http://www.csspw.cn
发 行 部	010 – 84083685
门 市 部	010 – 84029450
经　　销	新华书店及其他书店

印刷装订	北京君升印刷有限公司
版　　次	2021 年 3 月第 1 版
印　　次	2021 年 3 月第 1 次印刷

开　　本	710×1000　1/16
印　　张	23.5
字　　数	336 千字
定　　价	128.00 元

凡购买中国社会科学出版社图书，如有质量问题请与本社营销中心联系调换
电话：010 – 84083683

《中国社会科学院文库》出版说明

　　《中国社会科学院文库》（全称为《中国社会科学院重点研究课题成果文库》）是中国社会科学院组织出版的系列学术丛书。组织出版《中国社会科学院文库》，是我院进一步加强课题成果管理和学术成果出版的规范化、制度化建设的重要举措。

　　建院以来，我院广大科研人员坚持以马克思主义为指导，在中国特色社会主义理论和实践的双重探索中做出了重要贡献，在推进马克思主义理论创新、为建设中国特色社会主义提供智力支持和各学科基础建设方面，推出了大量的研究成果，其中每年完成的专著类成果就有三四百种之多。从现在起，我们经过一定的鉴定、结项、评审程序，逐年从中选出一批通过各类别课题研究工作而完成的具有较高学术水平和一定代表性的著作，编入《中国社会科学院文库》集中出版。我们希望这能够从一个侧面展示我院整体科研状况和学术成就，同时为优秀学术成果的面世创造更好的条件。

　　《中国社会科学院文库》分设马克思主义研究、文学语言研究、历史考古研究、哲学宗教研究、经济研究、法学社会学研究、国际问题研究七个系列，选收范围包括专著、研究报告集、学术资料、古籍整理、译著、工具书等。

中国社会科学院科研局

2006 年 11 月

目　　录

前　　言

　　拉美是社会主义思想传入和传播较早的地区，也是各种社会主义实践不断发生的地区。自 19 世纪中叶起，各种社会主义思想在该地区就一直具有重要影响。拉美社会主义是世界社会主义运动和思潮的重要组成部分，在当今世界社会主义格局中仍占有重要地位。进入21 世纪后，该地区社会主义发展格局出现新变化，其中最显著的变化是在各种传统社会主义发展的基础上，出现"拉美 21 世纪社会主义"的思想和实践，拉美一些国家的左翼执政者高举社会主义的旗帜，宣布建设"21 世纪的社会主义"，社会主义在拉美地区的发展因而也更加多样化。在世界社会主义处于相对低潮的背景下，拉美地区社会主义发展的强势突起极为引人注目。国内外学界对"拉美 21 世纪社会主义"思想和实践给予较大程度的关注，相继发表一批颇具研究深度的重要成果。2009 年，中国社会科学院拉丁美洲研究所成立"当前拉美社会主义思想和运动新动向"课题组，我当时是课题组负责人之一。课题组对拉美地区社会主义思想和运动做了专门研究，发布了一批研究成果，对拉美地区社会主义的发展，包括"拉美 21 世纪社会主义"的基本内涵、具体表现形式等做了初步研究，提出了对"拉美 21 世纪社会主义"的基本认识和评价。[①] 拉丁美洲研究所之外的许多专家学者也发表了不少相关研究成果。鉴于国内学界对该问题的研究还比较分散，尚未出版过关于拉美"21 世纪社会主义研究"

---

　　① 　中国社会科学院拉丁美洲研究所课题组：《"当前拉美社会主义思想和运动新动向"课题报告》，2009 年 4 月。

的专门著作，我提出了这一选题，希望在已有研究的基础上，对拉美地区社会主义特别是拉美 21 世纪社会主义问题进行系统和细致的研究。

一 本研究项目的提出

"拉美 21 世纪社会主义研究"是 2015 年立项的国家社会科学基金一般项目。本项目研究的基本思路是从社会主义发展的角度分析拉美地区的发展问题；试图从世界发展、世界社会主义和左翼运动发展的大背景出发，结合拉美地区特殊的政治、经济、社会、文化背景和现实，全面、综合、客观分析拉美地区社会主义产生和发展的环境与历史条件，探寻其独特的起源、理论特色、地域和民族特性，客观评价其历史地位、实践后果及发展前景，为研究世界社会主义思潮和运动的发展提供相应素材。主要目标是通过对上述问题的综合和系统研究，弥补当前国内学界在该问题上研究的某些欠缺和不足，争取在研究方法、学术思想、学术观点和研究成果的创新方面有所收获。

对拉美地区社会主义及相关问题进行全面系统研究无疑具有重要的理论和学术价值，不仅可以为世界社会主义研究提供新素材，而且有助于从社会主义发展的角度认识拉美地区的发展。研究拉美地区社会主义特别是"拉美 21 世纪社会主义"的思想与实践，有利于我们分析或借鉴其合理成分，总结其实践后果不甚理想的原因，为提高我党和政府治理能力与水平提供相应的素材。相对于已有研究而言，本项目力图从以下方面突出其学术意义和应用价值：第一，新的研究视角。将拉美地区社会主义特别是"拉美 21 世纪社会主义"置于世界社会主义发展的视野下，从世界和地区社会主义发展的视角，探寻在世界社会主义运动总体处于低潮的背景下，拉美"21 世纪社会主义"崛起的内在原因。第二，客观揭示拉美地区社会主义特别是拉美地区民族社会主义的本质特征。拉美地区民族社会主义与世界社会主义运动缺乏直接联系，带有鲜明的本土特色，在指导思想和理论来源方面具有民族主义和多元主义的特征。以往对这些内在特征的研究不够，

本研究努力在这些方面有所突破。第三,关注拉美地区社会主义发展的历史韧性。拉美地区社会主义思潮和理论源远流长,在拉美地区的传播与实践经历了漫长的历程。然而,拉美地区社会主义的发展和实践探索并非一帆风顺,而是历经曲折,经受了各种严峻考验,在逆境中展现出强大的生命力和坚强的历史韧性。本项目将对拉美地区社会主义的历史韧性及其社会基础进行重点研究。第四,重视拉美地区社会主义的多样性和差异性。社会主义在拉美地区传播和发展的历程,也是拉美地区社会主义不断本土化和多样化发展的过程。以往的研究往往强调拉美地区社会主义的一般性和共通性,而缺乏对各派社会主义以及各国社会主义之间差异性的关注。本研究力图在这方面有所改进。第五,理性分析拉美地区社会主义的发展前景。以往关于拉美地区社会主义的不少研究带有鲜明的感性特色和好恶偏好,赞成者对其赞赏有加,批评者则对其发展前景持悲观态度。本研究力图摒弃偏见,以拉美地区国家历史传统、社会现实为基本依据,理性地研究拉美地区社会主义特别是"拉美 21 世纪社会主义"的发展前景。

二 主要研究方法

本项目研究采用辩证唯物主义和历史唯物主义的基本方法,同时借鉴系统论和比较研究的方法,充分吸收和借鉴近年来世界社会主义和中国特色社会主义研究中的新方法和理论成果,注重从拉美地区独特的社会文化传统和国情中寻找该地区社会主义思想和运动不断发展的根源。第一,从社会主义思想和运动的一般特征出发,从拉美地区社会主义思想和运动的基本现实出发,从发展变化的角度探寻拉美地区社会主义发展变化的基本规律,客观和真实地反映拉美地区社会主义发展特别是"拉美 21 世纪社会主义"的真实面貌和真实特征。第二,把拉美地区社会主义置于世界发展的大背景特别是世界社会主义发展的大格局下进行研究,既看到其与其他地区、其他时代社会主义思想和运动的关联性,又看到它们之间的不同,以便能对拉美地区社会主义特别是"拉美 21 世纪社会主义"有全面和客观的认识。既不先入为主，也不人云亦云，更不简单地用固有观点去解释拉美地区的新政治现象。第三，充分吸收和借鉴近年来世界社会主义和中国特色社会主义研究中的新方法和理论成果，站在新高度，从新视角观察和研究拉美地区社会主义特别是"拉美 21 世纪社会主义"，摆脱一些传统和过时思想的束缚。第四，从拉美地区独特的社会文化传统和特殊国情中寻找该地区社会主义思想和运动不断发展的根源，从拉美国家的现实和历史传统中寻找问题的答案，探寻拉美地区社会主义的本土性和民族性特征，避免各种片面或不符合实际的认识，力争使本研究利用新方法、站在新高度、具有新视角。

本项目力图在研究素材、学术思想、学术观点方面有一定程度的创新。在研究素材方面，试图系统梳理拉美地区社会主义思想理论和实践探索的资料，丰富学术资源，为世界社会主义研究提供新素材。目前拉美地区社会主义特别是"拉美 21 世纪社会主义"研究的瓶颈是缺乏充足的学术资料，特别是缺乏对西班牙语原始文献的发掘。本项目力争在这方面有所建树和突破。在学术思想方面，努力进一步开拓拉美地区社会主义研究的视野，从世界发展进程、拉美历史文化传统、民族和地域特性、独特的政治和社会环境等多重视角，探寻社会主义在拉美地区的生命力和新发展，而不是用其他地区的经验与拉美地区做简单类比。在学术观点方面，在充分发掘原始资料的基础上，做到言之有理和言之有据，在拉美地区社会主义的思想渊源、理论特色、本质特征、历史地位、实践后果、发展前景等问题上，力争提出新见解和新判断。

三　主要内容

本研究项目的最终成果共分十章。第一章"拉美学界对拉美地区社会主义的研究与反思"，主要对拉美各界关于拉美地区社会主义问题的研究做出基本评介，为本著作的分析研究提供基本素材和参照，使本著作的研究建立在较高起点上。本章主要对拉美地区社会主义研究的基本传统与主要特点、社会主义研究的主体力量、拉美学界对

"拉美21世纪社会主义"的研究做比较系统的评析，对拉美地区社会主义研究的主要代表性人物做简要分析和介绍。

第二章"拉美地区社会主义发展的多样性"。拉美地区社会主义思想和实践自始至终都具有多样性的特点。共产主义、社会民主主义，以及各种形式的民族社会主义思想和实践，都在拉美地区产生了特殊的影响力，展现了自己的生命力，拥有自己的追随者。拉美地区也存在一系列不利于社会主义思想和运动发展的条件与环境，致使其发展呈现出明显的周期性特点。本章主要分析拉美地区社会主义发展的多样性、复杂性、周期性及其根源。

第三章"拉美地区社会主义发展的本土化"。自马克思主义和社会主义思想传入拉美后，该地区知识分子就一直致力于实现马克思主义和社会主义的"拉美化"或本土化；并在欧洲中心论和去欧洲中心论、俄国化和去俄国化的争论中推进拉美地区民族社会主义的发展。继20世纪中叶出现一系列民族和本土社会主义思想和实践探索后，21世纪拉美地区又出现民族社会主义的新一轮发展周期。拉美地区本土或民族社会主义流派众多，但各派社会主义有着共同的本质，以及共同的理论和实践特性，都强调指导思想多元性及其自身的"独特性"，否认或淡化与世界社会主义运动的历史联系和承继关系。本章主要探寻拉美地区民族社会主义发展的韧性和独特性。

第四章"21世纪拉美地区的共产主义及其趋势"。拉美共产主义主要指拉美国家共产党所主张的社会主义。拉美国家共产党建立近百年来，经受住了内外部各种严峻考验，经历了异常曲折的成长历程，显示出强大的历史韧性和生命力，目前仍是拉美地区不可忽视的重要政治力量。进入21世纪以来，拉美各国共产党对自己的传统立场进行调整，对当前世界和地区重大理论和现实问题进行深刻反思。由于一系列主客观条件的限制和制约，拉美地区共产主义思想的传播和实践探索仍面临不少阻碍和困境，其成长空间受到局限和限制。本章试图探寻拉美地区共产主义思想及共产主义政党所面临的主要困境及发展前景。

第五章"21世纪拉美地区的社会民主主义及其趋势"。20世纪以后社会民主主义在拉美地区不断发展壮大，逐渐成为该地区具有主流地位的思想和实践。20 世纪末 21 世纪初以来，拉美地区社会民主主义的思想理论和政策主张，以及组织形式都发生了明显变化，其"去马克思主义化""全民化"和"民主社会主义化"倾向进一步加强。拉美地区社会民主主义及其政党的上述变化不仅是为了适应世界范围内社会民主主义的发展趋势，也是为了适应拉美地区政治社会生态、社会结构变化的新需要，其目的是摆脱和破解拉美地区传统社会民主主义政策实践所遭遇的困境。本章主要研究 21 世纪拉美地区社会民主主义变化的趋势及其影响，探寻出现这种变化的深层原因。

第六章"21 世纪拉美地区的激进社会主义及其趋势"。拉美地区激进社会主义虽规模不大，影响力有限，但却表现出顽强的生命力。拉美地区激进社会主义虽与该地区其他社会主义流派有一些共同的历史和理论渊源，但其理论主张、斗争策略、实践探索均具有自身的独特性。近年来，一些拉美地区激进社会主义政党开始转变斗争策略，并主动向地区性主流左翼组织靠拢；但由于自身难以克服的缺陷和局限性，其非主流思想和组织的边缘性地位难以改变。在以往的研究中，国内学界基本未触及拉美地区激进社会主义及其政党，本章试图弥补国内学界的这一空白。

第七章"21 世纪拉美地区的托洛茨基主义及其趋势"。拉美地区托洛茨基主义虽不断经受挫折并历经多次分裂，但作为社会主义的一个流派，它在一些国家赢得一定的政治和社会影响力。拉美地区托洛茨基主义在思想理论、组织建设、动员能力、斗争策略、政策主张、政治社会影响力等方面都有明显缺陷和难以克服的局限性，并长期遭到拉美地区主流左翼力量的排挤、反对和抵制，致使其成长空间受到挤压和限制，难以成为该地区占主流地位的政治社会思潮。国内学界对拉美地区托洛茨基主义的研究不够充分，且对其多负面评价。本章试图对拉美地区托洛茨基主义的若干问题做初步分析研究，弥补国内学界对该问题研究的相对不足。

第八章"21 世纪拉美地区的民族社会主义及其前景"。进入 21 世纪以后拉美地区出现新一轮民族社会主义的思想理论和实践探索。

以"拉美21世纪社会主义"为代表的民族社会主义在理论上呈现出鲜明的批判性、替代性和民族性特征，提出了关于社会主义的新构想，强调其社会主义的本土性特色及其与其他社会主义的区别，在一定程度上丰富了拉美地区社会主义的理论。然而，"拉美21世纪社会主义"有难以克服的时代局限性，有不可避免的理论缺陷，其实践探索在短期取得明显成效后也遭遇了不少挫折，实施难度加大，有些国家的社会主义实践出现中断迹象。本章主要对以"拉美21世纪社会主义"为代表的拉美地区民族社会主义进行专门研究。

第九章"21世纪古巴的社会主义及其趋势"，试图对古巴社会主义进行专题研究。古巴在极为特殊的历史条件下走上社会主义发展道路。作为西半球第一个也是唯一的社会主义国家，古巴在世界社会主义运动中占有特殊地位。进入21世纪后，古巴对社会主义的理论认识不断取得新突破，社会主义的"更新"实践不断推进，社会主义建设与发展呈现出一些新动向。21世纪的古巴社会主义建设虽然面临着一系列有利条件，但仍有诸多阻力和困难，党的建设和社会主义建设的任务仍然艰巨。

第十章"21世纪拉美社会主义的比较研究"。拉美地区社会主义流派众多，各派社会主义有一些共性，但又有明显的差异性。特别是在历史渊源、对待马克思主义、资本主义制度与社会主义制度、共产主义的态度等重大理论和原则问题上有明显差异。在拉美地区特殊的社会条件下，社会主义思想仍有深厚的社会基础，社会主义主张仍具有较强大的号召力、影响力和生命力，仍有进一步成长和发展的空间。但受内外诸多因素的制约，其发展前景有较大的不确定性，实践探索更不会一帆风顺。拉美地区各派社会主义的理论基础和政策主张存在较大差异，其面临的挑战及发展前景也不尽相同。本章试图对拉美地区各派社会主义的共性、特性、差异性等进行初步研究。

需要指出的是，本项目对拉美地区社会主义及"拉美21世纪社会主义"的研究还是初步的，对一些问题的研究和认识尚需进一步深入。拉美地区社会主义流派众多，在拉美国家有不同的表现形式和实践方式。本项目研究的只是拉美地区社会主义的主流派别，对形式多样的民族社会主义或本土社会主义的研究还不充分。本项目虽对各派社会主义做了比较研究,但这些比较研究还是初步的,还很不充分。此外,对拉美地区各国社会主义发展的研究还不够深入,除了对古巴社会主义做了专题性研究外,对其他拉美国家的社会主义没有做专门的国别案例式研究。对于某些社会主义流派的归类也许缺乏相应理论依据的支撑。总之,当初我提出这一课题的主观愿望,可能与自己的实际能力和水平有一定的差距,衷心希望读者对书中的不足提出意见和建议,以便进一步深化对拉美地区社会主义发展问题的研究。

本课题立项得到中国社会科学院科研局、国际研究学部和拉丁美洲研究所领导的大力帮助,并被列入"中国社会科学院文库"。在立项和研究过程中得到多位专家学者的指导和大力支持,他们提出了许多有价值的意见和建议,在结项过程中,五位匿名评审专家也提出了不少中肯的修改意见。在此向所有关心此课题的人士表示由衷感谢!

作者

2020 年 8 月

第一章　拉美学界对拉美地区社会主义的研究与反思

对拉美地区社会主义特别是拉美 21 世纪社会主义问题的研究，当以国内外学界已有研究为基础，为此应对国内外学界对该问题的研究有大概的认识和了解。本章主要对拉美学界关于拉美地区社会主义问题的研究做基本评介，旨在为本著作的分析研究提供基本素材和参照，使本著作的研究建立在较高层次上。本章的评介主要包含四方面内容：拉美地区社会主义研究的传统与特点、拉美地区社会主义研究的主体力量、拉美学界对拉美"21 世纪社会主义"的研究，以及拉美地区社会主义研究的主要代表人物。

第一节　拉美地区社会主义研究的传统与特点

拉美地区社会主义研究与马克思主义研究相互交织，具有自己鲜明的特点。概括地说，拉美地区社会主义研究具有前沿性、批判性、基础性和广泛性的传统和特点。所谓前沿性是指关注拉美及世界所面临的重要现实问题，批判性是指重视对资本主义的批评或批判，基础性是指重视对社会主义基本理论和社会主义经典作家与经典著作的研究，广泛性是指拉美地区社会主义研究范围非常广泛，除研究马克思、恩格斯等经典作家的思想和著作外，托派思想研究、西方马克思主义研究、对拉美本土各种流派社会主义思潮的研究也一直很活跃。

一　拉美地区社会主义研究著作出版情况

拉美地区陆续出版了马克思主义和社会主义经典作家的不少著

作，为社会主义和马克思主义研究提供了丰富的素材。进入21世纪以后，拉美地区陆续出版一批关于社会主义和马克思主义的著作。这些著作大体有以下几类：

第一类是社会主义和马克思主义经典作家的著作。拉美一些出版机构陆续出版了马克思主义经典作家的不少著作，为社会主义和马克思主义研究提供了丰富的素材。例如国际马克思主义潮流（CMI）下属的出版社"马克思社会主义研究中心"①，自2011年以来连续出版了经典马克思主义作家的系列著作，其中包括《共产党宣言》（马克思、恩格斯）、《无政府主义和共产主义》（普列奥布拉任斯基）、《共产主义运动中的左派幼稚病》（列宁）、《价格、工资和利润》（马克思）。除了马克思主义经典作家的著作外，还出版了托洛茨基等人的著作，如2017年11月托洛茨基所著的《斯大林》西班牙文本出版，并在墨西哥城举办了该书介绍会。

第二类是欧美社会主义和马克思主义学者的著作。"马克思社会主义研究中心"出版了当代马克思主义研究的一系列著作，如《改良主义还是革命：答迪特里奇》（Alan Woods）、《理性与革命、马克思主义、社会科学》（Alan Woods y Ted Grant）、《布尔什维克主义：革命之路》（Alan Woods）、《列宁与托洛茨基》（Alan Woods y Ted Grant）等。该出版社通过在阿根廷、委内瑞拉、玻利维亚、萨尔瓦多、墨西哥等拉美国家以及西班牙的分支机构发行上述出版物。拉美地区还出版了一些研究社会主义和马克思主义基本理论问题的著作，如阿根廷工具出版社2009年出版了欧洲学者坎戈的论著《马克思主义、文化与传媒：从坎特和费希特到卢卡斯和本雅明》（Gabor Gango）。

第三类是拉美社会主义和马克思主义学者的著作。以阿根廷工具出版社和墨西哥国立自治大学出版社为代表的出版机构，出版了大批拉美学者关于马克思主义研究的著作，这些著作以拉美本土化社会主义和马克思主义为研究对象。墨西哥国立自治大学2005年

---

① "马克思社会主义研究中心"（El Centro de Estudios Socialistas Carlos Marx）2010年建立，专门用西班牙语出版马克思主义的作品。

出版墨西哥学者孔切内罗等著的《共产主义：拉美的多种视角》
（E. Concheiro，M. Modenesi，H. Crespo），后多次修订再版。该著作
重点分析"拉美共产主义的多样性"问题。[①] 阿根廷工具出版社 2016
年出版阿根廷学者佩特鲁塞利（Ariel Petruccelli）的《马克思和马克
思主义传统中的科学与空想》，以及卡萨斯的《我们的同志卡尔·马
克思》（Aldo Casas），后者重点分析马克思主义的多样性问题，关注
马里亚特吉的马克思主义、拉美"梅斯蒂索社会主义"，提出应重新
重视马里亚特吉等拉美马克思主义思想家的思想。[②] "21 世纪出版社"
出版了科尔特斯著《拉美的新马克思主义》（Martín Cortés，2015
年），该书重点研究马克思主义理论与拉美人民运动之间的关系问题。
萨拉蒂诺的《拉美的印第安主义与社会主义》（Alberto Saladino
García，墨西哥国立自治大学，2016 年）则从印第安人的历史出发，
研究自马克思主义思想传入拉美后就一直存在的印第安人问题，并把
马克思主义的研究应用于拉美现实知识。阿尔托斯的《阿根廷马克思
主义批判的传统与文化》（Antoine Artous，阿根廷批判思想研究中心，
2016 年）则重点研究阿根廷马克思主义发展的特殊性。[③]

二 拉美地区社会主义研究的主要特点和主要议题

拉美社会主义和马克思主义研究关注拉美及世界所面临的重要现
实问题，重视对资本主义的批判，重视对社会主义基本理论和经典作
家、经典著作的研究。除研究马克思、恩格斯等经典作家的思想和著
作外，还重视对托派思想、西方马克思主义，以及本土社会主义思潮
的研究。

（一）关注拉美及世界面临的重要现实问题

在传统上，无论是拉美地区社会主义或马克思主义研究的重要研

[①] Elvira Concheiro，Massimo Modenesi，Horacio Crespo（coordinadores），*El Comunismo：Otras Miradas desde América Latina*，segunda edición aumentada，CEEICH-UNAM，México，2012.

[②] Aldo Casas，*Karl Marx，Nuestro Compañero*，Buenos Aires：Herramienta，2016.

[③] Néstor Kohan，"Tradición y cultura crítica en el marxismo argentino"，Centro de Investigación en Pensamiento Crítico，http：//cipec. nuevaradio. org（2017 - 12 - 10）.

讨会，还是该地区相关的重要学术出版物，都一直对拉美及世界所面临的重大现实问题，特别是资本主义体系危机、拉美左翼和进步力量所面临的挑战、拉美社会主义和马克思主义的本土性发展、帝国主义的威胁、生态和气候变化的性质、国际金融危机的影响等重大现实问题给予极大的关注。

拉美地区社会主义和马克思主义研究的主要研讨会和论坛，如"拉丁美洲的革命问题研讨会""拉美进步力量汇合"大会、"圣保罗论坛"的历次会议都将世界和拉美所面临的现实问题和挑战作为主要议题。近年来，这些会议对委内瑞拉、厄瓜多尔、玻利维亚等拉美左翼执政国家的社会主义实践、执政党面临的主要威胁和困难等进行重点讨论。即使一些学术性较强的研讨会，也把拉美现实问题和热点问题列入讨论议程，例如阿根廷"批评理论与西方马克思主义国际论坛"，巴西"马克思和恩格斯国际论坛"的历次会议，都专门设立多场圆桌会议，围绕拉美和世界重大现实问题展开讨论。上述研讨会和论坛的地位和背景稍后做详细介绍。

拉美地区社会主义和马克思主义研究的主要出版物，如阿根廷《工具：辩论与马克思主义批评杂志》（简称《工具杂志》）①，以及巴西《马克思主义批评》杂志②，都始终对拉美和世界范围的现实问题予以极大关注。我们仅以 2009 年至 2017 年前后这两个刊物所刊载的一些论文和文章来加以简要说明。2009 年哥本哈根气候大会和地球变暖问题，是当时一个重大的国际政治问题，也是国际学界普遍关注的现实问题。拉美地区社会主义和马克思主义研究对此给予较多关注。巴西《马克思主义批评》杂志第 28 期（2009 年）发表《生态社会主义与民主的规划》（Michael Löwy），第 29 期发表《对生态危机

---

① 《工具杂志》（Revista Herramienta：Debate y Crítica Marxista）1996 年创刊，每年出版 3 期，分别于 3 月、6 月和 10 月出版；2013 年以后每年出版 2 期。到 2018 年共出版 63 期。http：//www. herramienta. com. ar/revista-herramienta。

② 《马克思主义批评》（Crítica Marxista）1994 年创刊，由巴西坎皮纳斯大学马克思主义研究中心编辑出版，每年出版 2 期，到 2020 年共出版 51 期。https：//www. ifch. unicamp. br/criticamarxista/。

的资本主义和社会主义的解答》（Victor Wallis）等论文。该杂志第 38
期（2014 年）开设"工会与政治专栏"，刊登《工会主义与政治：
法国、巴西和阿根廷的比较》（Andréia Galvão），《从对工会主义的分
析看巴西工会的复兴》（Andréia Galvão），《阿根廷后贬值时代的国家
与工会：战略辩论的回归》（Paula Varela）等论文，对当时欧洲和拉
美国家工会主义的特征、工会运动与政治的关系及相互影响等现实问
题做了细致分析。该杂志第 40 期（2015 年）发表《拉美土著人为维
护生态而斗争》（Michael Löwy）等所谓反映拉美人民现实斗争的文
章。该杂志第 43 期（2016 年）刊登《处于危机时期的欧洲》（Mar-
cello Musto）、《拉丁美洲第一次民粹主义论战》（André Kaysel，Velas-
co Cruz）等论文，分析金融危机后欧洲面临的挑战，回应人们对拉美
民众主义潮流的现实关切。

　　阿根廷《工具杂志》第 42 期（2009 年）设立"生态—环境—文
明的危机"专栏，发表《社会主义或野蛮：一种抉择的新视野》
（François Chesnais）、《文明的危机》（Renan Vega Cantor）、《生态主
义：迈向新的文明》（Michael Löwy）等一组文章，回应哥本哈根气
候大会和地球变暖问题。2013 年以后，随着拉美经济整体下滑和社
会难题增多，委内瑞拉等国家的社会主义实践探索遇到一些困难。拉
美及委内瑞拉国内右翼势力乘机对委内瑞拉玻利瓦尔革命和"21 世
纪社会主义"进行攻击，委内瑞拉社会主义的前途成为令人关注的话
题。《工具杂志》第 54 期（2014 年）开设"处于危机中的委内瑞拉
专栏"，刊登《委内瑞拉的法西斯主义》（Roland Denis）、《处于危机
中的玻利瓦尔革命》（Modesto Emilio Guerrero）等文章，第 55 期
（2014 年）刊登《2014 年的委内瑞拉：革命内部的视角》（Manuel
Martínez）一文；第 56 期（2015 年）开设"拉美人民政府与民众主
义：评估、困境与展望"专栏，刊登《委内瑞拉：关于人民政权以
及向社会主义过渡的争论》（Manuel Martínez）和《对委内瑞拉的再
思考》（Guillermo Cieza）等论文或专栏文章，对委内瑞拉社会主义发
展和前景做较详细的分析。该杂志第 58 期（2016 年）开辟"拉美进
步政府的危机与当前的选择"专栏，发表《人民运动、进步政府的

危机与生态社会主义的选择：进步主义的表现》（Miguel Mazzeo）、《巴西没有工业化的再初级产品化、结构性危机》（Pierre Salama）、《资本主义社会人取得了胜利（但实际上获胜的是资本主义）》（Juana del Pozo）、《政治变革需要经济和社会变革的支撑》（Julio C. Gambina）、《反抗、反革命和新例外国家时代巴西的危机与阶级斗争的回归》（Ruy Braga）等论文，关注当前拉美左翼政府面临的执政困境。

（二）重视社会主义基本理论和经典马克思主义的研究

不少拉美学者认为，马克思主义依然是认识当代社会的正确方法和工具，是理解资本主义的基本思想，因为它建立在历史唯物主义概念基础上。马克思主义不仅适用于分析外围国家，也适用于分析拉美，还适用于分析美国和欧洲。阿根廷学者博隆认为："马克思主义是正确理解当代世界的唯一理论，其他理论则不能对此做出解释。"[①] 拉美学者一贯注重对马克思主义基本理论特别是基本方法的研究。马克思主义发展史和基本理论研究，在拉美马克思主义研究中一直占有突出地位。拉美地区马克思主义研究的许多著作、成果和讨论会，都涉及马克思主义发展及其基本理论问题。

阿根廷《工具杂志》和巴西《马克思主义批评》等拉美社会主义和马克思主义研究的主要期刊，发表了大量社会主义和马克思主义基本理论研究的成果。仅以 2009 年至 2017 年前后这两个刊物所刊载的一些论文和文章来加以简要说明。《工具杂志》刊载了大量关于劳动、异化、历史唯物主义等内容的研究成果，如第 40 期（2009 年）刊载《论超额剩余价值》（Alain Bihr）、《卡尔·马克思：作为科学的政治经济革命的思想》（Ricardo J. Gómez）等论文；第 55 期（2014 年）开辟"马克思主义与暴力"专栏，刊载《纪念工人国际成立 150 周年》等文章。第 60 期（2017 年）设立"俄国革命 100 周年"和"《资本论》发表 150 周年"专栏，在前一个专栏下，刊登《历史与辩论：布尔什维克主义与俄国革命》（Georges Haupt）、《列宁：左翼

---

① Atilio Borón, El marxismo en nuestra América Latina de hoy, http://pulsodelospueblos. com/atilio-boron-el-marxismo-en-nuestra-america-latina-de-hoy（2017 - 10 - 12）.

反对派的先导》（António Louçã）、《谁愿意成为今天的列宁：关于自由平等社会与不确定性》（Werner Bonefeld）、《俄国革命中的妇女：在法律与生活中的斗争》（Maria Orlanda Pinassi）、《从十月革命到 21 世纪的生态共产主义》（Michael Löwy）等系列论文。在后一个专栏下，发表《马克思的当代影响》（Claudio Katz）、《〈资本论〉150 周年：商品拜物教的王国》（Renán Vega Cantor）、《关于〈资本论〉的 14 个命题》（John Holloway）、《批评理论在今天的任务：对资本主义及其前景的再思考》（Moishe Postone）、《〈资本论〉中关于性别的分析》（Silvia Federici）、《历史的错误与对国家的必然超越》（István Mészáros）等一组论文。

《马克思主义批评》第 28 期（2009 年）发表《资产阶级的分裂与权力集团》（Francisco Farías）、《马克思主义无产阶级概念的争论》（Savio Cavalcanti）、《马克思与生产力在社会变革中的作用》（Claus Germer）等论文；第 33 期（2012 年）发表一系列文章，其中包括《剩余价值的形式：〈资本论〉第三卷中的竞争和分配问题》（Jorge Grespan）、《马克思的批判性政治经济学的形成：对 1843 年政治经济学批判大纲的研究》（Marcelo Musto）、《马克思的研究方法》（Helmut Reichelt）、《巴西和资本—帝国主义：理论与历史》（Tatiana Berringer）；第 34 期发表《论列宁的伟大转变》（João Quartim de Moraes）、《道德马克思》（Yvon Quiniou）等探究马克思主义理论的论文；第 38 期（2014 年）刊登《对马克思主义理论的应用及现代著作的困境》（Michael Heinrich）、《巴西马克思主义民族化的困境》（Gleyton Trindade）等论文；第 40 期（2015 年）刊登《多重危机和性别关系的危机》（Alex Demirovic，Andrea Maihofer），等等。上述文章都以马克思主义基本理论问题为研究对象。《马克思主义批评》第 43 期（2016 年）又发表一批关于马克思主义理论研究的论文，其中包括《恩格斯编辑的〈资本论〉第三卷和马克思〈资本论〉原稿》（Michael Heinrich）、《马克思主义的政治危机观》（Danilo Enrico Martuscelli）、《复杂劳动时间决定价值的马克思主义辩论史》（Gastón Caligaris）、《马克思主义对互联网问题的研究》（Christian Fuchs）等。

（三）重视对西方马克思主义思想理论的研究

西方马克思主义一直是拉美社会主义和马克思主义研究的重要内容。多年来，拉美学界对卢卡奇、本雅明、葛兰西等西方马克思主义代表人物及其思想的研究热度不减。在拉美马克思主义研究相关成果中，西方马克思主义研究的成果占比较大。

拉美地区一些重要论坛和讨论会通常以西方马克思主义为主题。第一，阿根廷一直是拉美地区马克思主义研究的重要阵地。2003 年是阿多诺诞辰 100 周年①，以及卢卡奇（1885—1971）的《历史和阶级意识》（这部著作被认为是西方马克思主义的奠基之作）发表 80 周年。为纪念上述两个重要事件，阿根廷布宜诺斯艾利斯大学 2003 年 10 月举办"批评理论和西方马克思主义国际论坛"，至今已连续举办八届，成为阿根廷乃至拉美地区马克思主义研究，特别是西方马克思主义研究的重要学术活动。第八届论坛于 2018 年 8 月召开，主题是纪念马克思诞辰 200 周年。② 第二，巴西"马克思和恩格斯国际论坛"是巴西和拉美马克思主义研究的一个重要学术活动，其主要目的是推动马克思主义知识在巴西的传播和讨论。从 1999 年开始该论坛基本上每两年举办一届，至 2018 年共举办了九届。历届论坛均设立西方马克思主义的专场讨论和多场圆桌会议。第九届论坛于 2018 年 5 月召开。③ 第三，巴西"马克思和马克思主义国际论坛"也是巴西和拉美地区马克思主义研究的重要研讨活动。2003 年弗鲁米嫩塞联邦大学建立马克思和马克思主义研究中心（NIEP），该中心既研究马克思和恩格斯的理论，也研究葛兰西、卢卡奇和汤普森等西方马克思主义代表人物的著作和思想。定期举办研讨会是该中心的重要活动，起初，其研讨活动仅限于巴西学界，2011 年后范围不断扩展，发展成

---

① 阿多诺（Theodor Wiesengrund Adorno，1903—1969），德国哲学家和社会学家，法兰克福学派早期主要代表。

② VIII Colóquio Internacional "Teoría Crítica y Marxismo Occidental", a doscientos años del nacimiento de Karl Marx, Buenos Aires, 13 – 14 de agosto de 2018, http：//www. setcrit. net/viii-coloquio-internacional-teoria-critica-y-marxismo-occidental/（2018 – 12 – 12）.

③ IX Colóquio Internacional Marx Engels, https：//www. ifch. unicamp. br/formulario_ ce-marx/instrucoes. php（2018 – 10 – 18）.

为重要的国际性会议。第四，从 2008 年起哥伦比亚国立大学开始举办"葛兰西国际研讨会"，至 2019 年已连续举办十五届，成为该国乃至拉美地区葛兰西研究的重要舞台。除在哥伦比亚举办活动外，还在厄瓜多尔、委内瑞拉等国家举办分论坛。2018 年 10 月召开了第十四届"研讨会"①，2019 年 10 月召开了第十五届"研讨会"②。

　　拉美地区社会主义和马克思主义研究的主要期刊几乎每期都刊登相当数量的西方马克思主义研究成果。为纪念本雅明③逝世 70 周年，《工具杂志》第 43 期（2010 年）发表本雅明研究专题，对其思想进行细致研究，主要文章有：《危机与批判：对本雅明现实性的分析》（Miquel Vedda）、《本雅明与现代性的体现》（Jorge Grespan）、《革命与进步：本雅明生态社会主义的现实性》（Fabio Mascaro Querido）、《本雅明在阿根廷的影响》（Luis Ignacio Garcia）、《对本雅明和克拉考尔所著〈历史唯物主义〉的思考》（Fernando Matamoros Ponce）。第 44 期（2010 年）发表《葛兰西哲学逻辑中的辩证法》（Edgardo logiudice）等文章。第 56 期（2015 年）发表的《后马克思主义的前奏：青年拉克劳的马克思主义》（Omar Acha）、《从人民的概念到领袖的物质性：对拉克劳民众主义的简要评述》（Edgardo Logiudice）等文章，对拉美地区具有较重要影响的阿根廷后马克思主义代表人物拉克劳④的思想做了全面分析和介绍；该期还刊登了《本雅明在加沙：关于历史概念的命题及其简要评论》（Carlos Eduardo Rebuá）、《威廉·麦斯特和歌德思想对卢卡奇的影响》（Martín Ignacio Koval）等文章。

---

　　① Llega el XIV Seminario Internacional Antonio Gramsci, Publicado el 28 September, 2018, http：//olapolitica. com/analisis/llega-el-xiv-seminario-internacional-antonio-gramsci/（2018 - 10 - 30）.

　　② XV Seminario Internacional A. Gramsci, http：//derecho. bogota. unal. edu. co/historico-de-noticias/noticia/news/xv-seminario-internacional-a-gramsci（2020 - 09 - 15）.

　　③ 本雅明（Walter Benjamin，1892—1940），德国哲学家和文学评论家，西方马克思主义重要代表人物。

　　④ 拉克劳（Ernesto Laclau，1935—2014），阿根廷著名政治理论家，因反对马克思的经济决定论和阶级斗争理论，被认为是"后马克思主义"的代表人物，主要著作有《霸权与社会主义的策略》（与墨菲合著）、《对我们时代革命的新反思》《民众主义的根源》等。

《马克思主义批评》第29期（2009年）刊发《阿尔都塞、普兰查斯、格鲁克斯曼：葛兰西主义整体国家概念的发展演变》（Bob Jessop）；第33期（2012年）发表《哈特曼和卢卡奇之间的联盟》（Nicolas Tetulian）、《葛兰西在拉美的轨迹》（Marcos del Roio）、《马克思理论的重塑进程》（Francisco José Soares）三篇关于西方马克思主义研究的论文；第34期（2012年）发表《马克思主义是一个历史主义：阿尔都塞命题的成功和局限》（Maurício Vieira）等论文；第38期（2014年）刊登多篇关于西方马克思主义研究的论文，其中包括《西方马克思主义中的批评概念》（Pedro Leão da Costa Neto）；第40期（2015年）刊登《克里斯托弗·亚瑟的新辩证法和卡尔·马克思的〈资本论〉：一种批判性的分析》（Cláudio Gontijo）、《罗莎·卢森堡：帝国主义、超级积累和资本主义危机》（Eduardo Mariutti）、《葛兰西和实践哲学的〈可译性问题〉》（Adilson Aquino Silveira Júnior）等研究西方马克思主义的论文；第42期（2016年）开设西方马克思主义研究专栏，发表的主要文章有：《分析的马克思主义与社会阶级》（Fabien Tarrit）、《葛兰西和关于民主的狱中札记：理论的批评》（Luciana Aliaga）、《对修正主义双重批判的狱中札记》（Anita Helena Schlesener）、《马克思主义和战争文化》（Danilo Enrico Martuscelli）、《马克思主义社会学视角的公民文化》（Jerzy J. Wiatr）等；第43期（2016年）刊登《葛兰西主义的巴西》（Alvaro Bianchi）；第44期（2017年）刊登《主体客体与客体化：关于卢卡奇范式的研究》（Wolfgang Fritz Haug）等研究西方马克思主义的论文。

此外，拉美地区还出版了大量西方马克思主义研究的专著。如科蒂尼奥的《葛兰西评介》（Carlos Nilson Coutinho，2011年）、德拉戈等人的《21世纪的马克思主义》（Claudia Drago，Tomas Moulian，Paula Vital，2011年）、科蒂尼奥的《马克思主义与政治》（Carlos Nilson Coutinho，2011年）、科安的《拉美的社会科学与马克思主义》（Néstor Kohan，2014年）、达尔·马索的《葛兰西的马克思主义》（Juan Dal Maso，2017年）等等。

（四）重视对资本主义的批判

对资本主义的批评和批判依然是拉美社会主义和马克思主义研究的主要特点和基本内容。拉美地区许多与社会主义和马克思主义研究有关的研讨会和论坛都把对资本主义的批判作为重要主题。例如，2014 年和 2016 年在智利召开的第 3 届和第 4 届"21 世纪的马克思主义"论坛的重要主题分别是"资本主义危机"和"社会主义与解放问题的探讨"，以及资本主义的全球危机与帝国主义的地缘政治。再如，"马克思活着国际研讨会"（Seminario Internacional "Marx vive"）的主题是对资本主义的批判：2014 年"研讨会"（在哥伦比亚召开）主要研讨了资本主义危机及其解决出路问题；2015 年研讨会（在玻利维亚召开）的主题是"资本主义制度危机环境下拉美的替代经济"，主要研讨资本主义危机及其解决出路问题；2016 年第 9 届"研讨会"的主题是"现实资本主义的战争与和平"，涉及当代资本主义的超级剥削、新自由主义的世界化、拉美人民反对资本主义的斗争等问题。再如，"拉美革命问题国际研讨会"（Seminario Internacional Problemas de la Revolución en América Latina）则把当前世界资本主义体系的危机和矛盾作为重点议题，探讨反对本国统治者和帝国主义斗争的经验；2015 年第十九届"研讨会"号召拉美人民开展反对帝国主义、资本所有者和本土统治者的斗争；2018 年 7 月召开的第二十二届"研讨会"延续了批判资本主义的主题。① 此外，2014—2017 年"进步力量汇合"大会在厄瓜多尔连续召开四届，每届会议都把克服资产阶级民主的局限性作为重要议题。

在拉美社会主义和马克思主义研究成果中，对资本主义批判的成果占较大比重。相关期刊几乎每期都刊载这方面的文章和论文。《工具杂志》第 40 期（2009 年）开辟"处于困境中的资本主义"专栏；第 41 期（2009 年）开设"全球化：资本主义危机"专栏；第 49 期

---

① Convocado XXII Seminario Internacional Problemas de la Revolución en América Latina, Miércoles 11 de abril de 2018 http：//www. pcmle. org/EM/spip. php？ article 8924（2018 – 05 – 16）.

（2012 年）在"重新审视资本主义危机"专题下，发表 4 篇与资本主义批判内容相关的文章；第 50 期（2012 年）在"资本主义与拉美的环境斗争"专栏下发表 6 篇论文，这些论文都包含对资本主义及其局限性进行批判的内容；第 51 期（2012 年）发表《现实资本主义对时间的剥夺》（Renán Vega）、《危机的加重与新殖民性的回归：巴西实例》（Plinio de Arruda Sampaio）等数篇批判资本主义的文章；第 58 期（2016 年）发表一组批判资本主义的文章，其中包括《资本主义的当前历程与文明人类社会的前景》（François Chesnais）、《资本主义与气候战》（Renán Vega Cantor）、《应对资本主义战争、反抗与建立自治》（Rafael Sandoval Álvarez）等。

拉美地区社会主义和马克思主义研究注重从现实资本主义危机的视角对资本主义制度进行批判。2009 年金融危机发生后，拉美地区马克思主义学者从金融危机的视角研究资本主义及其危机。《马克思主义批评》在第 28 期（2009 年）刊登《关于危机的研究》（John Quartim de Moraes）、《金融的体制性问题》（Nelson Pinto Prado）等文章后，第 29 期（2009 年）开辟金融危机研究专栏，刊登《过度积累的危机》（Jorge Grespan）、《仅仅是又一次危机》（Jorge Miglioli）、《危机与资本的危机》（Nelson Prado Alves Pinto）、《危机与野蛮》（Plínio de Arruda Sampaio Jr.）、《资本主义当前的危机》（Reinaldo A. Carcanholo）等论文；第 38 期（2014 年）刊登《分析和应对结构性经济模式危机的建议》（Wilson Cano）等相关论文；第 42 期（2016 年）发表《资本主义的〈黑暗之心〉》（Anselm Jappe）等论文；第 44 期（2017 年）发表《跨国资本主义时代的政治腐败》（Peter Bratsis）、《资本主义、国家和世界体系：经济和政治矛盾》（Jaime Osorio）等批评资本主义的系列文章。

此外，拉美一些著名学者不断撰文批评资本主义，评析 2008 年以来的资本主义经济危机。巴西著名学者多斯桑托斯对危机的本质进行了研究分析，认为危机表明资本主义制度在管理现代经济、社会和文化方面的能力欠缺；大规模的国家干预进一步强化了私人利益，强化了其摧毁现实生活的能力，贫困加剧，社会暴力升级，环境遭到破坏，人类生存受到威胁，而新的战争则是制度危机的新体现。① 玻利维亚的加西亚、西班牙和厄瓜多尔学者萨拉曼卡等人认为"资本主义是一种罪恶"②。

（五）注重本土社会主义思潮的研究

拉美学者尤其重视对本土社会主义和本土马克思主义及其代表人物的研究。在各种马克思主义研究论坛或研讨会上，对拉美本土马克思主义的研讨占据着十分显著的位置。例如，2011 年 8 月智利一些研究机构和高校共同举办"20 世纪拉美对马克思的解释"研讨会。会议主办方希望，在资本主义依然存在的条件下，重新思考马克思主义对现时代、对拉美的意义，对拉美各种各样的"马克思主义"术语进行分析，分析其是否符合马克思的本意，分析马克思主义对拉美的影响。会议讨论的问题多与拉美本土马克思主义发展进程密切相关：马克思和拉美的马克思主义，马里亚特吉思想（包括安第斯马克思主义或印第安社会主义，马里亚特吉对拉美国情研究的贡献，马里亚特吉的独创性与独特性），马克思主义与解放哲学（包括马克思主义对杜塞尔唯物道德观的影响，杜塞尔对马克思贫困与解放理论的解释，杜塞尔对马克思著作的解释），后马克思主义在拉美的传播，马克思主义与拉美的解放神学（包括马克思主义对拉美政治神学的影响，正统马克思主义与解放神学，马克思主义与基督教主义），拉美马克思主义思想中的教育和文化思想（包括萨拉萨尔的新人教育思想，弗莱雷的马克思主义教育思想），智利的马克思主义（包括里瓦诺的政治观与拉美主义、阿连德的社会主义）。③ 此次讨论会十多场圆桌会议的主题几乎都与拉美本土马克思主义的发展有关。2011 年 5 月委内瑞拉玻利瓦尔大学与委内瑞拉高等教育部联合举办"马克思主义与非殖民化"研讨会，这

---

① Theotonio Dos Santos，Capitalismo Contemporáneo：Notas sobre la Crisis Estructural y la Crisis de la Coyuntura，http：//alainet. org（2017 - 10 - 11）.

② Antonio Salamanca Serrano，El Capitalismo Como Delito，www. aporrea. org（2017 - 03 - 16）.

③ 马里亚特吉是拉美著名马克思主义思想家，秘鲁共产党创始人；杜塞尔是拉美著名学者，萨拉萨尔和弗莱雷是拉美"解放教育学"的主要代表，阿连德是智利社会主义的标志性人物。

次研讨会在拉美本土马克思主义的研究和讨论中占据突出地位。在 9 场圆桌会议中，对拉美本土马克思主义的研讨主题占一半以上，如杜塞尔的"完整性概念"、解放教育学及拉美本土思潮。

拉美地区学者发表了相当数量的本土化社会主义或马克思主义研究成果。例如《工具杂志》第 51 期（2012 年）以"怀念马里亚特吉：短暂的生平"为题，发表 6 篇论文，对这位拉美著名马克思主义者、秘鲁共产党创始人短暂的一生、主要思想、理论贡献及其在拉美的地位等问题做了较详细的阐述。这 6 篇论文是《共产主义与宗教：马里亚特吉的革命神秘论》（Michael Löwy），《"一个忏悔马克思主义者"的马克思主义、政治和宗教观：作为马里亚特吉读者的洛伊》①（Deni Ire-neu Alfaro）、《马里亚特吉主义诠释的要点》（Miguel Mazzeo）、《本雅明和马里亚特吉：对从属批判理论构建的贡献》（Noelia Figueroa）、《马里亚特吉：先锋队的批判与对现实的征服》（Martín Salinas）、《选举的亲和力：本雅明、马里亚特吉和现代社会运动》（Fabio Mascaro）。在《马克思主义批评》等杂志所刊载的文章中，关于拉美本土马克思主义的研究成果也占相当大的比重。

（六）对托派和托派思想研究的热度不减

拉美是世界托派力量的主要阵地，对托洛茨基及其思想和理论的研究在该地区社会主义和马克思主义研究中占有重要地位。

一些学术刊物和网站（如阿根廷《工具杂志》网络版，"拉美社会主义"网站等）辟有"托洛茨基研究"专栏，对托洛茨基的主要思想、理论贡献等做介绍或研究，内容涉及不断革命论、资本主义和社会主义过渡问题、工人阶级与民族民主革命的任务、农业革命与反帝斗争、压迫民族与被压迫民族、国家资本主义条件下的工会问题、民族民主革命中的无产阶级、社会主义民主与专政等。例如《工具杂志》网络版 2010 年 12 月发表《不断革命论的起源：新文献的发现》一文，认为从 1905 年开始托洛茨基就成为马克思不断革命理论最伟

---

① 洛伊（Michael Löwy）是法裔巴西学者，著名马克思主义社会学家和哲学家。其著作涉及对马克思、格瓦拉、解放理论、卢卡奇、本雅明等的研究。

大的捍卫者。其他比较重要的文章还有：《1905：1917 年十月革命的
前夜》（Enrique Rivera）、《工会、国家资本主义与工人的管理》
（Matías Diez）、《拉美社会主义者的团结问题》（Enrique Rivera）、
《托洛茨基与民族主义左派》（Roberto A. Ferrero）、《历史上人的问
题》（Libertario Fernández）、《托洛茨基、遭背叛的革命和社会主义过
渡问题》（Osvaldo Calello）、《不断革命或扭曲的理论》（Gustavo
Cangiano）、《托洛茨基：马克思主义指导下的拉美革命》（Osvaldo
Calello）。托洛茨基的最后著作《斯大林》西班牙文版于 2017 年出
版，并在墨西哥举办了发布会。

　　对托洛茨基及其思想和理论的研究一直是拉美社会主义和马克思
主义研究的重要组成部分。近年来，阿根廷布宜诺斯艾利斯大学举办
"列夫·托洛茨基的马克思主义思想"系列研讨会，讨论题目包括：
"托洛茨基主义是危机、战争和革命时代的马克思主义""不断革命
理论""苏维埃民主与社会主义""资本主义危机和过渡理论"等。
会议主办方认为，在当前资本主义危机条件下，托洛茨基的革命遗产
对于反对寡头资产阶级统治的世界具有现实意义，托洛茨基思想是唯
一的"战略性"马克思主义，一直保持着社会主义革命的政治目标。

　　拉美学者经常发表关于托洛茨基及其思想的研究成果，高度评价
托洛茨基思想及其贡献。[①] 一些学者认为，托洛茨基是马克思主义革
命传统的继承者。托洛茨基和列宁、罗莎·卢森堡一样，在 20 世纪
社会政治的新条件下，继承了马克思恩格斯的"革命马克思主义"。
这些学者认为，托洛茨基政治思想的核心内容有三个：不断革命理
论、苏维埃民主（或工人委员会）与社会主义、资本主义危机与过
渡理论；认为托洛茨基不仅和列宁一起领导了最早的武装斗争，是苏
联红军和苏维埃政权的主要缔造者，对苏联早期经济理论做出开拓性
贡献，而且对马克思主义、对推翻和摆脱野蛮资本主义的革命进行了

[①] 巴西《马克思主义批评》第 33 期（2012 年）发表《托洛茨基理论和拉丁美洲的
发展》（Ronald H. Chilcote）等论文。乌拉圭学者博什（Victoria Bosch）所著《布哈林、托
洛茨基、普列奥布拉任斯基的论战》较具代表性。Victoria Bosch, La Polemica Buharin, Trosk
y Preobayensky, http：//www. ips. org. ar.

"创造性"解释，反对（像第二国际那样）对马克思主义做机械、教条式的重复。

第二节　拉美地区社会主义研究的主体力量

拉美地区一直有比较稳定的社会主义和马克思主义研究队伍，这支队伍的主体力量由以下几部分组成：左翼政党和左翼政治社会组织、左翼执政党及左翼政党执政国家的政府部门及相关机构、各国高等院校和研究机构，以及上述组织和机构中的相关学者。

一　左翼政党和组织是社会主义研究的重要推动者

左翼政党和左翼政治社会组织不仅是传播社会主义的主要力量，而且是拉美地区社会主义和马克思主义研究的主体力量。拉美左翼政党数量众多，许多与社会主义和马克思主义研究相关的研讨会是由左翼政党和组织主办的。

在左翼政党和团体等主办的众多论坛和研讨会中，最知名的有厄瓜多尔的"拉美革命问题"国际研讨会、"拉美进步力量汇合"大会等。

"拉美革命问题"国际研讨会（SIPRAL）是由拉美地区所谓马列主义政党和组织（又称"激进左翼政党"）主办的国际性会议。自1997 年起，这些激进左翼政党每年召开一次会议。每届会议都有来自拉美十多个国家的所谓马列主义政党和组织的 30 多个激进或极端左翼政党和组织的代表与会，亚洲、欧洲等国家的代表也经常应邀参会。会议围绕"拉美革命问题"这一主题，就社会主义和马克思主义理论和实践，拉美和世界人民及工人阶级解放行动的经验，反对本国统治者和帝国主义斗争的经验，国际革命运动的进程，争取社会主义的斗争，资本主义危机，斗争的战略、策略、方法等问题展开探讨，在一定程度上体现了拉美极端左翼力量对当代拉美重大政治、经济和社会问题的基本看法和理论主张。至 2019 年"拉美革命问题"国际研讨会已经连续举办 23 届。

"拉美进步力量汇合"大会（Encuentro Latinoamericano Progresista，ELAP）由厄瓜多尔左翼执政党"主权祖国联盟"倡议主办。2014年9月第一届"拉美进步力量汇合"大会在厄瓜多尔首都基多召开，主题是"拉美右翼力量的抬头以及如何应对拉美右翼力量对拉美进步政府的威胁"。拉美及欧洲的37个左翼政党应邀参会，其中包括阿根廷、玻利维亚、巴西、智利、哥伦比亚、古巴、萨尔瓦多、厄瓜多尔、洪都拉斯、墨西哥、尼加拉瓜、巴拿马、巴拉圭、秘鲁、波多黎各、多米尼加、乌拉圭、委内瑞拉等拉美国家和地区的左翼政党代表，以及欧洲国家（德国、西班牙和希腊等）的左翼政党代表。大会围绕拉美国家的政治经验和政治进程进行讨论，通过了《基多宣言》，宣布支持拉美地区玻利维亚、智利、厄瓜多尔和委内瑞拉左翼政府。2015年9月第二届"拉美进步力量汇合"大会在基多举行，拉美以及欧洲、亚洲和非洲国家的共60多个左翼政党代表应邀与会。大会讨论了革命进程中的民主、主权、分配等问题。与会的左翼政党代表就执政经验、政党的组织结构、斗争形式、政治斗争和策略等问题进行了交流。中共中央对外联络部部长助理窦恩勇作为中国共产党的代表出席了会议。① 2016年9月第三届"拉美进步力量汇合"大会在厄瓜多尔召开，大会集中分析拉美地区的力量对比，以及与拉美地区反革命政权相关的问题。② 厄瓜多尔总统科雷亚、阿根廷前总统费尔南德斯、乌拉圭前总统穆希卡、巴拉圭前总统卢戈、古巴共产党国际关系部长巴拉格尔（José Ramón Balaguer），中共中央对外联络部副部长刘洪才作为中国共产党的代表出席会议。2017年9月第四届"拉美进步力量汇合"大会召开。除厄瓜多尔执政党外，阿根廷、洪都拉斯、智利、巴西等国家的左翼人士应邀出席了会议。③ 大会分析

---

① "Biografías de invitados internacionales al ELAP 2015"，http：//www. elapecuador. com/index. php/invitados-internacionales.

② Objetivos del III Encuentro Latinoamericano Progresista，http：//www. telesurtv. net/news/Ecuador-acogera-unas-80-agrupaciones-izquierdistas-en-ELAP － 2016 － 20160905 － 0038. html.

③ Ecuador acoge IV Encuentro Latinoamericano Progresista ELAP 2017，http：//www. cadenagramonte. cu/articulos/ver/73739；ecuador-acoge-iv-encuentro-latinoamericano-progresista-elap-2017（2019 － 11 － 15）.

了当前国际形势下左翼政党和组织所面临的挑战，讨论主题包括：世界经济危机的发展及其影响，拉美地区对危机的看法，对该地区民主和变革进程的分析，对拉美地区即将开始的选举的展望，进步主义的革新与巩固，拉美左翼政党和组织所面临的主要挑战。2018 年，厄瓜多尔执政党因前总统科雷亚与现总统莫雷诺发生严重分歧，科雷亚宣布脱离 2006 年他自己创建的"主权祖国联盟"党，另组"公民革命运动"，执政党正式分裂。2018 年后"拉美进步力量汇合"大会未能召开。

此外，还有委内瑞拉的"拉美马克思主义经济研讨会"①，阿根廷的"列夫·托洛茨基的马克思主义思想"系列研讨会②，以及圣保罗论坛③等，其主要组织者也都是拉美地区的左翼政党。

二 高等院校是社会主义研究和传播的重要平台

高等院校及其研究机构在拉美地区社会主义和马克思主义研究与传播中发挥着无可替代的作用。

（一）高校是拉美地区社会主义和马克思主义研究学术活动的重要组织者

高校成为拉美地区社会主义和马克思主义研讨活动的主要承办方。拉美地区社会主义和马克思主义研究的主要论坛和研讨会，许多是由高校组织和主办的。

阿根廷一直是拉美地区社会主义和马克思主义研究的重要阵地，其中"批评理论与西方马克思主义国际论坛"已经成为拉美地区社会主义和马克思主义研究的重要品牌。该论坛的最初目的是为 20 世

---

① "拉美马克思主义经济研讨会"是由执政的委内瑞拉统一社会主义党和委内瑞拉玻利瓦尔大学（UBV）联合举办的，自 2011 年起连续举办数届，除委内瑞拉本国代表外，墨西哥、多米尼加、巴西、哥伦比亚、厄瓜多尔、德国的专家学者也应邀与会。

② "列夫·托洛茨基的马克思主义思想"系列研讨会是由阿根廷左翼政党参与、在阿根廷布宜诺斯艾利斯大学举办的研讨活动。

③ 圣保罗论坛由巴西左翼政党劳工党倡议召开，是拉美左翼政党和组织的重要协商机制和经验交流平台。1990 年成立，到 2019 年已连续举办 25 届。第 25 届圣保罗论坛 2019 年 7 月在委内瑞拉首都加拉加斯召开。

纪知识界几次重要的争论提供一个再度思考的机会；从社会学、哲学、经济学、美学、人类学等各种视角，为进一步探讨与马克思主义理论相关的各种问题提供一个空间；对非教条的马克思主义的性质和特性进行反思，推动建立拥有人的尊严的社会秩序。目前，该论坛已经成为阿根廷和拉美地区马克思主义研究，特别是西方马克思主义研究重要学术活动举办的阵地。"批评理论和西方马克思主义国际论坛"由阿根廷布宜诺斯艾利斯大学、工具杂志社等联合主办，自2003年以来已连续举办八届。第八届论坛于2018年8月召开，主题是纪念马克思诞辰200周年。①

巴西有两个社会主义和马克思主义研究的重要论坛：一是"马克思和恩格斯国际论坛"，该论坛由巴西坎皮纳斯大学哲学和人文科学系（IFCH）马克思主义研究中心主办，是围绕巴西和拉美马克思主义研究举办的重要学术活动，主要目的是推动马克思主义知识在巴西的传播和讨论。从1999年开始该论坛基本每两年举办一届，至2018年共举办了九届。历届论坛均设立西方马克思主义专场讨论和多场圆桌会议。第九届论坛于2018年5月召开。② 二是"马克思和马克思主义国际论坛"。2003年弗鲁米嫩塞联邦大学建立跨学科的马克思和马克思主义研究中心（NIEP）。定期举办马克思和马克思主义研讨会是该中心组织的重要活动。起初，研讨活动仅限于巴西学界，2011年后其范围不断扩展，发展成重要的国际性会议。2015年该论坛的主题是"反抗斗争的历史回顾"，2016年该论坛的主题是"资本与权力"，2017年该论坛的主题是"从资本论出版到十月革命（1867—1917）"③。

智利"21世纪的马克思主义"研讨会在拉美地区马克思主义研究中具有一定的地位和学术影响力。该研讨会的举办始于2011年，当

---

① VIII Colóquio Internacional "Teoría Crítica y Marxismo Occidental", a doscientos años del nacimiento de Karl Marx, Buenos Aires, 13 – 14 de agosto de 2018, http://www.setcrit.net/viii-coloquio-internacional-teoria-critica-y-marxismo-occidental/.

② IX Colóquio Internacional Marx Engels, https://www.ifch.unicamp.br/formulario_cemarx/instrucoes.php.

③ Anais do Colóquio Internacional Marx e o Marxismo 2017, De O capital à Revolução de Outubro (1867 - 1917), http://www.niepmarx.blog.br/MM2017/anais2017.htm.

时只是在智利首都举行的小型学术研讨会，2012 年第二届研讨会的主办方将参与对象扩大到智利大学、Arcis 大学等 9 家知名学术机构和智库，参会者除了学术界外，还有众多社会部门；除了智利本土学者外，还有欧洲、巴西、阿根廷、墨西哥等国家的学者和政治家参会，参会论文由 LOM 出版社公开出版发行。2014 年 10 月第三届"21 世纪的马克思主义"研讨会举行，主要议题有四个：纪念"第一国际"——历史的联系与现实的挑战；国家、政权与民主；对发展、危机和资本问题的探讨；社会主义与解放。2016 年 10 月第四届研讨会讨论的核心问题有：女权主义与马克思主义；拉美的马克思主义与欣克莱默特的贡献[①]；马克思主义的当代问题；马克思主义与社会主义（包括拉美 21 世纪社会主义实践的成就与局限性，21 世纪社会主义与马克思主义的联系与区别等）；依附论的挑战与现实意义，资本主义的全球危机与帝国主义的地缘政治。2017 年 8 月第五届研讨会的主题是纪念《资本论》发表 150 周年。[②] 此外，2011 年以后智利的普拉亚·安查（Playa Ancha）大学和瓦尔帕莱索大学等共同举办"20 世纪拉美对马克思的解释"等重要研讨会，会议主办者希望，在资本主义依然存在的条件下，重新思考马克思主义对现时代、对拉美的意义，对拉美各种各样的"马克思主义"术语进行分析，分析其是否符合马克思的本意，分析马克思主义对拉美的影响。

委内瑞拉玻利瓦尔大学（UBV）也举办了较有影响的社会主义和马克思主义研讨会，其中包括"拉美马克思主义经济研讨会"。自 2011 年起，该研讨会连续举办数届，成为拉美左翼学者利用马克思主义观点对资本主义社会的特点和结构因素进行探讨，以及寻求实现社会革命性变革的重要论坛。除委内瑞拉本国代表外，墨西哥、多米

---

① 弗朗茨·欣克莱默特（Franz Josef Hinkelammert, 1931— ）是德国经济学家和神学家，赞成解放神学，是资本主义神学理论的批判者。曾在智利和哥斯达黎加任教和从事研究，出版过批评新自由主义经济模式、批评经济学家弗里德曼和哈耶克、哲学家卡尔·波普尔的著作，是"后现代思想"的批判者。著有《德国神学与拉美解放神学》《人类的祭祀与西方社会》《主体的呼声》《全球化风暴》等。

② "Chile-V Seminario Los Marxismos en el Siglo XXI", 25 de agosto de 2017, https://werkenrojo. cl/chile-v-seminario-los-marxismos-en-el-siglo-xxi-viernes-25-de-agosto/.

尼加、巴西、哥伦比亚、厄瓜多尔、德国的专家学者也应邀与会。此外委内瑞拉玻利瓦尔大学还与其他机构合作，联合举办"马克思主义与非殖民化"等研讨会，力图重新认识"欧洲中心论"的基本特点，重新认识近 5 个世纪资本主义的历史特点，重新审视和思考公共政策等概念。

哥伦比亚国立大学主办的"马克思活着国际研讨会"至今已连续举办十多届，已经成为拉美地区马克思主义研究的重要学术论坛。除哥伦比亚本国学者外，每次会议都有来自拉美其他国家的学者、研究人员、伦理学家、政治家参加。每次会议都把对资本主义社会的分析、对最新理论和政治发展的研讨作为重要内容，并从马克思主义理论的视角对世界、地区和拉美国家的政治变动、发展进程进行研究探讨和解释。第九届"马克思活着国际研讨会"2016 年 3 月由哥伦比亚国立大学主办，主题是"现实资本主义的战争与和平"，来自哥伦比亚、阿根廷、古巴等国的学者参会。①

墨西哥是拉美地区马克思主义研究的主要阵地之一，在众多研讨活动中，"面向 21 世纪的马克思著作全国论坛"和墨西哥国立自治大学的研讨活动影响较大。"面向 21 世纪的马克思著作全国论坛"由墨西哥格雷罗自治大学创办，2006 年后已连续召开多届，会议的主题包括"21 世纪资本主义危机形势下的马克思和批判的马克思主义"，批判的马克思主义与 21 世纪社会主义革命，等等。墨西哥国立自治大学是墨西哥最大的高校，在社会主义和马克思主义研究中占有特殊地位，经常举办各种会议和研讨活动。例如，2012 年 5 月，为纪念马克思诞辰 194 周年，该校举行圆桌会议，对马克思持续革命的哲学及其对今日拉美的影响、马克思对拉美种族特性理解的贡献、土著民在拉美国家觉醒过程中的积极主体作用等问题进行了讨论；2013 年2—5 月，该校举办题为"重新审视的马克思：对立的立场"系列讲座和研讨活动，由该校学者对世界上新出版的马克思主义研究的著作

---

① Programación IX Seminario Internacional Marx Vive, Guerra y Paz en el capitalismo actual 9 a 11 de marzo de 2016, http://www.espaciocritico.com/node/224 (2019 – 11 – 15).

进行介绍和解读。2014 年 3 月开始，该校举办"卡尔·马克思自由讲坛"，该讲坛的主题是"拉美的马克思主义：20 世纪的争论与 21 世纪的现实"。2017 年，该校连续举办"马克思《资本论》第一卷发表 150 周年研讨会"和"马克思《资本论》150 周年国际会议"，分析马克思这一伟大著作的历史和现实意义，讨论的内容包括：马克思的著作、马克思和恩格斯的方法，面对资本主义现实问题的马克思，马克思主义与拉美的现实，21 世纪社会主义面临的挑战，阶级斗争、社会关系与意识形态等等。

（二）高等院校成为拉美社会主义和马克思主义思想的传播平台

首先，拉美不少大学和研究机构开设了各类与社会主义和马克思主义相关的课程，或将马克思恩格斯的著作列为主要参考书目。墨西哥有数所大学开设马克思主义的课程，例如尤卡坦大学人类学系开设"马克思主义人类学"的本科课程，国立自治大学政治与社会科学系开设"历史唯物主义若干问题：关于主体问题的马克思主义辩论和概念"课程。阿根廷布宜诺斯艾利斯大学也开设多种马克思主义和社会主义研究的课程。

其次，许多高校和研究机构通过相关教学活动，介绍和研究马克思主义经典作家的著作。如墨西哥国立自治大学阿卡特兰高等研究系开设的"政治经济学"本科课程将马克思的《雇佣劳动和资本》列为主要参考书目。

此外，拉美一些重要高校经常举办社会主义和马克思主义的各种讲座。例如 2016 年布宜诺斯艾利斯大学举行马克思主义理论系列研讨活动。[1] 2016 年 4 月举办"从马克思社会理论到拉美的批判理论"暨纪念列宁《帝国主义论》发表 100 周年讨论会，重点讨论《帝国主义论》中的主要论题以及对拉美马克思主义的巨大影响。2016 年 6 月举办"格瓦拉主义与社会科学"研讨会，讨论的问题有：格瓦拉的辩证马克思主义与批判的社会学，格瓦拉主义的政治设想，关于格瓦拉在玻利维亚对陌生的马克思主义的研究。2016 年 6 月举办"新

---

[1] Cátedra Che Guevara, "Colectivo Amauta", http://amauta.lahaine.org/index.ohp? autman.

自由主义背景下的今日阿根廷马克思主义"研讨会，主办者希望，在新自由主义和极右派全面进攻面前，对阿根廷马克思主义的历史和观点进行讨论。2016 年 8—9 月阿根廷圣马丁大学连续举办五次"马克思主义的持续性"系列讲座和研讨会，该研讨会均在周四举办。五次研讨会的主题分别是："经典定义：作为表面现象的意识形态""'科学性'的定义：作为知识的意识形态""辩证性的定义：意识形态与法兰克福学派的批评理论""当代的定义：作为意识形态的犬儒主义""相互对立的定义：作为大师语言的意识形态"。会议举办者提出，系列研讨的目的是对"意识形态"概念进行研讨，对马克思主义和马克思主义著作的地位及其定义的难度与蕴含的风险进行思考。①

（三）高校教师是拉美社会主义和马克思主义研究成果的主要贡献者

本章前面所提到的相关研究文章的作者，多数来自拉美国家的高等院校。

三　左翼政党执政国家和左翼政党及组织势力强大的国家是社会主义研究的主要阵地

（一）古巴在拉美地区社会主义和马克思主义研究中发挥着重要的指导和引领作用

首先，古巴社会主义本身就成为拉美学者研究的主要对象，这也增强了古巴在拉美地区社会主义研究者中不可取代的特殊地位。古巴问题之所以广受关注，主要是因为：第一，古巴是拉美地区第一个也是唯一的社会主义国家，是拉美地区左翼政治力量和马克思主义的最重要旗手，古巴问题研究历来在拉美地区社会主义和马克思主义研究中占有特殊地位。第二，自古巴共产党 2011 年"六大"确定更新与改革方针后，古巴的发展趋势受到各界的广泛重视。2016 年古共

---

① Tercer encuentro del Círculo de Estudio "Persistencias del Marxismo Ⅲ：Ideología"，http：//noticias. unsam. edu. ar/evento/tercer-encuentro-del-circulo-de-estudio-persistencias-del-marxismo-iii-ideologia/.

"七大"提出了古巴社会主义经济和社会模式理论，国家中期发展计划、目标、重点和战略方向，2018 年以后古巴制定了新宪法，其革新进入新征程，使古巴的未来走向备受关注。第三，2014 年底以来美古关系发生巨大变化，对抗了 50 多年的"宿敌"实现关系正常化。古美关系的改善极大地改变了古巴社会主义的生存环境。古巴是否会继续沿着社会主义的道路前进引起国际社会的关注。最近几年来，对古巴社会主义更新进程的研究成为热点，古巴、拉美乃至世界上其他地区的许多研究人员从外部环境和生存条件的变化方面分析古巴社会主义模式的更新问题①，研究古巴国内不同社会阶层在更新问题上的不同立场和利益诉求②，甚至对古巴更新与中国改革进行比较研究。③

其次，古巴的一些社会主义和马克思主义的培训课程在拉美独树一帜，在一定程度上起到引领拉美地区相关研究的作用。古巴文化研究所（ICIC）主办的"重温马克思主义"系列课程讲座即是其中之一。2015 年古巴文化研究所及其所属的葛兰西思想大讲堂，开始举办马克思主义政治理论培训课程。培训内容有：其一，马克思主义经典理论。其二，马克思主义的发展进程及主要流派。其三，马克思主义的新发展。其四，拉美地区马克思主义的发展（具体内容包括 20 世纪二三十年代拉美马克思主义的形成，古巴革命胜利之前的拉美马克思主义，拉美地区革命的新阶段与马克思主义，革命新人、新型革命者与个体问题，解放神学与穷人的教会，第三世界的革命和思想家，人民斗争的崛起与拉美的国家自治，社会主义与马克思主义价值的再发掘，古巴当前社会转变进程中社会主义和马克思主义的地位）。这次讲座活动面向高等教育机构、公共机构、政治组织和群众组织、工会以及哈瓦那社区的研究人员、教师、学生、记者、宣传工作者、

---

① Dariela Aquique, "Cuba, un Nuevo Modelo Económico ¿Capitalizar el Entusiasmo de la Integración Latinoamericana?", *Cuba in Transition*, ASCE 2014.

② Luismi Uharte, "Grupos de poder, estratos sociales y orientación del cambio económico", http://www.rebelion.org; Luismi Uharte, "Cuba ante el cambio de modelo económico", http://www.rebelion.org.

③ Eulimar Núñez, Nueve diferencias entre el comunismo de China y Cuba, http://www.bbc.com/mundo/noticias/2014/07/140718.

专家，优先面对 35 岁以下的青年，重视不同行业、不同职业和不同岗位人员的代表性。讲座分 24 讲，举办 12 场研讨会。每周两次课（周二和周五），举办一次研讨会。① 类似的讲座及研讨活动还有很多，如古巴阿布雷乌中央大学（UCLV）已连续多年举行"拉美思想史"专题研讨活动；2012 年 7 月第八届研讨活动为期一周，活动的核心问题是拉美马克思主义和社会主义思想，涉及的内容有：拉美社会主义思想的背景，拉美地区马克思主义先行者们的斗争，马里亚特吉与马克思主义的危机，20 世纪中叶前拉美马克思主义的奋斗历程，拉美哲学中马克思形象的发展轨迹，拉美地区的葛兰西"功能马克思主义"，古巴革命与拉美马克思主义的新时代，格瓦拉和卡斯特罗思想的真实性，拉美左派对待社会主义危机的态度，社会主义和马克思主义思想在当代的主要表现，当代拉美社会主义和马克思主义的危机与更新，关于"21 世纪社会主义"的争论。上述会议和研讨活动对拉美地区的社会主义和马克思主义研究产生了重要的引导作用，这在拉美其他国家是很难做到的。

最后，古巴举办的一些社会主义和马克思主义研讨会，不仅在拉美地区产生较大影响，也对拉美地区左翼学者对社会主义和马克思主义的研究起到了重要的引领作用。其中影响较大的是古巴哲学研究所主办的"马克思著作与 21 世纪的挑战"国际研讨会。2008 年第四届"马克思著作与 21 世纪的挑战"国际研讨会在哈瓦那召开，来自 22个国家的 310 名代表应邀参加了研讨会。该届国际研讨会的三个主题是：第一，资本主义与帝国主义的本质及其当前的矛盾；第二，对革命主体的阐释：具有战斗精神的新国际主义的建构，超越资本"多重统治体系"的社会运动、阶级及当前阶级斗争的新形式；第三，社会主义的选择：超越对资本主义的改良，分析社会主义以往经验和现实条件下的实践对策，在当前革命发展进程中构建共产主义社会，实现人类的全面发展。第五届"马克思著作与 21 世纪的挑战"国际研讨

① Raquel Sierra, "Curso para refrescar el marxismo", miércoles, 18/02/2015, http：//www. tribuna. cu/cultura/2015 - 02 - 18/curso-refrescar-marxismo.

会于 2010 年召开，主题是"体制性危机对我们的威胁与社会主义的机遇"。会议的组织者提出，此次研讨会的目的是不断深化和丰富由马克思和恩格斯所提出的"指引行动的"理论，同时也是对十月革命领导人列宁的敬意和缅怀。从研讨会组织者所发会议通知和宣传材料中，可以解读出古巴政府、学术界对马克思主义、列宁主义、当前社会主义建设等重要理论和现实问题的主要观点。[①] 此次研讨会指出，列宁深刻研究了资本主义危机问题，找到了在俄国开展无产阶级革命的时机，把马克思和恩格斯所指出的具有世界特点的变革，在一个单独的国家推向前进。从那时起，世界发生了巨大变化。当前的资本主义危机与以前有所不同，人类处于危机边缘，不仅所有民族都处于危险之中，整个人类社会都处于危机之中。因此，现在比以往更加急切地需要进行斗争，是对罗莎·卢森堡提出的"社会主义或野蛮"的两难选择命题做出革命性解答的时候了。此次研讨会的组织者认为，社会主义建设是复杂的解放进程；在困难和多样性条件下经历 90 多年的实践经验后，对于无数真正为一个人道和团结的世界而奋斗的人来说，社会主义作为唯一可行的选择的有效性得到进一步增强。然而，我们面临的并不是一条没有阻碍的道路。正如菲德尔·卡斯特罗一直强调指出的那样："社会主义的理论和实践需要发展，需要著述。"为了推进这场斗争，适应解决实际问题的需要，我们必须进行深入的理论思考和创造，要成功地指导革命变革，就必须进行理论思考和理论创造。研讨会的这些导向，对拉美地区的社会主义和马克思主义研究产生了深远影响。

（二）左翼政党执政的国家和左翼政治力量强大的国家是拉美马克思主义研究的主要阵地

墨西哥、阿根廷、巴西、智利、厄瓜多尔、秘鲁等左翼力量较强的国家，历来是拉美马克思主义研究的传统阵地，拉美许多重要的马克思主义研究讨论会或论坛都是由这些国家的政治组织、学术机构和

---

① "V Conferencia Internacional, La Obra de Carlos Marx y los desafíos del Siglo XXI", http：//www. profesionalespcm. org （2017 - 12 - 20）.

学者主办的，许多马克思主义的研究成果源于这些国家的学者。在这些国家出版的拉美马克思主义研究的专业刊物，为马克思主义研究成果的发表提供了园地，如巴西的《马克思主义批评》、阿根廷的《工具杂志》等。

（三）进入新世纪以后委内瑞拉成为社会主义研究的重要阵地

进入 21 世纪，随着查韦斯推进"21 世纪社会主义"的建设，委内瑞拉成为拉美马克思主义研究的重要阵地。委内瑞拉政府支持出版了一大批拉美社会主义的著作和出版物；委内瑞拉的一些高校、研究机构、社会团体先后举办了各种形式的研讨会、讲座活动、论坛（如"拉美马克思主义经济研讨会""马克思主义政治经济第一次大会"）。除了举办一系列重要研讨会外，委内瑞拉还举办了各种马克思主义学习班，如执政的委内瑞拉统一社会党（PSUV）下属的妇女组织和其他团体举办了马克思主义基础知识学习班，目的是为该党党员和一般民众在思想、政治上提供基本知识，在实践和道德等方面消除固有恶习，增强意识能力和理论修养。学习班培训的主要内容包括：马克思列宁主义入门，马克思主义基本范畴入门，资本主义生产制度分析，马克思主义哲学，科学社会主义理论。学习班还结合本国实际，试图对委内瑞拉的社会运动、生态主义思潮、印第安主义、性别平等理论等问题进行马克思主义分析。此外，委内瑞拉执政党也发起和组织了一系列关于社会主义的论坛和会议（如 2009 年 11 月召开的第一届"左翼政党国际会议"）①，极大地推动了拉美地区社会主义和马克思主义的研究。

---

① 来自 39 个国家（其中拉美 26 国，欧洲 7 国，非洲、亚洲和大洋洲 6 国）的 55 个左派党和组织的 150 多名代表参加了会议。此次会议是在世界金融危机的影响继续扩散，委内瑞拉等拉美左派执政党建设"21 世纪社会主义"的主张引起较大争议，以及美国对拉美地区事务干预力度加强的背景下召开的，因而引起较大关注。会议的两个主题是"帝国主义的威胁与反对帝国主义"和"21 世纪的社会主义"。与会的左翼政党代表就当前各国和地区所面临的形势进行交流，探讨发展经验，并提出了应对世界危机的措施。会议的议题非常广泛，特别讨论了帝国主义的威胁与反对帝国主义、资本主义的衰退，探索打败资本主义的新模式。

第三节 拉美学者对"21 世纪
社会主义"的研究

近年来，随着委内瑞拉等国家拉美"21 世纪社会主义"实践探索的出现，拉美学者把相当多的精力用于研究拉美"21 世纪社会主义"。由于立场、视角不同，学者们对其评价也大相径庭。比较有代表性的学者有智利的玛尔塔·哈内克（Marta Harnecker），墨西哥的海因茨·迪特里奇（Heinz Dieterich）、玻利维亚的阿尔瓦洛·加西亚（Álvaro García Linera）、巴西的西利奥·洛佩斯（Sirio López Velasco）。这四个人基本代表了拉美学者对拉美"21 世纪社会主义"的不同态度。

一 对拉美"21 世纪社会主义"的正面评价：哈内克

（一）哈内克及其在拉美学界的地位

哈内克生于智利，曾是虔诚的天主教徒。1960 年的一次古巴之旅，对她本人产生了重大影响，此后她公开为古巴革命做辩护，并开始脱离其所属的天主教组织。20 世纪 60 年代初哈内克赴法国攻读研究生，结识了法国结构主义马克思主义著名学者路易斯·阿尔都塞，开始接受马克思主义思想，并走上马克思主义研究之路。1969 年，她的《历史唯物主义基本要义》出版，该著作被认为是拉美正统马克思主义的重要代表作。哈内克还是智利社会党党员，除在大学授课外，还为社会党工人和农民党员讲课，她的讲义和著作成为许多拉美学生了解马克思主义的启蒙著作。1973 年，智利发生右翼军人政变，哈内克受到迫害，侨居古巴。在古巴期间，她结识古巴革命者皮内罗（Manuel Piñeiro），两人结为夫妇。20 世纪 90 年代后哈内克致力于南美地区民众运动的研究，密切关注拉美社会变迁，提出了"马克思主义的政治思想应不断发展""要重新认识世界上已经发生的变革"等重要观点。

1998 年，查韦斯当选委内瑞拉总统后积极推进玻利瓦尔革命进程，后来又提出"新社会主义"和"21世纪社会主义"的思想。为了对拉美左派社会运动进行身临其境的研究，哈内克来到委内瑞拉，撰写了大量关于玻利瓦尔革命和拉美社会主义的著作。2002—2006年任查韦斯的顾问，直接参与委内瑞拉革命进程，被认为是玻利瓦尔革命理论的重要思想家，为构建查韦斯"21世纪社会主义"意识形态做出了贡献。① 哈内克的著作主要有《21世纪拉美的左派》《解读委内瑞拉革命》《查韦斯：一个人物与一个民族》《与人民战斗在一起》等。哈内克正统马克思主义的观点后来有所灵活化，但其在本质上仍是社会主义的坚定捍卫者。其第二任丈夫莱博维茨（Michael Lebowitz）也是著名的马克思主义学者，曾任加拿大西蒙·弗雷泽大学教授。

（二）对拉美社会主义问题的研究

哈内克花费大量精力和时间观察研究拉美社会主义问题。其主要观点如下。

1. 拉美正在寻求建立不同于资本主义的"新社会"

哈内克认为，拉美地区进步政府数量增多，而委内瑞拉、玻利维亚和厄瓜多尔政府是其代表，拉美"进步性变革"主要出现在这些国家，这些国家的左派政府追求一种"全新的生活方式"，即寻求不同于资本主义、人们能得到全面发展的"新社会"。她认为，拉美人民正自下而上地建设一个新社会。

2. 对查韦斯及其社会主义的评价

哈内克曾借乌拉圭左翼作家加莱亚诺（Eduardo Galeano）之口，对委内瑞拉21世纪社会主义的特点和含义做了解释。"加莱亚诺说过，当社会主义在苏联失败的时候，西方宣称这是社会主义的失败，是马克思主义的消亡。加莱亚诺说，失败的社会主义不是我们的社会主义，因为我们所要捍卫的社会主义在本质上是人道主义的、民主的社会主义，是建立在团结互助基础上的社会主义。已经死亡的社会主义是官僚社会主义，人们不拥护这种社会主义，因为这种社会主义没

---

① Coral Wynter, Jim McIlroy, "Marta Harnecker: Venezuela's experiment in popular power", http://www.greenleft.org.au/2006/ (2015 – 12 – 01).

有真正的参与。"从这段表述中，我们可以把哈内克对 21 世纪社会主义本质的描述概述为以下几点：第一，21 世纪社会主义与传统社会主义有本质的不同，苏联社会主义失败并不代表社会主义和马克思主义的失败。第二，21 世纪社会主义强调民众的参与，强调人民和民众组织的作用。第三，21 世纪社会主义是一个混合体，是人道主义的、民主的、团结互助价值观的混合体，与科学社会主义有本质的不同。

哈内克认为，在委内瑞拉这样的国家立即建设社会主义有很大的困难，因为委内瑞拉是一个寄生国家，工业发展水平较低，大多数工人在非正规经济部门就业。古巴在革命后几乎立即走上了社会主义的道路，但在委内瑞拉，则先要在意识形态领域进行一系列的战斗。另外，委内瑞拉实现社会转变的过程也将更加漫长，因为通过和平的道路实现国家和社会转变往往需要更多的时间。

哈内克认为，查韦斯不是民众主义者，而是革命领袖。她认为，民众主义领导人利用人民实现自己的政治目的，革命领袖则利用自己的能力推进人民的成长。革命领袖和民众主义领袖与人民联系的方式虽然相似，但其不同之处是，民众主义领袖将物质福利授予人民，但无助于人民自立，没有成为人民成长的桥梁。而查韦斯则不同，他主张通过联合、合作社或集体道路，寻求解决问题的办法。她同时认为，查韦斯是一个"矛盾性人物"，并表示应尊重这种矛盾。"查韦斯身上虽有专制的特色，但我们对此能够理解。重要的是看到事情的未来。如果我们将查韦斯上台伊始的情况与当前做对比，就可以看到，委内瑞拉的大众已更具人性，更具批评精神，更具人道主义，而这正是我们追求的目标。"

3. 拉美革命的条件具有特殊性

哈内克认为，拉美不存在统一的模式，应研究每个国家每个地区的具体情况、历史根源和力量对比状况，充分评估各国条件的特殊性，探寻相应的战略和策略。她认为，21 世纪社会主义是一个理想社会的前景，是团结互助的社会主义，是没有剥削者和被剥削者、每个人劳有所得、差异得到尊重的社会，是一个拥有民族或国家主权、人民组织得到巩固、自然受到尊重的社会，是一个乌托邦式的理想。
"我们不需要苏联式的、专制的和斯大林式的、一党制和无神论的社
会主义。"

（三）对拉美"21 世纪社会主义"的理论思考①

哈内克重点研究了"拉美 21 世纪社会主义"，并提出五个方面的
理论思考。

1. 拉美"21 世纪社会主义"的特点

第一，拉美"21 世纪社会主义"是"友爱、互助、平等"的社
会主义，与 20 世纪苏联及东欧国家社会主义有明显区别。第二，拉
美"21 世纪社会主义"是"民主的"和人类能得到全面发展的社会
主义；把人的全面发展作为目标，而人的全面发展要通过革命性的实
践活动来实现。第三，新自由主义在拉美的失败是拉美 21 世纪社会
主义产生的重要条件，是 21 世纪社会主义的"助产士"，因为新自由
主义不仅造成矛盾，还引起人们的反抗。第四，如何在文化和经济条
件尚不完全具备的条件下，通过政府向社会主义过渡，即在取得政权
后如何推进社会主义，是拉美 21 世纪社会主义面临的"两难境地"。

2. 拉美"21 世纪社会主义"生产组织的核心特征

第一，把人作为核心，遵守人道和互助原则，以满足人们的需求
为目标，而不把盈利作为目标。第二，反对消费至上，目标不是"生
活得更好"（vivir mejor），而是"美好生活"（vivir bien）。第三，在
生产资料社会所有制基础上，在工人组织生产和满足人类需求的基础
上，建立生产、分配和消费之间的辩证关系。第四，尊重自然，追求
人的全面发展。第五，在分散化参与性规划（这种规划不同于苏联式
的规划，具有高度集中的特点）的过程中，更理性地使用自然资源和
人力资源。第六，将用于人的发展的投资作为生产性投资。

3. 完善激励机制和提高意识水平至关重要

第一，苏联式的体制没有起到激励劳动者的作用。第二，参与性

---

① Marta Harnecker, "Cinco Refleccioness obre el Socialismo del Siglo XXI", 26 marzo de
2012.

管理是重要的激励机制。第三，应该把促进生产与公平分配相结合。第四，不能用资本主义的旧武器建设社会主义，也不要指望在一天之内就完全抛弃这些旧的武器，要逐渐为向社会主义过渡创造条件。

4. 关于社会主义阶段与向社会主义过渡的进程

哈内克强调，在理解社会主义及其过渡问题时，阿尔都塞和马克思关于社会主义过渡问题的概念非常重要。她把社会主义作为一种前景，把为实现这一目标而奋斗的人称为社会主义者，把实现这一目标的进程称为向社会主义过渡。她完全同意恩格斯在 1890 年《致奥托·冯·伯尼克的信》中关于向社会主义过渡问题的阐述，认为这种过渡不是一劳永逸地实现的，而是表现为一个不断变革的社会进程。

5. 参与性规划的核心是社会占有生产资料和生产方式

哈内克认为，没有参与性的规划，就没有社会主义；必须消除资本主义生产的无政府状态；只有通过社会主义参与性规划这一进程，才能适应其本身所造就的"劳动而非资本的未来"。

二 对拉美"21 世纪社会主义"实践的负面评价：迪特里奇

(一) 迪特里奇其人

迪特里奇是德裔墨西哥学者，长期关注拉美社会主义问题。1998年查韦斯当选总统后，委内瑞拉玻利瓦尔革命和查韦斯社会主义思想成为他的重要研究课题。迪特里奇自称是拉美"21 世纪社会主义"的创立者，自认为曾对查韦斯产生了重要影响，认为自己的许多提法被查韦斯所接受。主要成果有《查韦斯与 21 世纪社会主义》等。[1]

迪特里奇一直关注拉美特别是古巴、委内瑞拉、玻利维亚和厄瓜多尔等国家的社会主义进程问题，但由于他本人一直未受到这些国家领导人的重视和礼遇，加之他关于"21 世纪社会主义"的观点受到古巴官方和学界的质疑，2007 年以后，迪特里奇公开批评委内瑞拉、玻利维亚、古巴领导人及其社会主义主张和实践，并与古巴学者就社

---

[1] Heinz Dieterich, *Hugo Chávez y el socialismo del Siglo XXI*, MIBAM y CVG (Venezuela), 2005.

会主义问题展开了公开辩论。2011 年，迪特里奇公开宣布与查韦斯决裂，他本人从拉美"21 世纪社会主义"的宣传者变为批评者，对委内瑞拉、古巴、玻利维亚等国社会主义实践进行全盘否定和批判。

（二）对拉美国家社会主义建设实践的评价

迪特里奇对拉美国家社会主义实践进行了一系列指责和批判。①

1. 认为查韦斯、卡斯特罗、莫拉莱斯、科雷亚不能建设"21 世纪社会主义"

迪特里奇认为，人们对这四位领导人作为"国家先锋队"，能够有助于人民和科学家创造出新的 21 世纪社会主义生产模式的希望已经减退，因为这些领导人都没有为推进 21 世纪反对帝国主义的选择做出严肃努力，而且不会这样去做。他们虽然帮助改变了社会意识和社会结构，但不会向"21 世纪先锋队"的角色迈进。迪特里奇认为，查韦斯等人坚持反帝斗争，对穷人表示关切，是进步力量的代表，应对其予以支持。但他强调，应以公正的历史标准评价他们，他们现在不是、将来也不是新文明的先锋队，不是 21 世纪社会主义建设的领导人，这个任务将落在"人民、科学和政治先锋队"肩上，因为他们懂得把争取法制国家的斗争与建设 21 世纪社会主义结合起来，他们将创造历史。②

2. 认为拉美的"国家社会主义"已经终结

迪特里奇认为，在拉美创造一种"后资本主义"经济的尝试已经完结，因为拉美所有中左翼政府都采用了资本主义的发展模式，拉美反对现存国家体制的发展选择已经宣告破产（2005 年，当查韦斯宣布 21 世纪社会主义是委内瑞拉和拉美的未来时，曾出现了选择新发展道路的机会）。迪特里奇认为，由于左翼政府没有采取向社会主义

---

①　卡斯特罗是古巴革命领袖和古巴社会主义道路的开创者。查韦斯是"拉美 21 世纪社会主义"的主要倡导者和践行者。莫拉莱斯和科雷亚是玻利维亚和厄瓜多尔总统，也是拉美社会主义的主要代表人物。这些人均在一定程度上拒绝迪特里奇的 21 世纪社会主义主张，引起后者的不满。

②　Heinz Dieterich, "Hugo Chaves, Fidel, Evo y Correa no Construiran el Socialismo del Siglo XXI", http://www.lapatilla.com/site, 11 de abril de 2011 (2015 - 11 - 01)。

过渡的政策，历史所赋予的机遇之门消失了。[1] 迪特里奇认为，虽然拉美并不存在实践21世纪社会主义的"集体性主体"（既不存在这样的政党、工会组织、大学，也不存在这样的社会运动），但目前还不是绝望的时刻，因为拉美国家的发展主义政府毕竟强于新自由主义政府。当前的形势正处于过渡状态，变化是永恒的。只有在拥有有意识的人和批判性科学家的基础上，才能沿着人类要求的自由和团结的道路前进。

（三）从赞同转向否定查韦斯的"21世纪社会主义"

对查韦斯及其在委内瑞拉所从事的"21世纪社会主义"建设，迪特里奇从最初的赞赏转向批评，进而宣布与查韦斯决裂。他认为，委内瑞拉21世纪社会主义已经成为民众主义的"讽刺画"，极大地阻碍劳动群众在21世纪的道德方面获得解放。[2] 迪特里奇对查韦斯和委内瑞拉社会主义的批评主要集中在以下方面。

1. 认为委内瑞拉不存在社会主义

迪特里奇认为，在委内瑞拉"新的革命国家并没有建立起来"，不能用"旧文明的国家"去建立新的文明[3]；断言委内瑞拉将来也不会有社会主义。迪特里奇认为，尽管查韦斯言辞"激进"，但委内瑞拉在未来没有重建21世纪社会主义的可能性。虽然查韦斯仍会把"社会主义"作为恫吓资产阶级、动员群众的口头策略，但他的战略路线仍然是"资产阶级的发展主义"。在委内瑞拉"21世纪社会主义"中没有向社会主义过渡的计划，只存在资产阶级发展主义路线、大量的口号，以及戈尔巴乔夫式的苏联（布尔什维克）"社会主义民主过渡"的参与；查韦斯既没有战略变革的计划，也没有先锋队组织。在这种条件下，自然不会有向"后资本主义社会"的过渡。

---

① Heinz Dieterich, "Fin del Socialismo Estatal en America Latina", http：//www. lapatilla. com, 2 de agosto de 2011.

② Heinz Dieterich Steffan, "El Dia de la Ruptura con Hugo Chaves", http：//www. universal. com, martes 16 de agosto de 2011 (2015 – 12 – 21).

③ Heinz Dieterich, "No Hay ni Habra Socialismo en Venezuela", http：//www. aporrea. org/ideologia, 21 de febrero de 2011.

２. 认为查韦斯错失历史机遇

迪特里奇认为，委内瑞拉的经济进程"与政府所规划的将资本主义经济向社会主义过渡的目标是完全矛盾的"，这表明查韦斯不愿意或没有能力实现向社会主义的过渡。查韦斯错失历史机遇，选择在凯恩斯主义和资产阶级上层建筑的框架内，用一套基督教的、道德的和玻利瓦尔式的口号取代向新文明的"科学过渡"，把"宝贵的21世纪社会主义的第一场革命"变成了"毫无价值的改良"。

（四）批评古巴社会主义模式

早在2007年，迪特里奇曾就社会主义理论问题与古巴学者展开过一场争论，他指责古巴的社会主义基本属于"历史社会主义"，不符合时代要求，而古巴社会科学家们缺乏创新的勇气和能力。① 此后，迪特里奇更是对古巴社会主义展开了毫不留情的批评。他认为，卡斯特罗在古巴建立的统治模式是斯大林模式：经济上实行苏维埃式的生产方式，是独特的非资本主义生产方式；政治上是共产党一党垄断权力，阻断了参与式民主和公共自治的可能性。这种模式从来没有在古巴公众中进行过讨论，在政治和经济两方面从根本上偏离了马克思的"历史设计"。他认为，古巴模式虽没有斯大林主义的国家恐怖主义，但照搬了苏联模式的经济政策，从来没有对苏联的斯大林主义进行过严肃批判，即便在苏联解体后也没有这样做。

与此同时，迪特里奇认为，古巴模式面临变革。他认为，卡斯特罗自己在2005年以后开启了"去菲德尔"进程，打开了"潘多拉之盒"，并公开表示古巴模式"不再有效"。劳尔的"改革开放"意味着古巴在与卡斯特罗创建的古巴革命模式决裂。劳尔一方面试图在保持国家控制的基础上引入市场经济，允许个体经营，另一方面允许对党进行公开批评，打破了历史上的政治禁区。人类社会发展的铁律是：一种模式的"创建者神话"消失就意味着新的变革出现，这正是古巴当前面临的形势。卡斯特罗已经完成历史使命，拯救古巴革命的责任落在劳尔身上。

---

① 俞吾金主编：《国外马克思主义研究报告2008》，人民出版社2008年版，第174—178页。

（五）提出其关于"21世纪社会主义"模式的主张

在批评委内瑞拉模式和否定古巴模式的同时，迪特里奇提出了自己所谓的"21世纪社会主义"发展模式的主张。

1. "21世纪社会主义"是一种新模式和新发展道路

迪特里奇认为，当今世界有三种居主导或统治地位的经济模式，即新自由主义的"华盛顿共识"，社会主义—发展主义的"北京共识"和孟买（Mumbai）的"发展主义共识"。他认为，人类第四种发展模式是"柏林—加拉加斯共识"，该模式以康托洛维奇的数理经济及阿诺·皮特斯的数量经济学说为基础①；该模式的本质是用21世纪社会主义的生产模式取代市场经济，而21世纪社会主义建立在以下三个要素基础上：经济计划和执行的民主化（自我管理）、产品和服务按劳动因素实行价值化、等价交换。②迪特里奇强调，"21世纪社会主义"的参与性民主和参与性经济与20世纪斯大林社会主义模式是完全不同的"现象"。

2. 世界资本主义危机及古巴和委内瑞拉的危机，为"21世纪社会主义"发展开辟了道路

迪特里奇认为，欧美的危机造成大批民众重新陷于贫困，古巴"20世纪社会主义"幻想随着宣布市场经济政策而破灭，委内瑞拉的危机则宣告了拉美地区资产阶级发展主义"社会主义"幻想的破灭。他认为，当前的结构性政策选择有三种：一是发达国家模式：资本的完全独裁，新自由主义的议会制度或21世纪社会主义；二是第三世界模式：社会主义的发展主义（列宁的新经济政策和中国模式）；三是委内瑞拉模式：资产阶级与21世纪社会主义相结合。各阶级、政党和国家需要在这三种模式之间做出选择。③

---

① 康托洛维奇（Leonid Kantorovich，1912—1986），苏联数学家和经济学家，将数理统计运用于统计计量学，对资源最优分配理论做出了贡献，1975年获诺贝尔经济学奖，成为苏联唯一获此奖的经济学家。阿诺·皮特斯（Arno Peters，1916—2002），德国历史学家。

② Heinz Dieterich, El Socialismocientífico del Siglo XXI se discuteen México, http://www.rebelion.org（2015-10-21）.

③ Heinz Dieterich, La Tricontinental Socialista ante las Crisis en Cuba, Venezuela y el Capitalismo, 3 de diciembre de 2010.

3. "21 世纪社会主义"发展的必要条件

迪特里奇认为，"21 世纪社会主义"的发展需要三个催化剂：欧亚拉美反帝反资产阶级力量的整合；"世界先锋队"在"后资本主义"生产方式和过渡基础上的巩固；"21 世纪社会主义"与群众的紧密联系。

三　对拉美"21 世纪社会主义"的新阐释：加西亚

加西亚是拉美地区主要的马克思主义知识分子之一。从年轻时代起他就深受坎特、黑格尔、葛兰西、尼采、马克思、列宁等人思想的影响。1981—1985 年在墨西哥国立自治大学学习。20 世纪 90 年代因与玻利维亚印第安人游击队组织有牵连，被判预防性监禁 5 年。1997 年获释后在大学教授社会学课程、担任新闻评论员，参加与工会和印第安人运动相关的活动。2006 年起任玻利维亚副总统至 2019 年 11 月。加西亚被称作"辩证本质主义"者，是玻利维亚左翼政府的主要理论家。主要著作有《工人阶级状况》《玻利维亚社会运动的社会学》《亚马孙地缘政治：世袭庄园主的权力与资本主义积累》《国家危机和人民政权》等。加西亚是玻利维亚社群社会主义和美好生活社会主义的主要阐释者。[①] 加西亚关于社会主义的主要思想和主张如下。

主张建立一个"没有资本主义、殖民主义和帝国主义"的世界，开创"社群社会主义"的前景。加西亚认为，资本主义是慢性自杀，如果能产生利润，它就有能力进行杀戮和毁灭，资本主义不在乎森林的消失，只在乎获取财富。他认为："玻利维亚具有不同于资本主义、殖民主义和帝国主义前景的新希望，这种前景就是社群社会主义，是印第安和农民的美好生活，这种生活在殖民地时期遭到剥夺，现在又重新回归。"他还在多个场合强调，为了战胜帝国主义，就应该建设社群社会主义，用社群社会主义战胜帝国主义。[②]

---

① Álvaro García Linera, *Socialismo Comunitario del Vivir Bien*, Discurso del Vicepresidente Álvaro García Linera en el Acto de Posesión Presidencial, 22 de enero de 2015.

② Nelson Peredo, "García Linera: Para vencer al imperio debemos construir el socialismo comunitario", *Los Tiempos Digital*, 31 de julio de 2013, http://www.lostiempos.com/diario/actualidad/nacional/.

认为革命的方法是建立民主。加西亚从纯粹的政治理论出发观察现实社会，提出"没有希望和没有信仰的民主是失败的民主，是僵化和停滞的民主，在严格意义上根本不是民主"①。他认为资本主义已经发生变化，变成了"掠夺性资本主义"；"需要恢复民主的概念"，放弃"体制概念"（concepción institucional），因为民主超越了体制；民主不仅仅是投票和选举，还是一种价值，是认识世界的组织原则，是容忍、多元化、观点自由。他还强调民主是实践，是集体的行动，是对公共管理日益增长的参与；他认为，在拉美"建立民主是革命的方法"②。

主张另一种形式的全球化。加西亚表示，所谓新的全球化是一种前景广阔和具有一体化特征的全球化，它应由被世界列强所认为的"边缘国家"来设计。当前的世界以市场为中心联系起来，是垂直的体系，"各国不是以兄弟般友好、和谐与均衡的方式联系和交流的"。他认为，在这个垂直的舞台上，存在着从世界化或全球化进程一开始就拥有较大影响力、统治力和决策能力较强的国家，存在着处于中间地位的国家，以及处于"边缘"地位的国家。这些边缘国家是征服、控制的目标，是向"世界中心"输送初级产品的来源地。他号召改变这种状况，追求另一种形式的全球化，这种全球化要充分考虑所谓边缘人民的利益，考虑那些拥有传统、农民和手工业经济的国家的话语权、需求、希望和能力，他号召学者们探讨实现新全球化的方式和途径。③

强调新自由主义在拉美已经过时，是可以被战胜的。加西亚指出，在 20 世纪末 21 世纪初自由主义意识形态在拉美"还是圣经"，但 15 年后它"正被丢弃"，新自由主义及对它的信仰在拉美地区已经

---

① "El Vicepresidente de Bolivia imparte una leccion magistral a los dirigentes de la izquierda europea"，http：//www. publico. es/internacional/489157/.

② Vicepresidente inaugura Foro de Sao Paulo y compara el neoliberalismo con un "arcaísmo"，http：//www. la-razon. com/index.

③ "G77 debatirá reforma de la ONU；García plantea otra globalización"，http：//www. la-razon. com/index.

坍塌。新自由主义在拉美已"是过时的东西，我们正把它扔进历史垃圾箱"①。在解释新自由主义的掠夺本质时，加西亚同意社会理论家哈维（David Harvey）的观点，认为新自由主义是"资本主义的一种方式，基本特征是剥夺农民、强占社区资源、将公共资源私有化、把生态等同于知识产权、把自然界商品化"。他以玻利维亚为例指出，"新自由主义并不是不可战胜的，它是有裂痕的"②。

　　坚信"社群社会主义"和"美好社会主义"是玻利维亚的未来前景。加西亚认为，玻利维亚政府推动的社群社会主义是一种未来，是一种在当代必须建立的社会类型，是与资本主义所产生的野蛮、苦难和毁灭相对立的发展前景。当今世界充满不公平，社群社会主义的唯一目的是建立公正、平等和美好生活的社会。加西亚强调社群社会主义与资本主义的不同，认为资本主义造成了不负责任的死亡和贫困，没有建立真正的和谐国家（Estado Orgánico Real），建立的只是朋党国家（Estado de Camarilla）、次等国家（Estado de Pacotilla）和表面国家（Estado Aparente），少数部门和统治者建立了权力政治，对土著人、劳动者和妇女被排除在外毫不关心，没有努力去代表或关注所有人。与此相反，社群社会主义要建立代表所有人的"真正国家"（Estado Real）。他指出，社群社会主义建立在社区以及与资本主义斗争了500年的土著人民潜力和自身经验的基础上。

　　加西亚承认，建设社群社会主义既是一种需要，又是长期的过程。他表示，不清楚"这一进程会持续多久，也不清楚会遇到怎样的和多少艰难险阻，但有一点是确切无疑的，那就是不能走回头路，因为走回头路无异于自杀，无异于宣布自然和人类的消亡。为了生存的需要，我们有义务建设一个社群社会主义"。他认为，社群社会主义的进程将持续几年、几十年甚至几百年，但其巩固将取决于穷人、中间阶层以及社会所有部门的斗争。

―――――――――

　　①　"El Jurásico neoliberal quedó atrás", http：//www. informa-tico. com/29 – 08 – 2014/.

　　②　VP boliviano，"El neoliberalismo no es invencible, tiene fisuras", http：//www. contrainjerencia. com.

　　加西亚认为，玻利维亚处于由资本主义经济体制向社会主义和社群经济体制过渡的过程中。他引用马克思、卢森堡和列宁的观点来论述玻利维亚经济的特点，用马克思主义解释资本主义，用卢森堡的观点解释新自由主义，用列宁主义来说明玻利维亚当前的经济进程。"我愿意用列宁主义的概念来解释玻利维亚向社会主义和社群制度的过渡。"[①] 他认为，在玻利维亚，资本主义和社群社会主义之间的过渡和联系是以"多民族国家"[②] 的形式来实现的，这是一个各种社会运动的统治，它有两个基本支柱，即土著农民社区和有组织的工人运动。他认为，这两个支柱应该在保证向社群社会主义民主过渡经验和结果的基础上，将所有社会部门、中间阶层、企业家等团结起来。

四　对拉美"21 世纪社会主义"的反思：洛佩斯

　　进入新世纪后拉美出现"21 世纪社会主义"理论和实践探索，并在短期内取得明显成效，在一定程度上增强了社会主义在拉美的影响力。2014 年以后，随着国际经济危机持续发酵，拉美经济增速减缓，左翼执政党面临的困难增多，委内瑞拉等国家的"21 世纪社会主义"实践难度加大。在这种形势下，围绕拉美"21 世纪社会主义"的争论趋于激烈。许多左翼学者继续论证其历史必然性与合理性，肯定其取得的成就。而不少右翼学者和媒体则加大对其的攻击和批判力度，宣称"21 世纪社会主义是拉美最大的不幸和灾难"[③]，渲染其最终会滑入"军事独裁"的泥淖中。[④] 在这一过程中，不少学者提出了对拉美社会主义的思考，其中巴西学者洛佩斯的研究有一定的代表性

---

① Redacción Central, "Bolivia transita hacia economía socialista", *Los Tiempos*, 4 de abril de 2014, http://www.lostiempos.com/diario/actualidad/ (2015 – 12 – 01).

② 莫拉莱斯总统 2009 年 3 月签署最高法令，将国名"玻利维亚共和国"改为"多民族玻利维亚国"，以体现其多民族国家的特性。

③ Carlos Raúl Hernández, Desastre del Socialismo del Siglo XXI pudo ser peor para Latinoamérica, https://es.panampost.com/editor/2016/05/30/.

④ Carlos Sánchez Berzaín, Dictadura militar, fase final del Socialismo del Siglo XXI, 18 de septiembre de 2016, http://www.diariolasamericas.com/america-latina.

和较强的理论性，立场也相对客观。①

（一）关于拉美"21世纪社会主义"的特点

他认为，拉美"21世纪社会主义"有八个特点：生产资料社会化，而不是经济全面国有化；承认国家对经济的主导作用；宣称用新国家取代旧的资本主义国家；强调人民主权不可让渡和不可剥夺；强调保护社会环境；尊重政党和媒体多样化；（按照罗德里格斯和弗莱雷的思想）发展具有问题导向的教育②；委内瑞拉应建立民兵组织，作为国家常规武装力量的补充。

（二）关于拉美"21世纪社会主义"面临的挑战

他认为，古巴处于继续实施"革命和党的社会经济政治纲领"的复杂进程中，这一进程面临着诸多问题、挑战和威胁；委内瑞拉面临着严重的经济和政治危机，生活用品短缺，物价高涨，反对派控制了议会并试图改变左翼政府的基本政策；厄瓜多尔科雷亚总统不再追求连选连任，社会各界对政府政策的批评越来越多；玻利维亚莫拉莱斯总统在2016年修宪公投中失利，政府政策遭到越来越多的非议。

（三）对拉美社会主义的反思

洛佩斯在对拉美21世纪社会主义的特点、挑战进行分析的基础上，以提出问题的方式，对拉美社会主义提出20点理论反思。

1. 社会主义是否应在"美好生活"（"美好生活"是玻利维亚和厄瓜多尔社会主义的理念，融合生态保护和社区发展等内容）的基础上建立起来？

2. 考虑到无论是在长期实行经济计划国家化（古巴），还是在经济对私人企业（包括民族和跨国资本）非常开放的情况下，都出现了绝大多数人口基本需求未得到满足的现象，哪一种社会主义建设理论可以或应该用来解释下列这些企业形式：国家企业、混合企业（包括本国和/或外国资本的）、合作企业、社区企业、公社企业、（规模

---

① Sirio López Velasco, Problemas y desafíos económicos del socialismo en la A. Latina del siglo XXI: Cuba, Venezuela, Ecuador y Bolivia, http://www.alainet.org/es/articulo/179852.

② 罗德里格斯（Simón Rodríguez），19世纪委内瑞拉著名思想家、教育家。保罗·弗莱雷（Paulo Freire，1921—1997），巴西著名教育家、哲学家，著有《被压迫者的教育学》。

大和/或小、本国和/或外国）私人企业，以及个体经济？

3. 在存在大量私人大庄园的情况下是否可以建设社会主义？社会主义是否可以容纳大规模的单一作物种植和/或大规模使用农药和/或食品转基因技术？

4. 社会主义是否可以包含（本国和/或外国）私人银行和私人金融部门？

5. 是否可以在国家对外贸和人民政权垄断的情况下建设社会主义？

6. 是否可以在不严格控制汇率的情况下建设社会主义经济？

7. 社会主义建设是否能在举借外债的情况下进行？如果可以，应向谁举债？举债数量或比例以多少为宜？

8. 社会主义建设是否可以用外国投资为主要支撑？如果可以，投资应该来自何处？投资数量或比例以多少为宜？

9. 在社会主义经济中，向资本主义国家游客开放旅游有什么作用？有哪些局限性？

10. 社会主义是否能在依靠以采矿收入为基础的经济上进行建设（因为这种产业损害人类和自然的健康和本质）？

11. 社会主义是否能够在没有共同生产者自由参与的情况下建成？或在具有不同特点的企业，在经济计划和管理的所有领域实现？

12. 在直接民主和主人翁民主下①，社会主义经济的主要特征是否能够或应该服从人民的意愿？

13. 在社会主义中工会应起什么样的作用（特别是在承认私人企业存在的情况下）？

14. 在社会主义中，有组织的社区、社会运动（包括原住民社区、黑人社区和组织、妇女团体、同性恋团体及其他"少数族裔"团体）、高等院校、环境组织，在地方和国家经济计划和管理中应起什么作用？

15. 社会主义是否可以用"旧的资本主义武器"（即格瓦拉曾经

---

① 直接民主和主人翁民主是委内瑞拉21世纪社会主义框架下参与式民主的基本特点。

批判的资本主义范畴，其中包括对"价值法则"的无限制应用，资本、价格的关联性概念，企业间竞争，企业对利润的追逐，把工资作为个人和企业物质刺激的主要方法）来进行建设？如果可以，如何、在何种程度和数量上、在什么时候实施？

16. 社会主义是否能够在以化石燃料为根基的经济基础上建立起来，或应该坚定地依靠清洁或再生能源（如太阳能、风能等，这些能源甚至在当今资本主义模式下在经济上也是可盈利的）？

17. 拉美的社会主义是否能够在没有创造自己的技术、依靠资本主义大国技术的情况下进行？如果自己的技术是必不可少的，那么我们传统的社区、教育和科技中心、社会和合作企业在推进技术发展中应发挥怎样的作用？

18. 拉美（特别是拥有大量印第安人口和/或黑人的国家，在这些国家还没有把典型的社区—环境、风俗习惯整合或扩展到全社会的经济领域）今天是否能够建设社会主义？如何通过民主的方式把社区中传统的风俗习惯整合到全国的经济—社会环境—教育发展规划中？

19. 如何通过民主方式具体地协调和整合国家规划与非集中化、地方自主的关系？

20. 社会主义能否在拉美各个国家单独地进行建设？是需要在经济方面进行有效协调进而实现团结，以便使社会主义建设成为可能？如果可以实现有效协调进而实现团结，如何在这方面进行推进？在这个进程中，苏克雷①、南方银行、原住民、劳动者、工会、社会运动、环保组织、媒体（特别是公共和社区媒体）、文化艺术界人士、教育和体育中心应发挥何种作用？

第四节　拉美地区社会主义研究的主要代表人物

拉美地区一直存在一个以马克思主义或社会主义为研究对象的左

---

① 古巴和委内瑞拉主导的玻利瓦尔美洲联盟的共同货币名称。

翼学者群体，有许多学术成就非常出众的学者。为了给国内学者了解拉美地区社会主义和马克思主义提供参照，本节对该地区一些学者做简要介绍。

一 拉美正统马克思主义者：哈内克

玛尔塔·哈内克（Marta Harnecker，1937—2019），智利人，曾旅居古巴和委内瑞拉，拉美正统马克思主义代表人物，拉美"21 世纪社会主义"理论的主要阐释者之一。主要著作有《历史唯物主义基本要义》（1969）、《拉美左派与现实的危机》（1990）、《21 世纪拉美的左派》（1999）、《查韦斯：一个人物与一个民族》（2002）、《建设性的社会运动》（2003）、《解读委内瑞拉革命》（2005）、《与人民战斗在一起》（2003）、《左派的重建》（2008）、《建设新世界的道路》（2014），等等。

二 "社群社会主义"理论的阐释者：加西亚

阿尔瓦洛·加西亚·利内拉（Álvaro García Linera，1962—　），拉美著名马克思主义知识分子，"辩证本质主义"者，玻利维亚社群社会主义理论的主要解释者。2006 年起任玻利维亚副总统；2019 年10 月和总统莫拉莱斯一起被迫辞职。主要著作有《卡尔·马克思民族研究导论》（1988）、《国家的批判与批判的国家》（1989）、《乌托邦的灵魂》（1996）、《玻利维亚社会运动的社会学》（2004）、《多民族国家》（2005），等等。

三 拉美"21 世纪社会主义"理论家：迪特里奇

海因茨·迪特里奇（Heinz Dieterich Steffan，1943—　），德裔墨西哥学者，自称拉美"21 世纪社会主义"理论的创立者，其"21 世纪社会主义"的观点在拉美饱受争议。主要著作有《查韦斯与 21 世纪社会主义》（2006）、《拉丁美洲地区国家社会主义的终结》（2010），等等。

四　拉美马克思主义社会学家和哲学家：洛伊

米切尔·洛伊（Michael Löwy，1938—　），法裔巴西学者，著名的马克思主义社会学家和哲学家，研究领域涉及马克思、格瓦拉、解放理论、卢卡奇、本雅明等。主要著作有《格瓦拉的马克思主义》（1973）、《革命的与浪漫的马克思主义》（1981）、《1909年以来拉美的马克思主义》（1992）、《青年马克思的革命理论》（2003）、《解读本雅明的〈历史概念〉》（2005），等等。

五　拉美社会主义文化的缔造者：阿里克

何塞·阿里克（José María Aricó，1931—1991），阿根廷马克思主义社会学家，拉美社会主义文化的缔造者。曾是阿根廷共产党员，后转向民主社会主义。20世纪70年代推动建立《过去与现实杂志》和马克思主义研究机构，在拉美和阿根廷马克思主义思想史上占有重要地位。他主张重新思考和用西班牙语传播马克思本人及其他社会主义主要思想家的思想和著作。1976年阿根廷军事政变后流亡墨西哥，领导"社会主义思想图书馆"的工作。他首次把马克思本人以及许多马克思主义理论家的著作翻译成西班牙语。他是拉美社会科学院（FLACSO）教授，受拉美和欧洲多所大学的邀请，通过演说和会议传播马克思主义思想。主要著作有《马里亚特吉与拉美马克思主义的根源》（1999）、《马克思和拉美》（1982）、《拉美社会主义随笔》《阿根廷的葛兰西主义者》（2004）、《马克思主义政治经济新教程》（2011），等等。

六　知名拉美左翼学者：博隆

阿尔贝托·博隆（Atilio Alberto Borón，1943—　），阿根廷政治活动家和社会学家，拉美知名左翼学者，2009年获联合国教科文组织"何塞·马蒂国际奖"。主要著作有《拉美的国家、资本主义和民主》（1991）、《帝国与帝国主义》（2002）、《马克思主义政治哲学》（2003）、《对权力、国家和革命的反思》（2007）、《21世纪的社会主

义：新自由主义之后的出路》《帝国主义地缘政治中的拉丁美洲》
（2012），等等。

七 "后马克思主义"代表人物：拉克劳

埃内斯托·拉克劳（Ernesto Laclau，1935—2014），阿根廷政治理
论家，后马克思主义的代表人物。曾在北美、南美、欧洲、澳大利亚和
南非多所高校任教。主要著作有《马克思主义理论中的政治和意识形
态》（1977）、《霸权与社会主义的战略》（与 Chantal Mouffe 合著，
1985）、《对我们时代革命的新反思》（1990）、《政治身份的创造》
（1994）、《民众主义的根源》（2005）、《社会的语言基础》（2014），
等等。

八 依附论的重要创建者：多斯桑托斯

特奥托尼奥·多斯桑托斯（Theotônio dos Santos，1936—2018），
巴西社会学家，依附理论的主要创始人之一。曾在巴西和拉美多所大
学任教，担任联合国教科文组织和联合国大学相关项目负责人。主要
著作有《经济危机与政治危机》（1966）、《依附的新特征》（1967）、
《社会主义或法西斯主义：拉美的困境》（1969）、《依附与社会变革》
（1972）、《当代资本主义理论》（1983）、《世界经济与拉美的一体
化》（2004）、《依附理论：评估与前景》（2000）、《新自由主义的兴
衰》（2004），等等。

九 "我们的美洲"革命思想家：马丁内斯

费尔南多·马丁内斯（Fernando Martínez Heredia，1939—2017），
"我们的美洲"革命思想家，卡斯特罗思想的宣传者，曾任古巴文化研
究所所长、古巴葛兰西研究会主席。主要著作有《对社会主义的再思
考：古巴 90 年代的困境》（2001）、《社会主义、文化与革命》（1991）、
《格瓦拉与社会主义》（1989）、《古巴社会主义的挑战》（1988）、《社
会主义、解放与民主》（2007）、《30 年代的古巴革命》（2007）、《思想
的训练》（2010）、《古巴史》（2011）、《社会科学》（2015）、《21 世纪

的古巴革命》（2017），等等。

十　知名左翼思想家：加莱亚诺

爱德华多·加莱亚诺（Eduardo Germán María Hughes Galeano，1940—2015），拉美著名左翼思想家，乌拉圭知名作家。在2009年第五届美洲国家峰会上，时任委内瑞拉总统查韦斯曾把他的著作作为礼物送给美国总统奥巴马。主要著作有《拉丁美洲被切开的血管》（1971）、《火的记忆》（1986）、《镜子》（2008）、《更好地理解拉美》（1990），等等。

十一　拉美新社会学的代表：卡萨诺瓦

冈萨雷斯·卡萨诺瓦（Pablo González Casanova，1922—　），墨西哥著名社会学家，墨西哥国立自治大学前校长、拉美社会学学会主席，拉美新社会学重要代表人物，借用马克思主义概念解释拉美问题。主要著作有《墨西哥的民主》（1965）、《剥削社会学》（1980）、《帝国主义与拉美的解放》（1983）、《墨西哥政党现状》（1983）、《人民主权与中美洲的斗争》（1984）、《新科学与新人文：从学术到政治》（2004），等等。

十二　解放神学的践行者：托雷斯

卡米洛·托雷斯·雷斯特雷波（Camilo Torres Restrepo，1929—1966），哥伦比亚神学家，国际抗议神学和拉美解放神学的代表人物之一。1965年参加哥伦比亚左翼游击队，次年在战斗中牺牲。主要著作有《哥伦比亚的暴力问题》（1962）、《暴力问题与哥伦比亚农村地区的社会文化变迁》（1963）、《对波哥大社会经济现实的统计学分析》（1958年的毕业论文，1987年以"波哥大的无产阶级化"为题正式出版）。

十三　拉美解放哲学的创建者：杜塞尔

恩里克·多明戈·杜塞尔（Enrique Domingo Dussel Ambrosini，

1934—   ），阿根廷哲学家、历史学家和神学家，后入籍墨西哥。研究领域涉及伦理学、政治哲学和拉美哲学，是拉美解放哲学的主要创建者。主要著作有《拉美的依附与解放》（1973）、《拉美解放的伦理》（1973）、《拉美的道德哲学》（1977）、《拉美解放哲学导论》（1977）、《解放哲学》（1990）、《马克思的最后年代与拉美的解放》（1990）、《哲学史与解放哲学》（1994）、《面向批判的政治哲学》（2001）、《解放的政治》（2009）、《拉美哲学思想史》（2009），等等。

十四 "美好生活社会主义"的倡导者：科雷亚

拉斐尔·科雷亚（Rafael Vicente Correa Delgado，1963—   ），厄瓜多尔政治家和经济学家、前总统，"21世纪社会主义"和"美好生活社会主义"的主要倡导者。主要著作有《发展的挑战》（1996）、《厄瓜多尔：香蕉共和国的迷失》（2009）、《华盛顿共识与拉美》（2002）、《结构性改革与拉美的增长》（2002）、《厄瓜多尔经济的脆弱性》（2004），等等。

十五 解放教育学的开创者：弗莱雷

保罗·弗莱雷（Paulo Reglus Neves Freire，1921—1997），20世纪巴西和世界上最有影响力的教育家之一，曾参与巴西劳工党建党工作，拉美解放教育学的主要开创者。主要著作有《教育与巴西的现实》（1959）、《教育是自由的实践》（1967）、《被压迫者的教育学》（1970）、《教育与意识化》（1968）、《意识与历史：弗莱雷的教育实践》（1979）、《意识：解放的理论与实践》（1980）、《教育与变革》（1981）、《人民教育的理论与实践》（1989）、《教育：对话与斗争》（1995），等等。

十六 "后新自由主义"理论奠基者：萨德尔

埃米尔·萨德尔（Emir Simão Sader，1943—   ），黎巴嫩裔巴西社会学和政治学家，曾任拉美社会学会主席。具有马克思主义倾向，批评新自由主义，提出"后新自由主义"的主张。主要著作有《重建国家：拉美的后新自由主义》（2008）、《超越公民社会》（2002）、《拉美的新自由主义》（2008）、《拉美左翼的道路》（2011）。

十七　西方马克思主义研究学者：科蒂尼奥

卡洛斯·尼尔逊·科蒂尼奥（Carlos Nilson Coutinho，1943—2012），巴西里约大学教授，葛兰西研究的国际知名学者。主要著作有《卢卡斯、马克思与文学理论》（1968）、《巴西意识形态文化》（1986）、《葛兰西与拉丁美洲》（1998）、《葛兰西的政治思想》（1999）、《葛兰西评介》（2011），等等。

十八　脱离左派身份的左翼学者：卡斯塔涅达

豪尔赫·卡斯塔涅达（Jorge Castañeda Gutman，1953—　），墨西哥政治家和著名学者，曾是墨西哥共产党员。尽管他本人不再拥有左翼身份，然而，不少人仍视其为拉美左翼反新自由主义理论的代表人物。主要著作有《最后的资本主义：墨西哥与新兴工业化国家的金融资本主义》（1982）、《非武装的乌托邦》（1995）、《格瓦拉生平》（1997）、《拉美向左转》（2006），等等。

十九　拉美新生代马克思主义者：科安

内斯托尔·科安（Néstor Kohan，1967—　），阿根廷马克思主义哲学家，拉美新生代马克思主义者。主要著作有《第三世界的马克思主义》（1998）、《关于阿根廷及拉美马克思主义的论文集》（1999）、《葛兰西实践的哲学与霸权理论》（2000）、《格瓦拉：主体与权力》（2003）、《马克思主义思想导论》（2003）、《社会主义思想导论》（2003）、《拉美的社会科学与马克思主义》（2014）、《今日批判理论》（2015），等等。

二十　本土马克思主义研究者：萨拉蒂诺

阿尔贝托·萨拉蒂诺（Alberto Saladino García，1955—　），哲学家、政治学家和人类学家，墨西哥州立自治大学教授。著有《拉美启蒙哲学》《拉美哲学史的认识论和方法论》《关于拉美科学史理论的若干问题》，参与编写《19 世纪拉美的思想》《墨西哥哲学史：墨西哥文化研讨会论文集》。其著作《拉美的印第安主义与社会主义》第三版 2016 年由墨西哥国立自治大学出版。该著作从印第安人的历史出发，研究了自马克思主义思想传入拉美后就一直存在的印第安人问题，并把马克思主义的研究应用于拉美的现实知识。萨拉蒂诺从隆巴多、阿尔塞①和马里亚特吉三位拉美马克思主义（研究）者的不同视角，分析研究了拉美印第安人。

二十一　左翼经济学家和人权活动家：卡茨

克拉迪奥·卡茨（Claudio Katz, 1954—　），阿根廷左翼经济学家，人权活动家，积极参加工会、社会运动和政治组织的活动，阿根廷布宜诺斯艾利斯大学教授。著有多部关于当代资本主义和全球经济危机的著作，如《资本帝国的统治》（2011）、《拉美左翼的 disyunti-vas》（2008）、《拉美社会主义的未来》（2004）、《共产主义、社会主义与过渡：目标与基本条件》（2004）、《今日马克思主义经济：六场理论争论》（2010）。

二十二　艾尔维亚·孔切内罗

孔切内罗（Elvira Concheiro），墨西哥国立自治大学教授。毕业于墨西哥国立自治大学社会与政治学系，先后获学士、硕士和博士学位，2014 年获得"拉美和加勒比社会思想论著奖"。主要著作有《与马克思再相遇：政党与革命的实践》（2011）、《共产主义：拉丁美洲的多种视角》（2005）。

二十三　阿列尔·佩特鲁塞利

佩特鲁塞利（Ariel Petruccelli），阿根廷 Comahue 国立大学教授、

①　隆巴多（Vicente Lombardo Toledano, 1894—1968），墨西哥政治家和哲学家，具有马克思主义倾向。阿尔塞（José Antonio Arze, 1904—1955），玻利维亚政治家、马克思主义理论家和社会学家。

历史学家。政治活动家，组建知识界大会以支持阿根廷左翼劳工阵线，是政治理论刊物"Contratiempos"的编辑。主张以道德层面的尺度，就什么是社会主义，以及为什么社会主义是理想的做出合理性解释和论证。科学与道德，或者科学与空想，是必需的两个方面，是任何追求"理性"的、解放性的政治纲领中相互不可调和的两个尺度。他探讨了马克思和恩格斯本人，以及马克思主义传统中的科学与空想的关系问题，试图就现实马克思主义中道德观问题的重要性展开争论。主要著作有《历史马克思主义理论文集》（1998）、《历史唯物主义：解释与矛盾》（2010）、《处于十字路口的马克思主义》（2011）、《马克思和马克思主义传统中的科学与空想》（2016）。

二十四　阿尔多·卡萨斯

卡萨斯（Aldo Andrés Casas，1944—　），阿根廷人类学家，主要著作有《过渡的挑战》（2011）、《自下而上的社会主义》（2013）、《人民的权力与国家》（2011）、《批判的思想社会的组织与变革》（2010）、《我们的同志卡尔·马克思》（2017）等。自马克思逝世以后陆续出现了一系列马克思主义，卡萨斯的贡献是分析了马克思主义的多样性问题。他描绘了马克思的生活和人性特点，强调其革命、共产主义和反资本主义的特点；他不是一个"政治正确"的马克思主义者，而是一个激励我们在 21 世纪进行斗争的激进思想家。

二十五　康塞普西翁·涅维斯

涅维斯（Concepción Nieves Ayús，1961—　），古巴哲学家和社会科学学者。毕业于苏联喀山"列宁大学"，先后获该校艺术学硕士和哲学博士学位。曾任古巴高等教育研究所助理研究员和研究员，古巴哲学研究所所长。参与"21 世纪的古巴：社会主义发展的新模式（2011—2014）"项目的研究。主要著作有《古巴社会主义思想今昔》（合著，2016）、《21 世纪古巴普通人的革命、为了普通人的革命》《古巴的领导关系：社会主体和思想基础》（2005）、《人的解放与现实的前景》等。

本章小结

　　拉美地区的社会主义研究与马克思主义研究相互交织，具有前沿性、批判性、基础性和广泛性的传统和特点。拉美地区的社会主义研究关注拉美及世界所面临的重要现实问题，重视对资本主义的批判，重视对社会主义基本理论和社会主义经典作家与经典著作的研究。除研究马克思、恩格斯等经典作家的思想和著作外，也重视对托派思想、西方马克思主义，以及本土社会主义的研究。拉美一直有比较稳定的社会主义研究队伍，左翼政党和组织是社会主义研究的重要推动者，高等院校是社会主义思想研究和传播的重要平台，在拉美地区社会主义研究和传播中发挥着不可替代的作用，而左翼政党执政国家和左翼政治力量强大的国家是社会主义研究的主要阵地。进入新世纪后，随着拉美"21 世纪社会主义"实践探索的出现，拉美"21 世纪社会主义"成为研究的热点。由于立场和视角不同，学者们的观点有较大差异，在对拉美地区社会主义的评价方面缺乏共识。

第二章 拉美地区社会主义
发展的多样性

　　拉美地区社会主义思想和理论源远流长，早在 19 世纪中期社会主义思想就从欧洲传入拉美地区。最先传入的是欧洲的空想社会主义思想，随后欧洲的各种社会主义思想也传入拉美地区。从 19 世纪 70 年代起，马克思主义和科学社会主义思想在拉美获得较大范围的传播。社会主义思想的传入，推动了拉美早期工人运动的发展，促进了无产阶级意识的形成。随着社会主义思想影响的扩大，拉美地区无产阶级的组织性加强，出现了一些社会主义性质的政党和政治组织。19 世纪末 20 世纪初，阿根廷、智利、巴西、古巴、乌拉圭等国家陆续建立社会党，第二国际的社会主义思想是这些党的指导思想。1917 年俄国十月革命胜利在拉美地区引起强烈反响，一些拉美国家的共产主义者对社会党的传统改良主义日益不满，从社会党中分裂出来，建立独立的共产党；还有一些拉美国家的共产主义小组和马克思主义小组实现联合，成立了共产党。第二次世界大战以后，拉美地区社会主义的发展呈现出多样化和多样性特点。共产主义、社会民主主义和形式多样的民族社会主义实践探索经历多重磨难，在逆境中生存，在曲折中发展，在探索中前进。随着 20 世纪 70 年代末以后民主化进程不断巩固，特别是 20 世纪末以后左翼力量进一步壮大，拉美社会主义思想和实践探索出现新发展，一些拉美国家左翼执政党提出了关于社会主义的新主张，并进行社会主义实践的新探索，拉美地区社会主义思潮和运动更加丰富多彩。

第一节 拉美地区社会主义的起源

19 世纪中叶特别是 70 年代后，随着欧美资本大量涌入，拉美国家逐渐走上资本主义发展道路。经济发展带动拉美国家经济社会中开始出现一些现代化的因素，"人口增长和城市化加速；拉美作为初级产品生产者，更有效地融入世界经济中；一些地区的工业开始增长，交通运输和服务业得到改进；实行国家政治一体化和行政管理的中央集权化；社会分化加剧"①。在上述因素的作用下，拉美国家的政治、经济和社会面貌，以及社会、阶级和阶层结构均出现显著变化。工人阶级的形成、发展与壮大，不仅为社会主义思想在拉美的传播和发展创造了社会和阶级条件，也极大地推动了拉美国家工人运动的发展。

一 拉美地区社会主义思想产生的历史条件

19 世纪后半期，拉美国家经济、社会和阶级结构出现变化，为社会主义思想的传入提供了有利的经济社会条件，而无产阶级的出现和壮大，为社会主义在拉美的传播提供了必要的阶级条件，工人运动的兴起则为社会主义在拉美的传播创造了相应的组织条件。

经济条件。现代工业的出现和经济的发展为拉美社会主义思想的传播提供了基本的经济条件。工业化国家特别是欧洲国家对初级产品的需求以及外国资本的进入，推动了拉美出口增长及经济较快发展。美国和欧洲对拉美初级产品需求增加，1870—1884 年，拉美对外贸易获得快速增长，对外贸易额增长 43%；在 1853—1873 年的 20 年间，阿根廷的出口翻了七番，1877—1900 年墨西哥的出口翻了四番，1883—1889 年巴西的出口增长了 6—7 倍。②从 19 世纪后半叶开始，

---

① ［英］莱斯利·贝瑟尔主编：《剑桥拉丁美洲史》（第 4 卷），社会科学文献出版社 1991 年版，第 234 页。

② ［美］E. 布拉德福德·伯恩斯：《简明拉丁美洲史》，王宁坤译，涂光楠校，湖南教育出版社 1989 年版，第 179—180 页。

阿根廷、墨西哥和巴西等国的纺织工业从手工工场向机器生产过渡；其他拉美国家稍晚，但从 19 世纪末也开始了类似的过渡。随着外资进入和初级产品出口的增加，拉美国家的工业化逐渐发展起来。美国学者伯恩斯对拉美国家早期工业企业发展进程做了清晰的描述："开始，工业化主要涉及对天然产品的加工，以供当地消费或出口。面粉厂、炼糖厂、肉类加工厂、制革厂、木材厂、酒厂及啤酒厂在资源条件方便的地方发展起来。然后服务新行业出现了：煤气及电力事业，维修铺和铸件厂，以及建筑企业等。最后，受到保护的工业开始生产其他家庭消费的产品，主要是纺织品和加工食品。"[①] 虽然就这一时期拉美国家工业企业的结构而言，大型现代工厂依然是少数，占主导地位的是小型工厂，可是，大型机械化工厂（主要是纺织厂，以及同出口部门紧密相连的其他工业企业，如面粉加工、肉类包装等）还是获得了较快的增长。1885 年，阿根廷建立了第一家肉类屠宰冷藏企业。相关资料显示，1870 年以前，墨西哥基本没有资本主义工业企业，到 1910 年已有 146 家拥有机器生产的近代纺纱厂和织布厂；巴西的工业企业从 1889 年的 636 家增加到 1907 年的 3258 家，这些企业以纺织、家具、制鞋等为主。[②]

社会条件。现代工业的出现与发展推动拉美国家社会和人口结构的变化，为社会主义思想在拉美的传播提供了必要的社会条件。1850—1930 年拉美地区总人口呈快速上升趋势。1850 年，全地区人口为 3050 万人，1900 年达到 6190 万人，1930 年增长到 1.041 亿人。人口迅速增加导致城市化速度加快，拉美主要国家的城市人口比重均有大幅增长。在 1870—1930 年的 60 年间，阿根廷城市人口占总人口的比重由 17.3% 提高到 38.1%，智利由 15.2% 提高到 38.0%，委内瑞拉从 16.8% 提高到 36.7%。1930 年前后，古巴城市人口比重接近 30%，巴西、哥伦比亚、墨西哥和秘鲁的城市人口比重虽相对较低，

---

① ［美］E. 布拉德福德·伯恩斯：《简明拉丁美洲史》，王宁坤译，涂光楠校，湖南教育出版社 1989 年版，第 183—184 页。
② 李明德主编：《简明拉丁美洲百科全书》，中国社会科学出版社 2001 年版，第 45 页。

但也已经达到约 15%。①

阶级条件。社会结构和人口结构的变化促进了现代产业阶级的形成与发展，促进了现代工人阶级的诞生和成长，为社会主义思想在拉美的传播提供了有利的阶级条件。在拉美地区，阿根廷、巴西、智利、墨西哥、乌拉圭、古巴和秘鲁等国家的工人阶级队伍增长较快。1880—1930 年，虽然拉美绝大多数仍为农业人口，但城市工人日益成长起来。19 世纪末，拉美城市无产阶级人口约有 60 万人，加上种植园的工人和部分运输业、商业及服务业的职工，无产阶级总人口约为 150 万—200 万人。进入 20 世纪后，工业无产阶级和产业工人有较快增长。1910 年墨西哥全国人口为 1510 万人，其中产业工人接近 6 万人。1920 年巴西全国人口为 3000 万人，其中工厂工人超过 27 万人。1914 年阿根廷全国人口为 800 万人，工业企业雇员超过 24 万人。②

组织条件。拉美国家工人运动的兴起与发展，为社会主义思想的传播提供了必要的组织条件。拉美国家的工人阶级从其诞生之日起，就开始为争取和维护自身权益而斗争。随着现代工人阶级的形成与不断壮大，其组织性也不断加强，各种形式的工人运动不断发展。拉美国家工人阶级成长和壮大的过程，在一定程度上也是工人运动不断发展和深化的过程。

拉美国家的工人运动大体经历了从非政治性的经济互助到逐渐政治化的过程。拉美地区最早的工人组织是互助会。19 世纪中叶，在经济发展较发达的拉美国家和几个大国，最先出现了工匠和工人的互助会组织，参加互助会的既有作坊主，也有其雇工。起初，这类组织没有什么政治性，完全是自助和互助性质的，是工匠和工人为改善自己的生活、劳动条件而采用的集体组织形式；主要目的是互助会成员在经济上互相帮助。按照规定，会员要定期缴纳会费，在会员发生事故、生病或死亡时，互助会将给予必要救济；互助会有时也从事一些

---

① ［英］莱斯利·贝瑟尔主编：《剑桥拉丁美洲史》（第 4 卷），社会科学文献出版社1991 年版，第 235、237—242 页。

② ［英］莱斯利·贝瑟尔主编：《剑桥拉丁美洲史》（第 4 卷），第 325—326 页。

福利性事业。后来，随着欧洲社会主义特别是科学社会主义思想的传入，拉美国家的互助组织逐渐有了一些政治特色，除了成员间互助外，开始提出一些政治经济利益的诉求。

拉美国家的工人运动还经历了由自发行动逐渐转向自觉斗争的进程。从 19 世纪末起，拉美地区出现新的劳工组织，主要是由熟练工匠组成的行业工会以及由非熟练工人组成的工会。到 1920 年，主要拉美国家的城市各行业"很少没有成立工会的"①。这些工会具有现代工会组织的特征，具有抵抗团体的性质，具有一定的政治倾向性。罢工成为这些工会组织反对雇主和政府的主要手段和武器。起初，这些工会举行的罢工多属于防卫性质，罢工的主要目的是防止工资下降或工作日增加，反对一些特殊的歧视性工作条款，如不按时发放工资、工头为非作歹等。拉美国家工人早期罢工规模小，只有较少一部分工人参加，而且通常是在利益受到侵犯的情况下自发进行的。后来，防卫性罢工虽从未绝迹，但罢工的范围日益广泛，规模也越来越大，准备工作更加充分，并逐渐提出减少工时、增加实际工资和承认工会合法性等要求。1907—1913 年，阿根廷布宜诺斯艾利斯地区的工人罢工达到 1081 次。在 20 世纪的前 10 年，在布宜诺斯艾利斯，巴西的里约热内卢、圣保罗和其他城市，多次爆发全市规模或全地区范围的总罢工，使这些城市陷于瘫痪。除了罢工外，工人们还进行抵制、怠工，有时甚至进行破坏活动。

拉美国家工人阶级联合斗争的意识和行动不断发展。从 19 世纪 90 年代起，工会组织谋求团结合作的意识增强，并不断组织起来，旨在支持其他行业和其他部门工人的声援性罢工也越来越多。1901 年，阿根廷 17 个工会组织成立"阿根廷工人联合会"，1903 年其会员人数达到 3.3 万人。② 1906 年，巴西 28 个工会组织联合成立全国性的"巴西工人联合会"。1918 年，墨西哥建立了第一个具有全国性

---

① ［英］莱斯利·贝瑟尔主编：《剑桥拉丁美洲史》（第 4 卷），社会科学文献出版社 1991 年版，第 341 页。

② ［英］莱斯利·贝瑟尔主编：《剑桥拉丁美洲史》（第 4 卷），第 344 页。

影响的工会联合会"墨西哥区域工人联合会"。秘鲁、古巴、智利、玻利维亚、萨尔瓦多和乌拉圭等国家都建立了全国性的工会组织。

二 拉美地区社会主义思想和实践的早期特点

拉美地区社会主义思想最初是由欧洲传入的。来自欧洲国家的社会主义者和曾旅居欧洲的拉美进步知识分子把欧洲的社会主义思想介绍到拉美地区,并由此促成了拉美地区社会主义思想的产生。

社会主义思想在拉美地区早期的传播与扩散,有以下几个明显特征:首先,社会主义思想主要通过欧洲移民传播到拉美地区。起初,社会主义思想在拉美地区的传播主要不是在大学里,也主要不是通过"专业"学术著作传播,而是通过来自德国、西班牙、意大利等欧洲国家的移民带到拉美地区,并通过这些移民劳动者的实践进行传播的。[①] 在拉美地区,来自欧洲国家的移民最初主要集中在阿根廷、乌拉圭、智利、墨西哥等国家,因而社会主义思想也最先在这些国家得到传播和发展,并从这些国家逐渐向其他拉美国家扩展和传播。

其次,拉美地区社会主义的内涵不断扩大,从一开始就呈现出多样性的特点。社会主义思想在拉美传播的内容不断扩展,从最初的空想社会主义和其他非马克思主义的社会主义思想,扩展到后来的马克思主义和科学社会主义思想。自 19 世纪中叶起,源于欧洲的空想社会主义思想率先进入拉美,一些欧洲和拉美本土的空想社会主义信徒开始在拉美地区宣传和传播社会主义。19 世纪 50 年代以后,马克思的著作和马克思主义思想开始在拉美进步知识分子中间流传,特别是19 世纪 70 年代以后,科学社会主义思想和马克思主义学说在拉美得到广泛传播。19 世纪后半叶,社会民主主义思想传入拉美并在一定程度上得到发展。20 世纪上半叶,共产主义思想在拉美开始传播,其实践得到突破性发展。

再次,社会主义思想的传播与社会主义的实践相伴而行。伴随着

---

① Ramiro Hernández Romero, "Marx y el marxismo en América Latina", Do Rebelión, http: //www. sul-sur. com/2016/06/.

社会主义思潮的传入，社会主义逐渐成为拉美地区的一种实践活动。早在 19 世纪上半叶，拉美就出现了诸多空想社会主义的实践，例如，早在 1828 年欧洲空想社会主义的主要代表人物罗伯特·欧文（Robert Owen）曾致函墨西哥政府，要求在墨西哥得克萨斯州（原是墨西哥领土，后并入美国）和科阿韦拉州进行乌托邦实践。1854 年，维克托·孔西代朗（V. Considerant）在得克萨斯建立了名为"拉雷乌尼翁"的法伦斯泰尔。[1] 19 世纪 40 年代，在巴西奥利维拉、圣卡塔琳纳、帕尔梅特等地也创建了法伦斯泰尔。1866 年，智利空想社会主义的宣传者们在该国中部城市奇廉建立了一个法伦斯泰尔。当然，这些空想社会主义的实践最终都毫无例外地失败了。在马克思主义思想传播过程中，也一直伴随着科学社会主义的实践活动。1871—1875 年，在墨西哥、乌拉圭和阿根廷建立了第一国际的支部；19 世纪 90 年代后半期和 21 世纪初，在社会主义思想较发达的阿根廷、智利、巴西、乌拉圭、古巴、墨西哥、厄瓜多尔、玻利维亚、秘鲁等国家，先后建立了社会党；1917 年俄国十月革命后，拉美国家相继建立了共产党。此后，在社会主义思想和马克思主义思想指导下，上百万拉美进步人士锲而不舍地从事建立社会主义制度的实践活动，许多共产主义者和左翼进步人士为此甚至不惜牺牲，把生命奉献给了拉美人民的解放斗争。

最后，拉美地区社会主义思想经历了从欧洲化到本土化的漫长发展历程。社会主义思想最初是从欧洲传入拉美，后来拉美各国又出现了各式各样的本土社会主义思潮和实践，各种思想及其实践越来越多地具有了浓厚的拉美印记。随着历史发展进程的推进，虽然有一些社会主义思潮归于衰落，但多样性和本土性一直是拉美社会主义思想和实践的主要特点。从 19 世纪中叶开始，拉美就存在多种社会主义思潮。20 世纪以后，社会民主主义、科学社会主义、基督教社会主义、托派社会主义，以及各种形式的民族社会主义，都在拉美地区得到一定的

---

[1] 法国空想社会主义者夏尔·傅立叶（Charles Fournier）为自己的理想社会设计了一种名为"法朗吉"的"和谐制度"，并为这个制度绘制了一套建筑蓝图，蓝图中的建筑物叫"法伦斯泰尔"，是法郎吉全体成员共同生活和工作的地方。（参见中共中央编译局世界社会主义研究所《新编世界社会主义词典》，上海辞书出版社、中央编译出版社 1996 年版。）

发展空间，并与拉美的现实更加紧密地融合在一起，具有浓厚的本土化特色。拉美各种社会主义思想和流派在竞争中共存，在斗争中发展。

第二节　拉美地区社会主义发展的多样性

社会主义流派众多，各种社会主义流派在拉美地区都得到一定程度的发展。社会主义思想在拉美地区的成长，经历了从 19 世纪上中叶空想社会主义传播到 19 世纪中下叶马克思主义思想传播与实践探索，从 19 世纪后半叶社会民主主义思想发展与初步实践到 20 世纪上半叶共产主义思想在拉美发展与实践的漫长历程。各派社会主义在拉美传播、发展和成长的历程，也是拉美社会主义不断本土化和多样化发展的过程。

一　空想社会主义的传播与发展

19 世纪上中叶是空想社会主义思想传播的时期，空想社会主义思想在拉美（特别是在阿根廷和墨西哥）产生了一定程度的影响。19 世纪 50 年代，欧洲的空想社会主义者曾到拉美地区活动，并在该地区找到一些追随者，圣西门、傅立叶等人的空想社会主义思想在拉美得到一定程度的传播。[①] 1845 年空想社会主义的追随者在巴西里约热内卢创办了《社会主义杂志》，宣传空想社会主义思想，这是社会主义者在拉美地区出版的第一份刊物。埃斯特万·埃切维里亚（Esteban Echeverría）是阿根廷人，曾在法国居住 5 年，深受法国空想社会主义者圣西门（Comte de Saint-Simon）和皮埃尔·勒鲁（Pierre Leroux）学说的影响；他于 1837 年和 1838 年在阿根廷分别创办"五月协会"和"青年协会"，宣传空想社会主义思想；1846 年，埃切维里亚在乌拉圭首都蒙得维的亚发布"五月协会社会主义宣言"（*Dogma Socialista de la Asociación de Mayo*）。智利人马丁·帕尔马（Martín Palma）、巴西人若泽·伊格纳西奥·德阿布雷—利马（José Ignacio de Abreu e Lima）也以

---

① Antonio Salamanca Serrano，"Marxismo en América Latina"，http：//refudacion. com. mx/revistas/index（2018 – 01 – 22）.

各种形式在各自的国家宣传乌托邦主义和空想社会主义思想，例如，1855 年德阿普雷出版了题为"社会主义"的著作，系统介绍其本人的乌托邦社会主义思想。空想社会主义者除了宣传外，还在拉美地区进行了空想社会主义的实践活动，墨西哥、智利、巴西等国家都出现了类似的实践活动。希腊人普洛蒂诺·罗达卡纳蒂（Plotino Rhodakanaty）1861 年到墨西哥后，出版一本《社会主义手册或傅立叶学说要义》（*Cartilla socialista o sea Catecismo elemental de la escuela de Charles Fourier*）的著作，详细分析了乌托邦社会主义在拉美地区的实践经验。[1]

二　马克思主义思想的传播与实践探索

从 19 世纪中叶以后马克思主义（科学社会主义）思想在拉美地区获得广泛传播。同时期，马克思主义著作不断被介绍到拉美。共产主义者同盟成员、马克思的朋友格奥尔格·威尔斯（Georg Weerth）曾于 1853—1855 年旅居中美洲和南美洲地区，积极宣传马克思主义，他于 1856 年在古巴哈瓦那逝世。1854 年格奥尔格在智利首都圣地亚哥的书店里公开出售马克思《哲学的贫困》等著作。从 19 世纪 70 年代起，流亡到拉美的第一国际成员把马克思主义带到拉美，并在一些国家先进的知识分子中找到了支持者和信仰者。马克思主义思想的传播起初也主要集中在欧洲移民较多的阿根廷、智利和墨西哥等国家。西班牙和厄瓜多尔学者安东尼奥·萨拉曼卡提到，1884 年 6 月马克思和恩格斯合著的《共产党宣言》在墨西哥出版，1895 年阿根廷开始出版《资本论》。[2]

阿根廷接收的欧洲移民较多，自然也成为拉美社会主义思想传播的主要阵地。1872 年，在阿根廷首都建立第一国际的法国支部，随

---

[1]　Antonio Salamanca Serrano，"Marxismo en América Latina"，http：//refudacion. com. mx/revistas/index（2018 – 01 – 22）.

[2]　Antonio Salamanca Serrano，"Marxismo en América Latina"，http：//refudacion. com. mx/revistas/index（2018 – 01 – 22）. 关于马克思一些重要著作在拉美出版时间的叙述，说法各不相同。根据祝文驰等所著《拉丁美洲的共产主义运动》，马克思恩格斯的《共产党宣言》1888 年在墨西哥出版，认为这是马克思的著作在墨西哥用西班牙文首次出版，这比萨拉曼卡所说的时间晚了 4 年。

后又建立了意大利支部和西班牙支部，成员以在阿根廷居住的这些欧洲国家的侨民为主，每个支部都建立了领导机构中央委员会；为了更好地协调这些支部的活动，还成立了一个联合委员会，负责三个支部的统一领导。在阿根廷的其他城市，也建立了类似的工人组织和小组，1874年在科尔多瓦和罗萨里奥建立了工人组织，自称是第一国际的"第四支部"，一些大学生也参与该支部的活动。19世纪70年代中期，德国社会民主党在德国国内受到迫害，该党一些党员及社会主义分子移居阿根廷，为社会主义思想在拉美的传播和运动的开展提供了新血液。1882年德国社会党人在布宜诺斯艾利斯成立革命组织"前进俱乐部"，主要从事团结和教育工人的工作，并出版了《前进报》，宣传马克思主义思想。阿根廷代表还参加了1889年在巴黎召开的第二国际成立大会。

墨西哥是拉美马克思主义和科学社会主义思想传播与发展的另一个重要平台。1869年第一国际在墨西哥的支持者圣地亚哥·比利亚努埃瓦（Santiago Villanueva）在当地工人中散发《国际工人协会章程》的小册子，使马克思主义在墨西哥的影响迅速扩大。1870年，在比利亚努埃瓦等人的领导下，成立"劳动者组织中心"。同年9月，改称"墨西哥工人大团结"，这是墨西哥也是拉美地区成立的第一个无产阶级组织。1871年，其机关刊物《社会主义者》周报第一期问世，明确提出其任务是捍卫无产阶级的权利和利益。1874—1875年，墨西哥还出现了第一国际的支部，并与在纽约的国际总委员会建立了联系。[1] 1878年7月，墨西哥成立了第一个社会党（1881年该党被当局查封），并出版《社会革命报》宣传马克思主义的原则，宣称要划清真正的社会主义和假社会主义之间的界限。

由于巴西独立后在相当长的时期内存在着奴隶制度和帝国体制，马克思主义的传播受到一定程度的限制。但是从19世纪70年代起，巴西的知识分子和学生不顾当局禁令，利用报纸、传单和口头宣传，

---

[1]　祝文驰、毛相麟、李克明：《拉丁美洲的共产主义运动》，当代世界出版社2002年版，第38页。

在工人中宣传马克思主义。在乌拉圭和古巴等国家，马克思主义思想也得到一定程度的传播，并为当地一些先进阶层和进步分子所接受。

三　社会民主主义思想的发展与初步实践

19世纪后半叶，社会民主主义思想在拉美得到一定程度的发展。19世纪90年代以后，拉美国家的工人阶级队伍不断壮大并趋于成熟，工人阶级的斗争形式也趋于多样化，工人运动进入一个新阶段。社会主义和马克思主义思想的传播，以及工人运动的兴起，促进了一批无产阶级政党和组织的建立，拉美各国陆续建立了社会主义性质的政党（阿根廷和巴西1892年，智利1898年，古巴1899年），社会主义思想的发展和社会主义实践运动因而进入了一个新时期。

1892年阿根廷社会党建立（起初叫社会主义联合会，1894年改组为社会主义工人党，1896年改名为社会党）。该党的党员既有来自法国、德国、意大利等欧洲国家的公民，也有阿根廷本国公民，例如1896年该党共有833名党员，其中阿根廷人387名，其他是侨居阿根廷的欧洲人。1896年，党代表大会通过的《原则宣言》体现了该党的主要主张。在政治方面，该党认为，无产阶级的唯一目标是社会主义，党制定政治路线的目的是建立社会主义；要求实行更大程度的民主，主张现阶段党应参加议会斗争，呼吁各行会组织和联合会都要劝说其成员在选举中投社会党的票。在社会方面，主张更大程度的社会正义，尊重工人权利，制定尊重劳工权利的计划，通过政治行动，制定能够保护劳工权利的劳工法。在党的组织方面，允许没有取得阿根廷国籍的外国移民加入政党，把选区委员会作为党组织的基础，而不是把支部作为基础，以保证无产阶级占绝大多数。阿根廷社会党成立后，领导工人为争取8小时工作制、废除教会学校、实行统一累进税、争取组织工会和罢工自由等进行了斗争，为宣传马克思主义做了大量工作。党的总书记胡安·胡斯托（Juan Bautista Justo，1865—1928）把马克思的《资本论》第一卷翻译成西班牙文在西班牙马德里和拉丁美洲其他地区出版发行。然而，阿根廷社会党党内存在不同的派别和政治倾向，在开展斗争的方式问题上始终存在分歧，并逐渐演变成马克思主义和改良主义之间的斗争。1918 年，马克思主义者从社会党内分离出来，建立了独立的阿根廷共产党。

1892 年，在巴西里约热内卢召开首次社会主义者大会，成立了巴西社会主义工人党。党确定的任务是组织工人为实现 8 小时工作制、建立工会、建立社会保险而斗争。与此同时，在港口城市桑托斯还成立了巴西第一个马克思主义小组"社会主义中心"。到 1896 年，巴西已经有好几个科学社会主义小组或中心在工人中间开展活动，其中圣保罗的社会主义中心影响最大，该中心还出版了巴西第一份宣传科学社会主义思想和马克思、恩格斯著作的报纸《社会主义者报》。

1898 年，智利社会党成立。1896 年前后，智利出现了"社会主义中心"和"工人兄弟联合会"两个工人阶级的组织。1897 年，这两个组织联合成立"社会主义联盟"，联盟的目的是"宣传和阐述科学社会主义思想，以这种方式为建党奠定基础"；同年 12 月，在联盟的基础上成立社会党，但党内有自由派和集权派两个派别。1898 年，该党的集权派同从民主党退出来的部分人一起建立"弗朗西斯科·毕尔巴鄂社会主义工人党"，1900 年改称社会党。由于党内左翼和右翼、马克思主义者和无政府主义者之间争斗不断，该党不久即告解体。1901年 7 月左翼社会主义者在港口城市瓦尔帕莱索建立社会民主党。

1899 年，古巴社会党建立。1892 年何塞·马蒂（José Julián Martí Pérez，1853—1895）领导建立了古巴民主主义革命党，并创办《祖国报》宣传民主主义革命思想，在工人中产生了一定的影响。由于该党存在严重的组织和政治缺陷，影响力逐渐减弱，党组织也逐渐瓦解。1899 年，古巴一批进步知识分子着手重建工人党，后改称社会党，但该党也是昙花一现，寿命不长。1900 年，古巴又出现了一个名为人民党的组织。

1902 年，乌拉圭社会党正式成立。19 世纪末，邻国阿根廷社会主义运动的兴起推动了乌拉圭本国社会主义运动的发展，乌拉圭出现了好几个马克思主义小组。1896 年，乌拉圭的数个社会主义小组联合成立"工人社会主义者中心"，后来该中心与一些工会的行会组织合并，组成"劳动者联盟"。不久该联盟又和青年知识分子及大学生联合组成"马克思中心",该中心就成了后来社会党的雏形。

综上所述,虽然拉美国家在 19 世纪后半叶建立了一些社会党[①],但这些党的建党过程异常复杂,党的影响也相对有限。这些党早期是工人阶级政党,甚至信奉马克思主义的阶级斗争学说,在传播马克思主义和组织工人斗争方面起过积极作用,但在理论、组织方面还不成熟。这些党都是在第二国际以及欧洲社会党的影响下建立起来的,有些国家的党(如阿根廷、乌拉圭和智利社会党)还参加了第二国际,自成立之日起就受到当时在欧洲地区盛行的各种机会主义思潮的严重影响。建党后,一些党内部派别严重,在指导思想、斗争方式和斗争策略等问题上存在严重分歧,党组织不断出现分裂,一些党甚至只是昙花一现。在 1917 年俄国十月革命之后,拉美国家各社会党内部在如何对待无产阶级革命和新生的苏维埃政权问题上发生严重的意见分歧,最终导致党组织的分裂。[②]

值得指出的是,在秘鲁、哥伦比亚、委内瑞拉、厄瓜多尔和巴拉圭等国家,工人运动和社会主义思想在这一时期也得到一定程度的传播,但并没有像阿根廷、乌拉圭、智利等国家那样正式或成功地建立起社会党的组织机构。[③]

四　共产主义思想的发展与实践

20 世纪上半叶,共产主义思想在拉美的发展与实践不断推进。拉美地区的马克思主义者和共产主义者具有组织信念强、革命热情和政治素质高的特性,因此"拉美地区是布尔什维克主义的沃土"[④]。

---

① 关于拉美各国社会党建立的时间,相关文献的描述并不完全一致,例如萨拉曼卡认为,古巴社会党成立于 1906 年,智利社会党成立于 1899 年。

② 肖楠等编写:《当代拉丁美洲政治思潮》,东方出版社 1988 年版,第 17 页。

③ 这些国家有的后来也建立了社会党,但建党时间较晚,例如,1919 年建立秘鲁社会党,1911 年建立墨西哥社会主义工人党。此外,1918 年以前,墨西哥不少州都建立了社会主义小组,1919 年举行第一次全国社会主义者代表大会,成立墨西哥马克思主义社会党,后该党改称共产党。

④ 〔南非〕达里尔·格雷泽、〔英〕戴维·M. 沃克尔编:《20 世纪的马克思主义——全球导论》,凤凰出版传媒集团、江苏人民出版社 2011 年版,第 255 页。

20 世纪 20 年代前后，随着拉美各国共产党的相继建立，马克思主义和科学社会主义在拉美的传播与发展进入新阶段，加剧了革命的共产主义者与改良的民主社会主义者的斗争和分化。

　　俄国十月革命的胜利（1917）和共产国际的建立（1919），进一步推动了马克思主义与拉美的"对话"。"俄国的革命发生在一个适合于共产主义运动在拉丁美洲发展的时期。第一次世界大战的结束带来了经济衰退。失业增加，实际工资下降，在好几个国家发生了时常受到相当大的暴力镇压的罢工浪潮。"① 在十月革命的鼓舞下，许多国家陆续建立了共产党。有些国家（阿根廷、巴西、哥伦比亚、古巴、智利、秘鲁、萨尔瓦多）的共产党是建立在工人阶级组织基础上的，群众基础较扎实，政治影响力较大。有些国家共产党的成员及其影响则主要局限在作家、学者等知识分子和学生等群体当中，在一般工人和农民劳动者中基础较薄弱，政治影响力相对较弱。②

　　拉美国家共产党的建立经历了特殊的过程，各国建党历程和方式不尽相同。首先，拉美国家共产党建立过程较长，各国建党时间早晚不一。在经济较发达、无产阶级队伍较大、工人运动基础较好、社会主义思想影响较强的拉美国家（如阿根廷、巴西、墨西哥、秘鲁、乌拉圭、墨西哥、古巴等），共产党成立时间相对较早，共产党组织在 20 世纪 20 年代以前就已经建立起来。阿根廷社会党内的左翼于 1918 年从社会党内分离出来，建立国际社会党，1920 年改名为阿根廷共产党。阿根廷共产党被认为是拉美地区第一个共产党组织。1919 年 9 月，墨西哥马克思主义社会党成立，同年 11 月改称墨西哥共产党。乌拉圭 1921 年 4 月正式建立共产党；智利共产党于 1922 年 1 月正式成立；1922 年 3 月巴西共产党举行成立大会；1925 年 8 月

---

　　① ［英］莱斯利·贝瑟尔主编：《剑桥拉丁美洲史》（第 6 卷下），当代世界出版社 2001 年版，第 177 页。

　　② 拉美学者也有不少研究共产主义在拉美传播的著作，如 Elvira Concheiro, Massimo Modonesi, Horacio Crespo（coordinadores），*El Comunismo：Otras Miradas desde América Latina*，segunda edición aumentada，CEEICH-UNAM, México, 2012.

古巴共产党正式建立；1928 年 2 月巴拉圭共产党建立；1928 年 10 月秘鲁共产党建立。

从 20 世纪 30 年代到 40 年代中期，拉美国家共产党的影响力进一步扩大。已经成立的共产党组织得到巩固，党的影响力不断扩大。与此同时，在此前尚未建党的厄瓜多尔、萨尔瓦多、委内瑞拉、哥伦比亚等国家，也先后成立了共产党。1926 年 5 月，厄瓜多尔社会党正式建立，1931 年 10 月改名为共产党。1930 年 3 月法拉本多·马蒂（Augustín Farabundo Martí Rodríguez，1893—1932）等人领导建立了萨尔瓦多共产党。1935 年，委内瑞拉革命党建立，不久改名为民族民主党；1937 年发生分裂，共产党人退出后成立独立的委内瑞拉共产党。1926 年哥伦比亚革命社会党建立，1930 年改名为共产党。

20 世纪 40 年代中期以后，又有一些拉美国家先后成立了共产党。1942 年，多米尼加建立革命民主党，1946 年改名为人民社会党，1965 年改名为共产党。玻利维亚在 20 世纪 20 年代虽建立了一些共产主义小组，但没有正式建立共产党；一直到 1950 年玻利维亚共产党才正式建立。1954 年，洪都拉斯马克思主义小组召开秘密会议，成立洪都拉斯共产党。① 海地共产党的建立过程较为曲折。1932 年海地各地的马克思主义小组实现联合，成立了海地共产党，但由于受到政府的镇压，该党名存实亡。1959 年，海地共产党人建立人民统一党，1969 年与人民民族解放党（1954 年成立）合并成立海地共产党。

其次，拉美国家共产党的建立方式不尽相同。拉美国家共产党的建立方式主要有三种：一是共产主义者从传统社会党中分裂出来，建立独立的共产党。如前所述，阿根廷社会党内的左翼于 1918 年从党内分离出来，建立了国际社会党，1920 年改名为共产党。1921 年 4 月建立的乌拉圭共产党也源于社会党的分裂。1920 年乌拉圭社会党在是否参加共产国际的问题上发生分歧，多数派召开特别代表大会，决定改名为共产党。委内瑞拉共产党的建立也属于此类。

---

　　① 1924 年曾成立中美洲共产党，洪都拉斯共产党作为其支部开展活动；1927 年洪都拉斯数个共产主义小组联合组成洪都拉斯共产党，后因政府镇压而被迫停止活动。

二是由若干马克思主义小组或共产主义小组合并组成共产党。1918 年，墨西哥建立了第一批共产主义小组，1919 年 9 月召开第一次共产主义小组的代表大会，决定建立墨西哥共产党，并加入共产国际。智利共产党 1922 年 1 月正式成立，该党是以 1912 年成立的社会主义工人党为核心，联合一些革命小组和先进工人干部组建而成。1922 年 3 月建立的巴西共产党，也是由各个共产主义小组联合组成的。1925 年 8 月，古巴举行社会主义和共产主义小组代表大会，正式建立了古巴共产党。1928 年 2 月，巴拉圭的一些共产主义小组的代表召开会议，建立巴拉圭共产党。海地、洪都拉斯共产党的建立情况也大体与之相同。

三是将社会党直接改名为共产党。1928 年 10 月，马里亚特吉等人建立秘鲁社会党，1930 年 5 月，秘鲁社会党改称秘鲁共产党。1930 年哥伦比亚革命社会党（1926 年建立）改名为共产党；1931 年厄瓜多尔社会党（1926 年建立）改名为共产党。多米尼加共产党也属于此类。

拉美社会主义实践探索并非一帆风顺，而是经历了曲折的发展，特别是拉美地区共产主义运动和民族社会主义的实践探索更是历经坎坷，经受了各种严峻的考验，在逆境中展现出强大的生命力和坚强的历史韧性。

第三节　拉美地区社会主义实践探索的曲折性

一　拉美地区共产主义运动的曲折发展

拉美国家的共产党从建立之日起，在不利条件和艰苦环境中，为探索马克思主义与拉美现实相结合、探索社会主义在拉美的发展道路进行了艰苦卓绝的斗争，既取得了一定的发展，也遭遇了多次重创。

拉美国家共产党在建立之初，在组织建设、理论思想、斗争策略等方面都存在严重缺陷，在很大程度上受苏联和苏联共产党教条主义的束缚和影响。罗纳尔多·孟克指出，俄国革命之后，俄国（苏联）共产党和"共产国际开始支配拉美的马克思主义运动，直到 1959 年的古巴革命"①。一些拉美国家的共产党脱离本国国情，盲目照搬苏联共产党的经验和指示，表现出严重的教条主义倾向。然而，拉美各国共产党在争取民族独立，开展工人运动，维护劳工权益，参加议会选举，反对专制独裁统治等方面做了大量工作，开展了各种形式的斗争。智利、古巴共产党在建立统一阵线方面进行了卓有成效的探索，巴西、厄瓜多尔等国家的共产党还开展了武装斗争的尝试。

20 世纪 40 年代，一些拉美国家的共产党积极从事合法斗争并取得不小收获。古巴、智利等国家共产党领导的人民阵线运动取得显著成绩。古巴共产党在 1940 年获得 10 个议席，100 多个市议员席位；1943 年古巴共产党员胡安·马里内略（Juan Marinello y Vidaurreta）出任政府不管部长，成为拉美第一个担任政府部长的共产党人。1944 年，厄瓜多尔共产党员进入政府任职。早在 1936 年，智利共产党就参加了由左翼进步力量组成的"人民阵线"（这是拉美最早的人民阵线）；在 1937 年议会选举中，智利共产党获得 1 个参议院和 7 个众议院席位；1941 年获得 3 个参议院和 17 个众议院席位；1946 年得到 3 个政府部长职务，成为继古巴和厄瓜多尔后第三个参政的拉美国家的共产党。1944 年哥伦比亚共产党在参议院获得 1 个席位，在众议院获得 4 个席位，在省议会获得 17 个席位，在市议会获得 50 个席位。

1945 年世界反法西斯战争的胜利，为拉美国家共产党的成长提供了有利环境。"第二次世界大战期间，拉丁美洲的共产主义运动，由于投入反法西斯运动的结果并由于人们对苏联为战争做出的努力的钦佩，享有异常高的声誉。"② 许多拉美国家共产党的力量有所增长，政治影响力提升，全地区党员人数从 1939 年的 10 万人增加到 1947 年的 50 万人。然而，随着 1947 年后东西方冷战局面的形成，拉美国家的共产党成为冷战的"受害者"和牺牲品。许多拉美国家的政府追随美国，执行反共政策，共产党被宣布为非法组织，几乎所有共产

---

① ［南非］达里尔·格雷泽、［英］戴维·M. 沃克尔编：《20 世纪的马克思主义——全球导论》，凤凰出版传媒集团、江苏人民出版社 2011 年版，第 255 页。

② ［英］莱斯利·贝瑟尔主编：《剑桥拉丁美洲史》（第 6 卷下），当代世界出版社 2001 年版，第 201 页。

党都被迫转入地下，斗争环境恶化。在政府中担任职务的共产党人被扫地出门，共产党议员被剥夺议员资格，共产党人受到迫害。在不利的政治环境下，拉美国家共产党的人数从 50 万人降到 1957 年 13.5 万人。[①] 许多共产党不得不放弃实施了十多年的"人民战线"策略，重新把反帝作为斗争目标，寻求建立"反封反帝的广泛阵线"。

20 世纪 50 年代后半期以后，随着国内政治环境和苏联外交战略的改变，拉美共产党也再次转变斗争策略。1956 年苏共"二十大"提出与资本主义和平共处的战略，拉美许多国家共产党的领导层纷纷追随苏联共产党，重新执行改良主义路线，放弃了执行十年之久的"反封反帝的广泛阵线"策略，再次追寻"议会道路"。在这一时期，拉美国家（哥伦比亚、委内瑞拉、秘鲁）一些独裁政权被推翻，国内政治环境有所改善；一些拉美国家废除了反共法令，共产党的生存环境有所改善，不少国家的共产党重新获得合法地位。许多共产党开始热衷于与本国资产阶级合作，力图实现"资本主义阶段"的发展目标，摆脱封建主义，为共产主义胜利创造条件。[②] 拉美不少国家共产党的领导层盲目追随苏共，频繁改变斗争策略的做法，在各自党内激起强烈反响，引起一些党员的疑虑和不满，埋下了党内分裂的隐患。

20 世纪 60 年代以后，拉美地区出现有利于革命的形势，共产党的活动趋于活跃。1959 年，古巴革命的胜利在拉美地区产生深远影响，拉美左翼力量和共产党纷纷模仿古巴模式开展反对独裁政府的武装斗争，在约 20 个拉美国家出现了上百支反政府游击队。由于误判形势和发动群众不力，这些反政府游击活动多归于失败，只有哥伦比亚、秘鲁等国游击队的活动长期坚持下来。与此相反，智利共产党于 20 世纪 50 年代末重新获得合法地位后，一直热衷于走合法的议会道路，积极参与各类选举，连续获得数个参议院席位和十几个众议院席

---

① 祝文驰、毛相麟、李克明：《拉丁美洲的共产主义运动》，当代世界出版社 2002 年版，第 145 页。

② Antonio Salamanca Serrano，"Marxismo en América Latina"，http：//refudacion. com. mx/revistas/index（2018 – 01 – 22）.

位。在1961 年、1965 年和1970 年大选中，智利共产党与社会党等左翼力量结成统一战线，支持社会党领袖阿连德（Salvador Allende Gossens，1908—1973）参选总统。1970 年，阿连德当选总统并执政后，智利共产党在联合政府中获得 3 个部长职务、6 个省长职务，在参议院 50 个席位中占 6 席，在众议院 150 个席位中占 25 席①，成为主要参政党；党员人数增加到近 20 万人。智利共产党的议会道路成为通过合法手段成功获得政权的典型，受到苏联共产党以及拉美不少共产党领导层的追捧。

20 世纪七八十年代，拉美地区的共产主义和社会主义运动总体处于低潮。1973 年，智利发生右翼军事政变，左翼的阿连德政权被推翻，智利共产党遭到取缔。20 世纪 70 年代，拉美地区军事政变频繁，除墨西哥、委内瑞拉、哥伦比亚和哥斯达黎加外，拉美地区出现清一色的威权主义军政府，共产党被宣布为非法或遭到取缔，共产党员受到迫害，党的事业遭受巨大损失。20 世纪 70 年代末和 80 年代，随着民主化进程的不断深入，拉美国家完成了还政于民的进程。在民主体制的框架下，拉美地区多数共产党重新获得合法地位并进行公开活动，党的力量有所恢复。80 年代中期，拉美国家共产党共有 50 多个，党员近百万名（其中古巴共产党占一半）。

20 世纪 80 年代末和 90 年代初，苏联解体、东欧巨变以及社会主义阵营消失，对拉美各国共产党产生强烈冲击，给拉美地区的共产主义和社会主义运动造成严重的消极影响。不少拉美国家的共产党在意识形态上陷于迷茫和迷失中，"苏联社会主义" 失败在拉美地区共产党中产生 "道义挫折"，许多党员失去了奋斗的方向和目标。作为西半球唯一执政党的古巴共产党面临着前所未有的执政困难；尼加拉瓜桑地诺民族解放阵线左翼政府在 1990 年选举中失利下台，加剧了拉美国家共产党和左翼力量的挫败感。随着冷战的结束，中美洲一些国家的反政府左翼游击队也逐渐归于沉寂。一些拉美国家的共产党出现

---

① 中共中央对外联络部拉丁美洲研究所：《拉丁美洲各国政党》，上海人民出版社1980 年版，第 375 页。

组织分裂，阿根廷、乌拉圭、玻利维亚、哥斯达黎加共产党的一些领导人对共产主义信念产生动摇，并从党内分离出去，另建社会民主主义性质的政党。一些共产党甚至改旗易帜，改变党的性质。巴西的共产党更名为社会主义人民党，宣称新党是"介于英国工党和社会民主党"之间的政党；乌拉圭共产党也宣布要走社会民主主义道路。多国共产党出现大批党员退党，阿根廷、智利、玻利维亚、秘鲁等国家共产党的党员人数均出现大幅度下降，乌拉圭共产党党员由5万人降到0.7万人。不少政党因许多党员改变信仰而出现严重的理论和组织危机。

20世纪末21世纪初，拉美地区共产党的力量得到一定程度的恢复。由于传统政党未能解决国家面临的经济政治和社会难题，导致拉美左翼力量出现群体性崛起。与此同时，拉美地区共产党在经历东欧剧变和苏联解体的考验后，也逐渐恢复了影响力。拉美各国的共产党多数已成为"合法"政党，公开参加政治动员和各种活动；巴西、智利、委内瑞拉等国的共产党员当选为国会议员或在政府中任职，以多种形式参政，增加了对政府决策的影响力。

综上所述，拉美国家的共产党经历了曲折的发展道路，历经坎坷。然而，拉美国家的共产党经受住了各种严峻的考验，不仅生存下来，还取得了发展。

二 拉美地区民族社会主义实践探索的曲折性

从20世纪中叶以后，在古巴、智利、尼加拉瓜、圭亚那、格林纳达等拉美国家陆续出现了一系列民族社会主义的实践，但这些国家的社会主义实践并非一帆风顺，结果各不相同。20世纪60年代，古巴成功实现了由民主革命向社会主义革命的转变，最终建立了西半球第一个也是唯一的社会主义国家。20世纪70年代，智利阿连德社会主义的实践被右翼军事政变所终止。尼加拉瓜桑地诺民族解放阵线的社会主义因执政党在1990年大选中失利而终结。牙买加社会主义、圭亚那合作社会主义和格林纳达社会主义的实践探索最终也无果而终。然而，进入21世纪以后，在委内瑞拉、玻利维亚和厄瓜多尔等国家，又开始了新一轮的所谓"21世纪社会主义"或新社会主义的实践。

（一）古巴从民族民主革命向社会主义过渡

1959年古巴革命取得胜利，独裁政权被推翻。这场革命的领导者是菲德尔·卡斯特罗等进步青年领导的左翼组织"七·二六运动"，而不是早已存在的古巴共产党（人民社会党）。因此古巴革命是民族民主革命，并不是一场社会主义革命。革命胜利后，以"七·二六运动"为主体的革命政府在政治、经济、社会各领域进行大规模的民主改革。在政治上，取缔反动政党，废除反动法令，没收反动分子的财产，解散旧军队。在经济和社会方面，改变旧的经济制度，建立新的生产关系，实行土地改革，对本国和外国企业实行国有化，确保充分就业，使所有劳动者都享有社会保险，实行全民免费教育和免费医疗。

在古巴民主改革过程中，在古巴的美国资本被国有化，引起美国的强烈不满。随着古巴改革的深入，美国开始采取敌视古巴新政府的态度和措施，甚至支持雇佣军武装入侵古巴，企图扼杀古巴革命。在美国对古巴进行极力打压的同时，苏联等社会主义国家对古巴给予了声援和援助。美国的威胁和社会主义国家的支持促使古巴最终倒向社会主义阵营。1961年，以卡斯特罗为中心的古巴领导层决定，将民族民主革命转变为社会主义革命，并宣布古巴是社会主义国家。同年7月，古巴三个主要革命组织"七·二六运动"、人民社会党、"三·一三革命指导委员会"合并成"革命统一组织"。1962年5月，"革命统一组织"改名为古巴社会主义革命统一党；1965年10月，在社会主义革命统一党基础上建立古巴共产党，古巴也成了迄今为止西半球第一个和唯一的社会主义国家，成为凝聚拉美左翼力量的核心。

（二）智利向社会主义过渡的失败

与古巴向社会主义成功过渡不同，智利向社会主义的和平过渡却归于失败。1970年9月，智利社会党和共产党等左翼力量组成的"人民团结阵线"在大选中获胜，随即组成以两党为核心的人民团结政府，社会党领袖阿连德出任总统，宣布要在智利建立世界上"第一个以民主、多元化和自由为式样的社会主义""树立起第二种向社会主义过渡的模式",开辟"通向社会主义的智利道路"。

智利阿连德社会主义的基本主张是:通过选举和平过渡到社会主义,首先通过选举取得行政权,然后通过选举取得议会绝对多数并掌握立法权,继而进行经济结构的变革;在资产阶级法制范围内进行社会主义的变革,"在尊重法制、体制和政治自由的条件下,改变资本主义制度";建立多元政治和经济,包括建立多党制政府,允许多元的政治观念和意识形态存在,建立多元经济成分,以公有制为主、公有制、合营和私有制成分并存。人民团结阵线政府在执政期间,实施了一系列改革措施。通过大规模国有化,把外国资本控制的铜矿,以及本国私人大型企业收归国有;进行大规模土地改革,征收大庄园主的土地,建立大量国营农场和合作社;改善中低收入阶层的生活条件,提高社会福利,提高职工工资、最低工资和最低养老金标准,增加对劳动者的各种补贴和福利。

阿连德政府的政策引起较大争议,特别是遭到企业主和农场主的激烈反对。大幅度增加社会福利的政策最终成为国家财政的负担,造成财政赤字增加,通货膨胀加剧,国内市场商品匮乏,不满情绪增加。1973 年 9 月,智利发生右翼军事政变,人民团结阵线政府被推翻,阿连德本人在政变中丧生,智利共产党和社会党遭到镇压,智利社会主义实践以失败而告终。20 世纪 80 年代以后,经过对历史经验的反思,智利社会党不再像过去那样强调党是工人阶级的先锋队,而是将其确定为"全国体力劳动者和脑力劳动者的党"[①]。90 年代以后,社会党宣布不再信仰马克思主义,尽管不要求党员放弃马克思主义的信仰。1992 年,智利社会党加入社会党国际,完成了从激进社会主义向社会民主主义的转型。

(三) 牙买加社会主义实践探索遭遇挫折

牙买加原是英国殖民地,1959 年获得内部自治,1962 年独立。

---

① 康学同主编,王玉林、王家雷副主编:《当代拉美政党简史》,当代世界出版社2011 年版,第 526 页。

在独立之前，牙买加就形成了两党政治的基本格局，牙买加人民民族党即是两个主要政党之一。牙买加人民民族党成立于 1938 年，早在 1940 年就提出"社会主义"的口号，表示该党奉行一条适合本国国情的社会主义道路，认为社会主义无论在观点还是方法上都必须是民主的，应该符合基督教原则，但该党当时并没有提出详细的纲领。1951 年，社会党国际成立伊始，牙买加人民民族党就加入了社会党国际。1974 年该党正式提出了"民主社会主义"的纲领，认为"民主社会主义"是一种社会伦理观，它不仅是理论，而且是全面的社会发展政策，目的是从政治、经济、社会各方面实现体制的变革。该党领袖迈克尔·曼利（Michael Manley）在题为"民主社会主义：牙买加"的讲话中，提出了民主社会主义的四项基本原则：坚持民主政治进程，坚持基督教原则的兄弟道义和平等，坚持平等机会、平等权利的理想，坚决制止人剥削人的现象。在经济上，主张实行"混合经济"，国营企业和私人企业并存、相互补充，但要以国营经济为主；允许外资在牙买加投资；在国家计划的指导下，保证城乡间、地区间的平衡发展。在社会政策方面，主张实行民主化的社会政策，让人民参加各种社会组织，行使权力，维护社会正义，主张工人参加企业管理和分享生产资料所有权。主张实行社会福利政策，实施救济失业者，维护妇女儿童利益，实行土地改革的政策。在上述政策指导下，人民民族党政府在执政期间（1972—1980 年）实行一系列社会经济改革和福利计划。然而，牙买加人民民族党的社会主义实践并未达到预期目标，反而加剧了经济和社会难题。到 20 世纪 70 年代末 80 年代初，牙买加经济社会形势严重恶化，财政赤字超过国内生产总值的 17%，外汇储备几乎枯竭；1979—1980 年通货膨胀率高达 45%，失业率激增，主要经济部门如旅游、糖业、建筑业等都陷入衰退。在这种背景下，人民民族党在 1980 年的大选中失利，丧失执政地位，其主导的社会主义实践也遭遇重大挫折。该党直到 1989 年才在大选中再次胜出，并于 1989—2007 年连续执政四届。1989 年重新执政后，该党对 20 世纪 70 年代执政期间的政策做出较大调整，强调实行自由市场经济和私有化①，主张由政府和各方共同出资兴办教育卫生等社会事业。尽管人民民族党的政策有较大程度的调整，但并未放弃社会主义的原则和口号。②

（四）圭亚那合作社会主义实践的终结

合作社会主义是圭亚那人民大会党及其领导人福布斯·伯纳姆（Linden Forbes Sampson Burnham，1923—1985）于 20 世纪 70 年代提出的社会主义理论和实践。在历史上，圭亚那两大政党——人民进步党和人民大会党都主张建立"正义的社会主义社会"。为了同人民进步党的社会主义相区别，伯纳姆提出了"合作社会主义"。其主要论点是：要避免资本主义社会中普遍存在的人剥削人的异化现象，必须实行合作社会主义；建立社会主义制度是目标，合作制是实现这一目标的主要渠道或工具；合作社会主义以马克思主义为主导，但不能接受共产主义国家业已准备好的思想和答案；合作社会主义的基础是合作社，合作社比国有制更先进和公正；实行合作社会主义要采用和平方式，逐步向社会主义过渡；要独立自主、自力更生地走自己的路，坚持不结盟原则，"不做东方或西方的走卒"。

伯纳姆在圭亚那执政近 20 年间，为实行合作社会主义，对国家的政治、经济和社会生活进行了一系列改革，包括颁布新宪法，宣布圭亚那是处于从资本主义向社会主义过渡的民主主权国家，国民经济将以社会所有制为基础，将根据社会主义的经济规律发展经济，合作主义将成为社会主义变革的重要原则。在经济社会方面，实行政府拥有、开发和控制国家自然资源的政策，将外资控制的重要经济部门通过赎买的方式国有化。大力发展合作社，政府设立合作社部，还建立了合作学校，开办了合作银行。

20 世纪 80 年代前期，由于圭亚那经济形势不断恶化，合作社会主义的理论和实践不断遭到批评。1985 年伯纳姆逝世后，继任的党

---

① 康学同主编，王玉林、王家雷副主编：《当代拉美政党简史》，当代世界出版社 2011 年版，第 508—511 页。

② "Constitution of the People's National Party"，Amended October 2008，70th Annual PNP Conference，https：//issuu.com/miltonmiles/docs/constitution（2018 – 12 – 25）.

的领袖和总统德斯蒙德·霍伊特（Hugh Desmond Hoyte，1929—2002）认为"社会主义不能靠空话实现"，从合作社会主义的立场后退，但仍然宣称坚持社会主义道路，重申人民大会党忠于社会主义的目标，是"社会主义政党"。1992 年人民大会党在大选中失利，执掌政权的人民进步党政府宣布不再执行合作社会主义的政策。1997 年人民大会党制定了新纲领，提出要"建设圭亚那式的社会主义"①。

（五）尼加拉瓜桑解阵社会主义的兴衰

尼加拉瓜桑解阵的社会主义实践始于 1979 年桑地诺革命的胜利。1961 年，卡洛斯·丰塞卡（Carlos Fonseca Amador，1936—1976）等人创建了桑地诺民族解放阵线（简称"桑解阵"），1963 年开始武装斗争，最终于 1979 年 7 月推翻了索摩查独裁统治，取得民主革命的胜利。革命胜利后，桑解阵曾连续执政 11 年。执政期间，在政治上推行政治多元化，允许各种政治组织自由活动，吸收其代表参与执政；在经济上实行混合经济，让国营经济（约占经济总量的 40%）与私人经济"和平相处"；推行不结盟外交，但实际上与苏联古巴关系日益密切，与美国的关系日益恶化。

桑解阵领导人曾公开表示自己是马克思列宁主义者，指导思想是马列主义和桑地诺主义，革命的方向是社会主义。然而，1985 年以后，由于国内政治冲突加剧和执政环境恶化，桑解阵不再提社会主义，时任总统丹尼尔·奥尔特加（José Daniel Ortega Saavedra，1945— ）在 1987 年宣称，尼加拉瓜"还不是搞社会主义的时候，我们的社会模式不是东欧式的，也不是古巴式的，而是斯堪的纳维亚模式的"。1990 年 2 月，桑解阵在大选中失利，在连续执政 11 年后沦为在野党，尼加拉瓜桑解阵的社会主义实践也画上了句号。2006 年，桑解阵再度执政，再度出任总统的奥尔特加宣称，自己已经不再信仰年轻时候所信仰的马克思主义。桑解阵 2012 年 8 月在其第五次全国代表大会上提出了要建立一个"基督教的、社会主义的、

①　康学同主编，王玉林、王家雷副主编：《当代拉美政党简史》，当代世界出版社2011 年版，第 292 页。

团结的尼加拉瓜"的口号。

（六）昙花一现的格林纳达"社会主义建设"

1973 年，莫里斯·毕晓普（Maurice Bishop，1944—1983）等人创建"新宝石运动"，并于 1979 年发动政变，在格林纳达建立人民革命政府。毕晓普自称是社会主义者，认为社会主义是解决本国问题的唯一办法。"新宝石运动"也自称是马克思列宁主义政党，信奉科学社会主义，主张格林纳达处于"从社会主义方向前进到社会主义建设"的阶段。毕晓普执政期间，对内主张进行社会经济改革，实行混合经济，建立人民参政的体制，对外则积极促进同苏联和古巴的友好合作关系。格林纳达社会主义的实践在某些方面有过激现象，甚至实行了过快的国有化政策，使国家经济遇到严重困难。[1] 1983 年 10 月，格林纳达发生军事政变，毕晓普遭政变军人枪杀。美国借机与 6 个加勒比国家组成多国部队，出兵格林纳达。至此，毕晓普等人推动的格林纳达社会主义实践宣告终结，其所创建的政治组织"新宝石运动"随后消失。

综上所述，拉美国家的民族社会主义实践虽不断遭受挫折和失败，但在拉美特殊的社会历史条件下，它们仍具有强大的发展潜力和顽强的生命力。进入 21 世纪后，在委内瑞拉玻利瓦尔革命、厄瓜多尔公民革命和玻利维亚社会变革的推动下，拉美民族社会主义又出现新的发展周期，并取得新的发展。

第四节　拉美地区社会主义思想和实践形式的多样性

拉美社会主义思想和实践自始至终就具有多样性的特点和多样化的发展趋势。除了共产主义思想和实践外，还有社会民主主义，以及各种形式的民族社会主义思想和实践。这些思想和实践在拉美地区都

---

[1] 参见李春辉、苏振兴、徐世澄主编《拉丁美洲史稿》，商务印书馆 1993 年版，第 634—635 页。

有其追随者，产生了特殊的影响力，展现了它们的生命力。

一　共产主义思想与实践

共产主义思潮主要是指拉美国家共产党所秉持的思想、理论和政策主张，百多年来在拉美地区的影响经久不衰。拉美国家共产党的主要主张如下：第一，在指导思想上坚持马列主义。拉美国家共产党明确地把马列主义作为指导思想，这是共产党与拉美地区其他类型左翼政党的最本质区别。拉美国家的共产党认为，在新的历史条件下，马列主义和社会主义对解决拉美的社会问题，对满足人民的迫切要求仍具有现实意义。第二，坚信社会主义能取代资本主义。拉美国家的共产党普遍认为，"社会主义仍充满活力，无论现在还是将来都是人类的希望"和"拉美人民的唯一选择"；建立一个没有资本剥削和压迫的世界是可能的，共产党应在建设社会主义新社会的历史进程中承担自己的责任。巴西共产党认为，党的最终目标是实现科学社会主义和共产主义，坚持社会主义和共产主义是巴西唯一正确的出路；委内瑞拉共产党认为，社会主义是更高级、更完善的革命民主制度，要用人民的民主国家取代资产阶级的国家，向建设社会主义的方向迈进；哥伦比亚共产党则将"打开通向人道社会主义的道路"作为党的主要活动目标。第三，强调斗争策略的多样性。在传统上，拉美国家的共产党强调武装斗争的意义，并领导和发动反对独裁政权的武装斗争。随着拉美地区民主化进程的不断深化，在新的历史条件下，拉美国家共产党的斗争策略和手段发生了根本变化，强调通过民主的方式，开展合法的斗争；许多党强调"在国家现行法律框架内开展活动"。第四，重视统一战线的策略。拉美多数共产党同其他左翼政党结成统一战线，坚持开展反对帝国主义和新自由主义的斗争。许多国家（巴西、乌拉圭、阿根廷、哥伦比亚、玻利维亚、秘鲁等）的共产党，都利用大选的时机，与国内其他进步政党、组织建立选举阵线或选举联盟，参与政治进程，从事合法斗争。第五，坚持反帝反美，无条件地支持古巴革命，支持拉美地区的左翼政府和进步政府，支持拉美地区左翼力量之间加强团结。

二 社会民主主义思想与实践

社会民主主义在拉美地区的影响持续扩展，第二次世界大战后逐渐获得主流政治思潮的地位，影响力明显提升。拉美社会民主主义的主要主张如下：首先，主张社会民主主义，既批评资本主义"野蛮"，也批评共产主义"专制"，主张走既非资本主义，也非共产主义的"第三条道路"；反对阶级斗争和暴力革命，主张阶级合作，尊崇议会道路和民主。其次，主张改良主义。赞成主张多元民主政治，主张实行多党制和竞选制，允许不同观点共存，允许各阶级参政；认为应通过由工人、农民、企业主、农场主和中间阶层组成的"多阶级联盟"实现社会民主主义；主张通过选举、思想教育对现存社会结构进行和平改造，用改良主义手段实现社会民主主义。再次，倡导社会公平正义。主张尊重个人的权利和自由，强调国家在促进社会正义方面发挥调节作用，主张建立自由、民主、平等和正义的新社会。最后，主张实行混合经济制度。认为自由经济造成贫富悬殊和两极分化，公有制经济会导致极权主义，而混合经济制度可以保证公有制和私有经济共处，保证国营、私人和合作企业共同发展。

三 民族社会主义思想与实践

拉美地区的民族社会主义具有顽强的生命力，在该地区得到周期性的成长。早在 20 世纪 30 年代，秘鲁、墨西哥等国家的社会主义者就提出具有鲜明民族特色的印第安社会主义。[①] 从 20 世纪中叶以后，在古巴、智利、尼加拉瓜、圭亚那、牙买加、格林纳达等拉美国家陆续出现了一系列民族社会主义思想和实践探索。进入 21 世纪以后，左翼政党先后在委内瑞拉、巴西、阿根廷、乌拉圭、智利、玻利维亚、厄瓜多尔、尼加拉瓜、萨尔瓦多、秘鲁等拉美国家上台执政，政

---

① 这些人包括秘鲁共产党创始人马里亚特吉，墨西哥和古巴共产党领导人梅亚（Julio Antonio Mella, 1903—1929）等，他们开始把印第安人问题看作阶级问题。[Ramiro Hernández Romero, "Marx y el marxismo en América Latina", Do Rebelión, http://www.sul-sur.com/2016/06/（2017 – 10 – 11）.]

治影响力获得大幅提升。一些左派政党掌权的拉美国家甚至明确提出社会主义的口号，其中委内瑞拉和厄瓜多尔提出的"21世纪社会主义"、玻利维亚提出的"社群社会主义"和"美好生活社会主义"影响较大，拉美一些左翼政党的领导人自称是"社会主义者"，宣称要带领各自国家进行"社会主义建设"①。拉美地区社会主义的一个共同特点是，合理吸纳本国和本地区主流思想中的合理成分，表现出浓厚的民族主义的特点。委内瑞拉左翼政党领导人查韦斯强调他的社会主义计划是从本国人民的传统和信念中有机地衍生出来的，植根于委内瑞拉和拉美历史，是"印第安—委内瑞拉的、本土的、基督教的和玻利瓦尔的"社会主义。玻利维亚左翼政党领导人莫拉莱斯强调，社会主义根植于印第安传统文明和价值观，源于其独特的社群传统。厄瓜多尔左翼政党领导人科雷亚反复强调自己的"21世纪社会主义"要适应"厄瓜多尔特色"，吸收了基督教社会主义的思想和原则。

四　托派社会主义思想与实践

托洛茨基主义于20世纪20年代就传入拉美，虽历经挫折，但顽强地生存了下来。当前，十几个国家都有托派组织在开展活动。拉美托派的理论主张包括：首先，关于世界革命论。认为任何一场革命都不可能单独取得成功并向社会主义发展，这一切只能在世界范围内发生。世界革命的中心在欠发达国家，"殖民地革命在世界革命的总过程中始终处于中心地位"。其次，关于斗争的主要内容。认为争取社会主义是唯一的斗争内容；民族的、种族的和其他类型的斗争，"都要与推翻资本主义的斗争结合起来，只有打倒了资本主义，这些问题才可逐一获得解决"。再次，关于革命的领导力量。认为农民是革命阶级的中心和轴心，农民是当代革命的领导力量；落后国家的民族资产阶级有革命的潜力，对这些国家的民族资产阶级政府应给予批评性的支持，可与之建立统一战线。最后，拉美大陆革命的思想。拉美托派提出了实现"建立中南美洲苏维埃联邦"的基本目标和实行大陆

---

① 徐世澄：《拉美社会主义运动现状和趋势》，《当代世界》2013年第11期。

革命，认为第一步先进行反帝的土地革命，然后再不间断地向社会主义推进。

拉美各种社会主义思潮的理论和政策主张既有某些共同和近似之处，也有不完全相同之处，甚至在许多方面完全相反，相互对立。特别值得指出的是，在不少拉美国家，民族社会主义和社会民主主义相互渗透、相互融合、相互包含，有时甚至融为一体，很难分清彼此。

第五节　20 世纪拉美地区社会主义发展的经验教训

纵观 20 世纪拉美社会主义思想和实践的发展，不难发现，拉美社会主义的发展与拉美国家政治发展周期具有密切的关联性，致使拉美社会主义运动发展呈现出明显的周期性。在地区和各国国内政治环境相对宽松、外部条件相对有利、左翼力量相对壮大的时期，拉美社会主义思想和实践的发展就相对顺利；反之，拉美社会主义思想和实践的发展就会遇到挫折。抛开各种客观因素，从 20 世纪拉美社会主义思想和实践发展中，依然可以总结出许多有益的经验教训。

一　如何提出符合国情的理论和政策主张

20 世纪拉美社会主义发展的最基本经验教训是，应根据本国自身的政治社会条件，提出可得到多数社会阶层认可和支持的理论与政策主张。

拉美地区社会主义流派众多，各种社会主义思想和实践在与其他流派的竞争中生存和发展着。如果社会主义的倡导者能够从拉美国家自身的政治社会条件出发，提出可以得到多数社会阶层认可和支持的政策主张，就会得到多数民众的支持，社会主义的主张就会在拉美地区生根，就会获得强大的生命力和发展空间。相反，如果社会主义的倡导者故步自封，僵化教条，政策主张脱离实际，就得不到多数民众的支持和认可，社会主义的主张也就会失去成长的空间和基础。如前所述，拉美共产党长期受苏联社会主义的影响，滋生了严重的教条主义倾向，许多党的领导层思想僵化，脱离本国国情，未能及时根据形势变化调整理论主张和政策主张，致使共产主义和社会主义在实践探索过程中不断遭遇挫折和损失。拉美的托洛茨基主义则抱残守缺，观点陈旧，其理论主张和政策主张严重落后于社会实践，不能产生广泛的社会共鸣，致使其影响受到极大的局限。与共产党和托洛茨基主义的主张相比，拉美社会民主主义更多地结合了拉美国家的历史传统和现实条件，主张相对温和，赞成改良主义而非激进革命，赞成对现存社会结构进行和平改造；主张多元的民主政治，赞成多党制和竞选制，允许不同观点共存，允许各阶级参政；既主张尊重个人的权利和自由，又强调国家在促进社会正义方面发挥调节作用。拉美社会民主主义的这些主张与拉美天主教占主导、各社会阶层求稳的社会心态极为吻合，也容易得到社会各阶层的理解和支持。这也是拉美共产主义思想和实践在拉美遇到较多阻力和障碍，而拉美社会民主主义的发展相对顺利的重要原因之一，其中的经验教训值得认真分析总结。

二　如何制定和实行符合实际的斗争策略

20 世纪拉美社会主义发展的另一个基本经验教训是，如何在实践中制定和实行正确的或符合实际需要的斗争策略。

在相当长的时期内，拉美一些社会主义政党（包括许多共产党）及其领导人没有能够制定出符合本国国情的斗争策略。党的领导层在制定路线、方针、政策时，既缺乏对马克思主义基本原理及其精髓的精准把握，也缺乏对本国国情的真正了解，没能制定出既符合国情又得到基层群众支持的战略和政策。萨拉曼卡认为，从 20 世纪 20 年代起，苏联共产党的教条主义就传到拉美，以后就一直在拉美占统治地位，具体体现为马克思主义与拉美现实脱节。他把这种状况称为马克思主义与拉美现实的"相互隔离"[①]。在 20 世纪 60 年代以前，多数拉美国家的共产党唯苏联共产党意志和指示是从，缺乏真正的理论建

---

① Antonio Salamanca Serrano，"Marxismo en América Latina"，http：//refudacion.com.mx/revistas/index（2018－01－22）.

树。由于脱离国情，不能深入群众，拉美许多共产党对本国政治、经济和社会缺乏深入了解，对本国革命应该依靠谁、团结谁、反对谁的问题始终没有给出答案，难以提出为广大群众接受和支持的纲领和计划。① 许多共产党缺乏思想理论创新，斗争策略不稳定，未能提出解决拉美各种社会难题的有效建议，甚至固守传统的政治和斗争策略，致使其无论是在武装斗争还是在选举方面，都没能取得预想的业绩，其政治影响力只集中在特定群体和特定社会阶层。同样，托洛茨基主义政党也未能在实践中制定和实行正确的理论和斗争策略，致使在拉美政治和社会生活中长期处于边缘状态。一些曾获得民众支持、长期执政的社会民主主义政党，在理论和斗争策略得当的时期，就能得到民众的支持，甚至可以长期执政。而一旦缺乏对本国国情的精准把握，一旦路线、方针、政策出现偏差，或不能根据形势变化及时调整斗争策略，也会丧失社会影响力，失去民众的支持，甚至陷于困境之中，如委内瑞拉民主行动党、秘鲁人民行动党这些老牌社会民主主义政党的衰败在这方面就留下了深刻的教训。

三 如何消除不利于社会主义成长的历史文化因素

如何适应本国特殊国情，不断消除历史文化传统中不利于社会主义思想和实践发展与成长的因素，也是 20 世纪拉美社会主义发展的基本经验教训。

拉美社会传统和政治文化的一些特性不利于社会主义思想和实践的发展。首先，拉美社会传统中存在不利于共产主义和社会主义思想成长的因素。拉美在传统上是一个思想保守的地区，保守思想占主流，一直缺乏深刻的政治和社会变革。各种改良主义占主导地位，变革思想特别是革命思想受到压制，共产主义思想更是被视为异端邪说；拉美地区的传统文化（包括天主教思想）尤其不利于共产主义思想的传播。其次，拉美国家的政治文化特性也不利于共产主义和社

---

① 郭元增、江时学：《拉美国家共产党的斗争历程》，载李慎明主编《执政党的经验教训》，社会科学文献出版社 2008 年版，第 232 页。

会主义思想的传播。拉美长期受政治混乱和暴力的困扰，社会各阶层普遍存在追求稳定和秩序的心态，这与马克思主义所宣传的革命、彻底社会变革的理论有一定的矛盾，在一定程度上削弱了马克思主义和社会主义在该地区的影响力。最后，在拉美特殊的政治环境中，一些夸夸其谈、具有个人魅力的政治家容易受到追捧，民众容易被空洞的政治口号所迷惑，甚至抱有不太切合实际的政治幻想，这也不利于马克思主义和社会主义的传播和成长，以及共产主义运动的发展。

四 如何不断推进社会主义的本土化发展

20 世纪拉美社会主义发展的基本经验表明，应把社会主义基本原理与本国国情结合起来，实现社会主义的本土化发展。

罗梅罗曾对拉美马克思主义的本土化发展进程做过专门研究，认为社会主义基本理论与拉美社会实际缺乏有机结合是拉美社会主义遭遇阻碍的重要原因。他认为，拉美的第一波马克思主义思潮具有欧洲中心论特点，是"德国社会民主主义改良和渐进的马克思主义，同时是对欧洲中心主义的模仿"；20 世纪 20 年代之前拉美基本上是照搬照抄第二国际的社会民主主义思想。20 年代以后拉美出现去欧洲中心论的潮流，一些革命者质疑欧洲中心主义，并开始从拉美的现实出发寻求革命的道路，马里亚特吉、庞塞等人就开始对欧洲中心主义和俄国中心主义持批判态度。[1] 20 世纪 30 年代中期到 50 年代末是拉美社会主义的斯大林主义化阶段；在斯大林去世以后的相当长时期内，拉美的马克思主义者也没有改变其亲苏联的倾向。20 世纪 70 年代后拉美马克思主义重回欧洲中心论，在拉美社会活动家和党员中产生混乱，造成迎合主义（conformismo），许多左翼党员和积极分子立场倒退，沉浸于后现代主义对所谓"重大事件"的分析中。[2] 罗梅罗对拉美马克思主义的本土化发展进程的分析，实际上指出了拉美社会主义

---

① 庞塞（Aníbal Ponce，1898—1938），阿根廷共产党员，作家、心理学家和政治家。

② Ramiro Hernández Romero, "Marx y el marxismo en América Latina", *Do Rebelión*, http://www.sul-sur.com/2016/06/（2017 – 10 – 11）.

发展中值得总结的经验教训，即必须把社会主义的基本原理与本国国情结合起来，实现社会主义的本土化发展。在这方面，拉美国家共产党的教训尤为深刻。20 世纪 30 年代以前，拉美国家的共产党在组织建设、理论思想、斗争策略等方面都存在严重缺陷，在很大程度上受苏联和苏联共产党教条主义的束缚和影响。一些拉美国家的共产党脱离本国国情，盲目照搬苏联共产党的经验和指示，表现出严重的教条主义倾向。1956 年苏联共产党"二十大"提出与资本主义和平共处的战略，拉美国家共产党的领导层纷纷追随苏联共产党，重新执行改良主义路线，埋下了党内分裂的隐患。由于长期盲从苏共，致使 20 世纪 80 年代末 90 年代初苏联解体、东欧巨变，给拉美的共产主义和社会主义运动以致命打击。进入新世纪以来，拉美国家的共产党根据本国国情的新变化，通过调整斗争策略，取得了重大发展，增加了对政府决策和在国家政治和社会生活中的影响力。

五　如何构建社会主义发展的组织支撑

20 世纪拉美社会主义发展的基本经验还表明，社会主义理论发展和实践探索需要强大的组织保障，需要有社会主义政党建设的支撑。

拉美的许多社会主义政党（包括共产党、托派政党、社会民主主义政党）自身存在严重的组织缺陷。包括共产党和托派政党在内的不少社会主义政党内部分歧严重，党内派别众多，党的分裂成为常态，没有形成团结和有权威的领导核心，严重削弱了党组织的统一和党的战斗力。不少社会民主主义政党在长期执政的环境下忽视自身建设，其思想混乱、组织涣散和凝聚力缺乏等固有弊端不断加剧；党内缺乏有效监督机制，党内精英阶层逐渐脱离一般党员和民众，滋生出严重的官僚主义作风和腐败习气，失去民众信任。许多传统政党因循守旧，不能根据内外环境变化推行制度和体制变革，不能代表广大民众的利益诉求，党的吸引力和感召力下降。许多民族社会主义政党理论建设缺失，不能根据形势的发展变化推进理论和思想创新，党的领导人的个人意志高于政党的原则，严重脱离一般党员，最终被时代和民众所抛弃。社会主义思想和实践探索的发展需要强大的组织保障，社会主义政党必须不断加强党的自身建设，这是拉美社会主义发展提供的一条重要经验教训。

本章小结

拉美社会主义思潮和理论源远流长，社会主义思想在拉美的传播与实践经历了漫长的历程。社会主义在拉美传播和发展的历程，也是拉美社会主义不断本土化和多样化发展的过程。拉美社会主义实践探索并非一帆风顺，特别是拉美共产主义运动和拉美民族社会主义的实践探索历经坎坷，经受了各种严峻考验，但拉美社会主义在逆境中展现出强大的生命力和坚强的历史韧性。拉美社会主义思想和实践自始至终都具有多样性的特点和趋势。共产主义、社会民主主义，以及各种形式的民族社会主义思想和实践，都在拉美地区产生了特殊的影响力，展现了它们的生命力，拥有它们的追随者。拉美地区所存在的一些不利于社会主义思想和运动发展的客观条件和环境，致使其发展呈现出明显的历史周期性。从 20 世纪以来拉美社会主义思想和发展实践留下了许多有益的经验教训。

第三章 拉美地区社会主义发展的本土化

本土社会主义或民族社会主义是拉美地区社会主义思想和实践的重要表现形式。在本著作中，拉美本土社会主义和拉美民族社会主义的含义相同，指起源于拉美国家本土，既不同于国际共产主义（包括共产党、托派政党和极端左翼政党的社会主义），也不同于社会民主主义的社会主义思想和实践。拉美民族社会主义流派众多，表现形式各异。主要有几个流派：一是完全源于拉美本土的社会主义思想或实践，如秘鲁阿普拉党创始人阿亚·德拉托雷的美洲主义或美洲社会主义思想。二是在拉美社会主义运动中主张本土化发展的流派，如秘鲁社会党创始人马里亚特吉提出的印第安社会主义。三是由拉美地区民族主义政党和组织提出的具有本土特色的社会主义思想和实践，如圭亚那人民全国大会党的合作社会主义理论与实践。① 拉美民族社会主义不仅表现在思想和理论层面，还表现在丰富多彩的实践探索上。

第一节 拉美地区社会主义的本土化发展

自马克思主义和社会主义思想传入拉美后，该地区的知识分子就一直致力于实现马克思主义和社会主义的"拉美化"或本土化。19

---

① 21 世纪以后委内瑞拉、厄瓜多尔、玻利维亚等国家的"拉美 21 世纪社会主义"和社群社会主义也属于本土社会主义的范畴。

世纪末 20 世纪初，拉美经历了马克思主义和社会主义本土化的进程。
在社会主义思想传播较早的阿根廷，该国社会党创始人胡安·胡斯托
的思想就被称为"拉丁美洲"的马克思主义。胡斯托等人不仅把大
量马克思主义著作（包括马克思的《资本论》）翻译成西班牙文，而
且致力于拉美社会主义的实践活动。经过他们的艰苦努力，来自欧洲
的社会主义在适应拉美现实方面取得了显著的进展，他们创建的理论
和实践（包括使社会民主主义适应议会斗争的实践）产生了较重要
的政治和社会影响力。罗纳尔多·孟克认为，胡斯托等人的"实证社
会主义"很好地迎合了工人的愿望以及工业家的需求；他们努力迫使
土地寡头在基本政治社会权利上做出让步，为新世界的"文明化"
做出了贡献。①

　　拉美民族社会主义或本土社会主义是在拉美地区社会主义者就欧
洲中心论和去欧洲中心论、俄国化和去俄国化的争论和探索中出现的。
1917 年俄国革命的胜利在拉美产生巨大影响，推动了拉美共产党的建
立，也加剧了拉美地区社会主义力量的分化。在对待俄国革命、拉美
社会主义道路等问题上，拉美地区的社会主义者出现分歧。虽然拉美
各国共产党内欧洲中心主义和俄国中心主义盛行，但一些革命者包括
一些优秀的共产党人开始从拉美的现实出发，寻求拉美革命的独特道
路。其中最主要和最杰出的代表人物是梅亚、马里亚特吉和庞塞。② 梅
亚是古巴共产党党员，曾是墨西哥共产党主要领导人之一，后与墨西
哥共产党在斗争策略上产生分歧而发生对抗。在这场对抗中，墨西哥
共产党内占主流地位的欧洲中心主义和斯大林主义都把梅亚视为对团
结的威胁。罗梅罗认为，梅亚是拉美革命民族主义的理论家之一，他
的思想带有拉美本土特色，因此被苏联（俄国）的马克思主义视为暖

---

① ［南非］达里尔·格雷泽、［英］戴维·M. 沃克尔编：《20 世纪的马克思主义》，
王立胜译，铁省林校，凤凰出版传媒集团、江苏人民出版社 2011 年版，第 252—255 页。
② 梅亚（Julio Antonio Mella McPartland，1903—1929）是古巴共产党的创建者，曾在
哈瓦那大学攻读法律专业，1925 年被迫流亡国外。被古巴现政府视为民族英雄。有些古巴
人把他看作斯大林和托洛茨基斗争的牺牲品。庞塞（Aníbal Ponce，1898—1938）是阿根廷
共产党员，作家、心理学家和政治家。

昧主义（eufemismo）和小资产阶级思想的代表。① 梅亚的本原性思想是把拉美的印第安人问题看作阶级问题。梅亚的这一立场此后被秘鲁共产党创始人马里亚特吉以及在印第安人口占比较大的玻利维亚和秘鲁得到坚持。当时在共产国际的影响下，拉美国家的多数共产党认为拉美具有半殖民地的特点，坚持欧洲中心主义立场，对印第安人漠不关心或重视不够，或无动于衷。但马里亚特吉、庞塞等人在这一时期开始对欧洲中心主义和俄国中心主义持批判态度。在社会主义和马克思主义本土化发展过程中，一些社会主义者（如墨西哥的隆巴多等人）虽也反对欧洲中心论，但同情俄国中心论。

20 世纪二三十年代是拉美的"革命时期"，拉美地区的社会主义者积极探索拉美革命的道路和方式，拉美民族社会主义思想也异常活跃。在与欧洲中心主义特别是俄国中心主义争论的过程中，出现了民族和本土社会主义的思想、理论和主张，这一时期最深刻的理论表现是马里亚特吉的印第安社会主义思想和阿亚等人的阿普拉社会主义思想。在这个时期，拉美地区的一些马克思主义者认为拉美的革命具有社会主义、民主和反帝的特点。马里亚特吉开创性地从拉美历史的视角分析拉美的问题，完全脱离欧洲中心主义。马里亚特吉用新的术语解释拉美的问题，在某种程度上将马克思主义拉美化。他充分肯定马克思主义对秘鲁和拉美革命的重大指导意义，非常重视把马克思主义同拉美革命实际相结合，并意识到要在拉美的现实中进一步发展马克思主义。他提出，拉美需要一种新理论，需要通过马克思主义的本土化或拉美化指导实践。他从秘鲁面临的主要问题出发对该国国情进行解释，认为秘鲁国情与以欧洲为中心或以俄国为中心的马克思主义相距甚远。他从秘鲁落后和工业刚刚起步，几乎还不存在工业人口，印第安人占多数的特殊国情出发，创新了马克思主义。他远离和超越了欧洲的马克思主义，对欧洲中心论的马克思主义、科学社会主义的马克思主义和实证主义的马克思主义均持批评态度，提出了更新的、更

---

① Ramiro Hernández Romero, "Marx y el marxismo en América Latina", http://www.sul-sur.com/2016/06/ (2017 – 10 – 11).

接近国情的马克思主义。在这一时期，还出现了所谓"异国主义"（exotismo）现象，它把拉美的特殊性绝对化，把它的文化、历史和社会结构绝对化，过度夸大其影响，"用'印第安美洲'的特殊性来裁判马克思主义自身，将其作为专门属于欧洲的教条"。典型例子是秘鲁的德拉托雷领导的秘鲁阿普拉主义，它主张马克思主义要适应美洲当时面临的各种问题，用拉美的特殊性否定马克思主义的普遍性，甚至最终走上了反对马克思主义的立场。

　　20 世纪 30 年代中期到 1959 年，拉美社会主义和马克思主义特别是拉美国家共产党内出现了一定程度的苏联化倾向，拉美本土的马克思主义传统随着 30 年代斯大林主义化进程的普遍化而中断，拉美民族的或本土的社会主义的发展受到一定程度的抑制。这一时期，对马克思主义苏联式的解释在拉美占主导地位，斯大林的革命阶段论将拉美定义为处于民族民主革命的阶段。拉美很多共产党赞成斯大林主义化，俄国中心主义风行一时。然而，拉美民族社会主义的倾向并没有消失，即使在拉美国家共产党内部，在与第三国际有密切联系的历史性马克思主义和俄国中心论面前，出现了像阿根廷共产党总书记科多维亚（Vittorio Codovilla，1894—1970）这样的战斗者，他不赞成党内俄国中心论的立场，代表了美洲次大陆特殊条件下的马克思主义，体现出马克思主义的多样化。① 萨尔瓦多共产党、墨西哥共产党内部也有一种与斯大林主义相对立的批判潮流，甚至不惜与本党的领导人决裂。然而，斯大林主义所代表的俄国中心主义占据着上风，并维持了很多年。即使在 1948 年冷战开始后，俄国中心主义依然占统治地位。在斯大林去世以后，拉美的马克思主义和共产党也没有改变其亲苏联的倾向。

　　20 世纪中叶后特别是古巴革命胜利后，拉美出现一系列民族社会主义思想和实践探索。1959 年古巴在革命胜利后，建立了西半球第一个社会主义国家，拉美马克思主义者和社会主义者从古巴的经验

---

　　①　Ramiro Hernández Romero，"Marx y el marxismo en América Latina"，http：//www. sulsur. com/2016/06/（2017－10－11）.

中得到启示和激励，试图以新的方式认识本地区的问题，推动拉美进入革命的新时期，也为本土和民族社会主义的发展开创了新条件。拉美马克思主义者重新提出和强调马克思主义的一些重要观点，马里亚特吉和梅亚反对俄国中心论和欧洲中心论的思想被应用于新的历史环境中。从古巴革命中出现的最著名的马克思主义者是格瓦拉，在他的思想指导下发展形成格瓦拉主义运动。古巴革命推动了马克思主义革命思想的革新，这一时期拉美马克思主义的革新也出现在大学里。一大批拉美知识分子创新了马克思主义的社会科学。古巴革命对新的革命运动产生了巨大影响，古巴革命后拉美出现了大量游击队组织，有些游击队坚持斗争多年。在古巴革命的影响下，一批马克思主义知识分子还积极投入社会斗争的实践中。

20 世纪 70 年代后拉美出现民族社会主义或本土社会主义发展的又一轮周期，此周期到 90 年代初步入低潮，与苏东巨变后拉美社会主义运动遭受严重冲击相一致。此轮拉美本土或民族社会主义的主要案例是智利社会主义实践探索、牙买加社会主义的实践探索、圭亚那合作社会主义的理论和实践、尼加拉瓜桑解阵社会主义、格林纳达社会主义实践等等。对于此轮拉美本土或民族社会主义的思潮和实践，本书第二章已做了简要介绍和说明，在此不再赘述。

进入 21 世纪以后，拉美地区政治生态发生重大变化，一大批左翼政党相继上台执政。一些左翼执政党试图用社会主义的理念克服传统发展模式的缺陷，消除传统经济社会模式下的各种矛盾和对抗，促进经济社会的和谐发展。在这种背景下拉美地区又出现新一轮本土和民族社会主义思想和实践。委内瑞拉、厄瓜多尔、玻利维亚等国家左翼执政党根据本国国情，先后提出"21 世纪社会主义"、印第安或社群社会主义、"现代社会主义""美好生活社会主义"的理念和主张，并积极进行本土和民族社会主义的探索实践。这些国家的社会主义思想和实践既不同于拉美共产党所主张的社会主义，又不属于社会民主主义思想和实践的范畴，而是带有浓厚的本土和民族特色，强调拉美国家的历史传统和文化，强调本国的国情。这些新出现的本土或民族社会主义思想和实践，丰富了拉美社会主义发展的多样性。对于进入

21 世纪以后出现的拉美本土或民族社会主义，本书第八章将做详细分析和研究。

第二节 印第安社会主义及其理论特色

一 马里亚特吉及其印第安社会主义

何塞·卡洛斯·马里亚特吉（1895—1930）是秘鲁和拉美杰出的马克思主义思想家，是秘鲁社会党（秘鲁共产党的前身）的创始人和首任总书记。他出身贫苦，十几岁起就在报社当学徒。他勤奋好学，成为著名记者，为几家报社撰写新闻稿、评论文章和诗歌，并积极参与秘鲁工人运动和反独裁统治的斗争，1919 年被迫流亡欧洲。在流亡期间他接受了马克思主义，阅读了大量马克思、列宁、葛兰西、托洛茨基等人的著作，对欧洲社会主义运动和工人运动的实践有了感性认识。1923 年马里亚特吉结束流亡回国后，到处作报告、写文章，向秘鲁学生、知识分子和劳动者介绍欧洲形势，宣传马克思主义和社会主义思想，并运用马克思主义方法研究秘鲁历史和现实，摸索秘鲁革命的道路。1924 年因患骨癌被截去左腿后，仍在轮椅上坚持工作和写作，体现出一个真正的社会主义者的坚毅品质。1928 年 10 月他领导创建秘鲁社会党并任总书记。1930 年 4 月 16 日在秘鲁首都利马病逝，年仅 36 岁。马里亚特吉生前不同意将秘鲁社会党改名为共产党。在其病逝后，秘鲁社会党才于 1930 年 5 月 20 日改名为秘鲁共产党。

马里亚特吉最重要的理论贡献是其创建了印第安社会主义理论和学说。简单地说，马里亚特吉主张将马克思主义的普遍真理同秘鲁本国国情相结合，倡导具有秘鲁和拉美特色的社会主义思想，提出了"印第安美洲的社会主义"的思想和主张。马里亚特吉认为，在秘鲁通过发展资本主义消除封建制的道路是行不通的，因为"民主—资产阶级政权没有消除秘鲁的封建制"[①]，唯一的出路是进行社会主义革

---

① ［秘鲁］莫妮卡·布鲁克曼：《马里亚特吉的革命理论与实践》，白凤森译，社会科学文献出版社 2016 年版，第 117 页。

命；在反对资本主义的范围内进行反封建的斗争，这就是秘鲁社会主义革命的两重性和特殊性。他主张"社会党要使自己的实践适应国家的具体情况"①，把自己的实践同秘鲁的实践结合起来，强调秘鲁马克思主义的民族和文化根源；他认为，马克思主义的普遍性在于它能够更好地领悟发源地之外的现实，并且能够在这个新的现实之中以原始力量的面目去实施。对马里亚特吉来说，马克思主义要成为一种对秘鲁社会现实的真正表达②，要"从理论和科学的观点出发，提出、阐明和认识秘鲁的问题"。"他唯一从来没有抛弃过的东西就是他对社会主义的忠诚，因为他从社会主义中找到了解决人类问题的办法和答案"，他宣布他的志愿就是参与创立秘鲁的社会主义。③ 有中国学者认为，马里亚特吉致力于创立自己的"印第安美洲社会主义"，重视把马克思主义与秘鲁实际相结合，是拉美印第安美洲社会主义的创立者。④

马里亚特吉的主要著作有《世界社会的形象和状况》（1925）、《关于秘鲁国情的七篇论文》（1928）、《小说与生活》（1955）、《捍卫马克思主义》（1959）、《世界危机史》（1959）、《意识形态与政治》（1969）、《我们美洲问题》《意大利来信》（1969）、《让我们把秘鲁秘鲁化》（1970）、《教育问题》（1970）等等。其中不少著作是在他去世之后由相关人员和机构整理出版的。⑤

二　印第安社会主义的基本主张与理论特色

马里亚特吉的拉美印第安社会主义强调秘鲁社会的特殊性，强调

---

① ［秘鲁］莫妮卡·布鲁克曼：《马里亚特吉的革命理论与实践》，白凤森译，社会科学文献出版社 2016 年版，第 128 页。

② ［南非］达里尔·格雷泽、［英］戴维·M. 沃克尔编：《20 世纪的马克思主义》，王立胜译，铁省林校，凤凰出版传媒集团、江苏人民出版社 2011 年版，第 256 页。

③ ［秘鲁］何塞·卡洛斯·马里亚特吉：《关于秘鲁国情的七篇论文》，白凤森译，汤柏生校，商务印书馆 1987 年版，第 349、243 页。

④ 肖楠等编写：《当代拉丁美洲政治思潮》，东方出版社 1988 年版，第 131 页。

⑤ ［秘鲁］莫妮卡·布鲁克曼：《马里亚特吉的革命理论与实践》，白凤森译，第 134—135 页。

秘鲁资本主义特有的局限性，突出秘鲁与欧洲乃至其他拉美国家的差异，强调秘鲁发展道路的独特性，突出印第安问题是秘鲁社会主义革命的核心问题，主张秘鲁的社会主义革命应该由无产阶级领导。

（一）强调秘鲁社会的特殊性

马里亚特吉认为，秘鲁社会的特殊性首先表现为资本主义发展的不充分。西班牙对美洲的征服没有与美洲的资本积累过程联系起来，没有促进美洲资本主义生产关系的发展，而是中断了印第安共有制经济的发展进程，建立起封建的生产方式，其表现形式是大庄园主贵族阶层的形成、大庄园制和农奴制的建立。西班牙殖民统治对秘鲁社会发展的不良影响还不止于此。殖民主义者为实现聚敛财富的贪婪企图，在农业和矿业部门甚至推行奴隶制形式的剥削，迫使印第安人脱离土地，并实行既非农奴制，亦非雇佣劳动制的半奴隶制的强迫劳动制度，从而限制了印第安人成为自由雇佣劳动者。殖民统治和"制度摧毁了印加的社会和经济，却没有用一种能够组织生产向前发展的秩序取而代之"①。在秘鲁，奴隶制被作为社会生产关系整体中的基本部分发挥作用。"由于奴隶制生产关系在封建生产关系中扎下根，使秘鲁的封建制变得病态畸形"，以致其不可能自然生成向资本主义因素进化的条件，从根本上堵塞了资本主义在秘鲁社会内部生机勃勃发展起来的可能性。

秘鲁社会的特殊性还体现为其经济结构具有封建制的特点。独立战争虽然具有革命和进步的一面，但革命内部的社会阶级条件并不成熟，因而没能发展成为一场社会革命，没有触动殖民时期的社会经济基础，没有改变封建制的经济结构。"美洲革命不是贵族地主和商业资产阶级之间的冲突，在很大程度上倒是他们合作的结果。不是因为贵族地主接受了自由主义思想，而是因为他们不是把它看作一场革命，而是把它看成脱离西班牙王室的运动"②。欧洲资产阶级民主革

---

① ［秘鲁］何塞·卡洛斯·马里亚特吉：《关于秘鲁国情的七篇论文》，白凤森译，汤柏生校，商务印书馆1987年版，第27页。

② 肖楠等编写：《当代拉丁美洲政治思潮》，东方出版社1988年版，第136页。

命的两个前提（有觉悟了的资产阶级的存在和农民群众的革命情绪，尤其是其恢复土地权利的热情），在拉美独立战争时还不具备。与其他拉美国家相比，秘鲁就更加不具备了。秘鲁的独立和解放是由于起来反对西班牙统治的大陆各国人民的声援以及有利的世界政治经济形势才得以实现的。秘鲁共和国的建立并不是资本主义发展的结果，相反，秘鲁的资本主义是在共和国建立后才起步发展的。因此这场革命缺少资产阶级民主革命的内容，废除奴隶制只停留在理论宣言上，独立战争的结局是西班牙殖民政府为土生白人、地主和受封者的新政权所取代，而原有的封建制经济结构却在新的伪装下被保留下来并得到巩固。在秘鲁独立建国后，"掌握政权的殖民时期的大庄园主贵族，原封不动地保持了他们对土地，因而也保持了对印第安人的封建权利。表面上旨在保护土著居民的法律条文，丝毫也没有触动迄今依然存在的封建制度"①。

（二）强调秘鲁资本主义特有的局限性

在马里亚特吉看来，虽然从历史角度看，资本主义对于封建生产关系是一个进步，但秘鲁资本主义有其特有的局限性。第一，秘鲁资本主义不具有历史进步性。秘鲁资本主义建立在旧经济结构之上，依附外国资本，"资产阶级政权没有消除秘鲁的封建制"②。秘鲁的资本主义生产关系不是在其内部自然产生的，而是帝国主义从外部扶植起来的。秘鲁的资产阶级具有以下特征：秘鲁资产阶级是有产者和食利者，而非生产者，其头脑中的利润概念先于生产概念，在其身上几乎看不到真正的资本家所特有的冒险性、创业精神和组织才能；秘鲁资产阶级从一开始就与外国资本联系在一起，成为外国资本在本地的延伸；秘鲁的资产阶级是从殖民地监护人和庄园主组成的贵族中产生的，与封建贵族联系密切，这使得其资本主义性质受到限制，注定其发展道路是"普鲁士"式的。第二，秘鲁的资本主义没有可能获得

---

① ［秘鲁］何塞·卡洛斯·马里亚特吉：《关于秘鲁国情的七篇论文》，白凤森译，汤柏生校，商务印书馆 1987 年版，28 页。

② ［秘鲁］莫妮卡·布鲁克曼：《马里亚特吉的革命理论与实践》，白凤森译，社会科学文献出版社 2016 年版，第 117 页。

独立发展。秘鲁资产阶级的非历史进步性特点决定了秘鲁的资本主义
只能是外国垄断资本的附庸，不可能独立发展，也不可能根除封建庄
园制等前资本主义生产关系，而只能把这种生产关系作为帝国主义经
济基础的一部分加以巩固，或作为"边缘经济"加以利用，或者只
是维持其原有的社会形式，而剥夺其物质基础——土地，将其结合在
庄园经济中，使大土地所有制得到维护和发展。帝国主义的资本主义
只是为了寻找市场和原料来源，同时利用前资本主义经济扩大利润场
所。结果，村社经济被包在农奴制和劳役制之中，劳役制又与庄园制
结合在一起，僵化于资本主义生产关系之中，共同构成"资产阶级统
治大厦的经济基础"①。第三，秘鲁的资产阶级没有成为国家的管理
者。秘鲁的资产阶级是民族国家形成之后才开始发展的，而非资本集
团已先于资产阶级成为国家的管理者。随着帝国主义的渗透，秘鲁资
产阶级作为外国资本的延伸物才逐渐参与管理的。资产阶级由于缺乏
组织起强有力的国家政权的能力，秘鲁和拉美一些国家的政权就成为
国内、国际充满矛盾的联盟，它所代表的是统治集团的部分势力与帝
国主义之间的妥协关系。其内部斗争使这些国家每隔一段时间就出现
一种超越于社会的政治组织，其特有形式就是军政权。这种情况严重
阻碍了生产力和资产阶级的发展。

（三）突出秘鲁与欧洲乃至其他拉美国家间的差异

马里亚特吉特别强调，秘鲁具有半封建半殖民地的特点，与欧洲
乃至其他拉美国家存在差异。随着历史的发展，秘鲁演变成为三种经
济因素并存的半封建半殖民地社会。这三种经济因素是：根植于西班
牙殖民征服时期的封建经济，安第斯山区残存的印第安村社经济，以
沿海地区为先导的资本主义经济。在这三种经济因素中，以庄园制为
基本特征的封建经济占统治地位。② 然而，由于外国资本的渗入，资
本主义生产关系逐步发展起来，陈旧的生产方式既构成资本主义发展
的障碍，又构成其发展的条件。资本主义利用旧的生产方式开辟廉价

---

① 肖楠等编写：《当代拉丁美洲政治思潮》，东方出版社 1988 年版，第 137 页。
② 徐世澄主编：《拉丁美洲现代思潮》，当代世界出版社 2010 年版，第 96 页。

劳动力的来源和食品供应地。庄园主也满足于充当外国资本的中间商，因此不管庄园主抱有怎样的独立幻想，他们只能起到买办作用。封建经济与外国资本在经济利益上的联系决定了秘鲁经济不再是封建经济，而是半封建经济。

与欧洲国家不同，秘鲁这样一个半封建国家的资本主义是在帝国主义垄断阶段开始发展的，自由竞争时期的一切自由思想都已失去效力，帝国主义也不允许任何半殖民地国家有自己民族化和工业化的纲领，而是强迫其向适应帝国主义需要的专业化和单一经济的方向发展。于是秘鲁经济成为"一种殖民地经济，其运动和发展都服从于伦敦和纽约市场的利益和需要"[1]。秘鲁现存的上层建筑受这种经济因素的制约，带有封建制和帝国主义的资本主义制度的弊端，如不彻底改革，就会继续成为社会生产力发展的障碍。

（四）强调秘鲁发展道路的独特性

马里亚特吉认为，秘鲁的发展道路具有独特性，出路是社会主义革命。他认为，社会主义是一场世界性的运动，是人类的希望和前途，也是解决秘鲁和拉美问题的答案，"拉丁美洲的未来是社会主义的"。他首先否定了秘鲁的资本主义发展道路，认为"由于缺乏强有力的资产阶级，并受国内外经济条件的限制，秘鲁只能在资本主义道路上缓慢而又不平衡地发展。资产阶级政权对外屈从于帝国主义利益，对内与考迪罗主义和教会势力沆瀣一气，在它的统治下，秘鲁前资本主义经济不可能从殖民地封建制的弊端和残余中解放出来"。因此在秘鲁通过发展资本主义消除封建制的道路是行不通的，"拉美特别是秘鲁革命只能是社会主义的"[2]。

马里亚特吉强调印第安社会主义的独特性。他认为，在世界范围内，印第安美洲能够也应该有自己的特殊性和风格，它的社会主义不应该是"模仿和抄袭来的"，而应该"勇敢地创造""从自己的实际

---

① 肖楠等编写：《当代拉丁美洲政治思潮》，东方出版社 1988 年版，第 138 页。

② ［秘鲁］莫妮卡·布鲁克曼：《马里亚特吉的革命理论与实践》，白凤森译，社会科学文献出版社 2016 年版，第 114 页。

出发，用自己的语言，创造出印第安美洲的社会主义"。他强调指出：
"我们确实不想让社会主义在美洲生搬硬套。社会主义应该是一种英
雄的创造。我们应该用我们自己的现实，用我们自己的语言创造出印
第安美洲的社会主义"。① 秘鲁不同于欧洲，其社会内部的资本主义
和前资本主义生产关系交织在一起，因此秘鲁的社会主义革命不能只
反对资产阶级，只争取无产阶级的基本利益，还必须包括一些在理论
上属于资产阶级民主革命范畴的任务。"只有社会主义革命能够完成
从殖民地独立起提出的这项尚未完成的任务。"②

（五）强调印第安问题在秘鲁社会主义革命中的核心地位

马里亚特吉认为，秘鲁革命的中心问题是印第安人和土地问题。
他把印第安人的解放与深刻的社会革命联系起来，从而在秘鲁和拉美
树立了第一个正确运用马克思主义分析本国实际问题的范例。罗纳尔
多·孟克认为："如果说马里亚特吉对拉美的马克思主义思想有一个
关键的贡献，那就是对共产国际所谓的本土问题或印第安人问题的贡
献。"马里亚特吉从土地方面和广泛的文化主义视角解读土著问题，
设想在秘鲁建立一种基于印加帝国公有价值观的印第安社会主义。由
于秘鲁缺乏庞大的工业无产阶级，马里亚特吉把目光转向了土著群众
和农民。③ 艾伦·安杰尔指出："马里亚特吉赞美农民在最苛刻的条件
下生存的能力并在他们的组织中看到了未来秘鲁社会主义的发端。"④

马里亚特吉关于印第安人和土地问题的观点，是其思想中最具特
色的部分。秘鲁 4/5 的人口是印第安农民，印第安人是这个民族的基
础，是唯一的秘鲁性所在。真正的民族主义应以印第安人运动的历史
和现代要求为支柱。把如此众多的人从封建剥削中解放出来，应该是

---

① ［秘鲁］何塞·卡洛斯·马里亚特吉：《关于秘鲁国情的七篇论文》，白凤森译，汤
柏生校，商务印书馆 1987 年版，第 352 页。

② ［秘鲁］莫妮卡·布鲁克曼：《马里亚特吉的革命理论与实践》，白凤森译，社会科
学文献出版社 2016 年版，第 114 页。

③ ［南非］达里尔·格雷泽、［英］戴维·M. 沃克尔编：《20 世纪的马克思主义》，
王立胜译，铁省林校，凤凰出版传媒集团、江苏人民出版社 2011 年版，第 257 页。

④ ［英］莱斯利·贝瑟尔主编：《剑桥拉丁美洲史》（第 6 卷下），当代世界出版社
2001 年版，第 186 页。

秘鲁革命的中心任务和最显著的特征，"不首先关心印第安人的权益问题，就不是秘鲁的社会主义，甚至不是社会主义"①。马里亚特吉认为，印第安人问题不仅能从政治、法律、种族、文化和道德方面追究原因，还应该追究其土地占有制度，印第安人问题和土地问题实际上是同一个问题，它既是社会经济问题，又是政治问题，这只有通过消灭封建制才能解决。

马里亚特吉重视印第安人原始共产主义的残存形态——村社经济在社会主义改造中的作用。他认为，封建制和考迪罗主义并没有毁灭村社，而是使其适应它们的需要。因此，村社仍保留着印第安人共有社会的集体主义活动和各种各样的合作与结社形式与习惯，公社式的生活本身就使印第安人具有集体主义的意识，这种古老的生产方式具有"现代历史的威力"，是"最先进的原始共产主义组织形式"，是实现秘鲁土地社会化的天然因素和起点。因此，马里亚特吉断言，由于村社经济的存在，印第安人可以从村社经济和农奴地位直接跨入社会主义，而无须经过资本主义的发展阶段。然而，马里亚特吉特别强调，印第安人原始共产主义与社会主义有本质的不同，印第安社会主义"绝对不意味着建设或复活印加社会主义那种浪漫的、反历史的倾向，因为印加社会主义适应的历史条件已经完全过时；作为一种完全科学的生产技术中可以利用的因素，它只剩下了土著农民的合作和社会主义习惯。社会主义的前提是技术、科学、资本主义阶段，它在取得现代文明成果时不能引起最微小的后退，相反，应该以最快速度、有条不紊地将这些成果纳入国家生活中"②。

（六）强调秘鲁社会主义革命的特殊性

马里亚特吉认为，秘鲁的社会主义革命应由无产阶级来领导，以无产阶级和印第安人运动结成的联盟为基础。而无产阶级政党是引导这场革命的先锋力量。他认为，秘鲁的资产阶级弱小而平庸，缺乏反

---

① 徐世澄主编：《拉丁美洲现代思潮》，当代世界出版社 2010 年版，第 96—97 页；肖楠等编写：《当代拉丁美洲政治思潮》，东方出版社 1988 年版，第 140 页。

② ［秘鲁］莫妮卡·布鲁克曼：《马里亚特吉的革命理论与实践》，白凤森译，社会科学文献出版社 2016 年版，130 页。

帝反封建精神，不能完成欧洲资产阶级在历史上所完成的克服前资本主义经济的落后状况、消除封建残余、发展民族经济这样一些民主革命的任务。只有有觉悟、有纪律的无产阶级才能担负起资产阶级无法担负的历史使命。但是，与资本主义发展程度相联系的秘鲁无产阶级就其数量和质量来讲，不能单独进行社会主义革命，必须与印第安农民运动结成联盟。印第安人中蕴藏着极大的革命热情，然而，由于缺乏自我教育能力和阶级觉悟，靠其本身不可能成为革命力量，必须由无产阶级先锋队引导，加强他们的组织性，使之具有阶级觉悟，将其团结在无产阶级事业中。一旦印第安人掌握了社会主义思想，就会以遵守纪律、坚韧不拔的精神和某些无产阶级阶层所不及的力量献身于这一事业。

因为秘鲁的社会主义革命包括资产阶级革命的内容，所以需要建立身受资本主义和前资本主义剥削的各个阶级的统一战线，这条战线中的每个阶级都应保持其组织和纲领上的自主权，而不要搞成混杂的多阶级政党。马里亚特吉始终否认秘鲁资产阶级具有革命性，认为其与帝国主义和考迪罗主义的利益有机地联系在一起，既不是民族主义的，也不是进步的，不应该包括在统一战线中。至于小资产阶级，最初他认为这部分人虽然深受帝国主义渗透和贫困之苦，是"对民族主义深化的魔力最敏感的社会阶层"，但其立场暧昧多变，他们的斗争一般来讲只是为了防止自己"无产阶级化"，想在政府里谋得一官半职，取得更"体面"的地位，找到报酬更优厚的工作。因此，他们会从激进的、革命的和民族主义的立场转到资产阶级的、反动的和亲帝国主义的立场上去。但是后期他的看法有所转变，认为在外国资本主义的压力下，中等阶层在组织上和政治方向上愈加进步，逐步采取了革命的民族主义的态度。[①]

三　强调秘鲁国情，拒绝俄国中心主义

马里亚特吉拒绝照搬共产国际的结论，不盲目遵从共产国际的指

---

① 肖楠等编写：《当代拉丁美洲政治思潮》，东方出版社 1988 年版，第 142—143 页。

示,而是强调拉美国家特别是秘鲁与俄国的差异性,主张根据拉美国家的现实进行思考。无论是在建立社会主义政党问题上,还是在关于拉美国家社会的性质、革命的性质、战略和策略,无产阶级的地位和作用等重大理论问题上都与以俄国(苏联)共产党为首的共产国际存在原则分歧,并与其据理力争。艾伦·安杰尔认为,"受到莫斯科严密支配并坚持完全忠诚的国际共产主义"和以马里亚特吉为代表的"更加土生土长的或者说拉丁美洲的共产主义之间关系紧张"[①]。据此,罗纳尔多·孟克把马里亚特吉称为反对共产国际的"拉美革命的旗手"[②]。马里亚特吉与俄国中心主义及共产国际的分歧主要体现在以下方面。

(一)在建立社会主义政党问题上的分歧

马里亚特吉注重从秘鲁国情出发建立社会主义政党,与共产国际发生严重分歧。在 1928 年秘鲁社会党建立之前,马里亚特吉在组织上与共产国际没有直接联系。1929 年 6 月共产国际南美局在阿根廷首都布宜诺斯艾利斯召开拉美共产党大会,分析讨论拉美地区和该地区共产主义运动形势,秘鲁社会党应邀参会。此次大会对马里亚特吉和秘鲁社会党关于秘鲁社会性质、革命性质、社会阶级分析等问题的观点提出批评,特别是对秘鲁社会党的建党原则提出批评。共产国际代表指责马里亚特吉等人组织"持改良主义纲领的社会党""背叛无产阶级利益,投降资产阶级";要求秘鲁社会党立即改组,建立由"清一色"的无产阶级组成的共产党,实行"阶级反对阶级"而非"统一战线的策略"。马里亚特吉因病未参加这次会议,但以书信方式、通过秘鲁社会党的与会代表明确表达和坚持自己的看法。马里亚特吉等人坚持认为,鉴于秘鲁经济政治现状,更适宜建立以无产阶级为核心,包括手工业者、贫苦农民、农业工人和一些进步知识分子在内的社会党;社会党可以在宪法范围内开展公开、合法活动,代表城

[①] [英] 莱斯利·贝瑟尔主编:《剑桥拉丁美洲史》(第 6 卷下),当代世界出版社 2001 年版,第 174 页。

[②] [南非] 达里尔·格雷泽、[英] 戴维·M. 沃克尔编:《20 世纪的马克思主义》,王立胜译,铁省林校,凤凰出版传媒集团、江苏人民出版社 2011 年版,第 255 页。

乡劳动者的利益和愿望，通过政治斗争和其他斗争，争取使群众获得物质和精神解放。而成立共产党只能从事地下活动并会招致军政权的镇压。这场争论使秘鲁社会党出现内部分裂，一部分人主张听从共产国际的意见改组社会党；马里亚特吉等人则拒绝改名，认为这不仅是党的名称问题，而且事关党的性质，强调要建立一个以"有组织的工人和农民群众"为基础的、采用社会主义纲领、明确说明它是反对外国帝国主义和本国资产阶级的群众性政党。① 但为了避免与共产国际发生直接冲突，他辞去党内职务，把主要精力用于对有关问题的研究上。

（二）在拉美国家社会性质问题上的分歧

共产国际认为，由于帝国主义与封建主义的结合，拉美国家毫无例外地成为依附于帝国主义资本的半殖民地的封建国家。马里亚特吉则认为，拉美的封建制与欧洲传统的封建制不同；帝国主义与之结合的秘鲁国情并非静止不变，在帝国主义渗入的同时，秘鲁的资本主义不可逆转地开始缓慢发展，处在这一过渡时期的秘鲁与其说是"封建的"，倒不如说是"半封建的"。

（三）在无产阶级地位和作用问题上的分歧

共产国际认为，在拉美国家只有无产阶级是革命的阶级。马里亚特吉则认为，秘鲁的无产阶级有许多局限性。秘鲁的无产阶级有其特定的历史、文化、阶级觉悟和生活方式，工厂是培养无产阶级觉悟的场所；而秘鲁资本主义经济不发达，与拉美某些国家的无产阶级不同，秘鲁无产阶级形成历史较短，政治觉悟不够高，人数也不够多，因而就不能忽视其他被剥削社会阶层的作用。印第安人在村社主义传统熏陶下，能够接受并投身于争取社会主义的斗争，因此，秘鲁的无产阶级和印第安人都是革命的阶级。

（四）在革命性质以及革命战略和策略问题上的分歧

共产国际认为，拉美革命只能是资产阶级民主革命；拉美应确定

---

① ［秘鲁］莫妮卡·布鲁克曼：《马里亚特吉的革命理论与实践》，白凤森译，社会科学文献出版社 2016 年版，第 114 页。

大陆统一的革命战略和策略，不存在哪个国家的特殊性，也没有"秘鲁国情"可言。马里亚特吉则坚持认为，秘鲁革命应是一场社会主义革命，因为只有社会主义革命，才能既解决秘鲁贫困落后的问题，又能清算西班牙殖民统治的遗留问题。由于马里亚特吉不认同共产国际的许多理论主张，其观点受到共产国际的压制和批评。马里亚特吉关于农民特别是印第安人革命作用的观点被视为"民粹主义"①，其主要理论著作《关于秘鲁国情的七篇论文》被认为是"没有任何价值的小资产阶级的作品"②。

四 印第安社会主义理论的历史地位

马里亚特吉在秘鲁被看作马克思主义和左翼文化思想的开创者，被秘鲁共产党作为自己的缔造者。但马里亚特吉在世时并不是一个共产主义者而是社会主义者。他的思想尤其是其特有的本土和民族特色，虽受到许多政治组织和政治活动家的追捧，也一度受到一些势力的质疑和批评，但马里亚特吉的思想因其本土性和注重马克思主义与拉美实际相结合而显示出了强大的生命力。

马里亚特吉是"民族马克思主义"的代表。不少人把他的思想称为"拉丁美洲的马克思主义"。罗纳尔多·孟克将马里亚特吉称为"美洲的葛兰西"；秘鲁共产党将他作为自己的精神领袖和创建者，信奉改良主义的秘鲁将军们，以及反政府游击队（光辉道路等）都自认为是马里亚特吉思想的继承者。③ 虽然人们的认识和观点不尽一致，但是大多数人认为马里亚特吉的理论是"民族马克思主义"的。

马里亚特吉是民族马克思主义者和印第安社会主义理论家。马里亚特吉不是狭隘的本土民族主义者，而是拉美国际主义的先驱，他向来承

① ［南非］达里尔·格雷泽、［英］戴维·M. 沃克尔编：《20 世纪的马克思主义》，王立胜译，铁省林校，凤凰出版传媒集团、江苏人民出版社 2011 年版，第 258—259 页。
② 肖楠等编写：《当代拉丁美洲政治思潮》，东方出版社 1988 年版，第 143、145 页。
③ ［南非］达里尔·格雷泽、［英］戴维·M. 沃克尔编：《20 世纪的马克思主义》，王立胜译，铁省林校，第 255 页。

认欧洲经验对他的影响。他创建的《阿毛塔》杂志，促进了拉美国家的革命运动，以及拉美社会主义者与新生的俄国革命政权的联系。

马里亚特吉思想表现出强大的历史生命力。马里亚特吉的思想和立场虽一度受到共产国际和拉美国家共产党的批评，认为其背离了马克思主义，但他的思想并未因此而失去影响力，反而在 1959 年古巴革命和 1979 年尼加拉瓜桑地诺民族解放阵线的起义中得到有机的表达（虽然并不是总被认可），显示出了顽强的生命力。[①] 2005 年，委内瑞拉国民议会通过一项纪念马里亚特吉逝世 75 周年的决议，称赞马里亚特吉是"杰出的革命家"和"伟大的马克思主义者"；认为"马里亚特吉思想依然是了解工人运动和社会主义运动的源泉，是拉美革命者永恒的思想源泉和行动指南"；称赞他的《关于秘鲁国情的七篇论文》是"拉美马克思主义唯一一部理论著作"[②]。

第三节　美洲社会主义的理论探索

美洲社会主义或阿普拉社会主义也是拉美民族社会主义有影响力的代表。阿亚是"第一个力图创立一种地道的拉丁美洲式行动学说的领导人"[③]，他提出了具有美洲特色的社会主义理论，主张将马克思主义做一番"适应"拉美情况的"改制"；主张在拉美先实行"民族主义的资本主义"，将来再建设"社会主义"。有人将阿亚的理论称为美洲主义，将其社会主义思想称为阿普拉社会主义或美洲社会主义。

一　阿亚及其美洲社会主义

维克托·阿亚·德拉托雷（1895—1979）出身于秘鲁一个知识分子家庭，自少年时代起就开始阅读托尔斯泰、达尔文、克鲁泡特金、康德、黑格尔、马克思和爱因斯坦等人的著作，接受了改变社会现

---

①　[南非]达里尔·格雷泽、[英]戴维·M. 沃克尔编：《20 世纪的马克思主义》，王立胜译，铁省林校，凤凰出版传媒集团、江苏人民出版社 2011 年版，第 258—259 页。

②　徐世澄主编：《拉丁美洲现代思潮》，当代世界出版社 2010 年版，第 97 页。

③　肖楠等编写：《当代拉丁美洲政治思潮》，东方出版社 1988 年版，第 210 页。

状、追求自由的思想。曾担任秘鲁圣马科斯大学学生联合会主席，参与支持工人组织争取自身权益的斗争。他与马里亚特吉合作，领导了秘鲁学生的"大学改革运动"。1923 年因参与领导反政府游行示威活动而被政府驱逐出境，直到 1931 年才回到秘鲁。

阿亚是美洲反帝组织及阿普拉党的创建者。1924 年 5 月流亡墨西哥，在流亡期间建立了"美洲人民革命联盟"（音译 APRA，简称"阿普拉"）。这是一个大陆性反帝组织，在欧洲和拉美许多国家建立了支部。随后在阿根廷、哥斯达黎加、古巴、智利、海地和墨西哥等拉美国家都出现了阿普拉运动，但不久陆续消失。唯独秘鲁的阿普拉运动得到发展壮大。在阿亚的指导下，1930 年正式组建秘鲁阿普拉党。阿普拉党在 20 世纪 30 年代领导了一系列武装起义，但都未获成功。与此同时，阿亚积极开展地下斗争，试图赢得中间阶层的支持。阿普拉党重视开展工会工作，具有广泛的群众基础，1944 年改称人民党。

阿亚是秘鲁阿普拉主义理论和美洲社会主义思想的创建者。1926 年，阿亚在美国《劳工月刊》上发表《何为阿普拉》，对阿普拉的纲领、组织情况、性质做出解释，标志着阿普拉主义初步形成。阿亚对阿普拉的性质、最高纲领、组织原则做出了解释和说明，奠定了阿普拉主义的理论根基。1931 年，阿亚回国参加竞选，失败后阿普拉党遭到镇压，其本人也被迫转入地下。阿普拉党支持的联合阵线候选人路易斯·布斯塔曼特在 1945 年大选中获胜①，随即阿亚在国内空前活跃起来，提出了解决印第安人土地问题的提案。1948 年秘鲁发生军事政变，阿亚于 1949—1954 年在哥伦比亚驻秘鲁使馆避难五年，其间全面反思了阿普拉主义的实践，并在理论上对其做出修改和发展。

阿亚的美洲社会主义思想经历了不同发展阶段。20 世纪 20 年代中期，主张建立"拉美被压迫的体力劳动者和脑力劳动者的反帝联盟"。20 年代末到 30 年代初，提出以中产阶级为领导，先建立反对

① 布斯塔曼特（José Luis Bustamante y Rivero，1894—1989），1945—1948 年担任秘鲁总统。

帝国主义的国家，使资本主义得到充分发展，然后再进行社会主义革命的理论。30 年代后特别是 50 年代，他提出反对一切帝国主义，包括反对共产主义的主张，还提出了美国和苏联两个帝国主义的理论；主张印第安美洲进行政治经济联合，实现真正的民主。[①] 20 世纪 50 年代以后阿亚本人不再提"社会主义"目标；不再主张采用暴力斗争手段，而是主张通过选举夺取政权；强调马克思主义"过时了"，不再宣传阿普拉主义"继续包含着马克思主义"[②]。

　　阿亚被誉为 20 世纪"拉美最主要的政治理论家"，他创立的阿普拉理论对秘鲁及其他拉美国家民族主义思想和组织都产生了重要影响，"创立了一种可由一些非阿普拉主义团体和个人也能付诸实施的纲领和信念"。其主要著作有《争取拉丁美洲的解放》（1927）、《阿普拉的理论与实践》（1927）、《帝国主义英国和苏维埃俄国印象记》（1932）、《反帝主义与阿普拉主义》（1936）、《关于历史的时空与时间研究》（1948）、《阿普拉主义三十年》（1956）。1978 年以后在秘鲁出版了《阿亚全集》，共 7 卷。

二　美洲社会主义的主要内容与理论特色

　　美洲社会主义的最主要内容和理论特色是强调拉美国家国情的特殊性，主张对马克思主义"改制"，主张开展反对帝国主义的斗争，提出中间阶级领导的"多阶级"联盟思想，以及先充分发展资本主义再进行社会主义建设的主张。

（一）主张对马克思主义"改制"

　　20 世纪 20 年代之前，阿亚尊重和学习马克思主义，并经常引用马克思、恩格斯、列宁等人的话语论证自己的观点，以马克思主义作为分析拉美现状的理论工具。阿亚早期的理论著作及其主要思想都源自马克思主义。他的许多早期著作大量引用了马克思和恩格斯的观

---

　　① 关达等编：《第二次世界大战后拉丁美洲政治》，中国社会科学出版社 1987 年版，第 153、156 页。

　　② 肖楠等编写：《当代拉丁美洲政治思潮》，东方出版社 1988 年版，第 201 页。

点。马克思主义重视用经济因素解释社会发展和生产力发展对革命意识的重要意义，这个观念更是植根到阿亚的理论思维和学说之中。阿亚吸收了马克思主义政治经济学和哲学学说，用其分析印第安美洲现状，从而提出了反帝主义主张和历史时空学说。此外，阿亚还吸收了马克思主义哲学即辩证唯物主义和历史唯物主义，并在此基础上进行改制，形成了自身的相对主义哲学。阿亚运用马克思主义的辩证法，结合爱因斯坦的相对论、德国相对主义哲学家奥斯瓦尔德·斯宾格勒和英国历史学家阿诺德·汤因比的思想，形成了自身的相对主义哲学——历史时空学说。阿亚的学生和接班人阿兰·加西亚在其著作《现代性与 21 世纪的政治》（*Modernidad y Política en el Siglo XXI*）中也指出："在阿亚于 1926 年至 1928 年早期发表的文章中，我们便可发现他一生都受到恩格斯的影响。他从中吸取了辩证法的中心观点，即它是关于自然、人类社会和思维发展的一般规律的科学。"① 20 年代以后，阿亚对马克思主义的态度发生了一些重要的变化，认为对马克思主义必须进行适应拉美情况的"改制"，力图使自己的理论"成为在不同于欧洲的条件下对马克思主义的一种真正的历史性创新"，强调自己的主张中"既否定又继续包含着马克思主义"②。有学者认为，阿亚的思想即阿普拉主义与马克思主义有着密切的关联性，"两者的关系如同新教与天主教"③。

20 世纪 50 年代以后，阿亚从他的"历史时空学说"或所谓的"历史相对主义"出发，认为马克思主义是欧洲的产物，在"时空"不同的拉美"过时了"④；他不再宣传阿普拉主义"继续包含着马克思主义"，强调马克思研究和分析的是 19 世纪资本主义的一个阶段，即资本主义的"儿童时期"；现在资本主义已经长大成人，被马克思

---

① 李菡：《阿普拉主义研究》，博士学位论文，中国社会科学院研究生院，2015 年，第 14 页。

② 肖楠等编写：《当代拉丁美洲政治思潮》，东方出版社 1988 年版，第 200 页。

③ 李菡：《阿普拉主义研究》，博士学位论文，中国社会科学院研究生院，2015 年，第 12 页。

④ 康学同主编，王玉林、王家雷副主编：《当代拉美政党简史》，当代世界出版社 2011 年版，第 120 页。

研究过的资本主义几乎已经不存在了。马克思主义给资本主义开的药方好像是给儿童开的药方，"马克思主义是资本主义的儿科医生"，许多药对于成长起来的资本主义就不那么灵了。①

（二）建立中间阶级领导的"多阶级"联盟

美洲社会主义的创立者强调，中间阶级是反帝革命的劳动者。阿亚认为，拉美无产阶级很脆弱，中间阶层是反帝联盟的领导力量。拉美各国的工业正在发展，各社会阶级也正在发展，无产阶级刚刚开始成为一个有觉悟的阶级，因而还不能成为拉美经济和社会革命的领导阶级。他指出，拉美大陆的反帝斗争不可能由一个政党或一个阶级进行，而只能是由几个阶级，即被剥削的脑力劳动者和体力劳动者阶级结成的联盟来完成；有必要使"受帝国主义压迫的三个阶级：我们年轻有为的工业无产阶级、我们庞大而愚昧的农民阶级和我们的陷于贫困的中产阶级"联合起来，建立无产阶级和中产阶级的联盟。阿亚认为，"在印第安美洲，我们没有时间去创造一个强有力的和自主的资产阶级，强有力到足以取代那些大庄园主阶级"，中产阶级是"首先受到帝国主义扩张影响的阶级，杰出的领袖人物和强大的公民运动是从他们中产生的"②；中间阶级的"利益遭到帝国主义的侵犯，是反帝斗争的先驱"，是这个"多阶级"联盟的领导者。③

（三）先充分发展资本主义再进行社会主义建设

阿亚对社会主义的态度也发生了根本性的变化。阿亚强调其与马克思主义在社会主义问题上的分歧。马克思主义主张进行彻底的资产阶级革命，消灭私有制，过渡到社会主义社会，最终实现共产主义。阿亚最初曾把建立社会主义社会制度作为目标，后来他吸收了社会民主主义的思想，逐步把社会主义仅仅作为一种价值追求，进而把社会主义从人类社会发展阶段的选项中排除，明确反对共产主义，认为资本主义无可替代。

---

① 肖楠等编写：《当代拉丁美洲政治思潮》，东方出版社1988年版，第201页。
② ［英］莱斯利·贝瑟尔主编：《剑桥拉丁美洲史》（第6卷下），当代世界出版社2001年版，第186页。
③ 肖楠等编写：《当代拉丁美洲政治思潮》，第203页。

阿亚指出："根据新马克思主义的观点，帝国主义是资本主义的最后阶段。这个论断不能运用到世界所有国家中去。对那些已经走完所有发展阶段的高度工业化国家来说，帝国主义确实是资本主义的'最后阶段'；但是，对那些经济尚处于原始和落后状态的国家来说，帝国主义则是资本主义的'第一阶段'；因为在这些国家，资本主义是以帝国主义的形式出现的。"因此在拉美国家，通过典型的资本主义方式的深化不可能取得经济独立发展，也不可能立即建立社会主义制度，必须先建立以社会民主和各阶级合作为基础的"反帝国家"，在这个国家的保护下进行社会改革，大力发展资本主义。等将来资本主义发展了，无产阶级成熟之后再实现社会主义革命。总之，"印第安美洲的道路是这样的：从资本主义的帝国主义到民主的资本主义，再到社会主义"。拉美的资本主义不发达，只有反对帝国主义，充分发展资本主义，将来再进行社会主义革命；因此拉美要实行的革命是民族主义革命，完成资本主义的发展周期后，社会主义革命的条件才能成熟。[①]

（四）强调拉美国家的特殊国情和开展反对帝国主义的斗争

美洲社会主义强调拉美国家国情的特殊性。阿亚反复强调，无论是拉美历史还是拉美的现实，都与欧洲有着根本的不同。拉美没有像欧洲那样经历过由野蛮时期到封建时期再到资本主义的连续发展阶段。拉美国家同时存在着世界经济社会发展的各种形态。拉美国家是二元化社会，拉美各国都同时存在着落后的本国经济和发达的、来自高度工业化国家的外来经济，这两种经济构成一个整体，成为一种新的、特有的二元结构。

阿亚认为，拉美国家落后的重要根源是帝国主义，因此应开展反对帝国主义的革命。"帝国主义同封建主义的利益意想不到地勾结在一起，彼此互相利用，帝国主义资本本身也在封建化，因此，指望外国资本来使印第安美洲现代化是徒劳的。"阿亚主张将外资企业国有

---

① 关达等编：《第二次世界大战后拉丁美洲政治》，中国社会科学出版社 1987 年版，第 154 页。

化，"必须对资源实行国有化，从帝国主义的魔爪中将资源夺回来"。1926 年，阿亚在《何为阿普拉》中提出阿普拉党的五点纲领，"反对美国帝国主义"名列头条，他后来将其改为"反对帝国主义"。20 世纪 30 年代以后，阿亚的反帝主张发生明显变化，逐渐提出"利用和限制外资"，与其建立一种"没有依附的伙伴关系"的设想。他认为，帝国主义资本具有两重性，既带来剥削又带来进步，既带来破坏又带来文明。在拉美国家的反帝阶段，要摆脱落后状态还需要外国资本；问题是坚持在什么条件下让它进来，并对它实行限制。在帝国主义的概念上，阿亚的提法前后也有变化。20 世纪 40 年代初他把美国等帝国主义国家称为"建设性帝国主义"，把德国和苏联称为"种族帝国主义和集权社会主义"，主张对这两类帝国主义实行区别对待。后来又表示阿普拉反对一切帝国主义，"不管是红色的、黑色的、棕色的还是金色的"。

三　美洲社会主义的社会民主主义归宿

20 世纪 50 年代后阿亚不再提"社会主义"的目标，而是强调"社会正义"，实现"面包加自由或自由加面包"，主张在社会、经济、政治各方面采取福利与温和措施。[①] 在斗争手段上，阿亚从起初主张暴力斗争手段，转向选择改良主义，主张实施渐进、温和改革，在资本主义框架内实现社会变革。在社会主义的问题上，阿普拉主义受到修正主义和费边社会主义的影响，转向了社会民主主义。

同时阿亚也很少再提社会主义的口号和原则，而是笼统地强调"社会正义"和实现社会公正[②]，他所创建的秘鲁人民党（阿普拉党）在组织上也日益靠近社会党国际。早在 1966 年，人民党就成为社会党国际的观察员，1983 年被吸收为咨询成员，1999 年成为社会党国

---

①　参见肖楠等编写《当代拉丁美洲政治思潮》，东方出版社 1988 年版，第 199、204—206 页。

②　阿普拉党领导人偶尔也宣称本党对社会主义原则的认同，例如阿亚的接班人加西亚 20 世纪 80 年代宣称："阿普拉主义将成为按照我国现实自身需要来解释和创造的社会主义。"

际的正式成员。阿亚创建的美洲主义或阿普拉主义发展成为具有秘鲁特色的社会民主主义理论。

第四节　合作社会主义的理论与实践

合作社会主义是 20 世纪七八十年代拉美地区民族和本土社会主义的典型代表，是圭亚那人民全国大会党社会主义理论和实践的重要探索。在相当长时期内，圭亚那实际上有两个社会主义流派：一是贾根的社会主义[①]，二是伯纳姆的社会主义；这两派从一开始就有矛盾，在一系列重大理论和现实问题上存在重大分歧。有人把伯纳姆的社会主义称为"民族主义"的社会主义，把贾根的社会主义称为"教条的共产主义"[②]。本节中的所谓合作社会主义主要指伯纳姆的社会主义。

一　伯纳姆与合作社会主义

伯纳姆（Forbes Burnham，1923—1985），出生在圭亚那乔治敦一个黑人家庭，父亲是小学校长。伯纳姆中学毕业后获得英国政府奖学金去英国深造。在英国先学习文学后攻读法律，1947 年获法学学士学位。在英国期间他积极从事与殖民地人民解放事业相关的活动，与英国工党中的左翼和英国共产党下属的各类团体关系密切。1949 年回到圭亚那，次年与贾根一起建立人民进步党。根据圭亚那长期遭受殖民统治，人民对现实不满并渴望改变现状的情况，该党明确提出其目标是争取圭亚那的自治和独立，在圭亚那建立"正义的社会主义社会"。1953 年，伯纳姆出任人民进步党政府教育部长。后来伯纳姆不赞成贾根的"国际共产主义"倾向，两人最终分道扬镳。1955 年人

---

① 切迪·贾根（Cheddi Jagan，1918—1997），出生于圭亚那甘蔗园工头家庭，祖籍印度，曾在美国多所大学学习，获理学学士和医学博士学位。1950 年组建人民进步党并担任党的领袖。主张建立独立、民主和繁荣的社会主义圭亚那。曾担任政府总理、共和国总统。后期放弃马列主义并转向民主社会主义。

② 肖楠等编写：《当代拉丁美洲政治思潮》，东方出版社 1988 年版，第 183 页。

民进步党分裂为贾根派和伯纳姆派。1957 年，伯纳姆派宣布成立人民全国大会党。伯纳姆认为，不能像贾根那样紧跟国际共产主义，共产主义在圭亚那行不通，应在国内寻求解决问题的途径。在与贾根决裂后，伯纳姆提出合作社会主义的主张，表明自己的社会主义既与圭亚那联合力量党彼得·达格威尔所主张的资本主义不同①，又与贾根的社会主义有区别。伯纳姆 1968 年通过大选上台执政，在圭亚那担任总理和总统近 20 年。1974 年伯纳姆发表《沙法亚宣言》，对合作社会主义做出系统的理论阐述，宣称人民全国大会党是社会主义政党，将在圭亚那实现合作社会主义。伯纳姆不仅把社会主义作为一种意识形态，还作为要建立的一种制度，作为一种目标，把合作社作为建立社会主义制度、实现社会主义目标的手段。②

二　合作社会主义的思想和理论主张

合作社会主义思想和理论的主要特点是，接受马克思主义的指导，但不接受共产主义的意识形态；主张根据本国条件选择通向社会主义的形式，反对机械抄袭别国经验。

接受马克思主义但不接受共产主义。伯纳姆宣称合作社会主义属于科学社会主义的范畴。他认为，"只有一种社会主义，即以马克思著作为基础的社会主义"。与此同时，他主张根据本国的历史、传统和民族特点，根据马克思所说的客观条件选择达到社会主义的最佳道路。伯纳姆等人虽多次申明人民全国大会党是以马克思主义为指导的"社会主义政党""马列主义是圭亚那发展社会主义的指导"③；但表示"我们的党不是共产党"，既不接受"共产主义国家"的方案④，也不一定认同那些自称为正统马克思主义者的某些观点"。伯纳姆不

① 彼得·达格威尔（Peter Stanislaus D'Aguiar，1912—1989），圭亚那大资本家和保守派政治家，1960 年创建联合力量党（The United Force），明确提出在圭亚那建设资本主义。

② 肖楠等编写：《当代拉丁美洲政治思潮》，东方出版社 1988 年版，第 180—181 页。

③ 姜士林、郭德宏编：《当代社会民主党与民族主义政党论丛》，中国展望出版社 1986 年版，第 297 页。

④ 李春辉、苏振兴、徐世澄主编：《拉丁美洲史稿》（第三卷），商务印书馆 1993 年版，第 627 页。

接受发达资本主义国家的自由企业方式，也不愿意接受共产主义国家的模式，认为解决本国内部问题的途径只能在国内寻找，而其途径就是合作社会主义①；主张在圭亚那推行社会主义，即把各行各业组织起来，通过合作社的形式进行生产和经营活动。②

强调用和平方式实现合作社会主义的目标。伯纳姆等人认为，无论是取得政权、争取民族独立和进行国家建设，还是实现合作社会主义，都应使用和平方式，"如果能以和平方式实现，那结果就更好。实际上，和平过渡不是和平演变，能大大减少人们的痛苦"。"我们有理由希望，过渡是和平的，没有暴力和流血。"该党其他重要领导人也指出："我们要和平的革命，不使用破坏的工具。""武装冲突并不是革命的本质，革命的本质是进行社会、经济和政治变革。工人阶级及其政党可以通过各种方式取得政权，也可以通过各种方式把革命进一步推向前进。""不那么流血的革命并不比武装冲突的革命逊色……我们不把暴力冲突看成是一种理想，一种原则。"伯纳姆认为："我们的革命是和平进行的，为此我们过去做了一切努力，今后将继续努力使革命尽可能和平地进行下去。"③

主张用渐进方式实现向社会主义的过渡。人民全国大会党认为，圭亚那是落后国家，无资本主义的基础，要发展先进的大工业是不现实的，而马上搞社会主义就更加困难。因此，首先需要创造财富，同时确保财富合理分配。人民全国大会党在执政期间通过的1980年宪法规定，圭亚那处于"从资本主义向社会主义过渡的时期"；这一时期的任务是掌握政权，改变生产资料所有制，消灭剥削和发展经济，以实现社会和经济民主，其中最重要的是发展社会生产，创造社会主义社会赖以生存的物质和技术基础。同时，伯纳姆等人认为，过渡阶段与社会主义之间的界限并不是"僵死"的，而是相互交织的；过渡时期就是社会主义的一个阶段，是"走向社

---

① 肖楠等编写：《当代拉丁美洲政治思潮》，东方出版社1988年版，第185页。
② 中共中央对外联络部拉丁美洲研究所：《拉丁美洲各国政党》，上海人民出版社1980年版，第229页。
③ 肖楠等编写：《当代拉丁美洲政治思潮》，第188页。

会主义"的阶段①；坚信"通过合作社会主义，能够最好地实现我们的发展目标"②。

强调走独立自主的道路。伯纳姆认为，圭亚那"经济仍是殖民地经济，并受外来力量支配，我们的各种制度在许多方面还是过去殖民主义的延续，我们需要完成和正在实行的第一项任务就是自力更生"。"自力更生和自信"是我们动员全国的"哲学"。为了国家的利益，我们必须走自己选择的道路，不能依靠外部施舍，既不能依赖苏联的工厂，也不能依靠美国的美元③；应以自力更生为主发展民族经济。④

合作制是实现社会主义目标的手段。人民全国大会党认为，合作社更便于劳动者集体地、民主地、自治地行使对生产资料的控制权，更能够保障其成员直接参与决策，因而比国家所有制更高级；合作社所有制如果管理得当，更能避免异化现象的发生。人民全国大会党认为，合作制原则有广义和狭义两层含义。狭义的合作制原则指"组织形式"，如合作社。广义的合作制原则是"思想形式"，如合作精神，包括国营企业和各种机构的"民主管理"。伯纳姆认为，"合作制不限于经济范围……还应在社会领域和政治领域实行"。当时的圭亚那宪法规定，"在实践中合作制必定成为具有生气的社会主义改造的原则"，是"圭亚那民族得以全面发展的统一原则"⑤。

三 合作社会主义的实践探索

1966年圭亚那独立后，伯纳姆正式提出建设合作社会主义，即通过广泛地建立合作社的方式在圭亚那建立社会主义制度，1970年

---

① 肖楠等编写：《当代拉丁美洲政治思潮》，东方出版社1988年版，第190页。
② 姜士林、郭德宏编：《当代社会民主党与民族主义政党论丛》，中国展望出版社1986年版，第297页。
③ 肖楠等编写：《当代拉丁美洲政治思潮》，第181页。
④ 中共中央对外联络部拉丁美洲研究所：《拉丁美洲各国政党》，上海人民出版社1980年版，第229页。
⑤ 徐世澄主编：《拉丁美洲现代思潮》，当代世界出版社2010年版，第187页。

人民全国大会党政府宣布将国名改为"圭亚那合作共和国"[1]，并进行了合作社会主义的实践探索。其实践探索的具体措施包括以下方面[2]：

明确党对政府的领导，党内实行高度集中。1964—1992 年人民全国大会党连续执政。1973 年该党特别代表大会决定，党是"至高无上的""政府必须从属于党，只是党的执行臂膀"。1974 年该党特别代表大会和 1975 年的代表大会对党的领导作用做出进一步阐述。伯纳姆指出，党对政府领导的具体表现是，政府根据党的意识形态、战略和战术制定政策，根据党的纲领组织、教育和动员人民，为执行党的政策挑选政府成员。该党还规定，内阁成员必须是该党党员，必须服从和执行党的意识形态与政策；除党的领袖、主席和副主席等少数"党的干部"外，多数执行委员要由党的领袖任命或党的其他机构推选，副领袖和总书记也必须由领袖任命。这样党的领袖在党内便拥有了至高无上的权力。[3]

建立合作社。人民全国大会党政府采取措施把各种分散的劳动力组织成合作社。政府内设立了合作社部，负责管理和领导全国的合作化运动；成立国家合作银行，负责给予合作社财政支援和技术指导；建立合作学院，对民众进行有关合作化的教育。1980 年前后，全国合作社数量达到 1435 个，合作社经济在全国经济中的比重达到 8% 左右，合作化运动达到高潮。进入 20 世纪 80 年代后合作社的发展陷于停顿。

把外资控制的大企业收归国有，进而把国营企业改造成合作企业。1970 年以后，人民全国大会党政府以赎买的方式把外资控制的主要企业收归国有；与此同时，大力发展国有经济，成立国有

---

① 康学同主编，王玉林、王家雷副主编：《当代拉美政党简史》，当代世界出版社 2011 年版，第 291 页。

② 李春辉、苏振兴、徐世澄主编：《拉丁美洲史稿》（第三卷），商务印书馆 1993 年版，第 628—629 页。姜士林、郭德宏编：《当代社会民主党与民族主义政党论丛》，中国展望出版社 1986 年版，第 302—305 页。

③ 肖楠等编写：《当代拉丁美洲政治思潮》，东方出版社 1988 年版，第 190—191 页。

公司。到 1976 年国有化进程基本完成，80% 的经济掌握到了政府手中。①

　　扩大社会福利制度，特别是实行免费教育和免费医疗制度。在实行合作社会主义期间，圭亚那政府实行了从幼儿园到大学的免费教育，在全国范围内实行免费医疗。

四　合作社会主义的归宿

　　圭亚那合作社会主义的实践遭遇严重挫折。到 20 世纪 80 年代中期，由于缺乏技术人才和管理不善，政府财政困难加剧，政府对合作社的支援越来越少，合作社的数量减少，在国家经济中的作用下降。在收归国有的企业中，管理者都是政府委派的官员，腐败现象严重，造成技术人员和管理人才流失，生产状况日益恶化，将国营企业改造成合作企业的计划未能完全付诸实施。国家对免费教育和免费医疗缺乏足够的财力支持，效果不佳。1985 年后圭亚那合作社会主义已陷于困境。

　　1985 年伯纳姆逝世，霍伊特（Desmond Hoyte，1929—2002）继任人民全国大会党的领袖。霍伊特上台后放弃了"合作社会主义"，强调振兴经济，认为"人民不能靠理论吃饭""社会主义不能靠空话实现"。在经济上霍伊特改变了伯纳姆强调自力更生的思想，主张创造条件争取外援和外资；在大力整顿国营企业的同时，重视发挥私人企业的作用。尽管霍伊特对政策进行了较大幅度的调整，但仍宣称坚持社会主义道路。1987 年 9 月在人民全国大会党第七次代表大会上，霍伊特重申该党是"社会主义政党"，致力于社会主义的目标，但公开宣称其政府从合作社会主义立场上后退。② 在连续执政 22 年以后，人民全国大会党于 1992 年成为在野党。1994 年人民全国大会党第十次代表大会修改党章，强调党始终致力于在民主和社会正义基础上建

---

① 姜士林、郭德宏编：《当代社会民主党与民族主义政党论丛》，中国展望出版社 1986 年版，第 304 页。

② 徐世澄主编：《拉丁美洲现代思潮》，当代世界出版社 2010 年版，第 105 页。

立一个人道、高效和繁荣的社会。这表明，霍伊特已从根本上抛弃伯纳姆时期的政治路线。1997 年人民全国大会党召开代表大会并制定新纲领，提出"建设圭亚那式的社会主义"①。

<h2 style="text-align:center">第五节 拉美地区民族社会主义的
本土性特征</h2>

拉美本土社会主义本质上是民族社会主义。拉美本土社会主义或民族社会主义流派众多，经历了曲折的发展和较大的变化，有不同的表现形式，但各派社会主义有着共同的本质，以及一些共同的理论和实践特性。

如前所述，拉美民族社会主义经历了若干发展周期，其发展进程基本与拉美左翼发展周期相吻合。在左翼力量强大特别是在左翼执政周期内，拉美各种形式的民族社会主义通常也会得到较大程度的发展。拉美民族社会主义历经百多年发展，其表现形式不尽一样，理论主张和实践探索丰富多彩，但有一些共同特点，具有较强烈的民族主义特征。无论是在指导思想方面，还是在与世界共产主义运动或世界社会主义运动的联系方面，抑或是在理论和实践特性方面，都与拉美地区的其他社会主义流派有所不同。

拉美民族社会主义有其独特的理论和实践特性。一般来说，拉美民族社会主义在指导思想上具有多元性，强调自身的"独特性"，主张在现存制度内进行社会主义的变革，否认或淡化与世界社会主义运动的历史联系和承继关系，甚至不乏反共产主义的特征，不认同苏联的社会主义模式。

一 指导思想多元性和本土性

拉美民族社会主义的指导思想涵盖基督教伦理、印第安传统和

---

① 康学同主编，王玉林、王家雷副主编：《当代拉美政党简史》，当代世界出版社 2011 年版，第 291—293 页。

价值观、人道主义以及拉美民族英雄的思想，有的甚至把马克思主义作为指导，宣称把马克思主义和科学社会主义作为重要的思想来源。智利人民团结阵线的社会主义主张政治观念和意识形态多元化，认为在人民团结阵线内"马克思主义者、天主教徒以及共济会会员和社会出身不同、意识形态迥异的人民力量找到了共同点"①。桑地诺民族解放阵线将"新桑地诺主义"作为自己的理论基础，将桑地诺的人民民族主义、马克思主义和革命的基督教主义作为三个思想来源，强调在新的历史条件下继承和创造性地发展桑地诺的革命思想，吸收马克思主义创始人的基本理论作为研究和观察本国革命问题的方法。②

二　强调自身的"独特性"

拉美民族社会主义都强调从本国实际出发进行理论和实践创新，创造社会主义的新形式。阿亚强调拉美国家的特殊国情，强调拉美与欧洲的区别，主张从拉美国家基本国情出发探索发展道路。马里亚特吉强调秘鲁与欧洲乃至其他拉美国家的差异，认为印第安美洲社会主义不应该是"模仿和抄袭来的"，而应该"勇敢地创造"，应"从自己的实际出发，用自己的语言，创造出印第安美洲的社会主义"。

三　主张在现存制度内推进变革

智利人民团结阵线的社会主义主张最大限度地利用资产阶级民主，"在资产阶级民主中找到彻底变革人民的政治、经济和社会生活的根本办法"；认为"目前没有任何可能进行超出现存法律制度的变革"③。秘鲁的美洲社会主义、圭亚那合作社会主义、尼加拉瓜桑解阵社会主义，都主张在现存代议制民主框架内，通过选举取得政权，

---

① 肖楠等编写：《当代拉丁美洲政治思潮》，东方出版社1988年版，第170页。
② 祝文驰、毛相麟、李克明：《拉丁美洲的共产主义运动》，当代世界出版社2002年版，第257页。
③ 肖楠等编写：《当代拉丁美洲政治思潮》，第169页。

推进经济政治和社会变革。

四 否认或淡化与世界社会主义运动的历史联系和承继关系

拉美本土和民族社会主义虽吸收了世界历史上社会主义思想和实践的若干成分，但大多声称与拉美地区传统社会主义不同，与世界社会主义运动缺乏历史联系。从阿亚到马里亚特吉，再到伯纳姆，都把自己与国际共产主义运动区分开来，甚至与共产主义者或共产国际产生过分歧，或发生过辩论，一些拉美国家的民族社会主义甚至不乏反共产主义的特征。

五 不认同苏联的社会主义模式

拉美民族社会主义不认同以苏联为代表的"社会主义"模式；认为苏联模式不充分考虑各国实际，不考虑各国民族、地域、文化、历史传统及政治实践的差异。马里亚特吉不认同共产国际在一系列问题上的基本看法，阿亚则把"美国资本帝国主义"与"苏联共产帝国主义"相提并论。伯纳姆等人虽然多次说明人民全国大会党是马克思主义政党，合作社会主义是以马克思主义为指导的，但表示不接受"共产主义国家的方案"。

拉美民族社会主义的成长与本国政治发展周期有密切的关联性。拉美民族社会主义的理论和实践探索是在多党竞争环境下实现的，而以多党竞争为基础的制度性约束必定会给拉美民族社会主义发展带来较大的不确定性。随着政治民主化进程的不断深化，多党竞争、通过选举实现执政党更替是拉美政治发展的常态。无论是左翼还是右翼政党，都无法突破现有体制的束缚，无法确保自己长久执政。一旦发生执政党更迭或执政者改变，民族社会主义的实践探索就有中断的风险。历史上智利、圭亚那、格林纳达都发生过类似的情况，未来委内瑞拉、玻利维亚等国家也有发生类似情况的风险。在曲折中周期性地发展，或将成为拉美民族社会主义理论和实践探索的基本路径。

本章小结

　　本土社会主义或民族社会主义是拉美社会主义思想和实践的重要表现形式，其不仅表现在思想理论层面，还表现为丰富多彩的实践探索。自马克思主义和社会主义思想传入拉美后，该地区知识分子就一直致力于实现马克思主义和社会主义的"拉美化"或本土化；并在欧洲中心论和去欧洲中心论、俄国化和去俄国化的争论中推进拉美民族社会主义的发展。继 20 世纪中叶后出现一系列民族和本土社会主义思想和实践探索后，21 世纪以来拉美又出现新一轮民族社会主义的发展周期。拉美本土社会主义或民族社会主义流派众多，经历了曲折的发展过程，有着不同的表现形式，但都具有民族主义的共同本质，以及共同的理论和实践特性。拉美民族社会主义强调指导思想多元性和本土性，以及自身的"独特性"，主张在现存制度内进行社会主义的变革，否认或淡化与世界社会主义运动的历史联系和承继关系，不认同苏联的社会主义模式。

第四章　21 世纪拉美地区的
共产主义及其趋势

如本书第二章所述，拉美马克思主义政党即拉美各国共产党经历了异常曲折的成长历程。俄国十月革命胜利后拉美地区开始建立共产党，到 20 世纪 50 年代，共产党组织已遍布拉美所有国家，总数约有 30 个。由于受 20 世纪 60 年代国际共运大论战的影响，拉美各国共产党及其各级领导机构在治党方针、参与国内政治斗争的方式和政策立场方面产生分歧，一些党发生分裂，出现一国两个、三个，甚至四五个共产党组织并存的局面，拉美地区的共产党组织数量达到五六十个。这一时期拉美共产党组织虽然数量增加，但因组织分裂，力量和政治影响却出现下降。20 世纪 80 年代末 90 年代初苏东巨变对拉美共产党产生强烈的冲击，有的党改旗易帜，不仅改变共产党的称谓，也改变党的性质；有的党甚至销声匿迹，党组织消亡，共产党组织的数量下降。但拉美地区主要共产党的力量得到保存。进入新世纪后，力量比较稳定的拉美共产党组织有 20 多个，多是合法政党。除古巴共产党继续执政外，巴西、智利、委内瑞拉等国家的共产党成为参政党，其他一些国家的共产党也在国会获得席位。不少共产党进行了深刻的理论反思，转变斗争策略，同其他左翼政党结成统一战线，开展反对帝国主义和新自由主义的斗争，成为拉美左翼的重要组成部分。

第一节　拉美地区共产党组织现状

拉美国家共产党建立近百年来，经历过专制政权镇压、党内教条主义和宗派主义危害、白劳德主义影响、中苏论战的波及、苏东巨变和苏联解体、党内严重的组织分裂多轮冲击，不少党的力量历经大起大落的波折。然而，拉美国家共产党经受住内外部各种严峻考验，目前仍是拉美政治舞台上不可忽视的重要力量。当前拉美地区的共产党基本从 20 世纪 80 年代末 90 年代初苏联东欧巨变的冲击中恢复过来，在新的历史条件下，根据本地区和本国新现实，努力探索具有新时代特点的斗争方式，探索把马克思主义与本国现实相结合的途径和道路。

一　从苏东巨变的冲击中复苏

苏东巨变对拉美国家共产党造成严重的冲击。如本书第二章所述，苏东巨变和社会主义阵营瓦解，使拉美各国共产党出现意识形态迷失，许多党员意志消沉，失去奋斗方向和目标。阿根廷、乌拉圭、玻利维亚、哥斯达黎加等国家共产党的一些领导人共产主义信念发生动摇，甚至从党内分离出来，另建社会民主主义性质的政党。有些国家的共产党甚至改旗易帜，改变党的性质，宣布走社会民主主义道路。阿根廷、智利、玻利维亚、秘鲁等多个国家的共产党组织都有大批党员退党，党员人数大幅下降。不少拉美国家的共产党出现严重思想、理论和组织危机。但拉美地区国家的共产党在经历最初的迷茫和困惑后，在理论思想和组织机构建设方面积极应对，逐渐从苏东巨变的负面影响和冲击中复苏。

阿根廷共产党是拉美建立最早的共产党，在传统上与苏联共产党联系密切。苏东巨变对该党造成的冲击较严重。1990 年，阿根廷共产党中央执行委员阿尔瓦雷斯（F. Alvarez）提出解散共产党，建立更广泛的政治组织，并带领部分党员脱党。以中央书记亚历杭德罗·莫斯克拉（Alejandro Mosquera）为首的一批党员对党的发展失去信心，主动退党，并在 1994 年 12 月与其他政治组织联合成立新的左翼政党"国家团结阵线"（Frente País Solidario）。经历这两次分裂后，阿根廷共产党的党员由 5 万人减少到 1 万人，力量受到极大削弱。但以总书记埃切加赖（Patricio Echegaray）为首的党中央委员会坚持马列主义的原则，反对解散共产党。1995 年阿根廷共产党召开十九大，强调继续坚持社会主义和共产主义方向；强调苏东巨变是苏联模式的失败，而不是科学社会主义的垮台；认为戈尔巴乔夫的改革偏离了社会主义和马克思主义，加速了资本主义复辟；提出阿根廷共产党要从苏东巨变中汲取教训，加强自身建设，要从实际出发，反对教条主义，加强思想建设，以适应国际形势变化和社会多元化趋势。[①]

秘鲁共产党在拉美地区一直具有重要影响力。苏东巨变后，秘鲁共产党和秘鲁共产党（红色祖国）都继续坚持马列主义的指导思想和社会主义的前进方向，但在某些提法上做出重要改变，以适应新的斗争环境和国内现实的需要。1996 年秘鲁共产党十一大明确提出以马列主义、马里亚特吉思想作为党的指导思想[②]；与此同时，将党的性质由"无产阶级政党"改为"劳动者政党"，用"人民民主"替代"无产阶级专政"。2001 年，该党十二大重申坚持马克思列宁主义。2008 年秘鲁共产党十三大提出坚持反对帝国主义，批判资本主义全球化，反对新自由主义模式。秘鲁共产党（红色祖国）1994 年召开六大，重申马克思主义的指导地位和社会主义的前进方向；2007 年该党召开的七大强调，社会主义作为实现人类变革的道路并没有终结，社会主义所遭受的挫折并不能抹杀它的历史必然性。[③]

哥伦比亚共产党、智利共产党、委内瑞拉共产党是拉美地区较有影响力的共产党组织，苏东巨变对这些党都产生了严重的消极影响。苏东巨变发生后，这些党都出现党员退党现象，有些党员和党的领导人甚至提出解散党组织或改变党的性质。哥伦比亚共产党中央执行委员会委员哈拉米略（Bernaldo Jaramillo）、路易斯·加尔松（Luis Eduardo Garzón）等人主张把党改造成社会民主党，并率领一批党员退党，党的力量受到极大削弱，该党的党员及其支持者人数从 20 世纪 80 年代的 8 万人降至 2000 年的 1.5 万人。但这些党很快纠正了思想

① 康学同主编，王玉林、王家雷副主编：《当代拉美政党简史》，当代世界出版社 2011 年版，第 29—30 页。

② 徐世澄主编：《拉丁美洲现代思潮》，当代世界出版社 2010 年版，第 97 页。

③ 康学同主编，王玉林、王家雷副主编：《当代拉美政党简史》，第 144—147 页。

和组织的暂时混乱，稳住了阵脚，党组织得以保留下来。1991 年 8月，哥伦比亚共产党十六大重申以马克思主义为指导，为在该国实现社会主义和共产主义而奋斗，并再次提出坚持包括武装斗争在内的多种斗争形式相结合的主张。智利共产党批评戈尔巴乔夫解散苏联共产党，谴责叶利钦的腐败资本主义，认为"马克思、恩格斯、列宁的学说比以往任何时候都更具生命力"。在委内瑞拉共产党政治局委员、党的资深领导人奥尔特加（Pedro Oetega）等人的极力坚持下，委内瑞拉共产党的组织机构得以保留下来；1990 年 8 月委内瑞拉共产党召开八大，确定坚持马克思列宁主义。①

二 拉美地区共产党的组织现状

当前拉美地区的共产党在地域分布上具有广泛性的特点。从数量上说，拉美地区比较有影响力的共产党组织有 20 多个，遍及拉美大陆，几乎所有拉美国家都有共产党的组织。

拉美地区共产党的政治地位具有多样性。拉美国家的共产党目前多是"合法"政党，有些是参政党，有的在国会获有席位，有的在地方政府和市政层面上执政。有些党（如秘鲁共产党等）虽未进行合法登记，但可通过外围组织开展合法活动。也有一些共产党仍处于非法状态，未进行相关的登记注册。本章第三节将对拉美地区共产党的政治地位进行详细分析和说明。

拉美地区各个共产党的政治影响和人员状况具有差异性。拉美各国共产党在组织机构和队伍规模方面存在较大差异。有些国家的共产党规模大，力量强，影响深，例如巴西共产党有党员近 40 万人，智利共产党、阿根廷共产党、秘鲁共产党也都有数万党员，在国家政治社会生活中有重要影响，在工人运动、青年组织等社会群体中有较大影响力。有些拉美国家共产党的规模则相对较小，党员人数较少，力量较弱，影响力较弱，无论是对国家政治和社会生活，还是对工人运

---

① 康学同主编，王玉林、王家雷副主编：《当代拉美政党简史》，当代世界出版社2011 年版，第 251、547、478 页。

动和群众组织，其影响力都相对有限，在国家政治社会生活中基本处于边缘状态。

拉美有些共产党组织还不够稳定，不断出现新的分化组合。一些老牌共产党组织消亡后，新的共产党组织不断出现。20 世纪 90 年代以后，拉美国家有些共产党组织消失（如巴拿马人民党，参见表 4-2），有些国家的共产党宣布解散，有些改旗易帜（如巴西共产党曾一度改名为社会主义人民党）。一些共产党员转而信奉社会民主主义；一些共产党员从传统共产党组织中分裂出来转入社会党；许多共产党组织出现分裂。有的共产党组织自行解散，还有很多共产党与其他左翼政党合并（如洪都拉斯共产党、危地马拉劳动党、海地共产主义统一党、多米尼加共产党、萨尔瓦多共产党等）。近年来，在不少拉美国家，特别是在传统共产党与其他左翼政党合并的国家，一批传统的共产党人试图创建新的共产党组织和机构。例如，危地马拉共产党于 1997 年解散后，2003 年开始重建；萨尔瓦多共产党于 1995 年解散，2006 年重建；洪都拉斯共产党于 1990 年解散，党员加入爱国创新党，2011 年，又创建了新的共产党组织。墨西哥、海地等国家，也出现了重新组建的共产党组织（参见表 4-1）。

表 4-1　　　　　　　　　拉美地区共产党组织状况

序号	中文名称	外文名称	建党时间	官方网站	党员人数（人）
1	古巴共产党	Partido Comunista de Cuba（PC de C）	1961 年 7 月	http：//www. pcc. cu	67 万（2017）
2	阿根廷共产党	Partido Comunista de la Argentina（PCA）	1918 年 1 月 6 日	http：//www. pca. org. ar	22523（2016）
3	巴西共产党	Partido Comunista do Brasil（PCdoB）	1922 年 3 月 25 日/ 1962 年 2 月 18 日	http：//www. pcdob. org. br	391951（2016）
4	巴西的共产党	Partido Comunista Brasileiro	1922 年 3 月 25 日	http：//pcb. org. br	14824（2017）

续表

序号	中文名称	外文名称	建党时间	官方网站	党员人数（人）
5	玻利维亚共产党	Partido Comunista de Bolivia（PCB）	1950 年 1 月 17 日	https：//partidocomunistadebolivia. blogspot. com/	
6	智利共产党	Partido Comunista de Chile（PCCh）	1922 年 1 月 2 日	http：//www. pcchile. cl	52356（2017）
7	哥伦比亚共产党	Partido Comunista de Colombia，（PCC）	1930 年 7 月 17 日	http：//www. pacocol. org	
8	厄瓜多尔共产党	Partido Comunista del Ecuador（PCE）	1926 年 5 月 23 日	http：//pcecuador. org	
9	委内瑞拉共产党	Partido Comunista de Venezuela（PCV）	1931 年 3 月	https：//prensapcv. wordpress. com/	
10	秘鲁共产党	Partido Comunista Peruano（PCP）	1928 年 10 月 7 日	http：//www. pcp. pe	
11	秘鲁共产党（红色祖国）①	Partido Comunista del Perú-Patria Roja（PC del P）	1928 年 10 月 7 日	http：//patriaroja. pe/	
12	乌拉圭共产党	Partido Comunista de Uruguay（PCU）	1921 年 4 月	http：//www. pcu. org. uy	
13	巴拉圭共产党	Partido Comunista Paraguayo（PCP）	1933 年	http：//www. pcparaguay. org	
14	海地新共产党（马列主义）②	Nouveau Parti Communiste Haïtien-Marxiste-Léniniste（NPCH-ML）	2000 年	http：//npch. net	
15	墨西哥共产党	Partido Comunista de México	1994 年 11 月	http：//www. comunistas-mexicanos. org/	
16	萨尔瓦多共产党③	Partido Comunista de El Salvador	1930 年 3 月/2005 年 3 月		
17	多米尼加共产党	Partido Comunista de la República Dominicana（PACOREDO）	1966 年 10 月	http：//www. despertar. org. do/Pacoredo	

续表

序号	中文名称	外文名称	建党时间	官方网站	党员人数（人）
18	哥斯达黎加人民先锋党④	Partido Vanguardia Popular（PVP）	1931 年 6 月	http：//vanguardiapopular.blogspot.com	
19	尼加拉瓜共产党⑤	Partido Comunista de Nicaragua	1967 年		
20	洪都拉斯共产党⑥	Partido Comunista de Honduras			

资料来源：作者本人搜集整理。

① 20 世纪 60 年代从秘鲁共产党分裂出来后建立，也把 1928 年 10 月 7 日作为建党日。

② 海地出现过数个共产党组织。1934 年海地共产党成立，1936 年被取缔；1969 年 1 月 28 日建立海地共产主义统一党（Partido unifié des communistes Haitiens）。

③ 萨尔瓦多共产党 1930 年 3 月建党，1995 年解散后并入马蒂民族解放阵线（FMLN）；2005 年 3 月 27 日一批共产党人建立了新的萨尔瓦多共产党。

④ 该党成立时名为共产党，1943 年改名为人民先锋党。

⑤ 尼加拉瓜共产党建立时名为社会主义工人党（Partido Obrero Socialista），1970 年改为共产党。

⑥ 洪都拉斯共产党 1922 年 5 月建党，1954 年重新建党，1990 年解散加入爱国创新党，2011 年再次重建。

表 4 - 2 　　　　　　　拉美地区已消失或已解散的共产党

序号	政党中文名称	政党外文名称	建党时间	解散过程说明
1	墨西哥共产党	Partido Comunista Mexicano（PCM）	1919 年 9 月 14 日	1981 年与其他三个左翼政党合并成统一社会主义党，1987 年并入墨西哥社会党，1989 年墨西哥社会党并入民主革命党（PRD）
2	洪都拉斯共产党	Partido Comunista de Honduras（PCH）	1922 年 5 月建党，1954 年重新建党	1990 年解散，并入爱国创新党（Partido Renovación Patriótica）
3	巴拿马人民党	Partido del Pueblo de Panamá（PPP）	1930 年 4 月建党时称共产党（PCP），1943 年改称人民党	1991 年 7 月 1 日失去在选举法院的注册资格并解散

续表

序号	政党中文名称	政党外文名称	建党时间	解散过程说明
4	危地马拉劳动党	Partido Guatemalteco del Trabajo	1949年建立时称共产党，1952年改称劳动党	1998年解散并入全国革命联盟（Unidad Revolucionaria Nacional Guatemalteca, URNG）
5	海地共产主义统一党	Partido Unifié des Communistes Haitiens（PUCH）	1969年1月28日	1990年并入全国重建运动（Mouvement pour la Reconstruction Nationale）
6	萨尔瓦多共产党	Partido Comunista de El Salvador	1930年3月	1995年解散，并入法拉本多·马蒂民族解放阵线（FMLN）
7	多米尼加共产党	Partido Comunista Dominicano	1942年	1942年建立时称革命民主党，1946年改称社会主义人民党，1965年改称共产党，1996年与其他左派政党合并组成"革命力量"党

资料来源：作者本人搜集整理。

第二节 拉美地区共产党的实践活动

拉美地区国家的共产党在开展政治和社会活动过程中，既采用传统斗争方法，也使用一些新斗争手段和新斗争形式。概括地说，当前拉美国家共产党的活动主要集中在以下四方面：通过参加各类选举积极融入国家政治社会生活；通过积极参政议政对政府决策施加影响；通过开展群众和工人运动保持和增强政治与社会影响力；通过积极开展宣传动员活动传播社会主义思想、党的意识形态以及政策主张。

一 参加各类选举，积极融入国家政治社会生活

20世纪后半期一轮民主化进程开启以来，拉美国家国内和平斗

争的条件日益成熟和稳定，该地区的共产党大多获得合法地位。在现有民主制度框架内通过合法途径参加政治活动特别是选举活动，成为拉美各国共产党最主要的活动方式和斗争手段。

阿根廷和巴西共产党在获得合法地位后积极参加各类选举活动，并取得重要成果。阿根廷共产党 1995—1997 年曾在众议院获得 1 个席位。在 2007 年大选中，阿根廷共产党与"人道主义党"结成竞选联盟"拉美团结广泛阵线"，推举阿尔贝多·阿曼（Luis Alberto Ammann）为总统候选人；在同年进行的地方选举中，阿根廷共产党在圣菲省加入"进步、公民和社会阵线"，该阵线候选人埃斯梅·宾内尔（Hermes Binner）当选为圣菲省长。① 巴西共产党 1985 年获得合法地位后就积极参加各种选举活动，自 1986 年第一次参加议会选举后，在议会获得的席位不断增多。在 1986 年和 1990 年大选中分别获得 5 个众议员席位；1994 年获得 10 个，1998 年获得 7 个，2002 年达到 12 个，2006 年获得 1 个参议员和 13 个众议员席位，这是该党在时隔 60 年后再次获得参议员席位，伊纳西奥·阿鲁达（Inácio Arruda）成为共产党参议员；2010 年巴西共产党获得 15 个众议员席位。除了全国性选举外，巴西共产党还积极参加各类地方选举，并取得显著进展。在 2005 年地方选举中该党获得 40 个市长职位，其中包括一些大城市（如 Aracaju、Olinda、Maranguape、Juazeiro 等）的市长职位。除联邦议会外，巴西共产党在全国不少州、市都有自己的州、市议员。

秘鲁共产党坚持合法斗争并取得重要成果。20 世纪 80 年代实现还政于民后，秘鲁国内局势出现有利于左翼力量成长的变化，秘鲁的两个共产党组织都积极参与合法的选举斗争。1980 年 8 月以秘鲁共产党和秘鲁共产党（红色祖国）为骨干，该国七个左翼政党及一些左翼无党派人士组成"左派联盟"；在当年大选中秘鲁共产党获得两个众议员席位。在 1983 年地方选举中，"左派联盟"主席巴兰特斯

① 康学同主编，王玉林、王家雷副主编：《当代拉美政党简史》，当代世界出版社 2011 年版，第 30 页。

（Alfonso Barrantes Lingán）当选利马市长。在 1985 年大选中，巴兰特斯作为"左派联盟"候选人获得 23％的选票，居第二位；"左派联盟"获得 16 个参议员席位和 48 个众议员席位，占议会总席位的 1/4，成为议会第二大政治力量；秘鲁共产党获得 2 个参议员席位和 8 个众议员席位；秘鲁共产党（红色祖国）获得 2 个参议员席位和 15 个众议员席位。在 1990 年大选中，"左派联盟"获得 24 个国会席位，其中 1 席属于秘鲁共产党，6 席属于秘鲁共产党（红色祖国）。1995 年"左派联盟"获得 2 个席位，其中 1 席属于秘鲁共产党（红色祖国）。1995 年以后"左派联盟"解体。在 2001 年大选中秘鲁共产党和秘鲁共产党（红色祖国）均未能获得席位；2006 年两党联合参加大选，以秘鲁共产党（红色祖国）领导人莫雷诺（Alberto Moreno Rojas）为总统候选人，秘鲁共产党领导人胡安·戈里蒂（Juan Gorriti）为第一副总统候选人；在当年 3 月大选中获得 3 万多张选票，占总选票的 0.28％；在第二轮总统选举投票中，这两党支持左翼政党民族主义党候选人乌马拉（Ollanta Humala）。

玻利维亚共产党通过参加选举斗争成为参政党。1978 年实行民主开放后，玻利维亚共产党与其他左派政党组成"人民民主联盟"，积极参加历次大选。"人民民主联盟"在 1980 年大选中获得 34％的选票，居第一位，但大选结果被随后发生的军事政变所推翻。1982 年军政府在各界压力下被迫恢复 1980 年选举产生的议会，"人民民主联盟"执政，玻利维亚共产党获得 2 个部长职位和 12 个议会席位，成为重要的参政党。1988 年玻利维亚共产党与自由玻利维亚运动、"争取社会主义运动"等组成"左派联盟"共同参加大选，"左派联盟"总统候选人获得 7％的选票，居第五位；"左派联盟"获得 10 个众议院席位。玻利维亚共产党在 20 世纪 90 年代以后坚持参加竞选活动；在 1993 年和 1997 年大选中继续支持"左派联盟"，1997 年后"左派联盟"解体。玻利维亚共产党在 2002 年以后的历次大选中均支持新兴左翼政党"争取社会主义运动"领导人莫拉莱斯（Evo Morales）竞选总统；2009 年玻利维亚共产党第一书记皮萨罗（Ignacio Mendoza Pizarro）作为"争取社会主义运动"的候选人当选为候补参议员。① 在莫拉莱斯执政期间，玻利维亚共产党的一些党员在政府担任重要职务，如卡塞莱斯（Victor Cáceres）曾担任教育部长，吉罗斯（Pedro Quiroz）曾担任内政部副部长。②

哥伦比亚共产党从 20 世纪 60 年代起就从事选举活动。进入新世纪后，该党继续参加议会等选举活动，并在 2002 年全国议会选举中获得 1 个众议员席位。在 2006 年大选中，哥伦比亚共产党与"民主变革中心"联合竞选，该党获得 2 个众议员席位。从 1990 年到 2018 年的历次大选中，该党一直没有推出自己的独立总统候选人。在 2010 年和 2018 年大选中该党均支持"民主变革中心"领导人古斯塔沃·佩德罗（Gustavo Petro）竞选总统。在 2010 年议会选举中，在"民主变革中心"获得的 12 个国会议员席位中，哥伦比亚共产党占据 1 个参议员席位和 1 个众议员席位。③ 2012 年哥伦比亚共产党退出"民主变革中心"④，在 2018 年议会选举中未能获得席位。

委内瑞拉共产党一直把参加选举作为参与国家政治社会生活的重要方式，20 世纪 70 年代后积极参加各类选举。在 1978 年大选中，在议会选举中该党获得 5.5 万张选票，占总选票的 1%，获得 1 个众议员席位；其总统候选人埃克托尔·穆希卡（Héctor Mujica）获得 3 万张选票，占总选票的 0.55%。1983 年该党联合其他左翼组织参加大选，获 11 万张选票，占全部选票的 1.75%。1988 年单独参加大选，得票占全部选票的 0.97%，在众议院获得 1 个席位。在 1993 年大选中该党支持全国汇合党领导人卡尔德拉（Rafael Caldera）竞选总统，得到 2 个众议员席位。1998 年委内瑞拉共产党支持查韦斯竞选总统并加入以"第五共和国运动"为主体的"爱国中心"。在 1998 年大选中该党获得总选票的 0.91%（均投给查韦斯）。2004 年该党加入查韦斯领导的

---

① 康学同主编，王玉林、王家雷副主编：《当代拉美政党简史》，当代世界出版社 2011 年版，第 166—167 页。

② Wikipedia, la enciclopedia libre：Partido Comunista de Bolivia, https：//es. wikipedia. org/wiki/Partido_ Comunista_ de_ Bolivia（2018 – 10 – 29）.

③ 康学同主编，王玉林、王家雷副主编：《当代拉美政党简史》，第 252 页。

④ Partido Comunista "sí está fuera del Polo"：Comité Ejecutivo Nacional, Revista Semana, 8 de 15 de 2012, https：//www. semana. com/politica/articulo/（2018 – 10 – 27）.

执政联盟。在 2005 年全国代表大会代表选举中，该党获得 7 个席位，居第四位。在 2006 年大选中，委内瑞拉共产党支持查韦斯竞选总统；在查韦斯获得的 700 万张选票中，有 34 万张（占总选票的 2.9%）由该党提供。在 2018 年 5 月的总统选举中，该党支持执政的统一社会主义党候选人马杜罗参选总统。[①] 在 2010 年 9 月的国民议会选举中，该党与统一社会主义党联合参选，并获得 1 个席位[②]；在 2015 年国民议会选举中，该党获得 2 个席位，另获 3 个候补议员席位和 9 个二级候补议员席位。[③] 在 2020 年 12 月国民议会选举中获 1 个席位。

　　智利共产党自 1990 年获得合法登记后就参加各类选举，但由于该国选举规则的限制，长期未能在国会获得席位。1990 年，智利共产党单独参加大选，其推举的总统候选人欧亨尼奥·皮萨罗（Eugenio Pizarro）获得 33 万张选票，占总选票的 4.7%。在 1999 年大选中，智利共产党总书记格拉迪斯·马林（Gladys Marín）作为候选人参加总统选举，得到 26 万张选票，占总选票的 3.19%；在第二轮选举时支持左翼"争取民主联盟"总统候选人里卡多·拉戈斯（Ricardo Lagos）。2005 年，智利共产党与人道主义党、基督教左派党等组成"团结力量"联盟参加总统选举，推举人道主义党创始人托马斯·希尔施（Tomás Hirsch）为总统候选人；在第二轮选举中支持"争取民主联盟"候选人巴切莱特。"团结力量"联盟在参议院选举中得票率为 6%，在众议院选举中得票率为 7.4%，但由于受当时议会选举双提名制规则的限制，仍未能在议会中获得席位。在 2009 年大选中，智利共产党仍选择留在"团结力量"联盟中，推举豪尔赫·阿特拉（Jorge Arrate）为总统候选人，该候选人在第一轮选举中获 6.21% 的选票，居第四位。与此同时，智利共产党与"争取民主

---

　　① Partido Comunista respalda candidatura de Nicolás Maduro, teleSUR, Publicado 26 de febrero de 2018, https：//www. telesurtv. net/news/pcv-apoya-candidatura-presidencial-nicolas-maduro-20180226 – 0048. html（2018 – 10 – 27）.

　　② 康学同主编，王玉林、王家雷副主编：《当代拉美政党简史》，当代世界出版社 2011 年版，第 478—479 页。

　　③ Wikipedia, la enciclopedia libre：Partido Comunista de Venezuela, https：//es. wikipedia. org/wiki/Partido_ Comunista_ de_ Venezuela（2018 – 10 – 28）.

联盟"联合参加议会选举,并在众议院获得 3 个席位,这是该党 37 年后再次在议会获得席位。在总统选举第二轮投票中,智利共产党支持"争取民主联盟"总统候选人爱德华多·弗雷。在 2013 年大选中,该党加入"新多数联盟",支持联盟候选人巴切莱特竞选总统,在众议院获得 6 个席位[①];在 2017 年大选中智利共产党获得 9 个众议员席位。[②]

二 积极参政议政,对政府决策施加直接或间接影响

拉美国家的共产党试图通过积极参政议政,对各级政府的决策施加影响。拉美国家共产党参政议政的主要途径具体有以下几方面。

通过参加立法机构的工作,对国家决策施加影响。拉美国家多实行多党政治和三权分立制度,各个合法党都可以通过竞选在国家和地方立法机构中获得相应的席位。近年来,巴西、智利、委内瑞拉、哥伦比亚、秘鲁等国家的共产党先后在国家立法机构(议会)中获得数量不等的议员席位。虽然共产党议员人数不多,但增加了这些国家立法机构的代表性。2014 年大选后巴西共产党在众议院 513 个席位中占 11 席,在参议院 81 个席位中占 1 席。在 2015 年国民议会选举后,委内瑞拉共产党在国会 167 个席位中占 2 席,在拉美议会和南美议会中各占有 1 个席位(委内瑞拉在这两个机构中分别有 12 个和 23 个席位)。拉美国家的共产党议员通过参加议会的立法工作,参与国家重大立法事项的讨论,为各国共产党对政府决策施加影响提供了可能的渠道。2014—2017 年智利共产党在众议院 120 个席位中占 6 席,在 2017 年大选后增加到 9 席。在 2018 年议会选举中哥伦比亚共产党虽未获得席位,但此前该党在参议院和众议院中各有 1 名议员(2017 年)。阿根廷共产党在"南方共同市场"议会中占有 1 个席位(2017),阿根廷在该机构中共有 42 个席位。

---

① 中华人民共和国外交部:《智利国家概况》,外交部网站,https://www.fmprc. gov.cn/web/(2016 - 10 - 18)。

② Partido Comunista de Chile:Bancada PC/progesistas,http://www.pcchile.cl/npcchile/. (2018 - 10 - 28 日).

通过出任各级政府重要职务，直接参与国家重要决策和管理。在很多情况下，巴西、委内瑞拉、智利等国家的共产党与所在国家的主要执政党建立了联盟或合作关系，一些共产党人先后担任政府部长和其他重要职务，对政府决策有直接的发言权、话语权和影响力，对政府相关决策可以施加直接的影响。

通过在地方和市政层面执政，直接参与国家和地方事务的管理和治理。拉美国家的共产党除积极参加全国性选举外，还积极参加地方层面的选举，并在地方行政和立法机构中占有一席之地。进入新世纪以后，秘鲁共产党、秘鲁共产党（红色祖国）及其外围组织在一些省和市相继获得执政地位。2016 年前后，巴西共产党在全国 5568 个市长职位中占 80 个（2016），在 27 个州长职位中占 1 个（2014）。2017 年前后，委内瑞拉共产党在全国 335 个市长职位中占 9 个，在地方立法机构 237 个议员席位中占 12 个。2017 年智利共产党在全国 345 个市长职位中占 3 个。拉美国家共产党参与地方层面执政及对地方事务的治理，不仅增加了这些国家政治制度的包容性和多元性，也拓展了拉美国家共产党参与国家政治和社会生活的途径，丰富了其政治实践的内容和方式。

三　开展群众和工人运动，保持和增强政治社会影响力

拉美各国共产党和工人运动一直有着密切联系，许多党原本就是在工人运动基础上建立和发展起来的。拉美各国共产党长期以来积极开展群众运动和工人运动，协助、组织、领导工会开展活动。在当前历史条件下，开展和领导各种形式的群众和工人运动，依然是拉美国家共产党最重要的政治和社会活动。

阿根廷共产党在各个历史时期都把开展工人运动作为自己的主要活动，目前仍宣称是工人阶级的政党。20 世纪 90 年代，该党指责本国政府的新自由主义经济政策损害劳工阶层的利益，加剧了社会危机，使国家进一步依附于帝国主义。2007 年费尔南德斯左翼政府执政以后，阿根廷共产党支持政府在维护劳工权利方面所采取的措施，认为政府的部分举措与本党的政治主张相吻合；与此同时，阿根廷共

产党继续领导各种形式的群众抗议活动和工人运动，力图维护和巩固对工人运动的影响力。2009 年巴西共产党十二大文件提出："巴西目前处于从资本主义向社会主义过渡的初级阶段，首要问题是领导城市和农村劳动者获得政权，帮助劳动阶级提高政治和社会觉悟，团结一切可以团结的力量，包括中产阶级，进步知识分子、中小业主、妇女和青年，建立广泛的人民联盟。"[1] 据此，巴西共产党依然把领导、组织、发动群众和工人运动作为主要的政治和社会活动。秘鲁共产党一直重视群众工作。进入 21 世纪以后，秘鲁共产党的力量虽遭到一定程度的削弱，先前在国会里的席位有所减少甚至一度全部丧失，但其在工人运动和群众组织中的影响力仍然较大。秘鲁共产党一直控制着秘鲁总工会，秘鲁共产党（红色祖国）则依然控制着秘鲁教育工作者统一工会。当前秘鲁的许多群众抗议活动、工人的示威和罢工活动，背后都有两个共产党及其外围组织的影响。20 世纪 80 年代以后，哥伦比亚共产党一直重视群众工作；1986 年该党控制的"哥伦比亚工人工会联合会"联合"哥伦比亚劳工联盟"的部分成员以及一些独立工会，共同建立"哥伦比亚工人统一工会"，拥有 100 多万名会员，成为全国最大的中央工会，并不断组织罢工、示威等活动。进入新世纪后，哥伦比亚共产党坚持群众工作，党在群众中的影响虽有所下降，但仍保持着对工会的影响力，2005 年，该党在"工人统一工会"25 人执行委员中占有 5 名。[2]

四　重视宣传动员活动，传播社会主义和马克思主义思想

拉美国家的共产党自建立伊始就高度重视开展宣传动员活动，积极传播社会主义思想和马克思主义思想。在近百年的曲折发展进程中，拉美国家共产党的这一传统基本被保留下来。拉美多数国家的共产党都有自己的报刊并将其作为重要的宣传阵地，如乌拉圭共产党出

---

[1]　康学同主编，王玉林、王家雷副主编：《当代拉美政党简史》，当代世界出版社2011 年版，第 112 页。

[2]　康学同主编，王玉林、王家雷副主编：《当代拉美政党简史》，第 252 页。

版《人民周报》（*El Popular*），该出版物于 1957 年 2 月创刊，至今已有 60 多年的历史，是该国和该党传播马克思主义和社会主义的重要出版物。委内瑞拉共产党的机关刊物《人民论坛》（*Tribuna Popular*）1948 年创刊，至今已有 70 多年历史，目前每三周出版一期；除传统纸质版本外，还发布电子网络版。秘鲁共产党出版《团结报》（*Unidad*）。哥伦比亚共产党自 1957 年起出版《人民的真理周刊》（*Semanario Voz：La Verdad del Pueblo*）。厄瓜多尔共产党出版《人民报》（*El Pueblo*）。智利共产党的《世纪周报》（*el Periódico Semanario El Siglo*）1940 年创刊，另外还出版《笔与刷》杂志（*Pluma y Pincel*），并开办"新世界电台"（Radio Nuevo Mundo）。除了这些传统宣传手段和方式外，拉美国家的共产党还适应信息和网络时代的发展，建立了本党的官方网站，在脸书和推特上开设账户，通过现代信息手段，宣传本党的政策和主张，宣传社会主义和马克思主义思想。这些传统媒体手段和新媒体方法相互交织、相互补充，成为拉美国家共产党积极开展宣传动员活动，传播社会主义思想的重要平台。

第三节　拉美地区共产党的政治地位

就政治地位而言，拉美地区国家的共产党大体有以下四类。第一类是执政党，古巴共产党是该国唯一的合法政党，已连续执政近 60 年。第二类是参政党，巴西、委内瑞拉、智利等国家的共产党近年来通过与执政党结盟参政，不仅在议会拥有席位，还有党员在政府内任职。第三类是合法的在野政党。阿根廷、哥伦比亚等国家的共产党虽在野，但在国内有一定的政治影响力，在一定时期还在议会占有席位，在地方或市镇层面执政。第四类是一些未在所在国家进行合法登记注册的共产党。

一　执政

目前古巴共产党是古巴唯一的合法政党，也是拉美地区唯一处于执政地位的共产党。古巴共产党坚持马克思列宁主义的意识形态、坚持共产党领导和社会主义方向，在西半球建立了第一个也是唯一的社会主义国家。古巴共产党的长期执政地位，使其成为拉美其他国家共产党的精神领袖和重要的物质支持者，古巴也成为拉美国家共产党和进步力量的大本营。

古巴第一个共产党建立于 1925 年，1944 年更名为古巴人民社会党，该党曾支持卡斯特罗领导的"七·二六运动"以武装斗争方式反对巴蒂斯塔的独裁统治。1959 年古巴革命胜利后，"七·二六运动"、人民社会党和"三·一三革命指导委员会"三个革命组织开始考虑合并。1961 年这三个组织先后做出自行解散并共建新党的决定，随后正式合并为古巴革命统一组织。1962 年古巴革命统一组织更名为古巴社会主义革命统一党，1965 年 10 月更名为古巴共产党。1975 年古共"一大"通过党的基本纲领和党章，规定古巴共产党是社会主义所有革命力量紧密团结的产物，以马克思、恩格斯和列宁的思想为指导，从事建设共产主义社会的历史任务；党的最高纲领性目标是建设共产主义社会，建设一个人人平等、友爱以及人们之间建立起同志式关系的自由社会。1986 年古共"三大"通过的党纲规定党的战略目标是建设共产主义，理论基础是马克思列宁主义，现阶段社会主义建设的目标是巩固和扩大社会主义生产关系，并使之成为唯一的生产关系，完善社会主义国家的民主组织。苏东巨变发生后，古共于 1991 年召开"四大"，决定继续坚持社会主义道路，坚持共产党的领导，坚持计划经济。1997 年古共"五大"号召全体党员和人民保护来之不易的古巴社会主义胜利成果，强调古巴共产党是以马列主义为指导的工人阶级先锋队，是领导社会主义建设和向共产主义迈进的中坚和中流砥柱；决定在坚持一党制、社会主义公有制、计划经济的前提下，把经济工作放在优先地位。2011 年古共"六大"正式提出"更新"社会主义模式，通过《党和革命的经济社会政策纲要》，强调在坚持社会主义原则和以社会主义公有制为主体的前提下发展其他所有制形式。2016 年古共"七大"讨论古巴社会主义"经济和社会模式的理论"（Conceptualización del Modelo Económico y Social Cubano de Desarrollo Socialista），以及国家中期发展目标、计划、重点和战略方向，评估"六大"纲要执行情况，对党的工作目标进行评估。为适应新的更新形势的需要，为"更新"提供制度和法律保障，古巴决定修改宪法。2018 年 3 月古共七届五中全会重点讨论修改宪法问题，以便推动"更新"进程进入新阶段。2018 年 7 月，古巴全国人大通过《古巴共和国宪法草案》，继续确定古巴是法治、独立、主权、统一、民主的社会主义国家，增加并特别强调古巴是"法治"的社会主义国家的内容，但重申、强调了古巴社会主义制度不可更改；古巴共产党是古巴社会和国家的最高领导力量。①

二　参政

在长期革命和斗争的过程中，拉美不少国家的共产党曾作为参政党参与国家的决策和建设进程。例如，在 20 世纪三四十年代巴西、古巴、智利等许多国家的共产党都曾加入政府，多名共产党人或担任国会议员，或出任政府部长等职务。20 世纪 70 年代，智利共产党作为社会党的主要盟友也曾参与执政。

进入新世纪以来，巴西共产党、委内瑞拉共产党、智利共产党、乌拉圭共产党、厄瓜多尔共产党等成为重要的参政党。巴西共产党 2003—2016 年与劳工党结盟参与执政。卢拉 2002 年 10 月当选总统并于 2003 年开始执政。卢拉总统首次组阁时，巴西共产党员安瑞洛·盖伊罗斯（Angelo Quiroz）出任体育部长，这是巴西共产党人首次出任政府部长。巴西共产党副主席哈罗尔多·利马（Haroldo Lima）2003 年末出任国家石油管理局局长。巴西共产党副主席阿尔多·拉贝洛（Aldo Rebelo）先后出任政府政策协调人、众议院执政党团领袖（2005 年 9 月至 2007 年 1 月出任众议院议长）；2006 年 11 月 16 日还担任过一天的总统职务，成为巴西历史上第一位共产党人总统。② 在劳工党第一届政府期间，巴西共产党约有 6 万名党员在联邦、州和市三级政府部门出任公职。在 2006 年大选及此后历次大选中，巴西共

---

① Proyecto de Constitución de la República de Cuba, http：//www. cubadebate. cu/noticias/2018/07/30/descargue-el-proyecto-de-constitucion-de-la-republica-de-cuba-pdf/（2018 – 08 – 02）.

② "Communist Party of Brazil", https：//en. wikipedia. org/wiki/Communist_ Party_ of_ Brazil（2018 – 10 – 28）.

产党与劳工党等组成联盟，支持劳工党候选人竞选总统，并在卢拉和罗塞夫获胜后作为参政党参与执政。

委内瑞拉共产党是拉美地区影响力较大的共产党，在 20 世纪 60 年代党员人数曾达到 3 万人，在经历多次分裂后一度降到 2000 人左右。委内瑞拉共产党从 1999 年起就一直支持执政党"第五共和国运动"（它后来与其他左翼政党组成"统一社会主义党"），曾作为执政联盟成员参政。进入新世纪以后，随着国内政治环境相对有利，该党的力量得到一定程度的恢复。在查韦斯和马杜罗政府执政期间（1999 年至今），由于与执政党结盟，委内瑞拉共产党获得发展，一些党员在政府和公共部门任职。

智利共产党是一个有着重要政治影响的政党，有 5.24 万名党员①，特别是在工会和学生等群体中有一定的政治和社会影响力。在 2013 年大选中，智利共产党加入社会党、争取民主党、基督教社会党等左翼政党组成的"新多数联盟"，支持社会党领导人巴切莱特参选总统，2014—2018 年智利共产党作为执政联盟成员参与执政。巴切莱特获胜并执政后，智利共产党员巴斯瓜尔（Claudia Pascual）出任妇女部长，这是自 20 世纪 70 年代加入阿连德政府以后，智利共产党首次重返政府；2015 年总统改组政府，共产党员巴拉萨（Marcos Barraza）出任社会发展部长。

1994 年，乌拉圭共产党加入由该国主要左翼政党组成的"进步联盟—广泛阵线"。2004 年、2009 年和 2014 年该联盟连续获得总统选举的胜利，乌拉圭共产党作为"联盟"成员成为重要参政党。2007 年后，厄瓜多尔共产党参加了由执政党"祖国主权联盟"领导的执政联盟。2003—2015 年阿根廷共产党与"胜利阵线"左翼政府结盟。

三　合法在野

有些拉美国家的共产党虽不是执政党或参政党，但是合法政党，

---

① Servicio Electoral de Chile（27 de abril de 2017），"Total afiliados actualizados por partidos políticos"，Consultado el 27 de abril de 2017（2018 – 10 – 28）.

且在国内有一定的政治和社会影响力，在工会、青年、学生等群众组织和特定群体中有一定的号召力，甚至在议会和其他机构中占有席位。如前所述，哥伦比亚共产党在参议院和众议院中曾各有 1 个席位，阿根廷共产党在"南方共同市场"议会中也拥有席位。

四　非法政党

拉美有些国家的共产党因为未能履行相关的资料申报，未能在国家相关机构获得合法登记，但这些所谓的非法政党情况不尽一致。其中一些党力量较弱，在国家政治生活中影响力不大。有些政党虽在选举中所获得的选票数量较少，但在一些群体中具有较大的影响力和号召力。这些政党虽然处于非法地位，但仍然可以通过其外围组织开展活动。2003 年 7 月 22 日，玻利维亚全国选举法庭发布《第 043 号决议》（Resolución N°043/2003），宣布取消玻利维亚共产党的政党法人资格，原因是该党未能履行公布其领导人和党员名单的手续。墨西哥共产党成立于 1919 年，是拉美地区建立较早的共产党组织之一；该党于 1981 年解散后，有些共产党人试图重建该党的组织和机构。1994 年新的墨西哥共产党宣告成立，但该党未能获得合法注册。秘鲁共产党和秘鲁共产党（红色祖国）是老牌政党，但在国家选举和司法机构中并未进行合法登记，主要通过其外围组织开展活动，在一些省市获得了执政地位，在工会、学生等团体中有较大的影响力。

第四节　拉美地区共产党的理论和政策主张

一　主要理论和政策主张

拉美地区的共产党虽不断调整策略，在斗争策略和斗争方式方面有所改变，但一直没有放弃马克思主义的指导和社会主义的理念，没有放弃社会主义取代资本主义制度的主张。

（一）坚持马克思主义列宁主义的指导

拉美国家的共产党明确把马列主义作为指导思想，这是共产党与该地区其他类型左翼政党的最本质区别。拉美共产党认为，在新的历史条件下，马列主义和社会主义对解决拉美的社会问题和人民的迫切要求更具有现实意义。进入新世纪之后，巴西共产党重申了马列主义立场和争取实现社会主义的决心。2005 年 10 月，该党"十一大"制定的章程确认，巴西共产党是"无产阶级有觉悟的先锋队组织，以由马克思和恩格斯制定的、由列宁和其他马克思主义革命家发展的科学和革命理论为指导"。委内瑞拉共产党把马克思列宁主义和委内瑞拉民族英雄的思想作为指导思想，认为马克思列宁主义源于人类的思想和实践，是先锋队的意识形态，是最科学、最革命的理论；强调委内瑞拉革命进程以及世界的现实充分表明马克思列宁主义仍具有现实性和有效性。哥伦比亚共产党现行党章规定，"党的政治路线和纲领是以玻利瓦尔和拉美思想为指导，对马列主义的科学原则"进行创造性的解释，并将其"运用到哥伦比亚的实际中"①。阿根廷共产党强调"以马克思、恩格斯和列宁的思想和理论遗产，以及葛兰西、马里亚特吉和格瓦拉对其的特殊贡献为指导"②。

（二）坚持用社会主义取代资本主义的目标

拉美国家的共产党坚持用社会主义取代资本主义，这是其与拉美社会民主主义以及其他流派社会主义的最根本区别。拉美国家的共产党普遍认为，"社会主义仍充满活力，无论现在和将来都是人类的希望"和"拉美人民的唯一选择"。巴西共产党认为，党的最终目标是实现科学社会主义和共产主义，社会主义和共产主义是巴西唯一正确的出路；委内瑞拉共产党认为，社会主义是更高级、更完善的革命民主制度，要用人民的民主国家取代资产阶级的国家，向建设社会主义的方向迈进；哥伦比亚共产党则将"打开通向人道社会主义的道路"作为党的主要活动目标。③ 2016 年由 20 多个左翼政党参加的"拉美

---

① 袁东振：《拉美国家共产党的现状与基本主张》，中国社会科学院拉丁美洲研究所：《"当前拉美社会主义思想和运动新动向"课题报告》，2009 年 4 月，第 17—19 页。

② Partido Comunista de la Argentina, *Declaración de Principios*, en la Carta Organica del Partido Comunista, Modificada por el 22° Congreso Extraordinario（2018 - 10 - 22）.

③ 袁东振：《拉美国家共产党的现状与基本主张》，中国社会科学院拉丁美洲研究所：《"当前拉美社会主义思想和运动新动向"课题报告》，2009 年 4 月，第 19 页。

共产党和革命政党会议"（利马会议）的政治决议中，拉美国家的共产党重申社会主义原则和方向，并提出关于社会主义的一些新设想和新阐述；强调社会主义意味着独立、正义、平等、公平分配、尊重环境、人民自主、民主决策，是反对资本主义的唯一选择，重申要"为建立社会主义而斗争"；"共产党和革命政党有义务用创造力和创新精神捍卫社会主义的旗帜"①。

（三）主张开展反对资本主义的斗争

拉美共产党认为，资本主义虽陷于历史上最严重的危机中，但作为危机的后果，帝国主义变得更具有侵略性；拉美地区也存在着帝国主义的反攻（如洪都拉斯、巴拉圭、巴西、委内瑞拉、玻利维亚、萨尔瓦多和厄瓜多尔等国家都是如此）；而且帝国主义在拉美的反击取得了一些成效，如（2015 年以后）阿根廷和巴西重回新自由主义政策，并想把战果扩展到委内瑞拉，这种反击会是持久的。在这种背景下，拉美国家的共产党和革命政党有义务用创造力和创新精神予以回击，捍卫社会主义的旗帜。因此，拉美国家的共产党需要对特定的经验进行检视，并制定共同的策略，反对资本主义对信息、媒体和文化的垄断，"需要进行激进的改革，实现获取信息的民主化，尊重观点、文化和历史的多样性"②。拉美国家的共产党强调，共产党人要开展反对资本主义的斗争③，支持拉美地区的左翼政府和进步政府，反对右翼势力对这些政府的攻击。

（四）主张寻求替代新自由主义的选择

拉美国家的共产党认为，新自由主义是不道德的模式，不能保证社会的发展，反而会使社会财富愈加集中在垄断寡头手中，造成失业

---

① "Declaración Política en el Encuentro de Partidos Comunistas y Revolucionarios", http：// tercerainformacion. es/opinion/opinion/2016/09/05/declaracion-politica-en-el-encuentro-de-partidos-comunistas-y-revolucionarios-de-america-latina-y-el-caribe（2017 – 09 – 30）.

② "Declaración Política en el Encuentro de Partidos Comunistas y Revolucionarios", http：// tercerainformacion. es/opinion/opinion/2016/09/05/declaracion-politica-en-el-encuentro-de-partidos-comunistas-y-revolucionarios-de-america-latina-y-el-caribe（2017 – 09 – 30）.

③ 袁东振：《拉美社会主义发展的历史、特点与趋势》，《国外理论动态》2018 年第 3 期。

人员日益增加，大多数人贫困加剧，陷入被遗弃的境地。拉美共产党认为，为了建立自由和团结的拉美，必须开展反对新自由主义的斗争，寻求替代新自由主义的选择，开启新的选择，探寻适应人民利益和期望的选择。2016年"拉美共产党和革命政党会议"讨论了可以替代失败了的新自由主义，可以顾及人民、正义和福利希望的新方案。① 秘鲁共产党（红色祖国）领导人莫雷诺（Alberto Moreno）强调："必须意识到，新自由主义的模式没有取得成效，为了把拉美从贫困落后中解救出来，必须制定新的方案。"秘鲁共产党领导人德·拉·克鲁斯（Roberto de la Cruz）指出，拉美国家的共产党正在试图寻求替代新自由主义的选择。拉美共产党普遍认为，随着2014年后左翼退潮，拉美地区新上台的自由主义政府除了哗众取宠的辞藻和新自由主义的药方之外，并无新的东西；尽管面临着新自由主义的反攻，但各国共产党和革命政党都对反对新自由主义的斗争充满乐观意识，认识到新自由主义的方案及其试图巩固自己阵地的企图已经陷于危机。

（五）强调合法斗争的重要意义

在新的历史条件下，拉美国家共产党的斗争策略和手段发生了根本性的变化，不再强调武装斗争的必要性，而是强调通过民主的方式，开展合法斗争。哥伦比亚共产党曾经是武装斗争的积极参与者和领导者。虽然该党并不完全放弃武装斗争，但从20世纪70年代起，该党与国内其他党派和政治团体组成联盟，参加议会选举，合法斗争成为其最主要的斗争手段。委内瑞拉共产党2007年9月第十一次全国会议的"政治决议"强调，民主的中间路线是革命的重要手段。巴西共产党的章程提出："为了使自己的主张得到实现，巴西共产党要在国家现行法律框架内开展活动。"2016年"拉美共产党和革命政党会议"的政治决议强调合法斗争的重要意义，主张在新历史条件下

---

① "Declaración Política en el Encuentro de Partidos Comunistas y Revolucionarios", http://tercerainformacion.es/opinion/opinion/2016/09/05/declaracion-politica-en-el-encuentro-de-partidos-comunistas-y-revolucionarios-de-america-latina-y-el-caribe（2017 – 09 – 30）.

通过民主方式开展合法斗争。在斗争实践方面，巴西、乌拉圭、阿根廷、哥伦比亚、玻利维亚、秘鲁等国家的共产党，都利用大选和地方各类选举的时机，与国内其他进步主义政党建立了各种名称的选举阵线或统一阵线，参与政治进程，从事合法斗争。

二 对当前重大理论和现实问题的看法

进入新世纪以来，无论国际格局还是拉美地区的政治和社会生态都发生了重大变化，这些新变化对拉美国家的共产党产生了重要影响，推动它们对自己的传统立场及当前世界和地区重大理论与现实问题进行深刻反思，特别是对时代问题、美洲大陆和世界面临的挑战、帝国主义的作用、各国政府和人民的斗争策略与手段等问题提出新的思想和认识。

（一）认为当今世界仍处于资本主义向社会主义的过渡阶段

拉美共产党认为，随着多极化进程的深入发展和新兴大国的群体性崛起，世界资本主义深陷结构性危机之中。为挽回颓势，帝国主义和资本主义加大对社会主义及进步力量的反扑、遏制和打压，但仍无法化解其先天性缺陷和结构性矛盾。资本主义的各种矛盾进一步加剧，其生产消费方式不可持续，资本主义国家内部民主机制退化，政府治理缺陷不断暴露，治理能力下降。为了摆脱和消除帝国主义和资本主义的缺陷，各种进步力量都在寻求和探索资本主义的替代方案，这也为社会主义的发展创造了巨大空间。拉美共产党认为，迄今为止，困扰人类社会的各种问题并没有得到根本性的解决，相反，资本主义在帝国主义阶段的发展，以战争、经济剥削和破坏环境的方式，威胁人类本身的生存。在遭受资本主义剥削和经历着资本主义苦难的拉美国家，在某些情况下，人民的组织得到发展，民主内容得到丰富，民主进程得以加强。

（二）主张继续探索反对帝国主义的策略与手段

拉美国家共产党一直激烈批评美国的帝国主义政策，继续探索反对帝国主义的策略与手段。拉美国家共产党认为，帝国主义制定了全球性战略，必须以全球性的回答予以应对；共产党人和革命者需要讨论并制定一项适应各国独立和自主、符合各国条件的共同政治规划。拉美共产党认为，美帝国主义对拉美地区发生的政治和社会变革不仅无动于衷，而且一直试图削弱和摧毁这一进程，为此甚至不惜采取军事威胁、经济金融封锁和各种制裁手段，公然干涉拉美地区和各国内部事务，并极力挑拨拉美国家间的关系；在拉美培养代理人和合作者，试图利用他们推翻、摧毁那些被认为对自身利益构成威胁的人的统治。拉美共产党认为，在反对帝国主义斗争的过程中，拉美地区左翼力量应加强团结，共同反对帝国主义的控制。为此，要扩展经济与社会方面的整合，变革经济和社会整合赖以存在的历史观；在新的历史条件下加强拉美国家的联合行动，拓展自治空间，应对帝国主义的霸权①；拉美国家共产党支持在新的基础上重新推进一体化进程，支持南方银行的建立，支持一切有利于反对帝国主义和有利于地区一体化的建议。拉美国家共产党主张无条件支持古巴革命，谴责美国对古巴的长期非法封锁，要求美国结束对古巴的经济、贸易和金融封锁；称赞卡斯特罗是拉美人民的标志和样板，是传奇式的人物，并将对拉美未来的发展产生深远影响。

（三）强调从本国实际出发探索社会主义的发展道路

拉美国家共产党反复强调，反对任何人的霸权，各党应根据本国国情确立可行的目标，认为"确定前进的方向和任务至关重要"②；不同国家的共产党有必要建立共同的空间，按照各自国家的国情进行思考和创造，不模仿、不照抄其他国家的经验。2016 年"拉美共产党和革命政党会议"文件强调，拉美国家需要制定符合各国国情的政治规划；由于各国国情和外部环境的不同，政党状况千差万别，因此"必须尊重观点、文化和历史的多样性"。该会议的最后宣言宣称，不模仿、不照抄其他国家的经验。许多拉美国家的共产党在会议期间

---

① 袁东振：《拉美国家共产党的现状与基本主张》，中国社会科学院拉丁美洲研究所课题组：《"当前拉美社会主义思想和运动新动向"课题报告》，2009 年 4 月，第 19 页。

② "*Declaración Política en el Encuentro de Partidos Comunistas y Revolucionarios*"，http：// tercerainformacion. es/opinion/opinion/2016/09/05/declaracion-politica-en-el-encuentro-de-partidos-comunistas-y-revolucionarios-de-america-latina-y-el-caribe（2017 – 09 – 30）.

引用秘鲁伟大的马克思主义思想家马里亚特吉"革命既不能模仿也不能照搬，而是需要英雄的创造"的名言，强调尊重社会主义探索道路的多样性。

（四）寻求"我们的美洲共识"，加强社会主义政党间的团结

拉美国家的共产党认为，资本主义正自我组织起来，并在世界范围内制定了战略；在这种情况下，革命在形式上是民族性的，在内容和历史规划方面则是国际性的，这意味着需要制定共同的策略。拉美共产党认为，拉美的发展前景光明，但也面临着严重威胁。帝国主义和寡头在拉美地区对革命和左翼政府的进攻，具有反动和反人民的特点；因为凡是保守势力取胜的地方，旧的特权势力便会加速整合，并试图剥夺人民已取得的利益，让其放弃已经获得的主权以及地区一体化的进展。因此，在右翼和帝国主义的进攻和威胁面前，应制定共同纲领。2016 年"拉美共产党和革命政党会议"号召拉美地区的共产党、左翼政党和进步政党加强协调，增强团结，制定共同策略，以巩固拉美国家的民主、正义和国家主权。① 古巴共产党代表在会议上提交题为"我们的美洲共识"（el Consenso de Nuestra América）的基础文件，主张"我们的美洲共识"是共同纲领的基础，应加强对变革过程中预期风险的研判，恢复独立、主权、社会主义和民主等概念，采取共同行动，消灭反对拉美人民发展的阴谋。与会的拉美各国政党代表对"我们的美洲共识"进行了讨论并给予高度评价。委内瑞拉执政党领导人认为，"我们的美洲共识"是与美国强加给拉美的"华盛顿共识"针锋相对的。

第五节　拉美地区共产主义思想和运动成长的障碍

拉美地区各国共产党一直致力于马克思主义在该地区的传播与社

---

① Prensa Latina（PL），Reunión de partidos tratará en Perú Alternativa al Neoliberalismo，http：// www. granma. cu/encuentro-internacional-de-partidos-comunistas-y-revolucionarios-de-america-latina-y-el-caribe/（2016 – 08 – 23）.

会主义的实践探索，虽历经曲折，仍坚韧不拔。在拉美共产党人的努力和推动下，拉美共产主义思想显示出强大的历史韧性和生命力。但由于一系列主客观条件的限制和制约，拉美共产主义思想传播和实践探索面临着不少阻碍和困境，成长空间受到较大的局限和限制。

共产主义思想及其实践探索从未在拉美多数国家占据主流地位。拉美国家的主流思想体系和意识形态来源于西方，也基本上从属于西方，有相当一部分思想和理论直接来自西方特别是欧洲地区。从根本上说，拉美是西方的一部分，欧美国家的各种思潮、思想和理论都对拉美产生过直接的重要影响，并与拉美国家的现实相结合，形成了具有拉美本土化特征的思想和思潮，拉美因此也成为世界上思想理论和意识形态最为多样化和多元化的地区。拉美地区的政治社会思想历来受西方移民的影响，而拉美外来移民中的很大一部分来自欧洲。殖民时期的外来移民主要来自伊比利亚地区，19世纪末20世纪初特别是20世纪以后，其他欧洲国家（意大利、法国、德国等）的大批移民抵达拉美，带来了欧洲各种各样的思想和思潮，其中包括马克思主义或共产主义的各种思想。虽然共产主义思想和马克思主义思想在拉美地区找到了一批追随者，但与主张激进和暴力革命的共产主义思想相比，各种主张改良与温和变革的思潮、思想和理论更容易受到拉美主流社会的青睐。总起来讲，在拉美影响较大或居主流地位的是社会民主主义、基督教社会主义及各种具有改良性质的本土民族主义思想和理论。拉美社会民主主义和基督教民主主义所倡导的独立政治、混合经济、公平社会、互助合作、多元外交等基本立场受到拉美主流社会和一般民众的认可和赞同。而共产主义思想则往往被拉美主流社会视为激进和极端，其所主张的暴力革命、无产阶级专政、公有制等基本立场难以被主流社会所认可，甚至还受到围攻和污名化，拉美国家共产党的思想和理论主张从未在拉美占据主流地位。① 在拉美历史上出现过多轮反共潮流，极大地损害了共产主义的声誉。共产主义思想的

---

① 袁东振：《拉美社会主义思想和运动：基本特征与主要趋势》，《拉丁美洲研究》2009年第3期。

这种长期非主流地位成为共产主义在拉美传播的重要障碍。

拉美社会传统和政治文化中存在着诸多不利于共产主义思想和实践发展的因素。如前所述，拉美在传统上是一个思想保守的地区，缺乏深刻的政治和社会变革，保守思想一直占据着主流地位，各种改良主义思想占据着主导地位，变革思想特别是革命思想受到压制，共产主义思想更是被视为异端邪说。拉美地区的传统文化（包括天主教思想）中所蕴含的保守因素尤其不利于共产主义思想的传播。此外，拉美长期遭受政治动荡、社会混乱和暴力频发的困扰，社会各阶层普遍存在着追求稳定和秩序的心态，这与共产主义或马克思主义所宣传的革命、彻底的社会变革、无产阶级专政等理论产生一定的矛盾。拉美国家这种政治文化特性显然不利于共产主义思想的传播和共产主义运动的发展。

拉美国家的共产党在理论、组织、干部队伍建设方面的严重缺陷，制约了共产主义思想的发展和传播。拉美地区一直有一批信念坚定的共产主义者，但拉美国家共产党在理论、政治和干部队伍建设方面有诸多缺陷。首先，拉美国家的共产党长期忽视理论建设，未能创造出具有创新内容的理论成果。许多党不能从本国国情出发探索社会主义的发展道路，缺乏真正的思想理论创新，难以提出得到广大群众接受和支持的纲领与计划。由于缺乏真正的理论创建，20世纪80年代末90年代初苏联解体东欧巨变，以及社会主义阵营消失，使不少拉美国家的共产党手足无措，在意识形态上出现迷茫和迷失，产生"道义挫折"，许多党员失去奋斗方向和目标，给共产主义在拉美的发展造成无可弥补的损失。其次，拉美共产党作风建设缺失限制了共产主义思想和实践在该地区的影响力。在20世纪80年代以前，有些拉美国家共产党的领导人甚至长期居住在国外，遥控指挥国内工作。"拉美许多共产党对本国政治、经济和社会缺乏了解""但又不愿意做艰苦深入的调查研究"[①]。由于对本国国情缺乏充分把握，有些共

[①]　郭元增、江时学：《拉美国家共产党的斗争历程》，李慎明主编，姜述贤、王立强副主编：《执政党的经验教训》，社会科学文献出版社2008年版，第232页。

产党的斗争策略不稳定，不能提出解决各种社会难题的有效建议，甚至固守传统政治和斗争策略，共产党的工作业绩不佳。再次，拉美国家共产党在组织建设方面长期存在严重缺陷，损害党的形象和事业。许多党的领导人脱离本国实际、脱离一般党员和普通民众，致使其政策主张不能得到广大工人、农民、知识分子的支持和了解，致使其政治影响力长期局限在特定群体和特定社会阶层。最后，许多共产党内的宗派主义和教条主义严重制约了其政治影响力的发挥。拉美一些共产党内部分歧严重，党内有派，党的分裂成为常态；不少党没有形成团结和有权威的领导核心，严重削弱了党组织的统一和党的战斗力。

在日益完备的多党制竞争体制下，共产党在与其他政党的竞争中往往不具备优势，甚至有被进一步边缘化的风险。随着拉美国家的政治制度日益完善，多种意识形态和多党相互竞争的趋势难以逆转。民主政治的发展一方面给包括拉美共产党在内的各派政治力量的发展提供了宽松的政治环境，另一方面给共产党的发展和共产主义思想的传播造成新的阻力。拉美国家的共产党如果不能从根本上汲取历史教训，不能从本国的现实出发进行理论创新进而提出适合本国国情和符合大众要求的政策主张，不能从根本上改进思想、组织、作风建设，那么共产主义思想在拉美的传播、共产党在拉美的发展及其实践探索就会遭遇新的困境，共产主义思想及其实践就依然难以摆脱被边缘化的局面。

本章小结

拉美地区国家共产党建立近百年来，经受住了内外部各种严峻考验，显示出强大的历史韧性和生命力，目前仍是拉美不可忽视的重要政治力量。在从苏东巨变冲击下复苏的过程中，拉美国家共产党在新的历史条件下，不断调整策略，探索把马克思主义与本国现实相结合的途径和道路。当前拉美国家共产党的政治地位不尽相同，政治影响和组织状况有明显差异，但都没有放弃马克思主义指导和社会主义理念，没有放弃用社会主义取代资本主义的主张。进入新世纪以来，面

对国际格局特别是拉美政治和社会生态的重大变化，拉美各国共产党
对自己的传统立场及当前世界和地区重大理论和现实问题进行深刻反
思。由于一系列主客观条件的限制和制约，拉美共产主义思想的传播
和实践探索面临着不少阻碍和困境，其成长空间受到局限和限制。从
根本上说，拉美国家的共产党需要汲取历史教训，从本国现实出发进
行理论创新进而提出适合本国国情和大众要求的政策主张，需要从根
本上改进思想、组织、作风建设，否则拉美共产主义思想及其实践就
依然难以摆脱被边缘化的局面。

第五章 21 世纪拉美地区的社会民主主义及其趋势

社会民主主义在 19 世纪下半叶自欧洲传入拉美后，在该地区获得大批追随者和践行者。20 世纪社会民主主义在拉美不断发展壮大，许多社会民主主义政党成为执政党甚至长期执政，社会民主主义逐渐成为具有主流地位的思想和实践。虽然拉美社会民主主义政党数量众多，但由于历史起源不同，它们对马克思主义及社会主义的态度不尽一致，甚至有明显的不同。近年来，拉美社会民主主义的理论和政策主张发生明显的变化，不少社会民主主义政党对党的性质、指导思想、理论和政策主张等的表述做出较大调整。拉美社会民主主义及其政党的这些变化不仅是为了适应世界范围内社会民主主义的发展趋势，也是为了适应拉美地区政治社会生态、社会结构变化的新需要，其目的是摆脱拉美传统社会民主主义政策实践所遭遇的困境。

第一节 拉美地区社会民主主义的成长及其影响

一 拉美地区社会民主主义的发展与壮大

社会民主主义或民主社会主义源于欧洲和第二国际，后传入世界其他地区，也成为拉美地区具有重要影响的思潮与实践。19 世纪末 20 世纪初，随着社会主义思想的迅速传播，拉美各国陆续建立了社会主义性质的政党，如阿根廷社会党和巴西社会主义工人党

（1892 年）、智利社会党（1898 年）、古巴社会党（1899 年）、乌拉圭社会党（1902 年）等。随着这些政党的建立，拉美社会主义运动进入有组织的新阶段。[①] 在其他拉美国家，具有社会主义性质的政党的建立时间稍晚，如墨西哥社会主义工人党建立于 1911 年，秘鲁社会党建立于 1919 年，厄瓜多尔社会党建立于 1926 年，委内瑞拉民主行动党成立于 1941 年。

拉美地区社会民主主义的发展虽不能说一帆风顺，但从总体上看，在第二次世界大战后特别是在 20 世纪 70 年代末以后的政治民主化进程中，拉美社会民主主义的影响迅速扩大，逐渐在许多国家获得主流政治思想的地位。这一时期，有两个有利于社会民主主义在拉美地区发展的因素。其一，社会党国际的推动。1976 年社会党国际开始调整其一贯的"欧洲中心主义"，提出要把社会民主主义意识形态的影响扩展到全世界，使其成为人类发展的重要指导原则。为此社会党国际开始将注意力转向发展中国家尤其是资本主义制度相对完善、社会民主主义力量较强的拉美地区，这在很大程度上推动了拉美社会民主主义的进一步壮大和发展。[②] 这一时期，拉美地区许多政党加入了社会党国际，1986 年还成立了区域性协调机构"拉美社会党协调委员会"。其间不少拉美国家又建立起了新的社会民主主义政党，该类政党数量增加到数十个。[③] 其二，拉美地区社会民主主义政党积极推动政治民主的实践。20 世纪六七十年代，拉美地区盛行以军人独裁专制为主要特点的官僚威权统治，除墨西哥、委内瑞拉、哥伦比亚和哥斯达黎加等少数国家外，拉美地区出现"清一色"的军政府。在推动军政府还政于民的民主化过程中，拉美社会民主主义政党发挥了主导和推动作用，社会民主主义思想在该地区的影响力和声誉因此

---

① 相关文献对拉美各国社会党建立时间的描述不完全一致，例如萨拉曼卡认为，古巴社会党成立于 1906 年，智利社会党成立于 1899 年。[参见 Antonio Salamanca Serrano, Marxismo en América Latina, http://refudacion. com. mx/revistas/index（2015 – 12 – 19）.]

② 崔桂田、蒋锐等：《拉美社会主义及左翼社会运动》，山东人民出版社 2012 年版，第 171、178 页。

③ 徐世澄主编：《拉丁美洲现代思潮》，当代世界出版社 2010 年版，第 109—110 页。

获得极大提升。在军人独裁威权统治结束后，秘鲁、智利等许多拉美国家的社会民主主义政党也成为执政党，许多党甚至长期执政，其主流政治力量和主流政治社会思潮的地位得到确立和稳固。

20 世纪 80 年代末 90 年代初苏东巨变后，拉美国家共产党的影响力明显下降，而社会民主主义的影响力却有所提升。这一时期，拉美地区社会民主主义政党的队伍进一步壮大，许多传统政党和新兴左翼政党也不断加入社会民主主义的行列。如阿根廷激进公民联盟（1996年作为咨询成员加入，1999 年成为正式成员。以下各党的时间表述含义与此相同），智利争取民主党（1992 年和 1996 年），哥伦比亚自由党（1992 年和 1999 年），墨西哥革命制度党（1996 年和 2003年）、墨西哥民主革命党（1996 年作为正式成员加入），巴拿马民主革命党（2003 年作为正式成员加入），巴拉圭民主进步党（2008 年和 2015 年），秘鲁阿普拉党（1999 年正式加入），乌拉圭新空间党（1999 年和 2003 年），乌拉圭社会党（1999 年作为正式成员加入），委内瑞拉一个新时代党（2013 年和 2015 年），委内瑞拉"争取社会主义运动"党（2013 年作为咨询成员加入），委内瑞拉人民意志党（2014 年作为正式成员加入）等等。①

拉美地区社会民主主义政党数量众多，成分复杂。有些党加入了国际性组织"社会党国际"；有些传统社会党虽未加入社会党国际，但加入了地区性的"拉美社会党协调委员会"；还有一些政党既未加入社会党国际，也非传统社会党，未加入地区性的"拉美社会党协调委员会"，但明确表示信奉社会民主主义。②

二 拉美地区社会民主主义的基本原则、理论和政策主张

拉美地区社会民主主义政党和组织根据本国国情和本地实际，相继提出了一系列基本原则、理论和政策主张。概括起来有以下几个

---

① Socialist International, Member Parties of the Socialist International, http://www.socialistinternational.org/ (2018 – 08 – 20).
② 徐世澄主编：《拉丁美洲现代思潮》，当代世界出版社 2010 年版，第 110 页。

方面:

其一,指导思想多元化。一些拉美社会民主主义政党一开始就不接受马克思主义。例如牙买加人民民族党一开始就宣称其"民主社会主义"是一种"非马克思列宁主义的思想体系",不执行马克思列宁主义的战略战术。① 拉美许多社会民主主义政党起初信奉马克思主义(如智利社会党等),后来出现"去马克思主义化"倾向,强调指导思想多元化,把基督教伦理、人道主义、拉美民族英雄的思想都作为指导思想。

其二,崇尚"第三条道路"。和欧洲及其他地区的社会民主主义一样,拉美社会民主主义既批评资本主义野蛮,也批评共产主义专制,主张走既非资本主义又非共产主义的"第三条道路"。

其三,主张建立自由、民主、平等和正义的新社会。拉美社会民主主义倡导民主政治、混合经济和社会正义,主张实现政治、经济、社会民主化,通过经济和社会改革,巩固和完善以大众参与为基础的政治制度,建立自由、民主、平等和正义的新社会。拉美社会民主主义反对贫富悬殊和两极分化,认为自由经济造成贫富悬殊和两极分化,而公有制经济会导致极权主义,因而主张实行混合经济制度,保证公有制和私有制共处,国营、私人和合作社企业共同发展。

其四,主张温和改良,反对激进变革。在传统上,由于威权统治盛行,拉美社会民主主义所处政治和社会环境具有特殊性,因而一些拉美社会民主主义政党主张和平改良和暴力斗争相结合,甚至自称是革命党。但对于大多数拉美社会民主主义的政党而言,改良主义仍是其主要特征,主张革命的改良,坚信通过改良同样可以达到革命的目的。②

其五,主张个人自由与国家作用兼顾。拉美社会民主主义主张尊重个人权利和自由,强调国家在社会正义方面发挥调节作用,宣称多

---

① 康学同主编,王玉林、王家雷副主编:《当代拉美政党简史》,当代世界出版社2011年版,第509页。

② 崔桂田、蒋锐等:《拉美社会主义及左翼社会运动》,山东人民出版社2012年版,第223页。

元化和人权是社会民主主义思想的核心。

其六，主张"多阶级联盟"。拉美社会民主主义主张多元的民主政治、多党制和竞选制、不同观点共存，允许各阶级参政；主张对现存社会结构进行和平改造，用改良主义手段，通过工人、农民、企业主、农场主和中间阶层的"多阶级联盟"实现社会民主主义。

其七，热衷于选举和议会实践。与其改良主张相一致，拉美社会民主主义把参加选举和议会道路作为取得政权的途径。艾伦·安杰尔指出，尽管拉美社会民主主义政党"称颂马克思主义是解释现实的一种方法，但他们的政治实践却主要是选举的或议会的实践""并试图通过诉诸更广泛的社会选民和强调他们的民族根源而非国际根源的办法，把他们自身与共产党人区别开来"①。

其八，倡导国际关系民主化。作为拉美地区的中左翼思想，拉美社会民主主义主张政治、经济、社会和国际关系民主化，积极推动拉美地区的一体化，加强和巩固拉美国家的团结合作。

拉美地区社会民主主义这些基本原则、理论、立场和政策主张，有利于其在拉美地区扩展政治和社会影响力，有利于其不断获得更大的成长空间。首先，拉美社会民主主义的原则和立场迎合了该地区众多社会阶层追求进步和民主、维护政治和社会稳定的心理，在很大程度上反映了中下阶层的政治社会诉求，因而能够赢得广泛的社会支持。其次，拉美社会民主主义政党的改良主义政治取向，决定其不会改变这些国家的根本政治、经济和社会制度，这也在很大程度上消除了社会上层和精英集团对激进变革的担心和对革命的恐惧，社会民主主义思想也容易为社会精英阶层和既得利益集团所接受。最后，拉美社会民主主义所具有的温和化、改良化、全民化倾向，符合自由、民主、人权、代议制、多党制、政党轮替等拉美社会的主流观念，符合西方民主理念，也容易被美国和欧洲国家等域外国家所接受。

---

① ［英］莱斯利·贝瑟尔主编：《剑桥拉丁美洲史》（第 6 卷下），当代世界出版社 2001 年版，第 175 页。

三　拉美地区社会民主主义的影响

概括地说，在一系列有利因素的推动下，社会民主主义思想逐渐成为拉美地区的主流政治社会思想，社会民主主义政党随之也成为拉美地区的主流政治力量，成为许多拉美国家具有主导性的政治力量。

拉美地区社会民主主义的主流政治思想地位逐渐形成。如前所述，社会党国际积极在拉美地区传播社会民主主义思想，建立了社会党国际拉美和加勒比地区委员会，在拉美国家推行社会民主主义道路。与此同时，拉美地区的社会民主主义政党不断加强联合。1986年，拉美社会党协调委员会在正式成立后积极开展活动，推进社会民主主义思想在拉美的传播和实践，促进拉美国家社会民主主义党的地区性联合，以及与世界其他地区社会民主主义政党的联系。在社会党国际和拉美地区各社会民主主义政党数十年的不懈努力下，社会民主主义在拉美地区的影响力和吸引力不断扩大，逐渐取得了主流政治社会思想的地位。

拉美社会民主主义政党主导国家发展的能力增强。拉美许多社会民主主义政党相继取得执政地位，有些政党甚至长期执政。如智利、哥斯达黎加、墨西哥、尼加拉瓜、萨尔瓦多、多米尼克、牙买加等国家的社会民主主义政党曾长期执政；乌拉圭、巴西、哥伦比亚等国家的社会民主主义政党也曾长期执政或参政。[①] 这些社会民主主义性质的政党在很大程度上主导着拉美国家政治和社会发展进程。

拉美社会民主主义政党的国际影响力不断扩大。拉美地区社会民主主义政党除了加强区域性联合外，还积极参与社会党国际的事务，在社会党国际中的影响力不断扩大。20世纪60年代只有6个拉美地区的政党加入了社会党国际；70年代中期增加到16个；80年代前半期增至18个（11个正式成员，7个咨询成员）。截至2018年底，加入社会党国际的拉美政党有28个，分布在拉美地区17个国家和1个未独立地区（参见表5-1）。

---

① IS, "Socialist International, Member Parties of the Socialist International", http://www.lainternacionalsocialista.org. 浏览日期：2018年11月30日。

表 5 - 1　　　　　　　　　　社会党国际拉美地区成员党

序号	国家（或地区）	政党中文名	政党外文名（缩写）	建党时间（年）	加入社会党国际时间（年）	是否执政	官方网站
1	阿根廷	社会党	Partido Socialista（PS）	1896	1992	否	http：//www.Partido Socialista. org. ar
2	阿根廷	激进公民联盟	Unión Cívica Radical（UCR）	1891	1996（咨询成员）1999（正式成员）	1916—1930 1963—1966 1983—1989 1988—2001	http：//www.ucr. org. ar
3	玻利维亚	全国团结党	Unidad Nacional（UN）	2003	2017	否	http：//www.unidad-nacional. com
4	巴西	民主工党	Partido Democrático Trabalhista（PDT）	1980	1986（咨询成员）1989（正式成员）	否	http：//www.pdt. org. br.
5	智利	争取民主党	Partido Por la Democracia（PPD）	1987	1992（咨询成员）1996（正式成员）	1990—2000（联合执政）2014—2018（联合执政）	http：//www.ppd. cl
6	智利	激进党①	Partido Radical（PR）	1963	1969	1931—1932 1938—1952 1960—1963 1970—1973 1990—2000（参与执政）2014—2018（参与执政）	http：//www.partidoradical. cl
7	智利	社会党	Partido Socialista（PS）	1933	1992（咨询成员）1996（正式成员）	1938—1952（参与执政）1970—1973 2014—2018（联合执政）	http：//www.pschile. cl

续表

序号	国家（或地区）	政党中文名	政党外文名（缩写）	建党时间（年）	加入社会党国际时间（年）	是否执政	官方网站
8	哥伦比亚	自由党	Partido Liberal Colombiano（PLC）	1848	1989（观察员） 1992（咨询成员） 1999（正式成员）	1849—1853 1853—1854 1861—1864 1930—1946 1958—1962 1966—1970 1974—1982 1986—1998	http：//www.partidoliberal.org. co
9	哥斯达黎加	民族解放党	Partido Liberación Nacional（PLN）	1951	1966（观察员） 1976（正式成员）	1953—1958 1962—1966 1970—1978 1986—1998 2006—2014	http：//www.pln. org. cr
10	危地马拉	全国希望联盟	Unidad Nacional de la Esperanza（UNE）	2001	2008（正式成员）	2008—2012	http：//www.une. org. gt
11	海地	社会民主联盟党②	Partido Fusion des Sociaux-Democrates Haitienne（PFSDH）	2005		2006—2011（参与执政）	http：//www.pfsdh. org
12	海地	人民斗争组织	Organisacion du Peuple en Lutte（OPL）	1996	1996（观察员）	否	http：//www.oplpeople.com
13	牙买加	人民民族党	People's National Party（PNP）	1938	1952（正式成员） 2012（降为观察员）	1959—1962 1972—1980 1989—2007	http：//www.pnpjamaica.com
14	墨西哥	民主革命党	Partido de la Revolución Democrática（PRD）	1989	1996	否	http：//www.prd. org. mx

续表

序号	国家（或地区）	政党中文名	政党外文名（缩写）	建党时间（年）	加入社会党国际时间（年）	是否执政	官方网站
15	墨西哥	革命制度党	Partido Revolucionario Institucional（PRI）	1929	1996（观察员） 2003（正式成员）	1929—2000 2012—2018	http：//www.priorg.mx
16	尼加拉瓜	桑地诺民族解放阵线	Frente Sandinista de Liberación Nacional（FSLN）	1961	1992（观察员） 1996（正式成员）	1979—1990 2006—2022	http：//www.lavozdelsandinismo.com
17	巴拿马	民主革命党	Partido Revolucionario Democrático（PRD）	1979	1986（观察员） 1989 年被中止资格 2008（正式成员）	1980—1989 1994—1999 2004—2009	http：//prd.com.pa
18	巴拉圭	民主进步党	Partido Democrático Progresista（PDP）	2007	2008（咨询成员） 2015（正式成员）	2008—2012参与执政	http：//www.pdp.org.py
19	秘鲁	秘鲁人民党（阿普拉党）	Partido Aprista Peruano（PAP）	1930	1966（观察员） 1983（咨询成员） 1986（正式成员）	1985—1990 2006—2011	http：//www.apra.org.pe
20	波多黎各	波多黎各独立党	Partido Independentista Puertorriqueño（PIP）	1946	1987（咨询党） 1992（正式成员）	否	http：//www.independencia.net
21	多米尼加	多米尼加革命党	Partido Revolucionario Dominicano（PRD）	1939	1987（正式成员）	1963 1978—1982	http：//www.prdorg.do

续表

序号	国家（或地区）	政党中文名	政党外文名（缩写）	建党时间（年）	加入社会党国际时间（年）	是否执政	官方网站
22	乌拉圭	新空间党	Nuevo Espacio（NE）	1994	1999（咨询成员）2003（正式成员）	2004—2018（参与执政）	http：//www.nuevnuevoespacio.org.uy
23	乌拉圭	社会党	Partido Socialista	1910	1999（正式成员）	2004—2018（联合执政）	
24	委内瑞拉	民主行动党	Acción Democrática（AD）	1941	1966（观察员）1976（咨询成员）1983（正式成员）	1958—1968 1973—1978 1983—1993	http：//www.accióndemocratica.org.ve
25	委内瑞拉	"争取社会主义运动"党	Movimiento al Socialismo（MAS）	1971	2003（咨询成员）2008（正式成员）	否	http：//www.masvenezuela.com.ve
26	委内瑞拉	一个新时代党	Un Nuevo Tiempo（UNT）	1999	2013（咨询成员）2015（正式成员）	否	http：//www.partidounnuevotiempo.org/inicio
27	委内瑞拉	人民意志党	Voluntad Popular（VP）	2009	2014（正式成员）	否	http：//www.voluntadpopular.com
28	委内瑞拉	争取社会民主党	Por la Democracia Social（PODEMOS）	2003	2008（咨询成员）	否	http：//www.podemos.org.ve

资料来源：作者根据相关资料整理。

说明：① 1994 年与社会民主党联合组建社会民主激进党。

② 2005 年由民主运动全国大会党（CONOCOM）、民族主义革命进步党（PNPRH）和英才党（AK）合并而成。

表 5 – 2 曾经加入社会党国际的拉美政党

序号	国家（或地区）	中文名	外文名	建立时间（年）	加入或退出社会党国际时间（年）
1	阿根廷	人民社会党①	Partido Socialista Popular（PSP）	1972	1992（正式成员）
2	阿鲁巴	人民选举运动	People's Electoral Movement（MEP）	1971	1992（正式成员），2014 年退出
3	安提瓜和巴布达	安提瓜工党	Antigua Labour Party	1946	2008（咨询成员）
4	巴巴多斯	巴巴多斯工党	Barbados Labour Party（BLP）	1938	1987（正式成员），因未缴费，2012 年被降为观察员，2014 年退出
5	玻利维亚	左派革命运动	Movimiento de la Izquierda Revolucionaria（MIR）	1971	1986（咨询成员），1987（正式成员）
6	哥伦比亚	民主变革中心	Polo Democrático Alternativo（PDA）	2005	观察员，2014 年退出
7	哥伦比亚	"四·一九民主联盟"②	Alianza Democrática-M-19（AD – M19）	1990	1992（观察员）
8	多米尼加	多米尼加工党	Partido Laborista de Dominica（DLP）	1951	1996（咨询成员）因未缴费，2012 年被降为观察员，2014 年被开除
9	厄瓜多尔	民主左派党	LaIzquierda Democrática（ID）	1970 年初建，1978 年成为政党，2015 年重建	1987 年加入，2017 年被除名

续表

序号	国家（或地区）	中文名	外文名	建立时间（年）	加入或退出社会党国际时间（年）
10	萨尔瓦多	民主党	Partido Democrático（PD）		1996（观察员）
11	危地马拉	社会民主汇合党	Convergencia Social Democrática（CSD）		2003（咨询成员）
12	海地	民主运动全国大会党③	Party of the National Congress of Democratic Movements （KONA-KOM）	1989	1992（咨询成员）1996（正式成员）
13	海地	民族主义革命进步党	Partido National Progressiste Révolutionnaire Haitien（PANPRA）	1986	1989（咨询成员）1992（正式成员）
14	巴拉圭	国家团结党	Partido País Solidario（PPS）	2000	2003（咨询成员）2008（正式成员）
15	巴拉圭	二月革命党	Partido Revolucionario Febrerista（PRF）	1951	20 世纪 70 年代（正式成员）
16	圣卢西亚	进步工党④	Progressive Labour Party	1981	1992 年被开除
17	圣卢西亚	圣卢西亚工党	Saint Lucia Labour Party（SLP）	1950	1992（咨询成员）因未缴费，2012 年被降为观察员，2014 年被开除
18	圣基茨和尼维斯	圣基茨和尼维斯工党	Saint Kitts and Nevis Labour Party （SKN-LP）	1932	1992（咨询成员）因未缴费，2012 年被降为观察员，2014 年被开除

序号	国家（或地区）	中文名	外文名	建立时间（年）	加入或退出社会党国际时间（年）
19	圣文森特和格林纳丁斯	圣文森特工党⑤	Saint Vincent Labour Party（SVGLP）	1955	1989（咨询成员）
20	圣文森特和格林纳丁斯	团结工党	Unity Labour Party（ULP）	1994	因未缴费，2012年被降为观察员，2014年被开除
21	乌拉圭	人民治理党⑥	Partido por el Gobierno del Pueblo（PGP）	1962	1992（咨询成员）

资料来源：作者根据相关资料整理。

说明：①1972年阿根廷人民社会党由社会党（Partido Socialista Argentino，PSA）、人民行动运动（Movimiento de Acción Popular Argentino，MAPA）及其他小党合并而成。2002年人民社会党与民主社会党（Partido Socialista Democrático，PSD）合并，重新组建社会党（Partido Socialista）。

②"四·一九运动"成立于1972年，是一个游击队组织。1990年与政府达成协议后，在该组织基础上建立了政党"四·一九民主联盟"（Alianza Democrática-M-19）。该联盟后来加入"民主变革中心"。

③2005年，海地民主运动全国大会党、民族主义革命进步党、英才党合并成立社会民主联盟党。

④1981年从圣卢西亚工党中分裂出来，1987年参加最后一次选举后，一直未参加任何选举。

⑤1994年圣文森特工党与全国团结运动（Movement for National Unity）合并组成团结工党（Unity Labour Party）。

⑥1994年与红党（Partido Colorado）合并。

第二节　21世纪拉美地区社会民主主义的基本特性

拉美地区社会民主主义政党数量众多，虽都属社会民主主义的范畴，但由于历史起源不同，其对马克思主义和社会主义的态度不尽一

致，甚至有明显的不同。此外，这些政党在政治取向和政策取向方面
也存在显著的差异。差异性和多元性是拉美社会民主主义的基本特
性，这种差异性不仅长期以来一直存在，而且有进一步加大的趋势。

一　意识形态、政治和政策取向的差异性和多样性

拉美社会民主主义的差异性在意识形态、政治取向和政策取向等
方面均有所体现。首先，意识形态方面的差异性和多样性。尽管拉美
社会民主主义政党和组织有类似的意识形态，但也有一定的差异性，
突出表现在对马克思主义和社会主义的态度不同方面。在拉美社会民
主主义政党中，对马克思主义和社会主义支持赞同者有之，容忍或包
容者有之，反对者和排斥者也不少。

其次，政治取向方面的差异性和多样性。拉美地区社会民主主
义政党和组织在政治取向方面有明显的差异。有的较激进（尼加拉
瓜桑地诺民族解放阵线），有的较温和（如智利社会党和争取社会
民主党、巴西劳工党等）；有的持中左立场（如墨西哥革命制度党
等），有的则有中右偏向（如哥斯达黎加民族解放党、哥伦比亚自
由党等）。[①]

最后，政策取向方面的差异性和多样性。拉美社会民主主义政党
和组织的政策取向也不尽一致。拉美有些社会民主主义政党对所谓新
自由主义政策持批评甚至否定态度；有些党虽批评新自由主义，但执
政期间纠正新自由主义政策不坚决，只在保持政策基本稳定的基础上
对原来的新自由主义政策进行微调，并且表现出一定的反复和摇摆；
另有一些政党甚至不乏亲新自由主义的政策取向。

二　对马克思主义和社会主义的基本态度

拉美地区社会民主主义政党对马克思主义和社会主义的态度不尽
一致，大体可分为以下几类。

---

① IS, "Partidos Miembros de la Internacional Socialista", http：//www. lainternacionalso
cialista. org（2018－11－30）.

（一）第一类：主张和赞成社会主义

拉美有些社会民主主义政党主张社会主义或曾提出了社会主义的口号，而且目前仍坚持社会主义的主张或口号。这类政党中既有智利社会党、阿根廷社会党等拉美老牌社会民主主义政党，也有巴西劳工党、巴西民主工党、萨尔瓦多马蒂阵线、尼加拉瓜桑解阵等新兴社会民主主义政党。

社会主义曾是智利社会党的基本理念，目前该党仍没有完全放弃社会主义理想和目标，如 2006 年 12 月该党通过的《道德准则》要求党员承诺拥护和尊重党的文件中所确立的社会主义的基本原则。巴西劳工党自称是社会主义政党，是真正的左翼政党，是一个民主政党。[①] 1980 年，该党第一次全国代表会议通过的相关文件指出，党的长期目标是建立社会主义和一个"既没有剥削者也没有被剥削者的社会"。2017 年，该党"三大"通过了"关于劳工社会主义的决议"，把劳工社会主义的主要内容界定为反对军人独裁，反对资本主义，建立彻底的民主主义；反对新自由主义，寻求替代新自由主义的方案；建立新的社会经济发展模式；主张社会主义的多元化。[②] 巴西民主工党把劳动价值放在首位，主张民主、民族主义、工党主义和社会主义。[③] 萨尔瓦多马蒂阵线的政治章程明确规定该阵线是民主的、和平的和社会主义的政党；是永远战斗的政党，以维护和保卫绝大多数人的利益和民主、进步力量的利益为目标。党的价值观（valores de la militancia）包括社会正义、平等、自由、参与、容忍、进步、性别平等、忠诚、友爱、透明、宽容、忠诚老实、政治勇敢、团结互助、爱国主义。[④] 尼加拉瓜桑解阵主张维护符合历史与现实条件的社会主义，

[①] 康学同主编，王玉林、王家雷副主编：《当代拉美政党简史》，当代世界出版社 2011 年版，第 104 页。

[②] 巴西劳工党虽尚未加入社会党国际，但加入了拉美地区的区域性社会党组织。（徐世澄等：《拉美左翼和社会主义理论》，中国社会科学出版社 2017 年版，第 219—221 页。）

[③] 康学同主编，王玉林、王家雷副主编：《当代拉美政党简史》，第 91 页。

[④] 《马蒂阵线政治章程》（Estatuto del Partido Politico Frente Farabundo Marti para la Liberacion Nacional, FMLN），http://fmln.org.sv/files/Estatutos2017.pdf（2018 – 11 – 3）.

这种社会主义的特性包括推动工人、中小生产者、农民、印第安人社区、自我就业者、直接行使所有权的各种组织、自我管理和社区形式，保护民族生产、分配和商业化；在国家保护的空间下，与传统的私人产权保持共处与和谐的关系。① 阿根廷社会党宣称，从社会主义思想出发推动社会变革，"建立一种可以给困扰我们的人民的各种问题提供答案、成为社会生活变革一部分的社会主义"②。

（二）第二类：主张去社会主义或淡化社会主义色彩

拉美地区有一批社会民主主义政党，它们原来曾主张社会主义，但随着形势的变化和政治社会的变迁，逐渐淡化社会主义色彩。这些政党虽仍然把社会主义作为自己的思想理论来源，但呈现出明显的去社会主义化倾向，其中较有代表性的是智利激进党等老牌党，以及争取民主党等新兴政党。智利争取民主党是从社会党中分裂出来的，政治和政策主张较为温和。在1987年争取民主党成立大会上，该党创建人拉戈斯（Ricardo Lagos）强调，加入该党的唯一条件是"反对独裁者皮诺切特政权非民主的体制制度，并希望通过政治途径将其打败"。因此加入该党的是具有各种意识形态的人，包括社会主义者、激进人士、社会民主主义者、进步的自由主义者、基督教左翼人士、马布切人，以及民族主义和共和主义者。该党的建立者拉戈斯曾是社会党人，该党建立后，其全体党员曾集体加入社会党，后来才取消双重党籍，只有拉戈斯一人同时保留两党党籍。争取民主党及其领导人并不反对社会主义理念，甚至认同社会主义的主张，但近年来呈现出明显的去社会主义化倾向。2008年，争取民主党的党章全篇没有提到社会主义，完全放弃了社会主义的口号，只是强调民主、人权等原则。该党党章宣称，本党按照民主和人权的价值行事，为尊重和扩大自由、团结互助而工作，为了消灭歧视、建立公正和平等的社会而斗争，尤其要遵循以下五项原则：民主、内部参与、对社会开放、团结

---

① 《尼加拉瓜桑地诺民族解放阵线章程》（Estatuto 2002 FSLN），http：//americo. usal. es/oir/opal/Documentos/Nicaragua/FSLN/ESTATUTOSFSLN. pdf（2018 - 09 - 20）.

② 《阿根廷社会党章程》（Estatuto de JS-Partido Socialista），http：//www. partidosocialista. org. ar/estatuto-js/（2018 - 08 - 20）.

统一、非集中化。① 有人认为，智利争取民主党从来没有过鲜明的或有特色的政治思想和意识形态②，但一般认为，该党是一个社会民主和社会自由主义的政党。该党的原则声明也宣称，该党是左翼的、民主的、进步的和爱国的政党。③ 智利激进民主党 20 世纪 70 年代曾宣布建立社会主义是党的最终目标，但 80 年代以后也放弃了社会主义的口号。④

（三）第三类：主张去马克思主义化

如前所述，拉美地区一些社会民主主义政党在传统上提出了社会主义和马克思主义的主张。后来，有些政党虽仍然坚持社会主义的口号，但出现了明显的去马克思主义化倾向，不再把马克思主义作为党的指导思想。比较典型的例子是智利社会党、委内瑞拉"争取社会主义运动"党（MAS）等。智利社会党成立后，把马克思主义作为解释世界的方法，声称拥护马克思主义，主张推翻资本主义制度，主张进行无产阶级革命以实现社会主义、民主和完全的社会平等。20 世纪八九十年代以后，智利社会党的指导思想出现明显的"去马克思主义化"倾向。该党虽依然认为马克思主义是解释现实的方法，但宣称其不再是该党唯一的指导思想，而是把当今世界不同的解放和变革思想、批判资本主义的思想、人类优良传统都作为该党重要的指导原则，宣称赞赏和主张社会主义的人道主义，承认激进民主思想、左翼基督教思想和世俗理性主义的特殊贡献。

委内瑞拉"争取社会主义运动"党自称是社会主义的政党，但非马克思主义的政党。该党是在对苏联社会主义和其他模式的社会主义

---

① 《智利争取民主党章程》（Estatuto del Partidopor la Democracia Articulo 2°），https：// reformaspoliticas. files. wordpress. com/2015/03/chileestatutoppd2008. pdf（2017 - 12 - 20）.

② Gonzalo Castillo, Analistas políticos："La fórmula PPD está entrando en desgaste". Diario Uchile. http：//radio. uchile. cl/2016/02/25/analistas-politicos-la-formula-ppd-esta-entrando-en-desgaste（2018 - 03 - 10）.

③ 《智利争取民主党原则声明》（"Partido por la Democracia. Declaración de Principios 2012"），http：//americo. usal. es/oir/opal/Documentos/Chile/ pdf（2018 - 03 - 10）.

④ 康学同主编，王玉林、王家雷副主编：《当代拉美政党简史》，当代世界出版社 2011 年版，第 520 页。

批判过程中建立起来的，批评苏联及东欧社会主义是权力的官僚主义、专制主义、社会帝国主义，缺乏民主、全面控制媒体、保留资本主义生产的社会关系，等等。① 该党不仅抨击苏联的制度和谴责斯大林主义，还主张革新马克思主义，建设一个既取代资本主义又取代现存社会主义的"新社会主义"，即委内瑞拉式的民主、多元、主权、人民自治的社会主义；主张放弃一党制和无产阶级专政，建立市场经济，不搞单一的国家所有制。为此，"争取社会主义运动"党赞成民主社会主义、多元主义、非集中化和非教条化的理论；主张以生产资料的自我管理、共同管理为基础，建设社会主义，提高人民的政治参与，承认市场是资源配置的有效机制，但是应该修正市场所产生的社会扭曲（Distorsiones Sociales）。委内瑞拉"争取社会主义运动"党重视私人部门对经济发展的重要意义，但认为私人经济应置于共同管理的制度（Sistema Cogestionario）之下。② 委内瑞拉"争取社会主义运动"党宣布的《党员道德准则》提出，所有党员应该诚实、友爱、热心社会服务，具有忠诚的意识和进取态度，具有民主的思想和行为，具有永远为委内瑞拉人的自由和福利斗争的决心。"争取社会主义运动"党党员的基本责任是"遵守和保护党章、国家的法律和共和国宪法"③。

（四）第四类：从未主张过马克思主义或社会主义

拉美地区的一些社会民主主义政党特别是建立较晚的政党（如墨西哥民主革命党），一开始就不主张社会主义或马克思主义，甚至是

---

① Teodoro Petkoff（1989），"Hacia un nuevo socialismo"（pdf）. Nueva Sociedad（56 - 57）：37 - 52. http：//nuso. org/articulo/hacia-un-nuevo-socialismo/（2018 - 09 - 02）.

② Teodoro Petkoff（1989），"El MAS la búsqueda de un perfil distintivo"（pdf）. Nueva Sociedad（101）：104 - 113. http：//nuso. org/articulo/el-mas-y-la-busqueda-de-un-perfil-distintivo/（2018 - 03 - 10）；Teodoro Petkoff，"El comunismo soviético nunca fue una alternativa frente al capitalismo"（1990），https：//dialogopolitico. net/2010/01/16/teodoro-petkoff-el-comunismo-sovietico-nunca-fue-una-alternativa-frente-al-capitalismo/（2018 - 03 - 10）.

③ 《委内瑞拉"争取社会主义运动"党原则宣言和章程》（Declaración de Principios y Estatutos del M. A. S.，Capitulo V：Codigo de Ética de los Militantes del Movimiento Art. 10），https：//reformaspoliticas. files. wordpress. com/2015/03/venezuelaestatutomas2000. pdf（2018 - 03 - 10）.

反马克思主义的。还有一些老牌政党，从一开始就和欧洲或本国的社会主义没有直接的联系，也不是社会党国际组织的成员，只是后来才加入了社会党国际（如墨西哥革命制度党），这些政党也不主张社会主义。墨西哥民主革命党 2013 年的党章宣称，该党是"左翼政党"，首要目标是参与国家的政治和民主生活；要按民主方法、遵照宪法所确定的人权和政治权利的原则开展活动。① 墨西哥革命制度党"十九大"通过的党章第五条规定：该党是民族的、人民的、民主的、进步的和包容性的政党；致力于全社会的事业、国家的最高利益、墨西哥革命的原则、墨西哥宪法所包含的思想内容。该党 2013 年的《原则声明》指出："我们根源于墨西哥革命的伟大社会价值。我们承认我们根源于自由、世俗（laica）和联邦共和国的巩固、源于争取墨西哥国家主权和独立的斗争。我们承认指导墨西哥独立、墨西哥改革和墨西哥革命的那些原则，捍卫墨西哥 1917 年宪法，并把它作为我们的民族主义的源泉。"该《原则声明》第八条宣布，"作为社会党国际的成员，墨西哥革命制度党'遵守社会党国际和拉美政党常设大会（COPPPAL）的原则'"；第三十条宣称，民族主义是对外政策的指导原则，将坚持革新的民族主义，把国家主权作为影响全球化进程和指导墨西哥对外政策策略的最根本要素。②

（五）第五类：主张社会民主主义而非社会主义

以阿根廷激进公民联盟为代表的一批拉美社会民主主义性质的政党，主张社会民主主义，而非社会主义。这些政党赞成 20 世纪在西欧和北欧占主导地位的社会民主主义的社会经济和政治模式；主张民主和改良的社会民主主义，赞成在自由民主、代议制和参与制的框架内建立福利国家和集体经济；认为社会福利、社会发展与个人的自由

① 《墨西哥民主革命党党章》［Estatuto del Partido de la Revolución Democrática（Reformado en el XIV Congreso Nacional, Celebrado en Oaxtepec, Morelos, los días 21, 22, 23 y 24 de noviembre de 2013）Disposiciones generales Artículo 2］, http：//www.iee-puebla.org.mx/archivos2014/（2018 – 03 – 10）.

② 《墨西哥革命制度党原则声明》（El Partido Revolucionario Institucional, Declaración de Principios："Un México Compartido"）, http：//www.ieepco.org.mx/archivos/partidos-politicos/pri/PRI_ Declaracion_ Principios2016.pdf（2018 – 10 – 24）.

不可分割。

　　除上述对马克思主义和社会主义的五种态度外，拉美还有一种特殊情况。拉美地区盛行政党联盟现象。在由若干政党组成的同一个联盟内，有的政党主张社会主义，有些则不赞成社会主义。以乌拉圭广泛阵线为例。该阵线的某些成员（如 los Tupamaros 和 MLN 等组织和派别）宣称为民族解放和社会主义而奋斗，建立一个没有剥削者也没有被剥削者的社会；主张开展向社会主义过渡的革命，认为工人和劳动者阶级从这一进程的开始就应发挥主要作用。与此同时，同一联盟内的其他成员并不一定赞成社会主义。这种现象在一定时期内在巴西、智利等国家也程度不同地存在着。这种特殊情况的存在，表明拉美地区的社会民主主义自身所具有的明显的多样性，以及拉美国家政治现象的丰富性。

第三节　21世纪拉美地区社会民主主义的基本趋势

　　近年来，拉美地区社会民主主义的理论和政策主张发生了一些明显变化。一方面，拉美社会民主主义仍继续坚持一些传统的重要原则、价值理念和政策主张，如坚持社会主义的理念，坚持对资本主义制度的批判，坚持认为马克思主义应得到不断发展和修正，坚持统一战线的斗争策略，坚持反帝立场，坚持政治和经济民主，坚持社会正义的目标。另一方面，在党的性质、指导思想、理论和政策主张等方面做出较大调整和修改，并做出新的表述。这些调整和修改在一定程度上体现了拉美社会民主主义发展的未来趋势。

一　坚守一些传统原则、价值理念和政策主张

　　坚持社会主义的理念或目标。社会主义曾是不少拉美社会民主主义政党的基本理念，目前许多党并没有完全放弃社会主义的理想和目标。例如 2006 年 12 月通过的《智利社会党道德准则》仍要求该党党员承诺拥护和尊重党的文件中所确立的社会主义的基本原则。该党认

为社会主义是民主的最完全表现，党和党员要为捍卫民主、完善民主而奋斗；表示党致力于成为劳动者、所有被压迫者和全体智利人民政治斗争的工具，致力于为建设以团结、社会公平、更大程度民主化为基础的社会主义社会开辟道路。①

坚持对资本主义制度的批判。拉美一些社会民主主义政党自成立之日起就主张反对资本主义，目前仍坚持这一基本政治立场。2002年的智利社会党《原则声明》强调，社会党人要致力于实现人类的平等和自由，认为以牺牲一部分人利益为代价来维护另一部分人利益的行为是非法的；反对任何形式的压迫，拒绝资本主义制度强加给人类的自私自利和排斥行为。该党认为，现存资本主义制度是少数人谋取特权和剥夺人民主权的手段，把这一制度转变为绝大多数人接受和支持的社会主义制度有历史的现实可能性。巴西民主工党也主张"打击垄断资产阶级的不法行为"②。

坚持认为马克思主义应得到不断发展和修正。一些拉美社会民主主义政党（如智利社会党）曾把马克思主义作为指导思想，但在不同时期马克思主义对其所起的指导作用不尽相同。例如20世纪80年代后智利社会党对马克思主义的态度发生显著变化，马克思主义对该党的影响力已大不如前，但该党一直坚持认为马克思主义应随着科学进步和社会发展而得到不断丰富和修正。虽然该党已不再把马克思主义作为唯一的指导原则，但仍然坚持认为应不断发展和修正马克思主义。

坚持统一战线的斗争策略。在不同历史时期，拉美一些老牌社会民主主义政党一直坚持统一战线策略，并在政治实践中多次与其他党派结盟。例如在20世纪七八十年代反对皮诺切特独裁统治的斗争中，智利社会党与基督教民主党等中左翼政党建立政治联盟；90年代民主体制恢复后该联盟延续近30年，并连续多年执政。智利社会党的

---

① 《智利社会党道德准则》（El Código de Ética del Partido Socialista de Chile），Santiago，diciembre 2006，http：//web. pschile. cl/descargas/codigoeticaps_ 06. pdf（2017－12－03）.

② 康学同主编，王玉林、王家雷副主编：《当代拉美政党简史》，当代世界出版社2011年版，第91页。

《原则声明》强调坚持统一战线，强调党是深刻变革的工具，但同时表示党不是推动进步和实现社会变革的唯一责任人，主张与其他民主变革力量一起，共同发挥这一作用。进入 21 世纪以后，除智利外，巴西、委内瑞拉、乌拉圭、巴拉圭、秘鲁等国家的社会民主主义政党也都与本国其他政党和组织组成联盟参加大选或参与执政。

坚持反对帝国主义的立场。拉美地区一些较为激进的社会民主主义政党坚持反帝立场。《尼加拉瓜桑地诺民族解放阵线章程》规定，桑解阵是革命的、现代的、人民的、团结的、民主的、社会正义的和反帝的政党；桑解阵反对帝国主义意味着在外部强加的经济政策面前保护民族利益，促进自己的发展，把国家的利益放在优先地位；桑解阵反对对人民进行干预和控制的各种新表现，认为其他国家插手和干预尼加拉瓜选举是政治领域帝国主义的最新表现形式；反对把政治权力中心和国际金融组织制定的经济模式、通过资本主义反民主的全球化强加给人民；反对把市场绝对化，因为它制造了更多的不平等。[①]巴西民主工党"反对和批判帝国主义、殖民主义的侵略和扩张，反对霸权主义"[②]。

坚持政治经济民主和社会正义的目标。几乎所有拉美社会民主主义政党和组织都把政治和经济民主，以及社会正义作为自己的重要目标。尼加拉瓜桑解阵主张通过参与式民主，从公民社会参与的角度加强民主，并将其作为政治模式的中心，其核心内容包括政治多元化、法治国家，国家权力机构的独立性，公民参与，全民公投等。桑解阵的章程规定，桑解阵是一个由多元社会成分组成的政党，认为人民的利益至上，该阵线继承了尼加拉瓜人民为国家主权、自决、独立与和平而斗争的历史传统，认为其是为了所有尼加拉瓜人的福利而工作的，旨在建立政治经济民主、社会公平的法治国家。委内瑞拉"争取社会主义运动"党主张消除剥削，建立新的、更加公平的社会秩序；

---

① 《尼加拉瓜桑地诺民族解放阵线章程》（Estatuto 2002 FSLN），http：//americo. usal. es/oir/opal/Documentos/Nicaragua/FSLN/ESTATUTOSFSLN. pdf（2018－03－10）.

② 康学同主编，王玉林、王家雷副主编：《当代拉美政党简史》，当代世界出版社 2011 年版，第 91 页。

党按照宪法所确认的民主规则开展行动，建设一个法制、民主、多元化和包容的国家。①

二 "去马克思主义化"和"全民化"趋势

20 世纪末特别是进入新世纪以后，拉美地区社会民主主义的理论主张和政策实践发生了一系列重要变化。

（一）总体变化趋势

拉美地区社会民主主义变化的总体趋势主要表现为其"去马克思主义化""全民化"和"民主社会主义化"倾向进一步加强。

"去马克思主义化"倾向。如前所述，在历史上，拉美社会民主主义与马克思主义有着密切的关联，一些拉美社会民主主义政党建立后就把马克思主义作为解释世界的方法，声称拥护马克思主义，主张推翻资本主义制度，进行无产阶级革命以实现社会主义、民主和完全的社会平等。受古巴革命胜利的影响，20 世纪 60 年代智利社会党接受了列宁的思想，宣称自己是马列主义政党。在阿连德政权 1973 年被推翻后、军政权 1973—1989 年独裁统治期间以及 1990 年以后民主化巩固过程中，智利社会党认真总结本党的历史经验，在党的性质、指导思想、斗争策略等重大问题上进行激烈讨论和重新思索。在此过程中，该党的领导层发生严重分裂，出现了温和派和激进派的分化。温和派表示不再接受无产阶级专政等传统理念，反对暴力活动，不认同列宁主义的主张。社会党各派直到 1989 年后才重新实现统一。为了维护党的团结统一，社会党需要在求同存异基础上对党的传统政治立场、理论主张、主要政策、斗争策略等进行修改和调整。20 世纪八九十年代后，该党的指导思想出现明显的"去马克思主义化"倾向。该党虽依然认为马克思主义是解释现实的方法，但宣称马克思主义不再是该党唯一的指导思想。该党把当今世界不同的解放和变革思

---

① 《"委内瑞拉争取社会主义运动"党原则宣言和章程》（Declaración de Principios y Estatutos del M. A. S.），https：//reformaspoliticas. files. wordpress. com/2015/03/venezuelaestatut-omas2000. pdf（2018－03－10）.

想、批判资本主义的思想、人类优良传统都作为重要的指导原则，赞赏和主张社会主义的人道主义，承认激进民主思想、左翼基督教思想和世俗理性主义的特殊贡献。委内瑞拉"争取社会主义运动"党等政党也表现出明显的"去马克思主义化"倾向。

"全民化"倾向。智利社会党在建立之初就表示自己是工人阶级政党，但也接纳中产阶级和知识分子入党。20世纪80年代后，该党不再强调自己的工人阶级先锋队性质，而宣称是"全国体力劳动者和脑力劳动者的党""是所有智利人民斗争的工具"。2002年该党《原则声明》把党定义为"脑力和体力劳动者、科技劳动者、文化劳动者和所有向往社会主义社会的男女劳动者的政治组织，是平等、自由和友爱的政治组织"，展现了从工人阶级政党向"全民化"政党转变的趋势。委内瑞拉"争取社会主义运动"党的文件确定，该党的性质是民主组织，代表工人农民、雇员、专业技术人员、学生和青年、中小生产者、城乡企业主、边缘人口的利益，代表所有希望建设一个公正和民主社会的人的诉求和需要；该党致力于在体力和脑力劳动者的组织和行动中发挥推动者和促进者的作用。①

"民主社会主义化"倾向。在"去马克思主义化"的同时，过去一些主张社会主义道路的拉美社会民主主义政党，无论在思想政治路线还是意识形态方面都进一步滑向民主社会主义。例如智利社会党1992年作为咨询成员加入社会党国际，1996年成为正式成员；此后该党更强调民主价值对社会主义的重要性，认为"社会主义是民主的充分体现，社会党的主要任务是巩固真正的民主体制，争取建立自由、平等和富有正义的社会"。智利争取民主党、委内瑞拉"争取社会主义运动"党等也表现出了强烈的民主社会主义化倾向。

（二）理论主张的改变

拉美地区社会民主主义理论主张最主要的变化是，由强调推翻资

---

① 《委内瑞拉"争取社会主义运动"党原则宣言和章程》（Declaración de Principios y Estatutos del M. A. S.），https：//reformaspoliticas. files. wordpress. com/2015/03/venezuelaestatut-omas2000. pdf（2018 – 03 – 10）。

本主义制度转向维护现存民主体制。以智利社会党为例。如前所述，智利社会党在传统上用马克思主义立场和阶级分析方法解析世界。该党 1933 年的《原则声明》指出，资本主义社会把人类分成了两个阶级：一个阶级占有生产资料，并使其为自己的利益服务；另一个阶级则从事劳动和生产活动，除工资外没有其他生存手段。劳动者阶级获得经济福利的诉求，与占有者阶级维护既得利益的意愿难以调和，注定了这两个阶级之间的斗争。代表着资本家阶级的国家是阶级压迫的机构。要消灭阶级，就应该消除国家的这种压迫特性，使其仅具有指导、调和与保护社会活动的功能。资本主义生产制度建立在私有制基础上，这一制度不可避免地会被社会主义经济制度所取代；在社会主义经济制度下，私有制将转化为集体所有制。在制度过渡的进程中，需要有组织的劳动者阶级的专政。该党认为，通过民主制度实现逐渐过渡是不可能的，因为统治阶级已经以世俗组织的方式武装起来，建立了自己的专政，试图把劳动者阶级置于悲惨的处境，阻碍其实现解放。社会主义的原则具有国际主义的特点，要求世界劳动者采取团结与协调的行动。为了解决这些问题，智利社会党要为拉美人民的经济和政治团结、建立整个大陆的社会主义共和国联盟、建立反对帝国主义的政策而奋斗。20 世纪 70 年代，该党的理论主张有所变化，并提出和平过渡的主张，认为智利是资本主义国家，为从根本上解决智利存在的问题，应该走"和平过渡到社会主义的"道路。90 年代以后该党的理论主张发生进一步转变，由过去对革命的坚持转向强调用民主方式解决利益冲突。该党的《原则声明》强调，民主是保障所有社会成员能够共处的政治制度，可以在社会生活各领域推进团结互助和公民参与价值的培育；社会党人尊重与自己观点不同的人，主张用民主方式解决利益冲突；民主政治体制不仅仅是对现存秩序的一种管理形式，而且是实现自我转变的道路，还是为实现在国家生活各领域社会政治文化组织和公民扩大参与的所有制结构的方式。智利社会党理论主张的变化，在拉美地区具有典型的代表性。当前，多数拉美国家的社会民主主义政党主张维护和完善民主制度，不再强调推翻资本主义制度。

（三）政策主张的变化

在经济政策方面，拉美地区是不少社会民主主义政党放弃传统的国家干预，明确国家在市场经济中的作用，智利社会党最具代表性。在汲取本党阿连德政府以及军政府执政经验教训的基础上，智利社会党对自己传统的经济政策主张进行重大调整，既放弃国家干预经济的传统立场，也修正军政府新自由主义政策的缺陷，重新确定国家与市场的关系，明确国家在市场经济中的作用。该党主张，市场虽然是占主导地位的调节者，但在外部冲击面前国家的宏观调控职能必不可少；市场在资源配置方面起决定作用，但国家要通过必要手段扶植某些部门的发展；国家鼓励自由竞争，但应规范市场运作和竞争机制；私人企业是经济发展的主力，国家应采取措施充分调动企业的积极性；主张建立市场经济，而不是建立市场社会；社会公正不能完全靠市场来实现，在不损害企业主积极性的前提下，国家必须起到关键作用。哥伦比亚自由党（正统派）也提出要在经济上加大国家干预，反对实施新自由主义的政策，党的行动要符合社会民主主义的理论原则。① 委内瑞拉民主行动党等老牌政党的经济政策主张也发生类似的变化。

在社会政策方面，拉美地区社会民主主义政党主张修补新自由主义政策的弊端，进行经济政策调整。鉴于军政府执政时期以追求经济增长为首要目标，忽视社会治理，最终付出沉重的社会代价的历史教训，智利社会党提出了社会自由主义的主张。该党在执政期间，重新界定经济增长与社会发展的关系，认为经济增长不再是改革的唯一目标，不能以牺牲社会公平为代价实现增长，只有与社会公平相结合的经济增长才具有可持续性。智利社会党认为，为实现经济与社会协调发展，必须开展社会领域的改革，打造覆盖范围广泛的社会保护网络，使经济增长的利益惠及更多的社会群体。该党在执政期间采取了一系列促进社会公平的具体措施：加大社会投入，为社会改革和社会

---

① 康学同主编，王玉林、王家雷副主编：《当代拉美政党简史》，当代世界出版社2011年版，第232页。

政策实施提供资金支持；积极推进医疗、养老金、劳工、住房、教育等领域的改革；推出一系列扶贫计划，把减贫作为政府工作的重点内容；创造就业机会，开展职业技术培训，帮助脆弱家庭摆脱贫困。这些政策在很大程度上修补了新自由主义的政策缺陷。许多拉美国家的社会民主主义政党在执政期间，都对 20 世纪八九十年代拉美地区盛行的新自由主义政策做出适度调整和修补，注重经济和社会的协调发展，使中下社会阶层可以合理分享经济增长的利益。

三　变动发生的原因

20 世纪末 21 世纪初以来拉美地区社会民主主义理论主张和政策实践发生了显著变化，既有复杂的国际原因，也有深刻的国内政治社会根源。

（一）适应世界范围内社会民主主义发展趋势的需要

20 世纪 90 年代以后，世界范围内的社会民主主义思想、理论和实践均出现重要变化。包括欧洲各国社会民主主义政党在内的许多政党进一步淡化自己的阶级身份特征，开启组织体系的全方位改革，力图建立一个能够在各方面有效应对各种挑战、更具整合性和开放性的全方位政党。欧洲社会民主主义政党提出，党的组织应该向所有社会群体开放，既将工作重点放在争取新中间阶层的支持上，又将宗教群体、年轻人和妇女作为重要的力量来争取。与之相适应，欧洲社会民主主义政党的活动方式也发生了很大变化，从原来注重纲领的变化来吸引支持者的纲领党，逐渐变成了靠选举前的政策宣传为主要方式的政策党、选举党。[①] 拉美社会主义源于欧洲，与欧洲地区的社会民主主义发展一直有着较为密切的联系。国际范围内特别是欧洲社会民主主义所出现的变化，不可避免地会对拉美地区社会民主主义的理论思想和政策实践产生巨大影响，拉美社会民主主义的变化就是在适应世界社会民主主义变化潮流的过程中产生的。

---

① 孔寒冰、项佐涛：《世界社会主义：理论、运动与制度》，北京大学出版社 2017 年版，第 362 页。

（二）摆脱拉美地区传统社会民主主义政策实践困境的需要

为了摆脱 20 世纪 80 年代的经济危机，拉美国家（包括由社会民主主义政党执政的国家）在 20 世纪八九十年代普遍实施新自由主义改革，社会民主主义传统的经济社会政策，特别是国家干预经济以及建立公平正义社会的政策实践受到极大的冲击和挑战，甚至陷于困境和难以为继。拉美地区许多社会民主主义政党在批评新自由主义消极后果的同时，对自己的传统政策主张进行深刻反思和修正，力图在传统社会民主主义和新自由主义之间探索新的道路。不少社会民主主义政党一方面接受了新自由主义的基本做法（如放松国家对经济的干预，国有企业私有化，减少社会开支等），另一方面则力图对新自由主义政策进行修补，强调建立新型与合理的国家、社会和个人之间的关系，进行经济社会政策的调整，试图摆脱传统社会民主主义理论和政策实践的困境。

（三）扩大拉美地区社会民主主义政党社会基础的需要

拉美国家实行多党制，党派众多。不少政党的主张和立场近似，各党间竞争激烈，每个政党要获得发展和扩大政治社会影响，就必须不断扩大群众和社会基础。以智利社会党为例。智利社会党虽为全国第二大党，但其党员人数只相当于智利全国选民的 1%，代表性严重不足。为了扩大对各社会阶层的影响力和渗透力，必须根据本国国情在政治、理论、组织方面实现从传统政党向现代政党转型。20 世纪 90 年代以后，智利社会党极力淡化其传统的工人阶级政党属性，宣称是体力劳动者和脑力劳动者的政党；2003 年的新党章强调党是脑力和体力劳动者、科技劳动者、文化劳动者和所有向往社会主义社会的男女劳动者的政治组织，是平等、自由和友爱的政治组织。这些改变是扩大党的社会和群众基础，增强党的政治和社会影响力必不可少的前提条件。其他拉美国家社会民主主义政党的情况与智利社会党基本类似。

（四）适应拉美地区社会结构变化的需要

进入新世纪以来，拉美社会阶层出现两个重要变化：一是工人阶级的分化；二是中间阶层的扩大。哈内克认为，在全球化时代，技术和信息革命在生产领域产生重大影响，出现了一个分散化或碎片化

（fragmentada）的工人阶级：一部分人从信息革命中获益，另一部分人则被排除在该进程之外。当前拉美国家的工人阶级更加分散化，内部分化更为严重，已与20世纪五六十年代大不相同。与此同时，拉美地区中间阶层不断扩大。[①] 拉美在传统上是典型的两极分化社会，高收入、中间和低收入三个阶层的规模基本稳定，中间阶层规模变化不大。[②] 近年来，拉美中间阶层的扩大主要表现在两方面：一是中间阶层家庭和人数增加。1997—2007年拉美中间阶层家庭增加了5600万个，尽管各国情况差异较大。[③] 2009年前后，拉美地区中间阶层人口（按各国购买力衡量的日均收入在10—100美元）达到1.81亿人，约占世界中间阶层总量的10%。[④] 二是中间阶层呈现出继续增长的趋势。由于收入再分配政策的有效实施和经济增长，未来几十年里该阶层人口规模将持续扩大，2020年和2030年将分别达到2.51亿人和3.13亿人。[⑤] 与旧的社会阶层不同，这些新中间阶层中的不少人没有明确的政治主张和阶级认同，在选举中通常只根据竞选人及其所属政党的某些政治方案、竞选口号来确定自己把选票投给谁。在社会阶级结构发生如此重大变化的情况下，拉美国家的社会民主主义政党需要调整传统的纲领、政治和政策主张，以适应发生变化的工人阶级和中间阶层的诉求，最大限度地获得其支持。

　　适应拉美地区政治社会新生态的需要。在拉美地区，由于政党组织的分散化，政党联盟成为一个非常普遍的政治现象。自20世纪后

[①] 中间阶层（或中产阶层、中等收入家庭、中等部门等）的定义和衡量标准虽然有很多种，但关于拉美的所有研究都显示，该地区中间阶层规模有所扩大，扩大的原因包括经济增长、贫困率下降、生育率降低、家庭规模缩小、妇女就业增多等。

[②] PNUD, *Imforme Regional sobre Desarrollo Humano para América Latina y el Caribe* 2010, p. 44, julio 2010.

[③] CEPAL, "Crece y Cambia la Clase Media en América Latina: una puesta al dia", Revista Cepal 103, 2011.

[④] Luis Alberto Moreno, la *Década de América Latina y el Caribe*, *una Oportunidad Real*, p. 81, Banco Interamericano de Desarrollo, 2011.

[⑤] OECD, "the Emerging Middle Clase in Developing Countries", working paper No. 285, 2010, 转引自 Luis Alberto Moreno, la *Década de América Latina y el Caribe*, *Una Oportunidad Real*, p. 82.

半叶起，在反对军政府独裁统治的过程中，许多拉美国家的社会民主主义政党与其他中左翼政党结成政治联盟，迫使军政府恢复民主、还政于民。军政府还政于民后，面对实力强大的右翼政治集团，许多国家社会民主主义政党仍然寻求与其他中左翼政党建立政治联盟。在智利、巴西、阿根廷、乌拉圭等许多拉美国家民主化巩固的过程中，右翼力量仍十分强大，任何一个中左翼政党都无力单独与其匹敌，维护中左翼联盟的团结和争取联盟的执政地位，是各左翼政党的愿望和共识，也是一项至关重要的实践任务。中左翼联盟中的各政党在治国理念方面有共性，都是民主制度的捍卫者，都认同市场经济和自由竞争，主张增加社会福利和减少贫困，缩小贫富差距。但联盟的主要成员党在意识形态、政治立场、执政观念、政策理念等方面仍存在一定的差异。要维系这样一个多党政治联盟，需要各个政党调整自己的政策，在联盟内寻求最大限度的政治共识。在这种背景下，拉美许多社会民主主义政党对自己的传统政策主张进行调整、修改就成为必然。

本章小结

社会民主主义是拉美地区的重要思想理论和政策实践。在一系列有利因素的推动下，社会民主主义逐渐成为拉美主流政治社会思想和政治主导力量。拉美社会民主主义政党数量众多，但由于历史起源不同，它们对马克思主义和社会主义的态度，以及政策取向不尽一致，甚至存在显著差异。差异性和多元性是拉美社会民主主义的基本特性，这种差异不仅长期存在，而且有进一步增长的趋势。20 世纪末21 世纪初以来，拉美社会民主主义的思想理论和政策主张，以及组织形式都发生明显变化。在继续坚持传统原则、价值理念和政策主张的同时，拉美社会民主主义的指导思想、理论主张和政策实践都发生一系列重要调整，特别是其"去马克思主义化""全民化"和"民主社会主义化"倾向进一步加强。拉美社会民主主义的理论主张和政策实践发生显著的变化，既有复杂的国际原因，也有深厚的国内政治社会根源。

第六章　21世纪拉美地区的激进社会主义及其趋势

　　拉美地区有一种激进共产党（又称革命左翼、激进左翼、极端左翼或马列主义左翼）的社会主义。在20世纪60年代国际共运大论战过程中，许多拉美国家的传统共产党发生严重的思想、政治和组织分裂，分化出来一批激进左翼共产主义政党。这些激进共产主义政党虽然规模不大，却具有顽强的生命力。在国际共运大论战结束乃至冷战结束后不仅生存了下来，而且其队伍在一定时期甚至还有所扩大。目前在阿根廷、墨西哥、巴西、哥伦比亚、智利、厄瓜多尔、委内瑞拉、多米尼加等拉美主要国家都有激进共产主义政党和组织在开展政治和社会活动。拉美激进共产党的社会主义虽与其他流派的社会主义有一些共同历史和理论渊源，但其关于社会主义的理论主张、斗争策略、实践探索均具有自身特色，又与拉美地区其他流派的社会主义有较大差异。本章把拉美地区激进共产党所主张的社会主义称为激进社会主义。

第一节　拉美地区激进社会主义的基本特性

一　拉美地区激进社会主义政党的成长与现状

　　激进社会主义是拉美地区社会主义或共产主义运动中的重要分支。如前所述，与拉美地区其他社会主义政党类似，拉美许多共产党自建立伊始，自身就存在着严重的理论和组织缺陷。党的领导机构成员之间思想不统一，在涉及拉美革命和斗争策略的一系列重要问题上存在严重分歧。党组织内部分歧严重，党内有派，组织不断发生分裂，严重削弱了党的凝聚力和战斗力。在斗争策略方面，不少拉美国家共产党的主要领导人曾盲目追随苏联共产党，严重脱离本国国情，脱离一般党员，频繁改变斗争策略，引起党内基层干部和党员的不满，埋下了党内分裂的隐患，为 20 世纪 60 年代激进共产主义或激进社会主义政党的出现提供了条件。

20 世纪 60 年代以后，随着国际共产主义大论战的展开，拉美国家共产党内部矛盾激化，继而发生前所未有的大分裂。反对苏联和平过渡路线和改良主义路线、主张武装斗争的马列主义者纷纷新建或重建本国的无产阶级政党和组织。这类新成立的政党和组织派别众多，成员庞杂，分布在近 20 个拉美国家。甚至还有一些激进分子受古巴革命胜利的影响，从民族主义政党及共产党中分裂出来，专门从事游击中心活动，或从事绑架和暗杀等活动，这类人也被认为是拉美地区激进左翼的组成部分。① 与拉美各国的传统共产党相比，这些新出现的无产阶级政党（或称激进共产党、激进社会主义政党或激进马列主义政党）的力量相对较弱，影响力也相对有限。这些新建立的马列主义政党逐渐发展成为拉美地区激进左翼的主体力量。

尽管这些激进社会主义政党的力量和政治影响都相对有限，但它们在宣传马列主义、开展群众运动等方面做了大量工作。虽然这些政党和组织的发展并不稳定，有些不断分化②，有些甚至走向消亡，但其中一些政党也表现出顽强的生命力和韧性。在经历反复重组和演变后，到 20 世纪 80 年代，巴西、玻利维亚、秘鲁、厄瓜多尔、委内瑞拉、洪都拉斯等国的激进社会主义政党仍具有一定的力量。③ 这些政党在国际共运大论战之后乃至冷战结束后不仅生存下来，而且其队伍

---

① 中共中央对外联络部拉丁美洲研究所：《拉丁美洲各国政党》，上海人民出版社 1980 年版，第 4 页。

② 以哥伦比亚为例。哥伦比亚共产党（马列）（Partido Comunista de Colombia-Marxista Leninista）是从哥伦比亚共产党内分裂出来的。独立建党之后，其内部又频繁产生分裂，出现多个派别和组织，如"马列主义和毛主义倾向派"、哥伦比亚共产党（马列）无产阶级路线派、马列主义联盟等等。

③ 康学同主编，王玉林、王家雷副主编：《当代拉美政党简史》，当代世界出版社 2011 年版，第 8 页。

还有所扩大。例如 1978 年墨西哥共产党（马列）建立，1994 年智利共产党（无产阶级行动派）建立，1995 年委内瑞拉红色旗帜党建立。

进入新世纪以后，在左翼执政的有利环境下，拉美地区激进社会主义政党的力量又有所提升。2009 年，委内瑞拉马列主义共产党建立。2014 年，玻利维亚革命共产党建立。目前在阿根廷、墨西哥、巴西、哥伦比亚、厄瓜多尔、委内瑞拉、多米尼加等国家都有激进左翼政党在开展活动，其中不乏有一定影响力的政党和组织。[①]

拉美地区激进社会主义政党的基本政治立场和意识形态是马克思列宁主义、共产主义、国际主义和反修正主义。这些党既与拉美传统共产党存在理论和策略分歧，也与拉美其他社会主义流派有政策和观点的差异。从总体上说，拉美地区这些激进社会主义政党力量较弱，许多党甚至没有进行合法登记注册，在国家政治和社会生活中不具主流政治力量和主流思想的地位；其影响主要局限在特定阶层，如知识分子群体、工人运动和其他社会团体中。

二 拉美地区激进社会主义的一般特征

拉美地区激进社会主义是指拉美激进社会主义政党所主张和倡导的社会主义。拉美激进社会主义具有地域分布的广泛性、政治和社会影响的局限性、政治立场和意识形态的相似性，以及相互关系的连通性等特征。

（一）地域分布的广泛性

拉美地区激进社会主义在组织上的表现是一批激进左翼政党和组织的存在。拉美激进社会主义不是个别国家的偶发政治现象，而是带有普遍性的地区性政治现象。拉美地区许多国家都有激进社会主义政党，拉美因此也成为世界上激进社会主义政党集中的地区之一。

如前所述，拉美地区激进社会主义思想和组织有较深厚的历史渊

---

① 2016 年前后阿根廷革命共产党的党员有近 2.2 万人。［参见 Cámara Nacional Electoral-Estadística de Afiliados Primer Semestre 2016-Secretaría de Actuación Judicial-Unidad de Recopilación y Producción de Datos-Registro Nacional de Partidos Políticos. http：//www. electoral. gov. ar（2016 - 10 - 16）.］

源，经历了连续不断的发展历程。20世纪60年代，拉美地区在较短时间内出现一大批激进社会主义政党和组织，其地域分布较广泛，几乎遍布拉美主要国家。其中比较重要的包括洪都拉斯革命共产党（1962）、乌拉圭革命共产党（1963）、秘鲁共产党（红旗）（1964）、哥伦比亚共产党（马列）（1964）、厄瓜多尔马列主义共产党（1964）、玻利维亚共产党（马列）（1965）、智利革命共产党（1965）、阿根廷共产党（马列）（1965）、委内瑞拉革命党（1966）、阿根廷革命共产党（1968）、多米尼加"六·一四革命运动"红色路线（1968）、巴西革命共产党（1968）①、圭亚那劳动人民先锋党（1969）、秘鲁共产党（红色祖国）（1969）、苏里南共产党（马列）（1970），等等。拉美国家这些激进或革命社会主义政党基本是从各自国家原来的共产党分裂而来的。② 此后拉美地区的激进社会主义政党不断分化重组，在一些党消亡的同时，新的激进社会主义政党和组织又不断涌现。20世纪70年代后，（委内瑞拉）革命事业派（1970）、委内瑞拉统一先锋党（1974）、萨尔瓦多革命党（马列）（1975）、（哥伦比亚）卡米洛运动（1975）③、多米尼加无产阶级旗帜（1976）、哥伦比亚无产阶级革命组织（马列）（1978）、墨西哥共产党（马列）（1978）和墨西哥革命共产主义运动（1979）先后建立。20世纪90年代以后乃至在进入新世纪以后，智利、委内瑞拉、玻利维亚等国家陆续出现了新的激进社会主义政党。当前激进社会主义政党和组织在拉美地区的分布仍具有广泛性，在拉美主要国家，有一批激进社会主义政党和组织存在，有一批

---

① 巴西革命共产党1981年与"10月8日革命运动"（El Movimiento Revolucionario-8 de octubre，MR-8）实现联合。后者是具有马列主义意识形态的左翼组织，1964—1985年开展反对巴西军事独裁的斗争，以格瓦拉被害日（1967年10月8日）命名。

② 例如阿根廷革命共产党（Partido Comunista Revolucionario de la Argentina，PCR）是1968年阿根廷共产党分裂后建立的激进左翼政党，厄瓜多尔马列主义共产党（El Partido Comunista Marxista Leninista del Ecuador，PCMLE）是1964年从厄瓜多尔共产党中分裂出来后建立的。巴西革命共产党（Partido Comunista Revolucionario）是具有"霍查主义"特点的共产党组织，1966年5月从巴西共产党分裂出来后建立。[参见 Breve Histórico do PCR，http：//pcrbrasil. org/pcr/historia/（2017－08－20）.]

③ 卡米洛·托雷斯（Camilo Torres）是哥伦比亚神父，解放神学家，后加入反政府游击队，1966年在战斗中牺牲。

持激进左翼立场的社会主义政治和社会活动者在开展政治社会活动，激进社会主义思想在这些国家的一些特定群体中仍有一定的影响力。

（二）政治和社会影响的局限性

拉美地区激进社会主义政党和组织的政治力量相对较弱，其政治和社会影响局限在特定阶层、特定群体、特定部门和特殊领域，特别是局限于一定范围的工人运动和某些社会团体中。许多拉美国家的激进社会主义政党甚至一直没有进行合法登记，在国家政治社会生活中不具有主流思想和主流组织的地位。那些未获得合法登记的激进社会主义政党，主要通过外围组织开展活动。例如厄瓜多尔马列主义共产党，它无论是在建党方面还是在从事政治社会斗争方面，在拉美地区都有一定的代表性和典型性。20 世纪 60 年代，厄瓜多尔共产党内部在革命理论、革命道路和斗争策略等问题上出现严重分歧。以总书记萨阿德（Pedro Saad）为首的一派主张走和平道路，在国际共运大论战中赞同苏联共产党的主张。以中央委员埃切维里亚（Rafael Echeve-ria）为首的另一派主张走武装斗争的道路。1964 年 8 月，埃切维里亚派召开特别代表大会，另立厄瓜多尔马列主义共产党。厄瓜多尔马列主义共产党不是合法组织，它主要以其所建立的其他外围组织和机构的名义开展活动。1978 年，马列主义共产党建立了"人民民主运动"（Movimiento Popular Democrático，MPD），并以其名义参加选举活动。由于在 2013 年议会选举中未能获得席位，2014 年厄瓜多尔马列主义共产党被取消注册资格，于是该党建立了"人民团结运动"（Unidad Popular）作为外围组织。[①] 像厄瓜多尔马列主义共产党这样，通过建立外围组织开展合法活动的拉美激进社会主义政党比比皆是。

（三）政治立场和意识形态的相似性

虽然拉美地区激进社会主义政党的发展不够稳定，且不断出现组织分化，但这些政党有近似的政治立场和意识形态。这些政党虽然和拉美地区传统共产党有共同的历史渊源，在政治立场和意识形态方面

---

① El Partido Comunista Marxista Leninista del Ecuador，http：//www.pcmle.org.（2017 - 10 - 20）.

有一定的近似性，但在斗争策略、理论主张以及对拉美国家国情的认识等方面，与传统共产党不完全相同，与拉美地区其他社会主义流派的政策主张更是有明显的差异和分歧。阿根廷革命共产党宣称其意识形态、指导思想和政治行动以马克思主义、列宁主义、毛主义为指南，把马克思、恩格斯、列宁、斯大林和毛泽东作为主要的理论家；主张在走向社会主义持续不断的进程中开展人民的民主革命、农业革命和反帝革命。玻利维亚革命共产党自称是左派的、马列主义的、国际主义的、反帝的、反法西斯主义的、反修正主义的政党组织；是劳动者阶级、被剥削者、城乡穷人和平民、被压迫人民的先锋队；为玻利维亚的社会主义革命、为实现不平等社会结构的深刻变革、为建设一个新社会而斗争。哥伦比亚共产党（马列）的意识形态是马克思列宁主义、反帝主义、拉美主义、国际主义。[①]

（四）相互关系的连通性

拉美激进社会主义政党和组织注重国际和地区联合。拉美地区各党之间不仅建立了较密切的联系，也与国际激进左翼政党建立了联系，加入了"马克思列宁主义政党和组织国际大会"（International Conference of Marxist-Leninist Parties and Organizations，ICMLPO，西班牙语缩写 CIPOML）。[②] 受 CIPOML 委托，从 1994 年起厄瓜多尔马列主义共产党与厄瓜多尔"人民民主运动"（或"人民团结运动"）每年都在该国首都基多召开"拉美革命问题国际会议"（SIPRAL），至 2019 年已连续举办 22届，该"国际会议"成为拉美和世界激进左翼政党活动与交流的重要平台。通过这些世界性和地区性的组织和会议，拉美各国激进左翼政党组织之间以及与世界其他地区激进左翼政党建立起密切的联系。

第二节　拉美地区激进社会主义的理论主张

本节主要对拉美地区激进社会主义的基本理论原则、指导思想，

---

① 参见该党的官方网站网址相关资料（http：//www.pcdecml.org）。
② "马克思列宁主义政党和组织国际大会"的官方网站是 http：//www.cipoml.net/。

以及策略主张做简要评介。

一 拉美地区激进社会主义的理论原则和指导思想

拉美地区激进社会主义政党虽然其纲领在语言表述上不尽一致，但普遍把马克思列宁主义、无产阶级国际主义、反帝主义、反法西斯主义和反修正主义作为党的指导思想和理论原则。玻利维亚革命共产党的相关文件对党的指导思想做了明确规定①，其表述与拉美其他激进社会主义政党对本党基本原则和指导思想的表述大体一致。该党文件规定，党的基本原则是：

马克思列宁主义。马克思列宁主义是工人阶级的意识形态，是对世界的科学理解，它指导被压迫者为夺取政权和社会主义建设而斗争。党以马克思、恩格斯、列宁和斯大林的思想为基础。马列主义是鲜活的科学，应该运用于国家的现实中，以便获得对政治、经济和社会现象的全面理解，以及指导为建设一个新社会的斗争。

无产阶级国际主义。该党认为，共产主义者是国际主义者，因为世界工人阶级在"全世界无产者联合起来"的口号下只是一个阶级，"我们的阶级敌人是共同的，我们的未来目标（社会主义）也是共同的。国际主义承认无产阶级斗争的发展要适应每个国家的特殊国情，因而社会主义建设的可能性也要与每个国家的发展相适应。国际主义最清晰的表述就是国际共产主义运动的持久协调和团结，因而我们作为政党加入了"马克思列宁主义政党和组织国际大会"。

反帝国主义。按照列宁主义，帝国主义是资本主义的最高和最后阶段。帝国主义的主要特点是银行资本和工业资本的融合，形成了金融资本，以及垄断的发展、帝国主义列强瓜分世界。对共产主义者来说，反对帝国主义不是空洞的口号，而是反对资本主义最后阶段的斗

---

① 左翼的莫拉莱斯政府 2006 年起开始执政。玻利维亚共产党对莫拉莱斯政府给予无条件支持，引起党内部分党员特别是该党青年组织的批评和不满。2014 年 8 月，玻利维亚共产党青年组织中的多数派党员脱党，经过激烈的内部讨论，主张马列主义的思想占了上风，于是在马列主义、反修正主义和反帝主义的原则下，建立了一个新的政党玻利维亚革命共产党。

争，是作为反对不平等国际分工斗争的一部分（这种分工使玻利维亚承担矿业加工的责任，加剧其落后状态），作为反对外债循环和反对外部强加政策的斗争的一部分。

反法西斯主义。法西斯主义是"金融资本的极端反动、极端沙文主义、极端帝国主义分子的公开恐怖独裁"。共产主义者反对所有形式的民族沙文主义，反对所有形式的压迫和歧视，反对工会运动的统合化，反对对人民抗议活动的丑化，以及资本主义对劳动者阶级的所有攻击。

反修正主义。进行反对修正主义的斗争是我们的政党与其他政治组织的区别。修正主义是一种把争取科学社会主义的斗争引入歧途，并使这一斗争变质的小资产阶级倾向。修正主义并不是一种新现象，马克思和恩格斯在第一国际时期就开展了反对修正主义的斗争。在俄国革命前夕，列宁和斯大林与孟什维克和第二国际的修正主义展开了斗争。对于马列主义者来说，共产主义运动在历史上的一个特殊时刻是苏联共产党 1956 年的二十大，赫鲁晓夫集团放弃了马列主义的基本原则。在这次大会上，关于"人民"的表述，关于和平过渡与议会过渡，关于资产阶级的作用等表述是对马克思主义理论显而易见的攻击。

除上述基本原则外，拉美一些激进社会主义政党还对党的指导思想做过其他表述。例如厄瓜多尔马列主义共产党宣称自己是"无产阶级的革命组织，信奉马列主义的科学理论，为无产阶级革命、夺取政权、建立社会主义社会而斗争"[①]；以马列主义为指导，捍卫马克思、恩格斯、列宁和斯大林的主张，并赞同卡斯特罗、霍查和格瓦拉等人的思想。

二　拉美地区激进社会主义的策略主张

与上述基本原则和指导思想密切联系，拉美激进社会主义政党提出了一系列策略主张。拉美激进社会主义主张持续革命，但认为革命

---

① El PCMLE, Partido de la Clase Obrera lucha por la Revolución y el Socialismo, Martes 21 de abril de 2015, http：//www. pcmle. org/EM/spip. php？ article6699（2018 – 12 – 08）.

应分阶段进行；认为要实现反帝民主革命的进程，就应把社会主义作为发展方向；强调把实施社会主义的任务与民主和反帝国主义的特点结合起来。

主张持续革命，但革命应分阶段进行。阿根廷革命共产党认为，革命应分阶段进行；现阶段的目标是开展人民的民主革命、农业革命、反帝国主义和反对修正主义的革命。无产阶级是阿根廷革命的主要力量和领导者，贫困的农民是主要同盟者，革命的敌人是帝国主义、地产主和帝国主义的"中间资产阶级"（la burguesía intermediaria）。关于民族资产阶级，阿根廷革命共产党认为："现阶段无产阶级对资产阶级的政策是团结和斗争，强调资产阶级作为一个阶级的中立性；这意味着要对民族资产阶级的一部分（爱国者和民主派）采取积极的争取政策，通过让步使另一部分中立化，打击与敌人结盟的少数上层。这样，一旦出现背叛，我们不应混淆民族资产阶级和革命战略的敌人，因为在将来我们很有可能会重新团结他们。"① 阿根廷革命共产党认为，受阿根廷社会结构的局限，革命应该从城市到农村，主要方式是武装斗争。

反对帝国主义的民主革命，应把社会主义作为发展的方向。哥伦比亚共产党（马列）认为，反帝民主革命进程的实现，应把社会主义作为发展的方向；社会主义建设是一项长期而复杂的任务，因而需要政治意识的深刻变革，需要改变相互对抗的各种力量对比，需要在阶级对抗的不同形式下积累经验；必须清除阻碍社会进步、阻碍真正民主实现、阻碍绝大多数被排斥者生活条件改善的障碍。哥伦比亚共产党（马列）提出的斗争策略依次是：（1）为国家主权而奋斗，为拉美人民的团结和劳动者之间的国际主义而斗争；反对美国的干涉是我们人民的责任。（2）拒绝新自由主义的政策，要为保卫和改善劳动者的生活条件而斗争。（3）推动建设真正民主、生存权、自由、尊严和人权的行动；反对"国家恐怖主义""准军事主义"以及所有形式的对人民和斗争者的镇压。（4）促进社会不同层次的团结，并

① Partido Comunista Revolucionario de la Argentina, www. pcr. org. ar（2018 – 06 – 10）.

将其作为实现哥伦比亚所急需的伟大变革的必备条件。哥伦比亚共产党（马列）强调，党开展的所有政治和社会领域的行动都是为实现具有革命特点的变革创造条件。①

把实施社会主义的任务与民主和反帝国主义的特点结合起来。厄瓜多尔马列主义共产党宣称，为了人民夺取政权，开展工人阶级和人民的武装行动是必要的；但为了积聚力量，应参加政治选举。该党认为，厄瓜多尔是依附于帝国主义、植根于欠发达资本主义的国家，甚至存在着前资本主义的各种生产方式。② 因此，厄瓜多尔的革命应该把实施社会主义的任务与民主和反帝的特点结合起来；在当前依附性国家的条件下，不可能将彼此分割开来。2015 年该党"八大"提出 21 世纪拉美社会主义进步政府的出现，表明拉美政治力量对比出现了变化：主张新自由主义的政治力量在一些国家丧失了政治影响的空间，这些空间被在左翼旗号下成长起来的政治力量所占领。但厄瓜多尔马列主义共产党仍认为，该党对科雷亚左翼政府所持的反对态度基本是正确的。③

强调无产阶级与资产阶级对立的不可调和性，主张开展反对改良主义、机会主义、社会民主主义和修正主义路线的理论和思想斗争。墨西哥共产党（马列）强调，党是无产阶级的先锋队和参谋，在长期的斗争中，党要为在墨西哥和世界现实条件下拯救和发展马列主义开展激烈的理论和实际斗争。党是马克思、恩格斯、列宁、斯大林坚定的信仰者，是为无产阶级革命和无产阶级专政战略策略取得胜利而斗争的坚定战士。重申"对改良主义、机会主义、社会民主主义和修正主义的路线开展理论和思想斗争"；坚信无产阶级因其所具有的物质和精神条件，是当代社会最革命的阶级，与资产阶级是对立的和不可调和的，是资本主义—帝国主义生产方式的掘墓人；在贫困的农民

---

① "Partido Comunista de Colombia-Marxista Leninista", https：//es. wikipedia. org/wiki/ Partido_ Comunista_ de_ Colombia_ -_ Marxista_ Leninista（2018－11－10）.

② PCMLE, Buro Político del Comité Central. *Línea Política*. Quito：PCMLE, 1984. en "El Partido Comunista Marxista Leninista del Ecuador", https：//es. wikipedia. org/wiki/Partido_ Comunista_ Revolucionaria_ Argentina.

③ En Marcha en el portal del PCMLE, El Partido Comunista Marxista Leninista del Ecuador, https：//es. wikipedia. org/wiki/Partido_ Comunista_ Revolucionaria_ Argentina.

和墨西哥所有被压迫和被剥削人民面前，应该开展反对资产阶级和资本的斗争，以建立无产阶级专政和建设社会主义，为"按需分配"的共产主义社会奠定基础。强调党是为实现无产阶级革命的所有人民的统一战线最坚定的建设者，人民是历史的真正创造者。党的建设、民主集中制的发展、帝国主义和无产阶级革命时代的马克思列宁主义的战略策略，与人民和工人阶级的斗争紧密相连。[①]

推进世界工人阶级和人民的团结，推动建立马列主义政党和组织的国际联合。拉美地区激进左翼政党重视国际和地区的团结。包括墨西哥共产党（马列）在内的许多政党都主张发展无产阶级的国际主义，呼吁唤醒共产主义政党和组织的统一，推进世界工人阶级和人民的团结。墨西哥共产党（马列）宣称，党的首要目标是领导工人阶级反对法西斯主义、反对帝国主义、反对资本主义的斗争，在"各国无产阶级团结起来"的口号下，实现最后的胜利；宣称"现在是无产阶级革命的时刻"。玻利维亚革命共产党宣称它是国际主义政党，主张世界工人阶级在"全世界无产者联合起来"的口号下联合起来。许多拉美激进社会主义政党推动和积极参加"马克思列宁主义政党和组织国际大会"，并将其作为建立"马克思列宁主义共产党国际"（la Internacional Comunista Marxista-Leninista）的基础。

第三节　拉美地区激进社会主义的实践探索

拉美地区激进社会主义政党强调，共产主义者要维护的基本点是：坚持马克思主义关于阶级斗争是历史动力的基本原则；工人阶级的历史性目标是夺取政权和建设社会主义；党是工人阶级的先锋队。许多党（如玻利维亚革命共产党）强调，共产主义者应该使用所有的斗争形式。在上述思想原则指导下，拉美激进社会主义政党领导、组织、发动和参与了各种形式的斗争和实践探索，其中最主要的活动

---

① 关于墨西哥共产党（马列）的资料来自："Quiénes somos?"，https://pcmml. wordpress.com/quienes-somos/（2018 - 09 - 29）.

包括开展群众工作、参加选举斗争、通过各种途径试图对政府决策施加影响、重视宣传工作，并参加其他政治和社会活动。

一　开展群众工作

拉美地区激进社会主义政党重视开展群众工作，包括工会、青年和农民工作。例如，阿根廷革命共产党通过各种方式开展斗争，在一些地区和部门发挥了较大的政治和社会影响。首先，通过下属组织开展工作。阿根廷革命共产党下属的青年组织"革命共产主义青年团"（Juventud Comunista Revolucionaria，JCR）积极开展群众工作，在一些部门赢得了重要的影响力。其次，在一些特定部门和团体中开展工作。该党 1994 年与名为"阶级与战斗潮流"（Corriente Clasista y Combativa，CCC）的政治和工会组织合并，进一步壮大了队伍，扩大了影响，特别是在工人、失业者和退休人员中获得一定的影响力和号召力。最后，参与一些工会和社会组织的建立并对其实施领导。在农业部门，该党注重对贫困农民和原住民团体"农民联盟"（Unión Campesina）、农民组织"小农联合会"（Chacareros Federados）、妇女组织"妇女战斗运动"（Movimiento de Mujeres en Lucha）的组织和领导，积极在马尔维纳斯战争老战士、妇女和知识界中开展工作；参与建立大学生组织"反帝和人民学生潮流"（Corriente Estudiantil Popular y Antiimperialista，CEPA）、中学师生组织"中等学校团结运动"（Movimiento de Unidad Secundaria，MUS），并取得了对这些组织的领导权。通过上述工作，该党在教育部门、工会部门、贫困农民、无地农民、妇女运动中赢得不同程度的影响力。墨西哥共产党（马列）"战斗性"地参加了墨西哥无产阶级、贫困农民和人民为改善工作条件、生活条件和学习条件所展开的大大小小的各种形式的斗争。①

二　参加选举斗争

拉美地区激进社会主义政党的斗争策略较激进，许多党曾热衷

---

① "Quiénes somos？"，https：//pcmml. wordpress. com/quienes-somos/（2018 – 09 – 29）.

于和支持武装斗争，但不少党强调斗争的多样性，肯定选举斗争的作用，并参与了各类选举活动。阿根廷革命共产党参加了各种政治选举。在 2011 年大选中，该党在省级层面与"广泛进步阵线"（Frente Amplio Progresista）结盟。在 2015 年大选中，该党与"人民团结联盟"（Unidad Popular）、"南方解放运动"（Emancipación Sur）及"自由者之路"（Camino de los Libres）组成选举联盟"人民阵线"（Frente Popular），支持吉纳罗（Víctor De Gennaro）为总统候选人、科多尼（Evangelina Codoni）为副总统候选人（科多尼属于阿根廷革命共产党的政治外围组织 PTP）。虽然该联盟在大选中仅获得 0.5% 的选票，没能通过初选，但在省级选举中取得较好成果，在圣达菲省，该联盟获得 2 个省议员席位，其中一席属于阿根廷革命共产党。厄瓜多尔马列主义共产党一方面宣称为了夺取政权，开展工人阶级和人民的武装行动是必要的，但另一方面，它从 1978 年起开始参加政治选举。1978 年，该党建立了"人民民主运动"，以"运动"的名义在 1979 年首次参加议会选举，并获得 1 个议员席位。此后"人民民主运动"多次获得议员席位，1988 年获得 2 个，1992 年获得 3 个，1996 年获得 2 个，1998 年获得 2 个，2002 年获得 3 个，2006 年获得 3 个；在古铁雷斯执政（2003—2005 年执政）期间曾获得一个部长职位。近年来，厄瓜多尔马列主义共产党虽未获得重大进展，但一直保持着稳定的实力。在 2009 年大选中获得 5 个议员席位，以及 1 个省长和 8 个市长职位。[1]

三 试图影响政府决策

阿根廷革命共产党一直是政府的反对派，但也试图对政府施加影响。该党认为，阿根廷政府（无论是杜阿尔德政府还是基什内尔政府[2]）中的垄断集团和占统治地位的地主或是在传统上与"俄国帝

---

[1] 康学同主编，王玉林、王家雷副主编：《当代拉美政党简史》，当代世界出版社 2011 年版，第 222—223 页。

[2] 杜阿尔德政府（2002—2003 年）和基什内尔政府（2003—2007 年）都是阿根廷左翼政府。

国主义"有联系的集团，或是与意大利垄断集团有联系的集团，都是从对欧洲其他国家出口政策中获益的集团，与从进口替代中获益的企业有关联。"我们是杜阿尔德主义和基什内尔主义一脉相承政策的反对者，我们反对政府及其政策，谴责政府的腐败丑闻，指责政府操纵国家统计局（El Instituto Nacional de Estadística y Censos, IN-DEC），反对政府采取的镇压政策，指责政府应对社会冲突不利，反对其所实施的限制工资和应对通货膨胀的政策。"① 厄瓜多尔马列主义共产党对历届厄瓜多尔政府都持批评的立场，尽管该党曾短期支持科雷亚左翼政府（2007—2017年）。1998年大选后，该党反对在大选中获胜的马瓦德政府（1998—2000年），批评其实行的新自由主义和美元化政策，指责其在对外政策中向美国靠拢，导致国内经济处于崩溃的边缘。在2002年大选中，该党认为，"一·二一爱国社团党"具有左翼倾向，支持其候选人古铁雷斯竞选总统。但古铁雷斯上台后，背弃竞选诺言，抛弃左翼纲领，转而实行新自由主义政策和亲美政策，该党遂停止对古铁雷斯政府的支持。在2006年大选初期，该党并不支持科雷亚，认为科雷亚虽然发表了一些左翼言论，但本质上是一个基督教民主主义者，是假"左派"，并推出了自己的总统候选人比亚西斯（Luis Villacis）。在第二轮总统选举中，该党转而支持科雷亚，并希望通过制宪大会实现深刻变革的目的。该党对科雷亚政府的支持持续了约两年。2009年新宪法通过后，该党对政府的态度发生转变，认为政府右转，因而开始对政府及其政策提出激烈批评。2010年发生试图推翻科雷亚政府的警察暴动，该党支持参与暴动的警察。在2013年大选中，该党支持埃斯皮诺萨（Alberto Acosta Espinosa）竞选总统；在2017年大选中，支持蒙卡约（Paco Moncayo）竞选总统，在初选失利后，转而支持拉索（Guillermo Lasso），宣称党的唯一目的是结束科雷亚主义的统治，认为科雷亚政府已经成为劳动者和人民的主要敌人。

---

①　"El PCR ante el kirchnerismo"，https：//es. wikipedia. org/wiki/Partido_ Comunista_ Revolucionario_ Argentina（2018–11–10）.

四 重视宣传工作

和拉美许多其他左翼政党类似，拉美地区激进社会主义政党也十分重视宣传工作，几乎所有政党都有自己的理论和宣传出版物。阿根廷革命共产党中央委员会的机关周刊《今日为人民服务》（*Hoy Servir al Pueblo*，原名《新时刻》），自建党之后就一直没有中断过出版。该党还编辑出版《火花杂志》（*CHISPA*）月刊，出版理论杂志《政策与理论》。通过 Editorial Agora 出版社出版发行马克思列宁主义、毛主义的著作读本，以及阿根廷本土社会主义者的理论著作和读本。哥伦比亚共产党（马列）编辑出版理论杂志《方向》（*Orientación*）和报纸《革命报》（*Revolución*）。厄瓜多尔马列主义共产党从 1966 年开始不间断地出版《前进周报》（*Semanario En Marcha*），编辑出版《政治杂志》，出版马列主义的经典著作及其他读本。墨西哥共产党（马列）通过《无产阶级先锋队》报、《革命》杂志（包括印刷版和电子版），以及其他相关出版物和宣传品，力图"向工人阶级传播马列主义的知识，创建革命的社会主义意识"。

五 拓展斗争形式并积极向国际性左翼组织靠拢

拉美地区激进社会主义政党还开展了其他形式的政治和社会活动，并向其左翼国际组织靠拢（如圣保罗论坛），争取加入拉美地区主流左翼潮流。哥伦比亚共产党（马列）建立之初曾推行激进路线和方针，其政治路线是与包括哥伦比亚共产党在内的各种形式的修正主义团体做斗争，其主张是当时哥伦比亚左翼组织中最激进的。哥伦比亚共产党（马列）当时宣称反对选举，认为持久的人民战争是哥伦比亚社会主义革命的唯一道路。因此该党创建了自己的武装力量"人民解放军"（Ejército Popular de Liberación，EPL）和青年组织"哥伦比亚革命青年"（Juventud Revolucionaria de Colombia，JRdeC）。1975 年，该党转向阿尔巴尼亚劳动党的斯大林主义路线。20 世纪 80 年代中期以后，该党的策略发生转变，转向通过"人民阵线"开展斗争，并与当时的贝坦库尔政府（1982—1986 年）展开和谈，积累了民主斗争的经验。① 哥伦比亚共产党（马列）不再支持游击队，试图在某些工会部门扩展影响，并向"圣保罗论坛"、马列主义组织和政党国际会议渗透。阿根廷革命共产党也主动与拉美主流左翼力量靠近，成为"圣保罗论坛"的成员。巴西革命共产党从2004年起开始成为"马克思列宁主义政党和组织国际大会"的成员。②

第四节　拉美地区激进社会主义对重大理论和现实问题的主张

如前所述，受"马克思列宁主义政党和组织国际大会"委托，从1997年起，厄瓜多尔马列主义共产党和"人民民主运动"等每年都在该国首都基多召开"拉美革命问题国际会议"。"拉美革命问题国际会议"成为拉美激进社会主义政党和世界激进左翼政党活动的重要平台。至2019年，"拉美革命问题国际会议"已连续举办23届，每届会议都有来自拉美十多个国家的数十个激进社会主义政党和组织的代表与会。"拉美革命问题国际会议"围绕"拉美革命问题"的主题，就拉美以及世界人民和工人阶级的解放行动，反对本国统治者和帝国主义斗争的经验，国际革命运动的进程，资本主义的危机，争取社会主义的斗争，以及斗争的战略策略与方法等进行探讨。"拉美革命问题国际会议"的观点基本上体现了拉美激进社会主义对当代拉美和世界重大理论和现实问题的看法。

对当前世界特点的认识。拉美地区激进社会主义政党认为，当前

---

① 1989年90%的"人民解放军"成员和哥伦比亚共产党（马列）的重要力量接受政府大赦，建立了名为"希望、和平与自由"（Esperanza，Paz y Libertad）的政治组织。残余的"人民解放军"成员在卡拉巴约（Francisco Caraballo）领导下，仍然以哥伦比亚共产党（马列）和"人民解放军"的名义继续从事秘密地下活动。1993年卡拉巴约被捕，"人民解放军"成员数量下降，其工会和社会基础丧失，在国家公众生活中逐渐失去影响。"人民解放军"的残余分子继续在少数地区从事武装活动，被哥伦比亚政府指责为贩毒和犯罪团伙（Bacrim）或有组织的武装团伙（GAO）。

② Breve Histórico do PCR，http：//pcrbrasil.org/pcr/historia/（2016 – 12 – 20）.

的世界仍处于日益加剧和无法解决的矛盾中。一部分人因为获得巨大的既得利益而试图维护现存秩序，另一部分人则选择继续斗争，因为事态正在以全面和决定性的方式发生有利于劳动者和人民利益的变化。人类用劳动和知识所创造的财富及其使用，引起了这些财富的占有者为了获得更多的利益而进行无休止的争斗和争夺；这解释了帝国主义国家之间的争夺、政治斗争甚至是战争；中东（叙利亚、伊朗、伊拉克、巴勒斯坦）、东欧（乌克兰）、亚洲（也门、巴基斯坦和阿富汗）、非洲（南苏丹、尼日利亚、刚果民主共和国）地区的战争是帝国主义之间矛盾和帝国主义侵略的表现。① 委内瑞拉马列主义共产党认为，作为资本主义周期性危机的后果，当今世界各领域包括军事、外交、社会、经济领域的斗争都有所加剧。帝国主义通过不同的集团，增加了确保对世界瓜分利益最大化的行动，除了地缘和军事重要地区外，特别加大了对能源矿产资源丰富地区的争夺。帝国主义的侵略手段也不再局限于步枪、炸弹和化学武器，还使用其他手段，特别是使用智能攻击（ciberataques）手段，窃取竞争对手的信息，窃取或摧毁敌对国家和组织的情报。与此同时，帝国主义继续用直接军事手段对叙利亚、也门、伊拉克、阿富汗、（乌克兰）顿涅斯克和卢甘斯克进行侵略。②

关于当前人民的斗争。拉美地区激进社会主义政党认为，当前资本所有者和劳动者之间的矛盾有所加剧。劳动者和人民是资本主义—帝国主义制度的受害者，受到其各种形式的剥削和压迫。劳动者和人民反对帝国主义统治和划分势力范围的斗争也不断发展。③ 委内瑞拉

---

① 2015 年第 19 届"拉丁美洲的革命问题国际研讨会"题为"'帝国主义之间的争斗与人民的任务'的最后声明"〔Declaracion Final, XIX Seminario Internacional Problemas de la Revolución en América Latina, http://www.pcmle.org/EM/spip.php? article6914（2016 - 11 - 11）〕。

② Resolución del XXI pleno del Comité Central del Partido Comunista Marxista Leninista de Venezuela（PCMLV）, https://pcmlv.blogspot.com/2016/12/resolucion-del-xxi-pleno-del-comite.html（2018 - 07 - 20）.

③ Declaracion Final, XIX Seminario Internacional Problemas de la Revolución en América Latina, http://www.pcmle.org/EM/spip.php? article6914（2018 - 12 - 11）.

马列主义共产党指出，资本主义危机及其后果，形成了进行深刻变革的条件。但这些变革通常不是革命性的，有时以极端右翼政府的形式表现出来，这些政府甚至采取了限制革命力量的措施，对为争取社会主义而斗争的组织构成了障碍。因此，在这种背景下，马列主义者应该为指导群众特别是无产阶级进行胜利斗争做准备。①

对拉美人民斗争的看法。拉美地区激进社会主义政党认为，拉美人民反对帝国主义、资本所有者和本土统治者的斗争不断扩展。在拉美大陆，上述现象也以活生生和鲜明的方式存在着；在每个拉美国家，城乡劳动者、农民、青年、原住民、黑人、妇女的斗争都不断扩展。在拉美，金融资本所有者们进行着静悄悄的战争，梦想追求更多的利润。外国资本正在攫取拉美的自然资源，剥削拉美的劳动者甚至是童工。历史经验表明，资本的控制带来了剥削、压迫、歧视和自然资源的毁灭。为了实现人民的解放，必须结束帝国主义的统治，结束资本所有者的权力。与各种形式的帝国主义进行斗争，在每个国家开展反对帝国主义政治经济利益的代表和走卒的斗争；开展反对本土统治者的斗争是同时要推进的任务。这些斗争是实现革命和社会主义胜利必不可少的条件。②

关于反对帝国主义的手段。拉美地区激进社会主义政党提出反对帝国主义所应采取的手段。认为应该培育劳动者、青年和全体人民的反帝意识，并将反帝旗帜运用到所有斗争中去；应该建立国际反帝统一阵线，这是在每个国家以至世界范围内实现社会革命胜利必不可少的条件；拉美和全世界革命者面临的挑战是建立一个自由的社会，在这个社会里，城乡劳动者是自己命运的主人和创造者，为此要争取建立本国和国际的团结，实现社会和政治组织的团结。③

---

① Resolución del XXI pleno del Comité Central del Partido Comunista Marxista Leninista de Venezuela （PCMLV），https：//pcmlv. blogspot. com/2016/12/resolucion-del-xxi-pleno-del-co-mite. html （2018 – 07 – 20）.

② Declaracion Final，XIX Seminario Internacional Problemas de la Revolución en América Latina，http：//www. pcmle. org/EM/spip. php? article6914 （2016 – 11 – 11）.

③ Declaracion Final，XIX Seminario Internacional Problemas de la Revolución en América Latina，http：//www. pcmle. org/EM/spip. php? article6914 （2016 – 11 – 11）.

对拉美进步政府的态度。进入 21 世纪以来，一批左翼政党在拉美国家相继上台执政。这些左翼政府执政后，在政治、经济和社会领域积极推进改革，因而这些政府在拉美被称为"进步政府"。虽然拉美地区激进社会主义政党对这些进步政府的态度不尽相同（如厄瓜多尔革命党在一定时期曾支持左翼进步政府），但从总体上说，拉美激进社会主义政党对这些进步政府持批评的态度。2017 年 7 月，拉美激进社会主义政党在基多召开第 21 届"拉美革命问题国际会议"，此次会议的主题是"处于交替中的拉美左翼和左翼政府"，号召左翼政治和社会组织就拉美革命问题展开辩论。会议分析了人民和青年针对"进步"政府的斗争，对拉美左翼政府基本持批评态度，认为这些政府与右翼政府一样，向资产阶级和帝国主义屈服。关于拉美进步政府的特点，此次会议认为，（厄瓜多尔）"科雷亚政府起初得到了人民的支持，然而，随着时间的推移，这个政府和拉美国家其他政府一样，改变了方向，把得到人民支持的规划放到一边""科雷亚政府脱去了资本主义的伪装，进行了大量蛊惑宣传，使用欺骗人民的手法，为帝国主义（美国、德国、俄国等）的利益服务，为国际垄断资本服务"。此次会议认为，拉美进步政府"已经失去起初的社会和人民基础，人民随后认清了这些政府的本质，而不再支持它们，不管其是叫公民革命还是文化革命或玻利瓦尔革命；这些政府表现出了无能，其政策表现出了反人民的内容，它们滥用我们大陆本应用来改善人民和劳动者福利的丰富资源；他们没有兑现改善人民和劳动者福利的诺言"。此次会议号召"揭穿这些政府反对和压制自由、右派、挥霍浪费、腐败蔓延的特点；因此我们要为争取社会变革而斗争，要为此而展开辩论"。特别值得一提的是，2015 年第 19 届"拉美革命问题国际会议"的最终声明对中国的改革及其对拉美地区的投资也提出了批评。

充分肯定十月革命的伟大历史意义。拉美地区激进社会主义政党认为，100 年前的俄国革命指明了世界劳动者和人民争取解放的前进道路；尽管有人试图用各种手段消除对这一天的记忆，但它的功绩是不可磨灭的，在这一天，人们在黑夜中发现了照耀道路的太阳。① 十月社会主义革命是革命的无产阶级对资本主义以及建立在剥削和压迫基础上的政权的历史性回应，把社会理想、政治预言变成了现实；把马克思恩格斯创立的科学社会主义和马克思主义，把他们关于资本主义腐朽和衰败的必然性的论断，工人阶级在以资本主义衰落和社会平等、进步和福利为特点的社会建立过程中（首先建立社会主义，然后向共产主义过渡）应发挥的作用都变成了现实。拉美激进社会主义政党认为，十月革命开创了新时代，即开创了帝国主义和无产阶级革命的时代。十月革命具有国际性的历史特点。从那时起，资本主义发生了很大变化，在技术、科学方面取得了巨大发展，在生产技能方面发生了巨大革新，但这些都没有改变资本主义的性质。资本主义的基本矛盾、资本主义对人类的剥削反而不断加剧了这些矛盾；十月革命时业已存在的帝国主义之间的矛盾、帝国主义与依附国家之间的矛盾依然存在。拉美激进社会主义政党认为，十月革命为马克思主义理论做出了巨大贡献，将其发展到了新阶段。

肯定斯大林的历史贡献。拉美激进社会主义政党认为，斯大林的历史贡献主要有以下方面。首先，斯大林和列宁一道，把马克思主义理论提高到了新阶段即列宁主义阶段，从那时开始，马克思主义成为无产阶级、人民革命和社会主义斗争的指导思想以及革命和建设的战略，为科学社会主义思想做出了无可估量的巨大理论和实践贡献。其次，在第二次世界大战中，斯大林领导光荣的苏联红军打败了国际资产阶级最反动的政治表现形式——残暴的纳粹法西斯。在这种背景下，各大陆的国家开始了社会和民族解放的革命进程，这些斗争巩固了社会主义阵营。最后，坚信俄国革命、列宁和斯大林的遗产依然有效。

坚信社会主义的未来前景。拉美激进社会主义政党认为，社会主义这个人类的未来在 100 多年前已经播下了种子，在全球都存在有利于其茁壮成长的因素。劳动者、人民、共产主义者将在马列主义旗帜

---

① Declaración Final del XXI Seminario Internacional Problemas de la Revolución en América Latina, https：//pcpml. com/2017/08/17/declaracion-final-del-xxi-seminario-internacional-proble-mas-la-revolucion-america-latina/ （2017 - 10 - 11）.

下为实现这一未来而战斗。在用马列主义原则指导社会主义建设的年代，社会主义显示出了在经济、社会、科学、文化、体育等所有方面都超越资本主义的优越性。社会主义满足和解决了劳动者的需要，将其转变成了领导阶级；社会主义使大量农民获得了土地，把广大妇女从父权压迫和封建资产阶级剥削中解放出来；社会主义通过赋予自决权使各民族从民族压迫中解放出来；社会主义在人类历史上史无前例地赋予人民集体权利，解放了受到压制的青年人的创造力；社会主义使先前生活在愚昧中的人获得了科学、文化、艺术和知识；社会主义通过计划经济建立了生产率和自然资源的合理使用；社会主义唤醒了所有人作为新社会创建者的意识，极大地推进了人类的解放进程。[①]拉美激进左翼社会主义政党认为，1953 年斯大林逝世后，社会主义在苏联遭到暂时的政治失败。在 1956 年苏共 20 大上，隐藏在苏共党内多年的修正主义集团夺取了国家的控制权，剥夺了劳动者的权利，开始了复辟资本主义的进程，最终导致 1991 年底苏联解体，资本主义完全占据统治地位。但与资本主义捍卫者们所宣称的相反，这一事实丝毫也不意味着社会主义的失败，反而表明资本主义终将被世界劳动者、革命者和共产主义者所超越；这一事实表明，如果无产阶级的革命政党与马列主义相违背，就会削弱社会主义建设的根基。

关于无产阶级的斗争策略。拉美激进社会主义政党认为，列宁和斯大林领导的布尔什维克人为历史留下了巨大的教训，其中包括：无产阶级革命应该把策略的灵活性与战略目标的实现结合起来；对一个国家的发展道路应给予创造性的回答；利用所有组织和斗争形式，但要牢记只有通过群众有组织的革命暴力才能摧毁阶级敌人的政权。与此同时，无产阶级必须拥有独立的阶级政党，即新型的共产党。[②]

---

① Declaración Final del XXI Seminario Internacional Problemas de la Revolución en América Latina，https：//pcpml. com/2017/08/17/declaracion-final-del-xxi-seminario-internacional-proble-mas-la-revolucion-america-latina/（2017 – 10 – 11）.

② Declaración Final del XXI Seminario Internacional Problemas de la Revolución en América Latina，https：//pcpml. com/2017/08/17/declaracion-final-del-xxi-seminario-internacional-proble-mas-la-revolucion-america-latina/（2017 – 10 – 11）.

第五节　拉美地区激进社会主义的国际影响

拉美地区激进社会主义政党之间不仅建立了固定联系的渠道，还与世界激进左翼政党和组织建立了密切联系，并经常就当前世界和地区的重大问题交流经验和观点，在一定程度上扩大了这些拉美激进社会主义政党及其主张的影响力。

拉美激进社会主义政党与其他地区激进左翼政党建立了联系，并加入了"马列主义政党和组织国际大会"。

国际上有两个"马列主义政党和组织国际大会"，一个是马列主义政党和组织国际大会（团结和斗争），因出版《团结和斗争》（Unidad y Lucha）杂志而得名；因其信奉马列主义和霍查主义，又被称为"马列主义政党和组织国际大会"（霍查主义）。另一个是"马列主义政党和组织国际大会"（国际通讯），因出版刊物《国际通讯》（International Newsletter）而得名；因其信奉毛泽东思想，又称"马列主义政党和组织国际大会"（毛主义）。这两个"国际大会"的成员都涵盖亚洲、非洲、欧洲和美洲国家及地区的激进左翼政党。其中参加"马列主义政党和组织国际大会"（团结和斗争）的拉美激进社会主义政党包括①：巴西革命共产党、多米尼加共产主义劳动党、厄瓜多尔马列主义共产党、哥伦比亚共产党（马列）、墨西哥共产党（马列）、秘鲁共产党（马列）、委内瑞拉马列主义共产党等。参加"马列主义政党和组织国际大会"（国际通讯）的拉美激进社会主义政党包括：阿根廷革命共产党、玻利维亚共产党（马列毛）、玻利维亚共产党（马列）、多米尼加共产党（马列）、巴拿马共产党（马列）、秘鲁共产党（马列）、乌拉圭革命共产党、哥伦比亚共产党（毛主义）、巴拉圭—皮亚乌拉革命人民运动（Revolutionary Popular Movement Paraguay-Pyahura）、秘鲁阿马鲁协会（Institute Amaru）。其中"马列主

① International Conference of Marxist-Leninist Parties and Organisations（CIPOML），http：//www. cipoml. net/es/（2018 – 10 – 11）.

义政党和组织国际大会"（团结和斗争）1994 年在厄瓜多尔首都基多建立，是一个世界马列主义政党的国际网络，目的是分析世界马列主义政党的政治工作，准备成立马克思列宁主义的国际，用以团结世界范围的共产主义者的力量。这些政党主张以马克思、恩格斯、列宁、斯大林的思想以及霍查反对修正主义斗争的思想为指导；既不认同赫鲁晓夫、勃列日涅夫和戈尔巴乔夫的社会主义，也不认同 1976 年以后中国的社会主义道路，对玻利维亚、委内瑞拉等拉美国家的"21 世纪社会主义"也不认可，认为其是"反马克思主义的流派"。该"国际大会"宣称自己"是各国和各大陆无产阶级政党的思想、政治和组织的联合，代表各国和国际工人阶级的利益；主张摧毁资本主义—帝国主义制度的基础，夺权政权，建设社会主义，消灭所有形式的社会不平等，消灭社会阶级，解放全人类和实现共产主义"①。

拉美地区国家的激进社会主义政党在"马列主义政党和组织国际大会"中发挥着至关重要的作用。仅以"马列主义政党和组织国际大会"（团结和斗争）为例加以说明。该"国际大会"的成立大会就是在拉美地区召开的，此后又多次在拉美地区召开大会。1996 年第三次大会在多米尼加首都圣多明各、1998 年第五次大会在委内瑞拉首都加拉加斯、2001 年第八次大会在墨西哥首都墨西哥城、2003 年第九次大会在圣多明各、2004 年第十次大会在厄瓜多尔首都基多、2006 年第十二次大会在巴西、2008 年第十四次大会在圣多明各、2013 年第十九次和 2015 年第二十一次大会均在厄瓜多尔基多举行。②此外，拉美国家激进左翼政党在该"国际大会"成员中约占 1/3，是"国际大会"举足轻重的力量。委内瑞拉红色旗帜党（1995 年加入）、智利共产党（无产阶级行动派）（1994 年加入）也一度是该"国际

---

① Conferencia Internacional de Partidos y Organizaciones Marxista-Leninistas Sobre la situación internacional y nuestras tareas，abril de 2016，http：//www. piattaformacomunista. com/UyL32. pdf（2017 – 12 – 11）.

② Conferencia Internacional de Partidos y Organizaciones Marxista-Leninistas（Unidad y Lucha），https：//es. wikipedia. org/wiki/ConferenciaInternacionaldePartidosyOrganizacionesMarxista-Leninistas（UnidadyLucha）（2018 – 05 – 18）.

大会"成员，前者 2005 年被开除，后者于 2010 年退出。①

拉美激进社会主义政党之间也建立了固定的联系和交流渠道。受"马列主义政党和组织国际大会"（团结和斗争）的委托，从 1997 年起，厄瓜多尔马列主义共产党每年都在厄瓜多尔首都基多主办"拉美革命问题国际会议"，至 2019 年已连续举办 23 届。每届会议都有来自拉美地区十多个国家的数十个激进社会主义政党和组织的代表与会。2010 年 6 月举行第 14 届会议，来自拉美 10 个国家的 30 个激进社会主义政党和组织的代表与会。2011 年 7 月第 15 届会议有拉美国家 20 多个激进社会主义政党与会，菲律宾、德国、俄罗斯和西班牙等域外国家的代表也参加了会议，会议重点讨论当前资本主义危机的性质，阶级联盟，斗争战略、策略和方法等问题。2012 年第 16 届会议的主题是"拉美的民众主义考迪罗与革命斗争"。2015 年 7 月第 19 届会议的主题是"帝国主义在拉美的争斗"，参加会议的有来自阿根廷、巴西、萨尔瓦多、厄瓜多尔、墨西哥、秘鲁、乌拉圭、委内瑞拉、波多黎各、俄罗斯、乌克兰、加拿大、美国等国家和地区的 26 个激进社会主义政党。2016 年第 20 届会议有来自 16 个国家的代表与会，包括欧洲和亚洲地区的代表，会议分析探讨了革命组织对该地区进步或替代性政府的态度。出席 2017 年第 21 届会议的有阿根廷、玻利维亚、巴西、哥伦比亚、厄瓜多尔、萨尔瓦多、墨西哥、秘鲁、波多黎各、多米尼加、乌拉圭等拉美国家，以及西班牙、美国、意大利、突尼斯等国家的共 42 个政党和组织的代表。2018 年 7 月第 22 届会议的主题是"马克思思想的革命有效性"，来自厄瓜多尔、阿根廷、巴西、哥伦比亚、萨尔瓦多、墨西哥、秘鲁、乌拉圭、多米尼加、委内瑞拉、美国等国家的激进社会主义政党代表与会。② 2019 年 7 月第 23 届会议的主题是"开展反对右翼化和法西斯主义的革命斗争"。

① Conferencia Internacional de Partidos y Organizaciones Marxista-Leninistas（Unidad y Lucha），https：//es. wikipedia. org/wiki/ConferenciaInternacionalde ＿ PartidosyOrganizaciones-Marxista-Leninistas（UnidadyLucha）（2018 – 05 – 18）.

② "Vigencia revolucionaria del pensamiento de Carlos Marx"，Jueves 2 de agosto de 2018，http：//www. pcmle. org/EM/spip. php？article9152.

本章小结

　　激进社会主义是拉美地区社会主义和共产主义运动的重要分支。20 世纪 60 年代一批激进社会主义政党出现，虽规模不大，影响力有限，却表现出顽强的生命力，它们目前仍分布在拉美主要国家。拉美激进社会主义虽与该地区其他社会主义流派有一些共同的历史和理论渊源，但也有较大的差异性，其理论主张、斗争策略、实践探索均具有自身的独特性。拉美许多激进社会主义政党自建立伊始，自身就存在着严重的理论和组织缺陷。拉美激进社会主义政党一般都把马列主义、无产阶级国际主义、反帝主义、反法西斯主义和反修正主义作为指导思想和理论原则。这些激进社会主义政党的理论主张和斗争策略严重落后于拉美现实的新变化，其陈旧过时的观点和主张难以在广大社会阶层中引起共鸣，限制了拉美激进社会主义的成长空间，致使其政治社会影响力局限在特殊群体和阶层中。近年来，一些拉美激进社会主义政党开始转变斗争策略，并主动向地区性主流左翼组织靠拢，但由于自身难以克服的缺陷和局限性，其非主流思想和组织的边缘性地位难以改变。

第七章 21 世纪拉美地区的托洛茨基主义及其趋势

国内学界对拉美地区托洛茨基主义的研究不够充分，而且对其多负面评价。然而，托洛茨基主义是拉美地区比较有影响力的社会主义思潮之一，在该地区一直有一批忠实的追随者，拉美地区也逐渐成了国际托洛茨基主义的最主要阵地。本章拟对拉美地区托洛茨基主义的若干问题做初步分析研究，力图弥补国内学界对该问题研究的相对不足。

第一节　拉美地区托洛茨基主义的成长路径

一　托洛茨基主义与拉美

托洛茨基主义产生于 20 世纪初俄国工人运动中。列夫·托洛茨基是俄国著名的工人运动领导人，也是十月革命的主要领导者之一，他提出的革命理论和思想不仅在俄国革命中发挥了重要作用，也对世界社会主义运动的发展产生了重要影响。在俄国及其他许多国家，都出现了一批托洛茨基主义者。托洛茨基主义在 20 世纪 20 年代也传入了拉美地区。

1924 年 1 月列宁逝世后，托洛茨基在与斯大林争夺领导权的斗争中失利，受到斯大林等人的排挤。托洛茨基的著作《论列宁》和《十月的教训》等被指责为"篡改历史，歪曲列宁形象，诋毁列宁主义，抬高自己的身价，妄图以托洛茨基主义来顶替列宁主义，改变党的路线"。斯大林甚至向全党提出了"埋葬托洛茨基主义"的口号。1925

年 1 月俄共（布）中央全会通过《关于托洛茨基言论的决议》，批评他"企图用托洛茨基主义来偷换列宁主义"。1926 年春夏之际，托洛茨基等人挑起了关于一国能否建成社会主义问题的辩论。托洛茨基提倡世界"不断革命"，反对"一国建成社会主义"，把俄国革命视为世界革命的一部分；倡导战斗性的工人革命，主张工人阶级先锋队的马克思主义理论，反对社会民主主义。托洛茨基等人提出的不断革命论、"世界分工论""超工业化计划"等理论和做法遭到以斯大林为首的苏联共产党的谴责和否定。1927 年，托洛茨基先后被排挤出苏联共产党政治局和中央委员会，继而于同年 11 月 14 日被开除出党。

1928 年 1 月，托洛茨基被流放到哈萨克斯坦的阿拉木图。在流放地他并未停止活动，特别是加紧撰写著作，继续攻击苏联共产党和共产国际的政策。此时托派被苏联官方认定为"反苏维埃""敌视无产阶级专政"的组织。1929 年 1 月，苏联政府决定将托洛茨基驱逐出境。托洛茨基先后流亡土耳其、法国和挪威等地，最后定居墨西哥。在流亡期间，托洛茨基撰写了大量著作，反对斯大林主义，坚持和宣传"不断革命论"。1932 年托洛茨基被剥夺苏联公民权，取消苏联国籍。1937—1938 年托洛茨基先后三次被苏联最高人民法庭缺席判处死刑。

托洛茨基遭到政治迫害并被斯大林驱逐出境后，曾辗转多国，但当时任何国家都没有做好接纳他的准备。"许多国家的政府不仅担心他是伟大革命的代表人物，还因为他牵扯到苏联国内的斗争。"① 由于得到墨西哥社会主义者、著名艺术家迭戈·里维拉（Diego Rivera）等人的帮助，墨西哥时任总统拉萨罗·卡德纳斯（Lázaro Cárdenas，1895—1970 年）批准接受托洛茨基在墨西哥政治避难。在经历数年辗转之后，1937 年托洛茨基抵达墨西哥。在流亡墨西哥期间，他亲自将自己的思想理论和政策主张灌输给拉美地区的追随者。托洛茨基表示自己不会干预和评论墨西哥内政，而是要将主要精力放在批评斯

---

① Amparo Rodríguez, La fragmentada herencia de Trotski en América Latina, 28 marzo 2012, https：//es. rbth. com/articles/2012/03/28/la_ fragmentada_ herencia_ de_ trotski_ en_ america_ latina_ 1666（2017 – 10 – 18）.

大林主义和筹建托派国际组织上。托洛茨基在墨西哥领导筹建第四国际（又称世界社会主义革命党），与斯大林和苏联共产党领导的第三国际（又称共产国际）相对抗。在第四国际正式成立之前，拉美托派分子与美国托派分子举行了一次美洲托派分子国际会议。里维拉在会上提出了两项关于拉丁美洲的议案并获得通过。1938 年 9 月 3 日，来自 10 个国家的 30 多名代表在巴黎开会正式成立第四国际。拉丁美洲的托派参加了第四国际成立大会，巴西的托派分子马里奥·佩德罗萨（mario Pedrosa）被推举为第四国际执行委员会委员。20 世纪 40 年代初，第四国际曾派代表到南美各国开展活动。

1940 年 5 月 23 日，托洛茨基在墨西哥的寓所遭到武装分子袭击，托洛茨基一家幸免于难。然而，他最终还是未能摆脱被暗杀的厄运。1940 年 8 月 20 日苏联克格勃特工、西班牙人拉蒙·梅尔卡德在托洛茨基的住宅，用冰斧击中托洛茨基头部，因受致命伤医治无效，于次日去世，命殒异国他乡。

二　拉美地区托洛茨基主义的成长

苏联共产党的内部斗争特别是托洛茨基主义传入拉美地区，对拉美地区的社会主义运动和社会主义政党组织的发展产生了重要影响。"因为斯大林与托洛茨基之争"，拉美国家的共产党"开始了他们驱逐不同政见者的历史，并经受了早期变节的影响"[1]。自 1929 年起，阿根廷、巴西、智利、古巴、墨西哥、玻利维亚、乌拉圭、秘鲁等国家相继建立了托派组织。[2] 20 世纪 30 年代以后，拉美主要国家的共产党组织发生分裂，各国都出现了从共产党内分裂出来的信奉托洛茨基主义的托派组织，又称"左翼反对派"[3]。但从总体上说，拉美托

---

① ［英］莱斯利·贝瑟尔主编：《剑桥拉丁美洲史》（第 6 卷下），当代世界出版社 2001 年版，第 174 页。

② 中共中央对外联络部拉丁美洲研究所：《拉丁美洲各国政党》，上海人民出版社 1980 年版，第 443 页。

③ 阿根廷、巴西、智利、墨西哥、秘鲁、古巴等拉美主要国家的托派组织都是从共产党中分裂出来的。（参见罗·杰·亚历山大《拉丁美洲的托洛茨基主义》，商务印书馆 1984 年版，第 52 页。）

洛茨基主义的影响相对有限，其发展也起伏不定。当初托洛茨基到达墨西哥时，据说，其追随者只有 60 人左右，托洛茨基主义的影响范围十分有限。当他被暗杀后，拉美托洛茨基主义运动又出现了分裂，有些拉美国家托派组织的规模甚至更小了。[①]

拉美地区的托洛茨基政党和组织从一开始就不断经受打击并历经分裂，在 20 世纪 40 年代到 50 年代中期，除个别国家外，拉美地区的托洛茨基主义总体上处于衰落状态。但托洛茨基主义作为社会主义的一个流派在墨西哥潜伏下来，在其他拉美国家如阿根廷、乌拉圭、巴西、智利、玻利维亚、秘鲁、厄瓜多尔、哥伦比亚也保存下来，在这些国家，托派组织保持了较好的连续性[②]；特别是在玻利维亚、智利和阿根廷等国家，托洛茨基主义产生了较重要的影响。在玻利维亚，托洛茨基主义在 20 世纪 50 年代发展成为与玻利维亚工人中央工会（la Central Obrera Boliviana，COB）有关联的工人运动，获得了较大的政治社会影响力，它支持对锡矿实行国有化，对土地进行重新分配。1954 年，托派与当时的玻利维亚执政党民族主义革命运动（MRN）结盟。在智利，1937 年建立了托派政党革命工人党，该国的托洛茨基主义力量随着该党的建立而增加了实力；该党公开反对斯大林主义；60 年代，在比达莱（Luis Vitale）领导下[③]，智利托派领导的工会运动、政治宣传等工作都有很大起色。阿根廷则成为拉美地区托洛茨基主义的重要阵地，陆续建立了数个托洛茨基主义政党和组织。在阿根廷的托派领袖中，最著名的是波萨达斯（Julián Posadas，

---

① Amparo Rodríguez, La fragmentada herencia de Trotsky en América Latina, Rusia Hoy, 28 de marzo de 2012, https：//es. rbth. com/articles/2012/03/28/lafragmentadaherenciadetrotsky enamericalatina16666（2017 – 10 – 18）.

② 肖楠等编写：《当代拉美政治思潮》，东方出版社 1988 年版，第 68 页。

③ 比达莱（Luis Ricardo Vitale Cometa，1927—2010），阿根廷历史学家和学者，后入智利国籍，先后加入托派政党革命工人党、左派革命运动（MIR）和革命社会主义党。1973 年智利发生军事政变后被捕并受刑，1974 年流亡德国。曾在智利、德国、委内瑞拉、哥伦比亚、阿根廷等国家的多所高校任职。著有《工人运动史》（1962）、《拉美人民社会比较史》（1998）、《对智利历史的马克思主义解读》（1998）、《拉丁美洲历史理论导论》（1992）、《拉丁美洲通史》（共 8 卷）（1984）。

原名奥美洛·克里斯塔利，20世纪50年代改用波萨达斯）①，最主要的托派组织当属其领导的波萨达斯派。20世纪60年代初期，秘鲁托派政治组织秘鲁劳工革命党及其领导人乌戈·布兰科以农民联合会为基础，在库斯科省发动大规模的农民夺地和武装对抗运动，并准备发动武装起义。后来起义夭折，农民斗争遭到镇压，布兰科也于1963年被捕入狱。

拉美地区托洛茨基主义在发展过程中，既与国际托派组织保持着较密切的联系，也保持着自己的相对独立性。在1952年初召开的第四国际执委会"十中"全会上，拉美地区多数托派组织拥护希腊人米歇尔·巴勃罗（Michel Pablo）提出的"打进去"政策，即各国托派组织应把主要力量打进共产党和社会党内部，同时在每个国家保持独立的组织，以执行自己的任务。1953年以后，第四国际分裂为巴勃罗派（又称第四国际执委会）和反巴勃罗派（又称第四国际委员会），拉美大多数托派组织加入了以阿根廷托派领袖波萨达斯为首的第四国际执委会拉美局，该局属于巴勃罗派；另一部分则同反巴勃罗派保持联系。1959年波萨达斯同巴勃罗派发生了分歧。波萨达斯认为，巴勃罗派过分强调欧洲问题，没有把殖民地革命问题放在首位。1962年后，以波萨达斯为首的拉美局逐渐在组织上脱离巴勃罗派，自成一体。

第四国际巴勃罗派和反巴勃罗派于1963年举行统一代表大会，选出新的第四国际执委会和统一书记处。但这次大会并没有解决原来的分歧，之后又分为四派，即第四国际（巴勃罗派），第四国际（波萨达斯派），第四国际（统一书记处派）、争取重建第四国际委员会（组织委员会派），各派都自称第四国际，标榜自己是正统，指责其他各派为异端。除巴勃罗派外，第四国际其他三派都在拉美地区开展活动，力图扩大自己的影响。有学者指出，20世纪60年代以后，拉美托洛茨基主义在世界托派组织中的地位上升，"打破了托派组织中

① J.波萨达斯，拉美托派主要代表人物之一，第四国际阿根廷支部领导人，20世纪50年代担任第四国际拉美局领导人，也是第四国际（波萨达斯派）的主要创建人。

欧洲、北美人一统天下的局面"①。

三 拉美地区托洛茨基主义的复兴和崛起

20 世纪 60 年代以后，拉美地区托派主义的活动又趋于活跃。1962 年阿根廷托派领导人波萨达斯重组第四国际拉美局，建立第四国际拉美书记处，拉美地区的托派力量得到重新整合。托派政党组织和托派分子领导了拉美一些国家的工人运动、农民夺地斗争甚至武装斗争，其政治影响力和号召力有所增强。

20 世纪六七十年代拉美地区托洛茨基主义的复兴和崛起，与世界范围的革命斗争形势、拉美地区社会矛盾不断加剧的现实相吻合。首先，这一时期在欧洲和美国等发达国家出现大规模街头抗议运动、学生抗议活动和反对美国侵略越南的抗议活动。在包括拉美国家在内的许多发展中国家，出现了反政府的游击队运动。这种有利于革命发展的国际形势给主张"不断革命"论的拉美托洛茨基主义以巨大激励。其次，在包括拉美在内的世界许多发展中国家，随着工人运动的崛起，劳动阶层在劳动条件和工资待遇方面获得较大改善，工人运动和劳工阶层的抗争取得一些收获。这些成果的取得也对一向重视工人运动和工会组织的拉美托洛茨基主义形成极大鼓舞。最后，20 世纪六七十年代是许多拉美国家工业化和现代化发展的关键期，也是社会矛盾和社会冲突的多发期。工业化和现代化进程中的许多问题不断积累，加剧了社会矛盾和社会分化，造成严重的社会冲突。在这一时期，许多拉美国家政府用暴力和镇压手段应对社会矛盾和社会冲突，甚至采用了军人独裁的方式。许多抗议者受到迫害甚至失踪，大量参加罢工的工人被解雇，劳动者的权利受到损害。所有这些都促使拉美地区的托洛茨基主义者重新思索，准备开展进一步斗争。这些因素叠加在一起，促成了 20 世纪六七十年代拉美地区托洛茨基主义的复兴或崛起。20 世纪 70 年代末，拉美地区共有 30 多个托派组织，分布在12 个国家。

---

① 肖楠等编写：《当代拉美政治思潮》，东方出版社 1988 年版，第 69 页。

四 拉美地区托洛茨基主义再遇挫折

20世纪70年代以后，拉美地区托洛茨基主义的发展再入下行轨道。第一，威权独裁统治采取反共产主义和反社会主义的政策，自然也抑制了拉美托洛茨基主义的发展。例如在智利，军事政变发生后，托派领导人和其他左翼人士一起受到镇压和迫害，许多人被关进集中营，最终流亡海外，包括托洛茨基主义工人运动在内的左派政治运动失去自由活动的土壤和空间。第二，在20世纪80年代以后经济改革过程中，劳动者阶级处于不利地位，在社会保障特别是在教育、医疗卫生和住宅等方面失去了先前所获得的福利。在这种新形势下，拉美托洛茨基主义政党组织及其领导人没有提出符合形势变化的新主张，而是盲目和教条地宣传其传统政治主张，这些传统主张与现实严重脱节，失去了对民众的吸引力，对拉美托洛茨基主义的政治社会影响力构成巨大冲击。第三，托派政党的组织缺陷也对其影响力造成损害。拉美托派的主张过于激进，且内部在斗争方法上常常产生分歧，在组织上持续发生分裂。在持续的内部纷争和组织分裂过程中，一些托派政党，如巴西统一社会主义工人党（Partido Socialista dos Trabalhadores Unificado，PSTU）丢失了大批成员。

五 拉美地区托洛茨基主义的恢复

20世纪八九十年代拉美国家新自由主义经济改革引发一系列严重的社会后果，加重了固有的各种社会难题，甚至引发社会动荡。在进入新世纪后，新自由主义经济改革进入"死胡同"。在拉美社会各界对新自由主义进行深刻反思的过程中，出现了各种批判新自由主义的观点和思想，出现了各种替代资本主义的主张和方案。拉美地区各派左翼力量充分利用民众和社会运动对新自由主义的不满，提出了替代新自由主义的政策主张和口号，得到广泛的社会支持，一批左翼政党在拉美国家取得执政地位。拉美地区的这种环境也有利于包括托洛茨基主义在内的各种左翼力量的成长。在左翼力量出现群体性崛起的有利条件下，拉美地区托洛茨基主义的活动又趋活跃。该地区许多托派政党和组织积极开展群众动员工作，阿根廷、玻利维亚、巴西、委内瑞拉等国家的托派政党领导、发动或参与了一系列工人运动和社会抗议活动。拉美地区托洛茨基主义政党的组织建设和发展也出现新动向，拉美地区（委内瑞拉等国家）又出现一批新的托洛茨基主义政党；巴西、墨西哥等国家的老牌托洛茨基主义政党重建，党的组织能力得到一定程度的提高，党的力量有所壮大，巴西统一社会主义工人党的人数接近2万人，阿根廷社会主义工人党（Partido de los Trabajadores Socialistas，PTS）成为全国性政党，党员遍布十几个省份。拉美地区一些托洛茨基主义政党主动参加各自国家的选举，试图融入国家政治进程。阿根廷社会主义工人党首次在国会获得席位，并在多个省议会、市议会中占有席位。

第二节　21世纪拉美地区的托洛茨基主义及其趋势

拉美地区是国际托洛茨基主义的最主要阵地。托洛茨基主义组织在拉美地区的存在和演变已经持续近百年，目前阿根廷、玻利维亚、巴西、智利、乌拉圭、哥斯达黎加、墨西哥、委内瑞拉、厄瓜多尔、巴拿马、秘鲁、萨尔瓦多、哥伦比亚、洪都拉斯等国家都有托洛茨基主义政党的活动。拉美托洛茨基主义政党与欧美地区的托派组织有着较为密切的联系，甚至在一定程度上主导和影响着国际托派组织的活动与趋势。

一　拉美地区托洛茨基主义组织的现状

拉美地区托洛茨基主义政党数量众多，分布广泛，但组织分散；拉美地区托洛茨基主义政党缺乏统一性，各政党之间既有一定的历史联系，又有现实分歧。拉美地区托洛茨基主义政党稳定性较差，许多政党不断分化重建。拉美地区托洛茨基主义各政党的实力和影响力不尽相同，在各自国家的政治和社会影响力也不尽一致。

托洛茨基主义政党组织数量众多，分布广泛。目前拉美地区的托派政党和政治组织有 30 多个，分布在多个拉美国家。阿根廷、玻利维亚、巴西、智利、乌拉圭、哥斯达黎加、墨西哥、委内瑞拉、厄瓜多尔、巴拿马、秘鲁、萨尔瓦多、哥伦比亚、洪都拉斯等拉美主要国家都有托派政党和组织活动的踪迹。

托洛茨基主义政党组织分散，缺乏统一性。在一个拉美国家内有数个托派政党组织的现象屡见不鲜。阿根廷、巴西、智利、委内瑞拉、墨西哥、玻利维亚和秘鲁分别至少有三个托派性质的政党组织，巴拿马、哥伦比亚、哥斯达黎加等国家分别至少有 2 个。这些政党分属不同的国际托派阵营和集团，其中第四国际—工人国际联盟（Liga Internacional de los Trabajadores-Cuarta Internacional，LIT-CI）有 14 个拉美国家成员党，其中有 9 个正式成员，5 个观察员；第四国际—托洛茨基派（Fracción Trotskista-Cuarta Internacional，FT-CI）有 9 个拉美成员党，其中有正式成员党 7 个，2 个同情成员党；第四国际—工人国际团结（Unidad Internacional de los Trabajadores-Cuarta Internacional，简称 UIT-CI）也有 9 个拉美成员党。

拉美地区托洛茨基主义各政党之间既有一定的历史联系，又有诸多现实分歧。拉美地区的许多托派政党是在原来的托派政党分裂的基础上建立起来的。例如，阿根廷社会主义工人党是阿根廷"争取社会主义运动"党（Movimiento al Socialismo，MAS）部分成员退党后于 1988 年建立的托派性质的政党。① 该党具有国际布尔什维克倾向，认为"争取社会主义运动"党秉持了国际修正主义的观点，已经蜕变为民族托洛茨基主义。玻利维亚革命工人联盟—第四国际（LOR-CI）1999 年建立，是托洛茨基主义政党革命工人党（Partido Obrero Revolucionario，POR）分裂后，由分裂出来的部分党员建立起来的。墨西哥"社会主义工人运动"党（Movimiento de los Trabajadores Socialistas，MTS）是 1988 年从托派政党社会主义工人党

① 20 世纪 80 年代中期，阿根廷"争取社会主义运动"党可能是当时世界上规模最大、影响力最强的托派政党，在全国有数千名党员。其创建者和领导人莫雷诺去世后，该党分裂成好几个组织，其中一些组织试图维护莫雷诺的思想。

（Partido Obrero Socialista，1980 年成立）中分裂出来的一个派别。秘鲁社会主义工人党（PST）是在 1971 年托洛茨基主义政党革命左翼阵线（FIR）分裂后成立的；1992 年该党又发生分裂，一个亲第四国际—工人国际团结的派别分裂出去，组成一个平行的社会主义工人党。

拉美地区的托洛茨基主义政党的政治稳定性较差，许多政党不断重建重组。墨西哥"社会主义工人运动"党 1988 年从社会主义工人党分裂出来时，叫作"革命托洛茨基派"（Fracción Trotskista Revolucionaria），后改称社会主义工人联盟（Liga de Trabajadores por el Socialismo），2014 年重建，改名为"社会主义工人运动"党，并获得正式注册登记。巴西托派政党"工人革命运动"党（Movimiento Revolucionario de Trabajadores，MRT）也经过多次重建，1998 年建立时称"革命战略"（Estratégia Revolucionaria），后改名为"革命战略联盟—第四国际"（Liga Estratégia Revolucionaria-Quarta Internacional，LER-QI）。2015 年再次重建，定名为"工人革命运动"党。委内瑞拉"社会主义劳动者联盟"（LTS）也经过数度重建，2005 年初建时叫作"革命左翼青年组织"（JIR），2008 年与其他左翼劳工组织合并，改组重建为"社会主义劳动者联盟"。

拉美地区托洛茨基主义各政党的实力及政治社会影响力不同。阿根廷、巴西等国家的托派政党实力较强，政治社会影响力较大。巴西统一社会主义工人党是巴西、拉美乃至世界托洛茨基主义的最重要政治组织，是第四国际—工人国际联盟中最大的政党。阿根廷社会主义工人党是全国性政党，在全国 12 个省和首都有党员，在全国议会、省议会、市议会中占有席位；其成员在布宜诺斯艾利斯地铁工会、内乌肯省陶瓷工人工会中担任领导人；该党成员在各类教育机构，以及布宜诺斯艾利斯大学、萨尔缅托将军大学、拉努斯大学、圣马丁大学的领导机构中任职。有些拉美国家托洛茨基主义政党实力较弱，在政治社会生活中的影响无足轻重，在各类选举中得票不多。

二　拉美地区托洛茨基主义对重大理论和现实问题的主张

（一）指导思想与意识形态理念

拉美地区托洛茨基主义政党声称是马克思列宁主义思想、社会主义和共产主义事业的继承者。阿根廷社会主义工人党、玻利维亚革命工人联盟—第四国际等政党都明确规定，党的指导思想是托洛茨基主义、共产主义、马克思主义和社会主义，明确反对斯大林主义。阿根廷社会主义工人党的建党文件认为，阿根廷"是世界革命的中心"，主张恢复和维护莫雷诺①（Nahuel Moreno）的政治遗产，认为阿根廷托派政党"争取社会主义运动"党在莫雷诺逝世后已经蜕化变质。后来该党出版了一些批评莫雷诺的评论。目前，阿根廷社会主义工人党这样定义自我：党是马克思主义的革命组织，其理论基础、纲领和原则包含工人运动和社会主义 150 多年的斗争遗产、《共产党宣言》《哥达纲领批判》《爱尔福特纲领批判》、巴黎公社的经验、俄国 1905 年革命和 1917 年革命的教训，第一国际、第二国际以及共产国际前四次代表大会精神、左派反对斯大林和官僚化的经验、不断革命的理论纲领、托洛茨基创建的第四国际的过渡纲领和旗帜。

（二）对重大理论和现实问题的基本观点

拉美地区托洛茨基主义在工人阶级状况、反对帝国主义和资本主义的政策、如何开展和准备进行新的斗争、反对拉美资产阶级和小资产阶级的社会主义、建立世界性革命政党、斗争的最终目标、与其他政党的区别等重大问题上提出自己的观点和主张。

拉美地区托洛茨基主义认为，拉美无产阶级状况，以及劳动者条件进一步恶化。哥斯达黎加"社会主义革命联盟"（Liga de la Revolución Socialista，LRS）认为，自 20 世纪 90 年代起，帝国主义加大了对工人

---

① 纳乌埃尔·莫雷诺（Nahuel Moreno，1924—1987）是阿根廷著名托洛茨基主义政治家。积极参加国际托洛茨基主义运动和阿根廷左翼政治运动。创建了包括阿根廷"争取社会主义运动"党、革命工人党（PRT）、社会主义工人党（PST）在内的多个拉美左翼政党和组织。从 1948 年第四国际第二次代表大会起，参与了国际范围内托洛茨基主义的派别之争，并在 1982 年创建第四国际—工人国际联盟（LIT-CI）。

阶级所取得成果（如最低工资、劳动保障、社会保险及其他成果）的猛烈攻击；与此同时，劳动者劳动强度增加，工资收入减少，目前的条件尤为危险，而且面临着前所未有的困难。该党提出，一个幽灵在世界上徘徊，这是一个新的、巨大的、深刻的资本主义危机的幽灵，世界的大企业主和资本家正筹划着试图把危机的负担转嫁给劳动者。

拉美地区托洛茨基主义主张实行反对帝国主义和资本主义的政策。哥斯达黎加"社会主义革命联盟"认为，哥斯达黎加等中美洲国家依附性更强，脆弱性更大。近年来，帝国主义和该地区本土资产阶级联合起来，把美丽的中美洲变成了肮脏的、聚集了大量廉价劳动力的加工厂，变成了资本主义剥削的聚集地。"近年来出现的自由贸易协定，其目的就是加大劳动者条件的不稳定，污染了我们的环境，掠夺和控制我们的河流、海滩、森林，以及我们的所有资源。"

拉美地区托洛茨基主义主张进行新的斗争。哥斯达黎加"社会主义革命联盟"认为，下一个阶段的标志将是北美帝国主义霸权的迅速衰落，以及极有可能发生的国际资本主义危机加剧。革命者不是要准备应对巨大的动荡和动乱，而是要准备我们的纲领和加强战略组织的力量。

拉美地区托洛茨基主义反对资产阶级和小资产阶级的社会主义。哥斯达黎加"社会主义革命联盟"认为，最近一个时期我们目睹了"企业家社会主义""安第斯资本主义"以及其他反动的乌托邦陷入了困境，失去了活力。面对查韦斯主义以及其他政治现象在先锋队中所造成的影响，托洛茨基主义政党应始终保持阶级独立、不妥协的立场。该党认为，在中美洲地区执政的左翼政党，如尼加拉瓜的桑地诺民族解放阵线、萨尔瓦多的马蒂解放阵线都是改头换面的资产阶级和小资产阶级组织；在他们面前，托洛茨基主义政党和托洛茨基主义者应保持完全的独立。①

———————

① Costa Rica: Brayan Brenes de la Liga de la Revolución Socialista, 31/07/2008, http://www.ft-ci.org/Costa-Rica-Brayan-Brenes-de-la-Liga-de-la-Revolucion-Socialista? lang = es （2018 – 09 – 20）.

　　拉美地区的托洛茨基主义主张建立世界性革命政党。当前许多拉美托派政党提出，在阶级独立和革命策略框架下，应建立世界性革命政党，并号召为建立劳动者和被压迫人民的世界政党、为在全世界开展革命（第四国际）而斗争。哥伦比亚社会主义工人党（PST）自称是工人阶级政党，被认为是哥伦比亚正式建立的第一个托洛茨基主义政党。该党纲领中提出的基本策略有两条：对劳动者开展持续的动员以在世界范围内实现社会主义；建立一个领导社会主义革命的世界政党。① 该党纲领宣称，以托洛茨基1938年所写的《过渡纲领》为基础，上述两条策略是世界社会主义革命的序曲。该党提出了国际主义政策的三个核心概念：第一，落后国家的民主革命转化为社会主义革命；第二，民主革命不能仅局限于夺取国家政权；第三，一个国家的社会主义革命应该扩展到其他国家。该党强调，这些概念是马克思主义（托洛茨基主义）不断革命理论的组成部分，这些概念与斯大林主义划清了界限。

　　拉美地区的托洛茨基主义把消灭资本主义和建立一个没有剥削的新社会作为目标。洪都拉斯社会主义工人党（PST）宣称其目标是消灭资本主义制度，以及一切造成饥饿和苦难的制度；建立一个社会财富和自然财富由所有成员共享的制度，在这个制度下，劳动者是社会的主人，享受着完全的民主，是工厂及其所生产产品的主人，由此消灭了令人羞耻的剥削。

　　拉美地区的托洛茨基主义政党宣称只有自己才是劳动者阶级的唯一真正代表。哥伦比亚社会主义工人党自称是工人阶级政党，洪都拉斯社会主义工人党宣称是劳动者阶级的政党，哥斯达黎加工人党（PT）自称是劳动者阶级的唯一真正代表，把其他选举性政党都看作资产阶级的政党或叛徒，对本国其他两个托派政党"广泛阵线"（Frente Amplio）和"人民先锋队"（Vanguardia Popular）也持批评的

---

① PST-Colombia：Crisis del Capitalismo y Tareas de la Revolución en Colombia，http://www. magazine. pstcolombia. org/2016/04/crisis-del-capitalismo-y-tareas-de-la-revolucion-en-colombia/（2018 – 0 – 18）.

态度，批评后者犯有官僚主义和斯大林主义的错误，批评前者犯有改良主义、社会民主主义的错误，批评其与右翼政党结盟。

三 拉美地区托洛茨基主义的主要实践活动

在上述基本理论和意识形态指导下，拉美地区托派政党在新的政治环境下日益重视并开始参加选举斗争，积极参与领导工人运动，重视宣传出版工作，支持其他拉美左翼的斗争，并注重加强托派组织之间的国际联系。与此同时，拉美托洛茨基主义者对委内瑞拉、玻利维亚等拉美左翼政府提出批评，

（一）日益重视并参加选举斗争

在传统上，拉美地区托洛茨基主义政党把主要精力用于开展工人运动和宣传工作，忽视参加竞选活动。有些托派政党甚至仍反对参加选举，例如洪都拉斯社会主义工人党强调自己"与那些把选举作为生活方式的政党不同"，指责热衷于选举的那些政党"运用选举的策略阻止劳动者成熟起来，使劳动者陷于统治者设置的陷阱之中"；认为劳动者"只有通过革命斗争才能彻底改变压迫我们的结构"①。随着政治和社会环境的变化，越来越多的拉美托洛茨基主义政党日益重视选举斗争的作用，并参加各自国家的各类选举，希望以此恢复自身的政治和社会影响力，摆脱孤立状态，争取更广泛的社会支持。

20 世纪 90 年代后，在拉美地区有较大政治和社会影响力的托派政党都参加了各自国家的各类选举。阿根廷社会主义工人党陆续参加了省长、市长和省市议会的选举。虽获得的票数相对较少，但该党通过参与选举赢得了一定的政治社会影响。1996 年、2000 年、2009 年、2011 年该党参加了布宜诺斯艾利斯市长选举，该党候选人的得票率均不足 1%，2015 年得票率在 3% 左右。在门多萨省长选举中，2011 年和 2015 年该党候选人分别获得 1.64% 和 10.32% 的选票。在

---

① ¿Por qué afiliarse al Partido Socialista de los Trabajadores? http：//www. psthonduras. org/ search/label/Internacionales（2017 – 08 – 28）.

2001 年议会选举中，该党在 7 个选区提出候选人，在众议员选举中获得的选票超过 10 万张。在 2007 年总统选举中，该党与"争取社会主义运动"党及"社会主义左翼"党（IS）组成竞选联盟，联盟候选人蒙特斯（José Montes）获得约 10 万张选票，占总选票的 0.57%。2009 年该联盟继续参选，在科尔多瓦省和布宜诺斯艾利斯省等 5 个重要选区的得票总数居第五位，总得票数增加了 1 倍。2011 年以后，该党与其他左翼政党组成竞选联盟，显示出一定的政治影响力。2011 年，阿根廷社会主义工人党与工人党（Partido Obrero）、"社会主义左翼"党组成"劳工和左翼阵线"（FIT）竞选联盟，推举阿尔塔米拉（Jorge Altamira）和卡斯蒂略（Christian Castillo）为总统和副总统候选人参选，在初选中获 50 万张选票；在全国议会参议院选举中，该阵线获得 66 万张选票，该党作为阵线成员在科尔多瓦和内乌肯两个省议会获得席位。2013 年，该党作为阵线成员参加议会选举，其领导人德尔卡诺（Nicolás del Caño）作为门多萨省的代表参选，获得 14% 的选票并当选为众议员，这是该党首次赢得议员席位。与此同时，该党在布宜诺斯艾利斯市议会、布宜诺斯艾利斯省、科尔多瓦省、门多萨省、内乌肯省议会，以及门多萨省的戈多伊克鲁兹、拉斯埃拉斯、迈普、门多萨的市议会中获得席位。在 2015 年议会选举中，该党候选人布雷格曼（Myriam Bregman）作为阵线成员在布宜诺斯艾利斯省获胜，当选为众议员。2015 年，该党候选人巴尔贝伊托（Noelia Barbeito）在门多萨省长选举中的得票居第三位（11 万张选票，占总选票的 10.32%）。在布宜诺斯艾利斯市长选举中，该党候选人卡诺得票居第二位，获得了约 17% 的选票。在 2015 年 8 月大选初选中，该党推选德尔卡诺和布雷格曼为总统和副总统候选人，在阵线内部初选中胜出（获得 37 万张选票，占总选票的 51.07%）。该党推出的候选人还在 13 个省的初选中获胜。①

墨西哥"社会主义工人运动"党在 2016 年联邦区政治改革之后，

---

① "Partido de los Trabajadores Socialistas"，https：//es. wikipedia. org/wiki/Partido_ de_ los_ Trabajadores_ Socialistas#cite_ note-28（2018 – 10 – 11）.

决定参加墨西哥城立宪大会选举，并以推出独立候选人的形式参选。其支持的候选人莫伊森（Sergio Moissen）和埃斯特拉达（Sulem Estrada）提出反对资本主义的方案，获得 1.1 万张选票，占支持独立候选人选民总数的 6%。该党提出的候选人被认为是墨西哥几十年以来第一次反对资本主义的候选人。

巴西统一社会主义工人党也参加了全国性和地方性选举。在 2006 年大选中，该党主张在"中左资产阶级支持的卢拉"和"中右资产阶级支持的阿尔克敏（Geraldo Alckmin）"之外做出第三选择，支持被劳工党开除的埃莱娜（Heloísa Helena）为总统候选人（该候选人最终获得 6.8% 的选票）。① 在 2010 年和 2014 年总统选举中，巴西统一社会主义工人党提出独立候选人，但所获选票均不足总选票的 1%。

哥斯达黎加工人党近年来也参加了总统、议会和市政选举。在 2014 年总统选举中该党候选人莫奈斯特尔（Héctor Monestel）获得 3885 张选票（占总选票的 0.24%）；该党在 2013 年议会选举中获得 1.3 万张选票（占 0.63%），未能获得席位。该党在 2016 年市政选举中获得 742 张选票，未能达到"选举条例"规定的最低 3000 张选票的政党注册资格。2017 年 1 月，该党在相关机构完成了政党重新注册的手续。

乌拉圭劳工党（Partido de los Trabajadores，PT）就是为参加当年的全国选举而于 1984 年建立的。成立后，该党参加了本国所有的选举，但所获选票不多。在 2004 年总统选举中，其候选人、银行工会领导人费尔南德斯（Rafael Fernández Rodríguez）共获得 513 张选票。在 2009 年大选预选中，该党没有获得参加正式选举所需的最低选票（500 张），其候选人未能参加当年 10 月的正式选举。在 2014 年大选中，该党获得 3218 张选票，是有史以来获得选票最多的一次。在

---

① 卢拉是左翼巴西劳工党领袖，2002 年当选总统，2006 年连任。阿尔克敏曾任圣保罗州州长，2006 年是巴西社会民主党总统候选人。埃莱娜曾是劳工党活动家，2003 年因反对卢拉政府社保改革法案而被开除出党。此后与其他脱离劳工党的人士组建社会主义与自由党，并作为该党总统候选人参加 2006 年大选。

2015 年 5 月市政选举中，该党提出的三位候选人分别参加了蒙得维的亚、卡内洛内斯、里韦拉三市的地方领导人选举。

（二）积极参与和领导工人运动

托洛茨基是俄国著名的工人运动领袖，拉美托洛茨基主义政党和组织继承了其重视工人运动的传统。积极参与和领导工人运动是拉美地区托洛茨基主义者的主要政治和社会实践活动。阿根廷社会主义工人党重视工会的作用，主张在工会的基础上建立政党，继而用革命的道路建立劳动者的政府。该党在首都布宜诺斯艾利斯地区工会组织中有一定的影响力，在该市地铁工会、布宜诺斯艾利斯省教师工会的领导机构中占有一席之地。此外，该党还领导着一些省级行会、主要企业的工会组织。此外，在一些产业部门（肥皂制造、汽水、金属机器制造、冶金等）、服务业企业（交通、航空等）、国家行政管理和卫生等部门企业的工会组织和机构中具有重要影响力。阿根廷社会主义工人党积极参与工人运动，在产业工人运动中的几次重大冲突中担当了重要角色。2001 年末 2002 年初内乌肯省法新帕特（FaSinPat）发生的陶瓷厂工人接管企业的活动、2009 年跨国企业卡夫食品公司发生的劳资冲突，随后在全国范围内发生的占领当纳利工厂（Donnelley）和将企业交给劳动者管理的运动，2014 年李尔公司（Lear）发生的劳资冲突等等①，其背后都有阿根廷社会主义工人党的身影。

玻利维亚"革命工人联盟—第四国际"认为，劳动者阶级和企业家阶级的利益难以调和，把开展工人运动作为党的主要任务。2013 年联盟成员在瓦努尼（Huanuni）矿业工会、玻利维亚工会联合会"工人中央工会"的领导机构中获得了代表性，并参与筹建劳工党（Partido de los Trabajadores）的工作，支持当年 5 月瓦努尼矿工

---

① 2014 年发生的李尔公司（Lear）劳资冲突，被视为阿根廷极严重的冲突之一，造成 240 人被解雇、布宜诺斯艾利斯 21 条主要交通线路被切断，全国发生 16 天的皮克特运动（"皮克特"一词的西班牙文是 piquete，原指纠察队，一般是指在罢工运动中维持秩序的组织。20 世纪 90 年代以后，"皮克特"一词在阿根廷有了新的含义，指那些组织起来反对失业和贫困的工人团体），出现 5 次镇压活动，22 人被捕，80 人受伤，采取了 16 项有利于劳动者的司法措施，造成这家跨国企业关门 2 周。

的罢工。后来,该联盟在"工人中央工会"中的领导地位受到排挤。目前该联盟在城市环境卫生工会、奥尔托(El Alto)国际机场工会,以及 20 世纪大学、马约尔·圣西蒙大学的工会组织中有一定的影响力。

巴西"工人革命运动"党(MRT)目前在圣保罗大学、圣保罗和里约热内卢交通工会有较大的影响力。该党参加了 2014 年巴西的多次罢工;此前参加了 2013 年的社会抗议活动。[①]

智利革命工人党(阶级斗争派)(PTR-CcC)在把产业部门、矿业、服务业部门的青年工人,技术和产业院校的学生,教育部门的学生和劳动者组织起来方面做了大量工作。哥伦比亚社会主义工人党把工作重点放在教育部门、大学、食品和冶金部门,在哥伦比亚北部加勒比沿海地区的工会部门扩大了影响。

此外,拉美地区托洛茨基主义政党十分重视开展青年和妇女工作。巴西"工人革命运动"党 2013 年以后在开展社会抗议活动时,特别重视青年动员工作。智利革命工人党(阶级斗争派)在动员和发动妇女组织——"面包与玫瑰"(Pan y Rosas)方面做了大量的工作。哥伦比亚社会主义工人党通过动员活动在该国中部地区青年中扩大了影响。阿根廷社会主义工人党在全国 20 所大学推动建立了由本党青年党员和独立人士构成的组织,并在布宜诺斯艾利斯大学社会科学系、哲学与语言系、人文系的董事会中担任职务。在全国范围内,该党与女性学生组织和独立妇女工人组织联合,推动建立"面包与玫瑰"组织。在 2010 年末 2011 年初,该党重新组建党的青年组织机构,建立党的青年委员会,其主要任务是团结和组织大学生及青年劳动者。玻利维亚"革命工人联盟—第四国际"重视开展青年工作,先后建立的青年组织有"红色堡垒"(Barricada Roja,2001—2011)、"革命工人联盟青年团"(Juventud de la LOR-CI,2011—2015)、"十月革命学生潮流"(Corriente Estudiantil Revolucionaria Octubre,2015 年至今)。墨西哥"社会主义工人运动"党支持"面包与玫瑰"等妇女组织的

---

① 2013 年巴西爆发了因公共汽车价格上涨而引发的大规模社会抗议活动。

活动，参加在萨卡特卡斯（Zacatecas）召开的全国妇女大会，在墨西哥开展支持和声援反对歧视女性的国际行动。

（三）重视宣传出版工作

重视宣传鼓动工作是拉美地区托洛茨基主义的重要传统。几乎每个托派政党都有自己的机关刊物，宣传自己的主张，动员发动群众。阿根廷社会主义工人党在宣传出版方面的工作最具有典型性。该党的主要宣传媒介和途径如下：（1）重视宣传出版物的出版。1992年以来该党开始出版《劳工真理》半月刊（*La Verdad Obrera*）（1992—2015）和报纸《左翼日报》（*La Izquierda Diario*）[①]，并出版电子版《左翼日报》。该党还有其他各种各样的出版物，如马克思主义理论刊物《阶级斗争》杂志，与独立的左翼理论家合作出版《左翼思想》月刊（Ideas de Izquierda），与第四国际—托洛茨基派合作，定期出版《国际战略》杂志，以及关于马克思主义理论的书籍、经典作家的著作，致力于分析研究当代现实马克思主义的基本问题。（2）进行网站宣传和新媒体宣传。该党有一个网站（网址：http：//www. pts. org. ar），每天都进行更新。从2007年开始，该网站有多媒体信息发布；该网站在阿根廷位居访问量最多的150家网站之列。（3）建立专门的理论研究和宣传机构。该党建立了"卡尔·马克思社会主义思想研究所"（el Instituto del Pensamiento Socialista Karl Marx）、"托洛茨基研究和出版中心"（Centro de Estudios，Investigaciones y Publicaciones León Trotsky），后者被认为是南美地区致力于出版和传播托洛茨基著作和国际托洛茨基主义著作的唯一机构。该党的这两个理论研究和宣传机构都位于布宜诺斯艾利斯市中心（Riobamba路144号）、拥有3000多册马克思主义及国际和本国工人运动历史的专门图书，并经常举办各种讲座和研讨会，组织实施多项研究课题。（4）开办理论知识宣传讲座。进入新世纪之后，该党还推动在阿根廷一些大学开办"马克思自由大讲堂"。这个大讲堂是一个思想讨论的空间，讨论的题目十分广泛，从马克思主义的理论分析到用马克思主义解释历史和现实现

---

① 2015年以后《劳工真理》半月刊改为《左翼日报》。

象，包括对托洛茨基主义思想和理论的研讨。（5）开办广播电视节目。该党每周都推出一期广播节目（Pateando el Tablero），每周六播出 3 小时，并在全国各地开展类似的活动。从 2009 年 3 月开始，该党开办互联网电视频道（TVPTS），进行直播活动，并通过出版发行 DVD、文献片、影视资料等开展宣传活动。从 2012 年开始，该党在科尔多瓦市开办了电视节目"向左转"（Giro a la Izquierda），通过 C 频道播放。

其他拉美国家的托洛茨基主义政党也非常重视宣传工作。玻利维亚"革命工人联盟—第四国际"的出版物有《阶级斗争》（1999—2003）、《工人之声》（2004—2015）和《左翼日报》（2016 年至今）；并通过网站和脸书等新媒体手段进行宣传。① 智利革命工人党（阶级斗争派）出版的《阶级对抗》半月刊是其主要的宣传工具；该刊通过发表对国内和国际政治现实问题的评论，分析工人阶级的重要斗争、学生运动的进程、马布切人及其对革命的参与等。该党还通过"工人博物馆"（Museo Obrero）和其他出版物，宣传智利工人斗争史，号召劳工阶层提高对当前任务的认识。该党在一些大学建立了名为"批评的武器"（Las Armas de la Crítica）的组织，在宣传革命马克思主义、支持工人斗争、组织动员学生等方面做了大量工作。墨西哥"社会主义工人运动"党注重宣传工作。2004 年以来，该党举办"卡尔·马克思自由大讲堂"。2014 年以前，该党编辑出版《工人战略报》（Estrategia Obrera），2014 年以后每半个月举办一次"社会主义论坛"（Tribuna Socialista），不定期出版反对资本主义、宣称墨西哥革命的著作。巴西统一社会主义工人党出版《社会主义观点》周报（Opinião Socialista），该党是《马克思主义》（Marxism Alive）杂志的主要供稿者。哥伦比亚社会主义工人党编辑发行《社会主义》月刊。洪都拉斯社会主义工人党编辑发行《劳动者报》（El Trabajador），乌拉圭劳工党编辑发行党的机关刊物《劳动者论坛》半月刊（Tribuna de los Trabajadores）。

---

① 该党官方网站的网址是 http：//www. lorci. org，脸书地址为，https：//www. facebook. com/lorci. bolivia。

（四）开展声援和支持拉美其他左翼的活动

拉美地区托洛茨基主义政党开展了一些支持该地区其他左翼力量斗争的活动，尽管这些支持是有选择的、不连贯的。墨西哥"社会主义工人运动"党 1994 年宣布支持本国的反政府武装萨帕塔民族解放军，认为由于恰帕斯州的农民和印第安人出现在舞台上，萨帕塔主义开辟了革命的新形势。在随后的民族解放军与政府谈判期间，该党对解放军的谈判策略提出批评，认为和谈与《圣安德列斯协议》的签署是对工人和农民的不满漠不关心，阻碍其争取土地斗争的进一步发展，阻碍在反对政府的革命运动中全体人民要求的一致性。① 该党号召墨西哥左翼力量、劳动者和农民继续开展独立的反对自由贸易协定的斗争，以及推翻政府的革命斗争。该党认为，游击队与政府 2000年达成的过渡性协议是陷阱，是革命制度党、国家行动党和民主革命党三个大政党寻求维护政权稳定的陷阱，仍旧保留了最近几十年来造成饥饿和悲惨的经济政策的基本特性。

哥伦比亚社会主义工人党在 20 世纪 70 年代末曾组织"玻利瓦尔纵队"（La Brigada Simón Bolívar），支援尼加拉瓜革命。虽然该党当时不认同哥伦比亚本国反政府游击队的对抗策略②，却对尼加拉瓜革命形势充满乐观，并积极开展声援和支持尼加拉瓜革命的行动，组织向尼加拉瓜派遣和驻扎"纵队"。1979 年 6 月，哥伦比亚社会主义工人党号召劳动者、农民和学生支持尼加拉瓜桑地诺民族解放阵线。这个号召不仅在哥伦比亚，也在其他国家引起迅速反响，如墨西哥、美国、哥斯达黎加、智利等国家的托洛茨基主义者都组成了声援和支持尼加拉瓜桑解阵的"纵队"，其中美国"纵队"主要由萨尔瓦多、尼加拉瓜和海地移民组成，哥斯达黎加组成 190 人的两个援助纵队，智利组建了"阿连德纵队"等。哥伦比亚社会主义工人党组织的 250 名

---

① 1996 年，墨西哥萨帕塔民族解放军与政府通过谈判，签署了《圣安德列斯协议》，政府同意给予恰帕斯州土著居民一定程度的自治权。

② 哥伦比亚社会主义工人党近年来对该国左翼与"政治社会阵线"（Frente Social y Político）和"民主选择中心"（Polo Democrático Alternativo）等资产阶级组织结成选举联盟也持批判的态度。

玻利瓦尔纵队成员参加了在尼加拉瓜南部战线的战斗，有 3 人牺牲。由于"玻利瓦尔纵队"的行动方式"极左"，与尼加拉瓜民族复兴政府发生分歧和冲突，最终被驱逐出尼加拉瓜①，民族复兴政府将其交给巴拿马政府。"纵队成员被召集起来开会，在会上被解除了武装，随后被一架专机遣送到巴拿马，交给巴拿马军方，在那里受到巴拿马军方的虐待，随后被转运回哥伦比亚。在哥伦比亚，纵队和社会主义工人党成员不得不忍受塞萨尔反动政府的迫害，因为该政府错误地怀疑该党似乎是在哥伦比亚组建的新游击队"②。

（五）批评和反对拉美左翼政府的政策

拉美地区的托洛茨基主义政党对 21 世纪以来执政的拉美左翼政府普遍持批评和反对的态度，体现了其长期坚持的极左立场。玻利维亚"革命工人联盟—第四国际"一直是莫拉莱斯左翼政府的反对派，不认同该政府的"印第安社会主义"和"社群社会主义"，批评其建设"印第安资本主义"，批评政府试图调和劳动者阶级和企业家阶级的利益。委内瑞拉"社会主义劳动者联盟"一直是查韦斯和马杜罗政府的反对者，称委内瑞拉政府奉行了独特的波拿巴主义（bonapartismo sui géneris）；把马杜罗政府所遭遇的危机归结为"后自由主义政府周期的结束"，认为 2013 年查韦斯去世只不过是加速了迟早都会出现的危机进程。2017 年委内瑞拉全国性社会抗议活动爆发后，该联盟宣布，无论是委内瑞拉政府还是反对派都不能代表本国劳动者的利益，马杜罗政府变得越来越波拿巴化

---

① 哥伦比亚社会主义工人党及玻利瓦尔纵队就尼加拉瓜问题提出如下主张：把工人、农民和人民群众武装起来，消灭国民警卫军；征收索摩查、索摩查家族及独裁政权同谋者的所有企业，将其置于劳动者的控制之下；征收帝国主义垄断企业并将其置于劳动者控制之下；进行土地改革，没收地主的土地，并将其交给农民；废除与帝国主义所有的政治和军事条约；释放所有政治犯，允许所有流亡者回国；实现新闻、政治和工会组织、集会、游行示威和罢工的完全自由；解散议会及所有索摩查国家的机构；自由选举立宪大会，重组国家，使其为劳动者、农民和人民服务。而尼加拉瓜民族复兴政府则试图把包括企业家在内的不同社会力量团结进来，认为哥伦比亚社会主义工人党及"玻利瓦尔纵队"的主张过于激进，会引起社会政治动荡。

② 塞萨尔（Julio César Turbay，1916—2005），哥伦比亚自由党领袖，1978—1982 年任该国总统。

（bonapartización）。该联盟谴责委内瑞拉政府对劳动者实施镇压、阻止建立独立工会组织、拘捕工会领导人等措施。该联盟并不认为自己是委内瑞拉的革命政党，而是一个为建设不断斗争的马克思主义的革命联盟。如前所述，哥斯达黎加"社会主义革命联盟"认为，无论是桑地诺民族解放阵线（FSLN）还是马蒂解放阵线（FMLN），都是中美洲地区改头换面的资产阶级和小资产阶级，在他们面前应保持完全的独立。

（六）重视世界托洛茨基主义组织之间的联合

拉美地区的托洛茨基主义政党和组织继承了托洛茨基关于全世界革命者加强团结的思想，重视拉美乃至世界托洛茨基主义组织之间的协调和联合。阿根廷社会主义工人党是第四国际—托洛茨基派最大的成员，也是该国际组织的主要创建者。该党联合玻利维亚、墨西哥、巴西、委内瑞拉、智利、哥斯达黎加，以及德国、西班牙的托派组织，一起创建了这一托洛茨基主义国际组织。玻利维亚"革命工人联盟—第四国际"重视与国际上其他托洛茨基主义政党的联合。墨西哥"社会主义工人运动"党支持重建第四国际；2010年1月，海地地震发生后，该党支持联合国在海地的救灾行动。哥斯达黎加工人党自认为是国际主义的"运动"，在其政策主张中有把中美洲组成联邦国家的计划："有必要扭转中美洲的分裂状态，将其变成政治的中美洲国，建立中美洲社会主义国家联邦"①。拉美地区的托洛茨基主义政党参加了不同的托派国际组织，在这些组织中发挥着重要甚至是主导的作用。

四　拉美地区托洛茨基主义的国际联系与国际影响

如前所述，拉美地区托派政党主要在三个托洛茨基主义国际组织中有重要影响，一个是第四国际—工人国际联盟，另一个是第四国际—托洛茨基派，还有一个是第四国际—工人国际团结。

---

① PT Costa Rica, Un partido con un programa socialista para la lucha, http://www.ptcoatarica.org/inico/index.phd/nacionales（2017 - 11 - 30）.

第四国际—工人国际联盟（以下简称"工人国际联盟"）建立于 1982 年，起源于"第四国际国际委员会"①。"工人国际联盟"试图用革命的纲领重建第四国际，其最大的成员是巴西统一社会主义工人党。"工人国际联盟"追随阿根廷托洛茨基主义理论家纳乌埃尔·莫雷诺的政治思想路线，是莫雷诺思想传统的继承者，其影响力主要在拉美和欧洲。除巴西统一社会主义工人党外，其他影响较大的政党还有意大利共产主义替代党（PDAC）、阿根廷"争取社会主义运动"党。截至 2018 年上半年，"工人国际联盟"有十多个正式成员党，其中有 9 个是拉美政党。除上述政党外，还有西班牙红色潮流（Coriente Rojo）、葡萄牙社会主义替代运动（EMALUTA）、智利共产主义左翼（MIT）、洪都拉斯社会主义工人党（PST）、哥伦比亚社会主义工人党（PST）、哥斯达黎加工人党、萨尔瓦多工人社会主义团结（UST）、巴拉圭工人党（PT）、秘鲁社会主义工人党（PST）等。在该国际组织的 10 多个观察员中，拉美有 5 个：委内瑞拉社会主义工人团结（UST）、玻利维亚社会主义斗争团体（Grupo Lucha Socialista）、墨西哥社会主义劳工党（PTS）、乌拉圭的工人社会主义左翼（IST）、巴拿马争取社会主义工人联盟（LTS）等。②

第四国际—托洛茨基派（以下简称"托洛茨基派"）是另一个重要的托洛茨基主义国际组织。1988—1990 年，第四国际—工人国际联盟发生了三次分裂。在"联盟"发生一系列分裂后，在 1989 年出现了一个名为"国际主义布尔什维克派"（Fracción Bolchevique Inter-

---

① 托洛茨基被暗杀后，第四国际出现不同派别，1953 年分裂为第四国际国际委员会（ICFI）和第四国际书记处（ISFI）两个国际。1963 年两个国际重新统一，选举出新的第四国际统一书记处，此后的第四国际也因此被称为第四国际统一书记处，或第四国际。但第四国际国际委员会的英国和法国支部拒绝统一，继续以第四国际国际委员会的名义活动。巴勃罗和波萨达斯的支持者们也反对合并。1962 年第四国际国际书记处的波萨达斯派脱离书记处，建立第四国际（波萨达斯派）。1965 年，巴勃罗领导的"革命马克思主义倾向"同第四国际分裂，成立了"第四国际革命马克思主义倾向"（于 1995 年并入第四国际）。1979 年，莫雷诺领导的"国际主义布尔什维克派"脱离第四国际，该派后来发展为第四国际—托洛茨基派（TF-FI）和第四国际—国际工人团结（UIT-CI）。

② International Workers League-Fourth International，https：//en. wikipedia. org/wiki/InternationalWorkersLeagueFourthInternational（2018 – 02 – 24）.

nacionalista）的组织，该组织的目标是重建第四国际。1993 年阿根廷社会主义工人党、墨西哥"劳动者联盟"（后改称"社会主义工人运动"党）、玻利维亚"革命工人联盟"（LOR）、巴西革命战略组织（Grupo Estrategia Revolucionaria de Brasil）的下属机构、智利的"阶级斗争组织"（Grupo Clase contra Clase de Chile），以及欧洲的一些同情者，在"国际主义布尔什维克派"基础上共同建立了"托洛茨基派—国际战略"（Fracción Trotskista-Estrategia Internacional）。2004 年"托洛茨基派—国际战略"召开第二次国际大会①，决定更名为"第四国际—托洛茨基派"②。

　　受 2008 年以后国际经济危机的影响，特别是受 2013 年后国际市场大宗商品价格持续下跌的影响，一些拉美国家经济步入下行轨道甚至陷入危机和衰退之中，社会矛盾加剧。在这种形势下，"托洛茨基派"积极推进社会动员工作，近年来在拉美及欧洲的影响有一定程度的扩大。2013 年以后，该组织试图推动建立新的国际组织"第四国际—争取国际社会主义革命运动"（Movimiento por una Internacional de la Revolución Socialista-Cuarta Internacional）。③

　　截至 2018 年，"托洛茨基派"有 11 个正式成员党：德国革命国际主义组织（RIO）、阿根廷社会主义工人党（PTS）、玻利维亚"革命工人联盟—第四国际"、巴西劳动者革命运动党、智利革命工人党（阶级斗争派）、西班牙工人革命潮流（CRT）、美国左翼之声党（Left Voice）、法国共产主义潮流（CCR）、墨西哥"社会主义工人运动"党（MTS）、乌拉圭国际主义革命青年（JRI）、委内瑞拉

---

　　①　这次会议与"第四国际重建运动"（Movimiento por la Refundación de la Cuarta Internacional）的大会同时在阿根廷首都布宜诺斯艾利斯召开。

　　②　Diego Dalay y Juan Gallardo，"Se realizó la Segunda Conferencia Internacional de la Fracción Trotskista"，Estrategia Internacional N° 21，Septiembre 2004，http：//www. ft. org. ar/estrategia/ei21/EI21conferenciaFT. htm（2016 – 08 – 19）。

　　③　Manifesto Por un Movimiento por una Internacional de la Revolución Socialista-Cuarta Internacional，aprobado por la VIII Conferencia Internacional de la Fracción Trotskista-Cuarta Internacional，realizada en agosto de 2013 en Buenos Aires，http：//www. ft-ci. org/Por-un-Movimiento-por-una-Internacional-de-la-Revolucion-Socialista-Cuarta？lang = es（2016 – 02 – 26）。

社会主义劳动者联盟①，其中 7 个来自拉美地区。"托洛茨基派"还有 3 个同情成员，即意大利革命国际主义派（FIR）、哥斯达黎加社会主义组织（OS）、秘鲁南方抵抗集体（CRS），其中 2 个来自拉美地区。②

第四国际—工人国际团结（以下称"工人国际团结"）是成立稍晚的托洛茨基主义国际组织。1997 年，该组织在西班牙巴塞罗那宣布成立，由赞成托洛茨基和莫雷诺思想的世界革命社会主义者组织"革命国际潮流"（分裂自第四国际—工人国际联盟）和"争取重建第四国际国际联盟"合并而成。"工人国际团结"的成员分布在欧洲、亚洲和美洲地区，其中拉美国家成员占多数；其中最重要的成员是阿根廷的"社会主义左翼"党。

"工人国际团结"号召托洛茨基主义者和其他革命者加强团结，支持重建第四国际和在各国建立革命政党的原则性纲领。"工人国际团结"用英语、西班牙语、葡萄牙语和土耳其语定期出版国际杂志《国际回声》（*Correspondencia Internacional*），对世界发生的重大问题和事件发表评论。截至 2018 年，该国际组织共有 13 个正式成员：阿根廷"社会主义左翼"党、玻利维亚"人民革命替代"党（ARP）、巴西"社会主义工人潮流"党（CST-PSOL）、智利"工人社会主义运动"党（MST）、哥伦比亚"社会主义替代"党（AS）、美国"社会主义核心"（SC）、法国"国际主义社会主义团体"（GSI）、巴拿马工人党（PTP）、秘鲁"在斗争中联合"党（UNIOS）、西班牙"国际主义斗争"党（LI）、委内瑞拉社会主义和自由党（PSL）、土耳其工人民主党（IDP）、墨西哥社会主义工人党（POS-MAS）；其中有 9 个来自拉美国家。

---

① 委内瑞拉社会主义劳动者联盟（La Liga de Trabajadores por el Socialismo de Venezuela, LTS）成立于 2005 年，是具有托洛茨基思想特点的极左翼政治组织，当时叫革命左翼青年联盟（Juventud de Izquierda Revolucionaria, JIR）。2008 年与其他左翼工人组织合并，并改为现名。http：//www. lts. org. ve/（2018 – 10 – 03）.

② Fracción Trotskista-Cuarta Internacional, https：//es. wikipedia. org/wiki/FraccionTrotsk ista-CuartaInternacional（2018 – 02 – 24）.

第三节　拉美地区托洛茨基主义的影响、历史地位与局限性

托洛茨基主义自传入拉美以来，一直在该地区的一些群体中具有一定的影响力。然而，拉美托洛茨基主义在思想理论、组织建设、动员能力、斗争策略、政治社会影响等方面都有明显缺陷和难以克服的局限性，并长期遭到拉美主流左翼力量的反对和抵制，发展空间受限，致使其一直未能成为该地区占主流地位的政治社会思潮。

一　拉美地区托洛茨基主义的影响和历史地位

拉美是托洛茨基主义影响较大的地区，也是世界托洛茨基主义的主要阵地。自托洛茨基主义传入拉美以来，其思想和组织机构在该地区延续下来，对该地区一些左翼力量有一定程度的影响，在一些群体中一直保持着一定的政治和社会号召力。

许多拉美国家的托洛茨基主义政党和组织仍有一定的政治和社会影响力。目前阿根廷、玻利维亚、巴西、智利、乌拉圭、哥斯达黎加、墨西哥、委内瑞拉、厄瓜多尔、巴拿马、秘鲁、萨尔瓦多、哥伦比亚、洪都拉斯等国家都有托派政党的活动。托派的思想理论和主张对拉美一些左翼力量和群体发挥着一定程度的影响作用。有些拉美托派政党在参加选举、开展工人运动、组织社会活动方面取得一些进展，在地方政府、工会、青年和妇女组织等群众组织，以及高校等教育机构中有一定的影响力。

托洛茨基主义思想在拉美国家的知识界和学术界有一定的吸引力。拉美学界对托洛茨基主义的研究热度不减，对托洛茨基及其思想的研究一直是拉美马克思主义研究学者的主要内容之一。阿根廷、厄瓜多尔、乌拉圭等国家有一批研究托洛茨基主义的学者，相关研讨活动不断举办。例如，阿根廷布宜诺斯艾利斯大学经常以"托洛茨基的马克思主义思想"为题举办研讨会，就"托洛茨基主义是危机、战争和革命时代的马克思主义""不断革命理论""苏维埃民主与社会

主义""资本主义危机和过渡理论"等问题进行研讨。① 就连委内瑞拉前总统查韦斯也曾号召学习托洛茨基的著作，特别是学习托洛茨基的"不断革命理论"，并称赞托洛茨基是"杰出的思想家"。

拉美一些学者对托洛茨基及其理论贡献有着较高的评价。

第一，认为研究托洛茨基思想具有重要意义。在阿根廷布宜诺斯艾利斯大学召开的"托洛茨基的马克思主义思想"系列研讨会上，会议主办方认为，在当前资本主义危机条件下，托洛茨基的革命遗产对于反对寡头资产阶级统治的世界具有现实意义，认为托洛茨基思想是唯一的"战略性"马克思主义，一直保持着社会主义革命的政治目标，强调为摆脱剥削和贫困的社会而斗争。

第二，关于托洛茨基的贡献。许多拉美学者认为，托洛茨基是马克思主义革命传统的继承者。20世纪斯大林主义把马克思主义变成为苏联国家官僚政权服务的教条，而革命的马克思主义传统则由托洛茨基保留下来。托洛茨基和列宁、罗莎·卢森堡一样，在20世纪社会政治的新条件下，继承了马克思、恩格斯的"革命马克思主义"。

第三，关于托洛茨基理论的核心。许多拉美学者认为，托洛茨基政治思想的核心内容有三个：不断革命理论；苏维埃民主（或工人委员会）与社会主义；资本主义危机与过渡理论。

第四，托洛茨基对马克思主义做了创造性的解释。许多拉美学者认为，托洛茨基不仅和列宁一起领导了最早的武装斗争，而且对推翻和摆脱野蛮资本主义的革命进行了"创造性"的解释，反对（像第二国际那样）对马克思主义做机械、教条式的重复。② 乌拉圭学者维多利亚·博什（Victoria Bosch）肯定了托洛茨基作为苏联红军和苏维埃政权主要缔造者的作用，肯定其对苏联早期经济理论的开拓性贡献。③

---

① Seminario "El marxismo de León Trotsky", http：//www.pts.org.ar/（2017 - 12 - 30）.

② Instituto del Pensamiento Socialista Karl Marx：Gran comienzo del seminario con Christian Castillo："El marxismo de León Trotsky", http：//www.ips.org.ar（2017 - 10 - 28）.

③ Victoria Bosch：la Polemica Buharin, Trosk y Preobayensky, http：//www.ips.org.ar（2017 - 08 - 23）.

第五，表示要捍卫托洛茨基的思想。2017 年 11 月，托洛茨基的最后一部著作《斯大林》被译成西班牙文出版，并在墨西哥城托洛茨基博物馆举办该书介绍会。[①] 参加介绍会的托派人物对托洛茨基这部著作的意义给予高度评价，表示要捍卫马克思主义的思想和托洛茨基的思想。

综上所述，尽管拉美地区托洛茨基主义的发展遇到许多障碍，长期处于低潮或被压制的状态，但其显示出顽强的生存能力，其组织机构得以保留下来，其思想和理论主张至今仍在一些左翼群体和工会等社会组织中有一定的影响力。

二　拉美地区托洛茨基主义的历史局限性

拉美地区的托洛茨基主义在思想理论、组织状况、政策主张、政治社会影响等方面有明显的历史局限性，致使其一直未能成为该地区占主流地位的政治和社会思想。

（一）基本理论和政策主张的局限性

拉美地区托洛茨基主义与其他地区的托洛茨基主义的主张既有相似之处，也有不同之处。一般说来，拉美地区托洛茨基主义的核心内容和基本主张相对陈旧，没有根据拉美形势、社会结构、时代主题的变化做出适时的调整；理论和政策主张陈腐、僵化、过时，未能根据拉美政治社会变革的新现实提出有针对性的理论和政策主张，在很大程度上脱离拉美实际和拉美人的诉求。虽然拉美地区托洛茨基主义政党和组织在一些具体问题上的表述多种多样，但其主要的或核心的主张可简单地概括为以下方面：

"不断革命理论"。拉美地区托洛茨基主义主张，资产阶级有结构

---

① 《斯大林》是托洛茨基的最后一部著作，当他在墨西哥城被暗杀时还未完成本书的写作。在过去 70 年中，这部著作出版了多个版本。后来著名的马克思主义学者阿兰·伍兹（Alan Woods）及其所领导的"国际马克思主义潮流"花费 10 年的时间，从哈佛大学的档案中搜集、翻译了大量资料、笔记，完成了这部书的新版本。西班牙文版就是按照这个最新版本翻译的。此后在西班牙马德里、巴塞罗那等地也相继举办了《斯大林》西班牙文版的介绍会。

性弱点，只有工人阶级才是领导阶级，才能以革命政党形式组织起来。一旦掌握了政权，工人阶级将不再局限于资产阶级议会民主建设和把土地交给农民。相反，应该以无产阶级自身的组织为支撑，推动国家向社会主义转变，消灭生产方式的私有制。

世界革命论。拉美地区托洛茨基主义主张，任何一场革命都不可能单独取得成功并向社会主义发展，这一切只能在世界范围内发生。世界革命的中心在欠发达国家，"殖民地革命在世界革命的总过程中始终处于中心地位"。

争取社会主义是唯一的斗争内容。拉美地区托洛茨基主义主张，民族的、种族的和其他类似的斗争，"都要与推翻资本主义的斗争结合起来，只有打倒了资本主义，这些问题才可逐一获得解决"①。

革命的领导力量。拉美地区托洛茨基主义主张，农民是革命阶级的中心和轴心，农民是当代革命的重要力量；落后国家的民族资产阶级有革命的潜力，对这些国家的民族资产阶级政府应给予批评性的支持，可与之建立统一战线。

拉美大陆革命的思想。拉美地区托洛茨基主义提出了实现"建立中南美洲苏维埃联邦"和实行大陆革命的基本目标，认为第一步要先进行反帝的土地革命，然后再不间断地向社会主义推进。

除了理论和政策主张陈腐、僵化、过时外，拉美地区托派领袖还提出了一些相当古怪的思想。波萨达斯是阿根廷乃至拉美地区重要的托派代表人物，同时也被认为是非常古怪的人物。无论是波萨达斯本人还是波萨达斯主义，都有不少奇特的思想和主张。例如波萨达斯主义认为，核战争是不可避免的，提防美国的侵略和外星人的到来是实现共产主义的道路。尽管这种理论非常奇怪，但波萨达斯却成功地将他本人所领导的托洛茨基主义派别转变成当时的重要政治力量，取得了许多其他因循守旧的托洛茨基主义派别从来没有实现过的成就。这也从另一个视角反证了老的或传统的拉美托洛茨基主义的理论主张是何等陈旧、僵化、过时，以至于难以唤起民众的支持和认同。

---

① 徐世澄主编：《拉丁美洲现代思潮》，当代世界出版社 2010 年版，第 119 页。

（二）组织缺陷

拉美地区许多托洛茨基主义政党自身有难以克服的缺陷。首先，拉美地区多数托派政党组织规模小，力量弱，党员人数少。"所有的拉丁美洲托洛茨基主义党的党员人数都是很少的"①，许多托派组织在最兴旺的时期，成员也不过数百人。在大多数拉美国家，托洛茨基主义政党都没有成长为有足够影响力的政治力量。例如在阿根廷，托洛茨基主义的影响力较大，但托派政党在总统选举中所获得的选票也只有2%左右。其次，拉美地区托派政党的基层组织不健全。除个别国家外，拉美托派组织没有建立起基层单位及遍及全国性的组织，其影响力多局限在首都或一两个大城市。拉美许多托派政党通常只设立一个小型的全国办事处，由党的领导人和党员提供志愿服务。再次，拉美地区托派政党缺乏纪律性。拉美托派政党内部宗派主义和派别活动盛行，对违纪党员没有必要的纪律约束和可行的处罚措施，给党的团结造成不利影响。最后，拉美地区托派政党派别林立。阿根廷一国就曾有托派政党和组织 50 多个，秘鲁也曾有十来个。② 拉美地区托派政党不仅派别多，各派观点也不尽相同。有些派别固守传统托派的立场，有些则提出与传统老牌托派不同的主张。近百年来，拉美地区托派分裂、派别林立的传统从未发生过任何改变。国外有学者指出，拉美和世界的托洛茨基主义运动不仅仅有一个，而是有多个。有支持工人运动的派别，也有不支持工人运动的派别；有的主张采取武装斗争策略，也有的主张采取和平策略；有的同情格瓦拉主义、卡斯特罗主义，或民族解放军等，有的则不支持这些运动；无论是过去还是现在，甚至都存在着一种所谓的"野生的或未开化的托洛茨基主义"（trotskismos silvestres）。③

---

① ［美］罗·杰·亚历山大：《拉丁美洲的托洛茨基主义》，商务印书馆 1984 年版，第 58 页。

② 肖楠等编写：《当代拉美政治思潮》，东方出版社 1988 年版，第 68 页。

③ 拉美一些托洛茨基主义历史学家从另一个角度对托派政党的这种组织特性做出解读，为拉美托洛茨基主义思想和组织进行辩护。这些人强调，托洛茨基主义有如此众多的派别和这么多分歧表明，它是"非常自由、非常独立，没有任何梵蒂冈、莫斯科式特点，没有任何罪行，托洛茨基主义分子之间没有像斯大林主义者之间那样的流血冲突。我们之间有分歧但我们继续战斗"。

显然，拉美地区托洛茨基主义的这些组织缺陷，削弱了其政治和社会动员能力，削弱了其对民众的感召力，不利于其成长为重要的政治和社会力量。

（三）斗争策略和政治动员能力的局限性

拉美地区托洛茨基主义的口号和斗争策略过时，未能根据拉美政治社会变革的新现实提出有针对性的理论思想、政策主张和斗争策略，在很大程度上脱离拉美实际。拉美托洛茨基主义所采取的战略及其所构建的通向工人阶级的"桥梁"不能成为群众的选择。① 罗德里格斯认为，拉美地区仍存在着有利于托洛茨基主义成长的条件。"托洛茨基主义一直以来捍卫的事业、反对殖民主义的斗争和反对现行殖民主义的压迫在当前仍然有效，尽管目前的世界与托洛茨基在世时已发生很大变化。已经不存在托洛茨基主义创始人所认识的殖民主义，但依然存在着通过全球化途径产生的经济殖民主义，依然存在着资本主义的不平等。"然而，由于斗争策略落后，拉美托洛茨基主义面临着严重的代表性危机。老牌托洛茨基主义分子阿基拉尔（Manuel Aguilar）认为，"阶级斗争仍在继续""革命斗争仍将继续"，仍然具有正义性，革命运动的视野仍然有效，但对众多的托洛茨基主义的派别来说，问题是没有谁代表他们，没有任何托洛茨基主义的政党或工会为劳动者说话。②

拉美地区托洛茨基主义政治动员能力不足造成其政治影响力弱。开展工人运动和政治宣传是拉美地区托洛茨基主义政党和组织的传统和主要活动。拉美托派政党在过去相当长时期内忽视参加竞选活动，而是把主要精力用于开展工人运动和宣传工作。"尽管他们党员人数少而且对各自国家劳工运动或一般政治活动影响很小，但他们一直坚

---

① Vicente Mellado, ¿Por qué la hostilidad de la izquierda hacia Trotsky y los trotskistas? https: //www. laizquierdadiario. cl/Por-que-la-hostilidad-de-la-izquierda-hacia-Trotsky-y-los-trotskistas (2018 – 09 – 30).

② Amparo Rodríguez, La fragmentada herencia de Trotsky en América Latina, Rusia Hoy, 28 de marzo de 2012, https: //es. rbth. com/articles/2012/03/28/la_ fragmentada_ herencia_ de_ trotsky_ en_ america_ latina_ 16666 (2017 – 10 – 18).

持活动"①。显然，这种斗争策略有很大的局限性，致使其政治动员能力不足。拉美地区托派政党政治动员能力不足的直接后果是拉美托洛茨基主义政治影响力弱。拉美地区托洛茨基主义长期以来未能取得突破性进展，在国家政治社会生活中一直处于边缘地位。拉美托洛茨基主义思想从来没有能够把支持自己的广大的工人和农民团结起来，托洛茨基主义的主张也从来没有被拉美国家的任何政府所认识和采纳过，对国家政治和社会生活的影响力弱，对政府决策几乎没有产生过什么影响。

三　拉美地区托洛茨基主义与拉美主流左翼的冲突

在拉美地区，托洛茨基是一个有着广泛争议的人物，有铁杆支持者，也有坚决的反对者。在很多情况下，对托洛茨基及托洛茨基主义的批判不是来自反对派，而是来自拉美地区的左翼阵营，这极大地压缩了托洛茨基主义的生存空间，这也是托洛茨基主义在该地区发展频遭困境的最主要原因。

拉美地区托洛茨基主义在发展过程中不仅受到政府和当权者的压制甚至是镇压和迫害，也受到该地区共产党、社会民主主义政党、民族社会主义政党的排挤和排斥。几乎所有拉美左翼力量都敌视和反对托洛茨基主义。拉美主流左翼力量对托洛茨基主义的思想理论、斗争策略、政策主张基本持否定和批判态度，这极大地限制了拉美托洛茨基主义的成长空间。梅亚多曾试图从受到主流左翼排挤的视角，说明托洛茨基主义为什么一直没有能成为该地区的重要政治力量。他认为："毫无疑问，与列宁、卢森堡、葛兰西一样，托洛茨基被认为是20世纪初著名马克思主义者和革新者之一，是无产阶级革命和群众政党领导人。然而，他的战略遗产被绝大多数为社会主义而斗争的左翼组织和运动所拒绝；他本人也被绝大多数左翼斗士，特别是斯大林主义者污名化。左翼的敌视造成托洛茨基主义在20世纪成为马克思

---

① ［美］罗·杰·亚历山大：《拉丁美洲的托洛茨基主义》，商务印书馆1984年版，第61页。

主义的边缘流派。作为政治运动的托洛茨基主义的边缘性不能只从外部变量进行解释。然而，我们可以考察左翼敌视托洛茨基主义的轨迹和原因。"①

本章小结

托洛茨基主义是拉美地区重要的社会主义思潮，在该地区一直有一批忠实的追随者。托洛茨基主义政党和组织在拉美存在已近百年，拉美逐渐成为国际托洛茨基主义的最主要阵地。拉美地区托洛茨基主义政党和组织不断经受挫折并历经多次分裂，但其作为社会主义的一个流派保持了较好的连续性，并在一些国家赢得一定的政治和社会影响。然而，拉美地区托洛茨基主义在思想理论、组织建设、政治社会动员、斗争策略、政策主张、政治社会影响力等方面都有明显缺陷和难以克服的局限性，并长期遭到拉美主流左翼力量的排挤、反对和抵制，致使其成长空间受到挤压和限制，难以成为该地区占主流地位的政治社会思潮。鉴于国际和拉美地区形势的急剧变化，而拉美地区托洛茨基主义的理论和政策主张陈腐、僵化、过时，在一定程度上脱离拉美国家的现实和拉美人的诉求，它在拉美地区很难取得突破性进展，其影响只能局限在特定阶层和特定区域，很难摆脱长久以来的边缘化状态。

---

① 梅亚多认为，拉美托洛茨基主义和其他左翼的分歧主要体现在两个方面：一是革命者对民族资本家的态度；二是城市工人阶级的社会主义革命主体核心地位问题。托洛茨基主义认为，工人阶级一旦掌握了政权，应该推动国家向社会主义转变，要消灭生产方式的私有制。其他左翼派别则认为，民族企业家可以充当革命的和进步的作用，工人阶级政党应联合他们，要尊重私有产权；发展民族资本主义是实现社会主义的客观条件。〔Vicente Mellado, ¿Por qué la hostilidad de la izquierda hacia Trotsky y los trotskistas? https：//www. laizquier-dadiario. cl/Por-que-la-hostilidad-de-la-izquierda-hacia-Trotsky-y-los-trotskistas（2018 – 09 – 30）.〕

第八章　21 世纪拉美地区民族
社会主义及其前景

　　进入 21 世纪以后，拉美地区左翼力量群体性崛起，一批左翼政党通过选举纷纷上台执政。除古巴外，至少还有 5 个拉美左翼执政党提出了建设社会主义的主张和口号，这些国家的执政者宣称他们是社会主义的信徒。委内瑞拉前总统（1999—2013 年执政）、执政的统一社会主义党（前身是第五共和国运动）创始人查韦斯（Hugo Rafael Chavez Frias）、厄瓜多尔总统（2007—2017 年执政）、执政党"主权祖国联盟"的创建者科雷亚（Rafael Correa Delgado）都明确提出，要在各自的国家建设所谓的"21 世纪社会主义"。查韦斯等人提出的建设社会主义口号及主张，得到其他拉美国家（如玻利维亚和尼加拉瓜等）左翼执政者的积极支持和主动回应。玻利维亚总统莫拉莱斯（Juan Evo Morales Ayma，2006—2019 年执政）及其所创建的执政党"争取社会主义运动"党还提出"社群社会主义"或"印第安社会主义"。厄瓜多尔和玻利维亚的执政者后来提出了"美好生活社会主义"的思想。巴西劳工党（2013—2016 年执政）的党章中也有"劳工社会主义"的相关表述和主张。包括上述"21 世纪社会主义"在内的新社会主义的理论和实践，是拉美左翼政治力量对新发展模式和发展道路的勇敢探索，丰富了拉美地区社会主义的内涵。在本著作中，所谓的 21 世纪拉美地区民族社会主义泛指委内瑞拉、厄瓜多尔、玻利维亚等国家出现的"21 世纪社会主义""现代社会主义""社群社会主义""印第安社会主义""美好生活社会主义"等理念、思想、理论和实践探索。本章主要对 21 世纪拉美民族社会主义的思想渊源、基本含义、主要表现形式、理论与实践特色、历史地位等进行分析研究。

第一节　21 世纪拉美地区民族社会主义兴起的历史条件

进入 21 世纪以后，拉美地区民族社会主义的兴起是在特殊历史条件下出现的，而这一时期的拉美民族社会主义也具有其独特含义和特殊表现形式。

一　21 世纪拉美地区民族社会主义兴起的历史条件

拉美地区本轮民族社会主义周期的兴起，是在特殊国际、地区和国内条件下出现的。

（一）拉美地区特殊的政治经济和社会条件为"21 世纪社会主义"的产生提供了必要环境

在政治方面，拉美国家传统执政党业绩不佳为新型左翼政党和民族社会主义的发展提供了条件。自 20 世纪后半叶民主化进程启动后，尽管拉美国家的民主制度不断巩固，但各国传统政党特别是右翼政党执政能力日显不足，治国无方，腐败无能，导致社会矛盾不断激化。随着地区政治民主化的深入发展和反全球化浪潮的高涨，一批新的左翼力量在拉美地区迅速崛起，陆续提出一系列符合广大民众诉求的理念和主张，并先后在多国通过大选上台执政，为拉美"21 世纪社会主义"的理论和实践探索创造了有利条件。在经济方面，近 20 年来的新自由主义经济改革虽有利于拉美地区的经济恢复，但带来了严重的消极的社会后果，加剧了社会矛盾，引起普遍的社会不满，为"21 世纪社会主义"思想的发展提供了适宜的发展空间。在反对新自由主义发展模式的旗帜下，查韦斯等人在"21 世纪社会主义"的口号下提出了实行变革的主张。广大民众特别是中下社会阶层对拉美国家经济社会现状的不满及其改变现状的强烈诉求，与拉美国家左翼执政党及其领导人提出的"21 世纪社会主义"的政策主张有较大程度的相近性，从而为其发展和实践探索提供了广阔空间。在社会方面，拉美国家的社会矛盾和社会冲突进一步加剧，为"21 世纪社会主义"发展提供了必要的社会环境。社会不公、收入分配不平、社会贫困问题是拉美国家长期没能化解的发展难题。在 20 世纪八九十年代新自由主义经济改革过程中，这些难题进一步复杂化，甚至在很多拉美国家引发经济危机和社会动荡。拉美左翼力量和"21 世纪社会主义"的倡导者们所提出的社会公正、公平分配、和谐发展等政策主张，提供了化解社会矛盾和社会冲突的基本思路，得到广大中下阶层的热烈回应。

（二）世界社会主义的新成就在很大程度上为拉美地区"21 世纪社会主义"的发展提供了外部的重要激励

社会主义国家特别是中国特色社会主义的建设成就为发展中国家的发展提供了新的道路选择。20 世纪 80 年代末 90 年代初苏东巨变后，国际上出现所谓"历史终结论"，世界社会主义发展进入低潮，许多人对世界社会主义的前途失去信心。然而，中国、越南等社会主义国家通过改革和革新，在建设具有本国特色社会主义的进程中取得令人瞩目的成就。拉美唯一的社会主义国家古巴顶住美国和西方国家的封锁和制裁的压力，显示出顽强的生命力，赢得国际社会的广泛尊重。中国等社会主义国家的建设成就为"第三世界走出一条路"，表明社会主义道路依然是广大发展中国家重要的选择。特别是中国和越南等国家社会主义的建设成就以及世界社会主义运动的新发展，在相当程度上增强了拉美地区社会主义者的信心，为拉美地区"21 世纪社会主义"的发展提供了强大的思想、理论、制度和道路吸引力。委内瑞拉总统马杜罗多次表示，中国和古巴的革命和建设让委内瑞拉人民能够清醒地认识到，应该沿着社会主义的道路前进。

（三）拉美左翼和进步力量对新发展道路的积极探索，为拉美地区"21 世纪社会主义"思想和实践提供了发展的机遇

20 世纪 80 年代初拉美国家普遍出现经济危机，传统发展模式遇到巨大障碍。为化解发展难题和危机，拉美地区国家普遍开展新自由主义取向的经济改革。改革虽然取得了一定的成效，但并未从根本上实现预期的目标，而且产生了一系列的负面影响，带来不少新问题，

拉美多国出现政治、经济和社会危机，民心思变。为消除新自由主义改革的消极后果，拉美地区的各派政治力量尝试探索新的发展道路和发展模式。以委内瑞拉的查韦斯、玻利维亚的莫拉莱斯、厄瓜多尔的科雷亚等人为主要代表的拉美地区新左翼力量力图冲破旧体制藩篱，探寻符合各自国情的新发展模式。查韦斯等人以反对资本主义、反对全球化为旗帜，提出了民族（国家）独立、政治民主和社会公平等一系列新主张和新诉求；提出要抛弃新自由主义发展模式，走可持续和更加公正的发展道路。在经历数年的理论和实践探索后，他们逐渐抛弃对"第三条道路"的幻想，把解决拉美或本国发展问题的希望寄托于社会主义，继而提出"21 世纪社会主义"的政治主张和发展战略。

二　21 世纪拉美地区民族社会主义的产生与发展

进入 21 世纪以后，委内瑞拉时任总统查韦斯、厄瓜多尔时任总统科雷亚和玻利维亚时任总统莫拉莱斯等左翼执政者，宣布信仰和赞成社会主义思想，并明确提出要在各自国家建设所谓"21 世纪社会主义"或其他名目的社会主义。本章中的"21 世纪拉美地区民族社会主义"，主要是指查韦斯等人的社会主义思想和实践探索。

从 1999 年上台执政一直到 2004 年左右，查韦斯一直对资本主义的政治制度、发展模式进行深刻的批判，并提出要进行一场"和平、民主革命"，通过进行政治改革和各级行政管理机构改革，建立"参与式民主"，清除腐败，超越资本主义发展模式。但在这一阶段，查韦斯本人还没有明确提出关于社会主义的主张，而只是提出了"具有人道主义特色的资本主义"的主张，希望通过"第三条道路"的方式或中间道路的形式去探索新的发展道路或发展模式。2004 年 10 月以后，查韦斯才开始频繁地提出应该超越资本主义，并明确表示放弃"第三条道路"思想，进而提出在委内瑞拉建设"21 世纪社会主义"的思想和主张。查韦斯指出："资本主义无法从内部实现自我超越，超越资本主义的道路只能是社会主义、正义和平等。"查韦斯认为其本人的社会主义思想广泛，既来源于玻利瓦尔、耶稣和马克思，还来源于印第安人的部落思想；他还进一步明确地勾画出关于委内瑞拉以及拉美"21 世纪社会主义"的政治经济以及社会蓝图。①

在查韦斯看来，20 世纪社会主义的悲剧主要是由于当时的许多社会主义国家照抄或照搬苏联模式造成的，因此查韦斯提出委内瑞拉"21 世纪社会主义"不会照搬传统的社会主义模式，而是要力求在理念和制度方面有所创新；他认为，委内瑞拉的"新社会主义"应该既不同于苏联、东欧国家或古巴的社会主义模式，也应与社会民主主义的模式有所不同；他认为，代议制民主并不能真正代表人民的意愿，也无法从根本上解决拉美现实社会所面临的各种危机，拉美的"21 世纪社会主义"应该创造出新的民主形式，即"参与式民主"，建立人民的、民主的、透明的、公正的国家体制机制，充分调动广大民众的政治热情，使其广泛参与到社会主义的建设事业中来。②

科雷亚总统 2007 年 1 月宣布，要在厄瓜多尔建立所谓的"21 世纪社会主义"。科雷亚总统强调，"21 世纪社会主义"是一种方法论，不存在任何固定的教条或规律，也不能指望可以从某一本书里找到真理或解决问题的办法或方案；科雷亚认为应通过"21 世纪社会主义"去寻求社会公平，创造平等、高效的经济和就业。③ 他认为，"21 世纪社会主义"是拉美地区的思想，重视集体观念以及集体行动的重要意义，认为劳动的价值高于资本的价值；强调和平的变革，主张以投票而不是以暴力的方式实现社会变革，主张实现产权合理化而非完全的国有化，强调国家的主权以及健康的民族主义；强调"21 世纪社会主义"应该提出新的发展观，并用其替代现实的资本主义模式④，并认为这是"21 世纪社会主义"的重要任务。

---

① 袁东振：《拉美社会主义思想和运动：基本特征与主要趋势》，《拉丁美洲研究》2009 年第 3 期。

② 袁东振：《拉美社会主义思想和运动：基本特征与主要趋势》，《拉丁美洲研究》2009 年第 3 期。

③ 袁东振：《拉美社会主义思想和运动：基本特征与主要趋势》，《拉丁美洲研究》2009 年第 3 期。

④ 袁东振：《拉美"21 世纪社会主义"的思想、理论和实践》，《当前拉美社会主义思想和运动新动向》，拉丁美洲研究所，2009 年 4 月。

委内瑞拉、厄瓜多尔是拉美地区 21 世纪民族社会主义实践的两个主要的试验场。查韦斯领导的委内瑞拉政府提出建设"21 世纪社会主义"的口号，并在政治、经济、思想文化领域采取了一系列的具体措施：将由 20 多个左翼政党组成的执政联盟改组和整合成"统一社会主义党"（PSUV），进行政治及宪法改革；加强国家对战略经济部门的直接控制，推进和鼓励各种合作经济以及集体经济的发展；在思想舆论和意识形态领域加强斗争，在公民中努力开展社会主义的教育、宣传运动，加强对各种私营媒体的管制和监督。科雷亚在厄瓜多尔执政伊始，就宣布放弃新自由主义，努力恢复国家在经济生活中的重要地位，在医疗卫生、文化教育、经济发展、道德建设和立法等各个领域提出了改革的目标；加强国家对能源和石油收入的控制力度；积极推进政治经济改革和"公民革命"①。

无论是对查韦斯等人的社会主义思想，还是对委内瑞拉等国的所谓社会主义实践，国内外都存在很多争论。玻利维亚、尼加拉瓜、厄瓜多尔等拉美国家的左翼执政党领导人公开支持和响应查韦斯提出的"21 世纪社会主义"思想及其实践。2007 年 4 月，时任巴拉圭总统杜阿尔特（Nicanor Duarte）也宣布，把"人道社会主义"作为巴拉圭执政党（红党）的指导思想和意识形态。2007 年，巴西执政党劳工党召开的"三大"，再次强调把社会主义事业作为本党的任务。一些拉美和国际左翼学者也对查韦斯倡导和开展的"玻利瓦尔革命"和"21 世纪社会主义"表示赞赏和支持。然而，委内瑞拉本国、拉美地区以及其他地区都有一些人公开反对查韦斯及其"21 世纪社会主义"思想和实践。委内瑞拉著名政治家佩特科夫（Teodoro Petkoff）就认为，查韦斯倡导、推广的"社会主义"与现代社会主义没有什么共同之处，查韦斯的目的只是加强个人的权力。西班牙前首相阿斯纳尔（Jose Maria Alfredo Aznar）指出，查韦斯"21 世纪的社会主义"是建立在陈旧过时思想基础上的，是一条远离"开放、

① 袁东振：《拉美"21 世纪社会主义"的思想、理论和实践》，《当前拉美社会主义思想和运动新动向》，拉丁美洲研究所，2009 年 4 月。

自由、繁荣"之路，是一条通向苦难和不幸之路；他号召欧美和拉美地区的民主国家之间加强团结，击败拉美"21 世纪社会主义"。墨西哥前总统福克斯（Vicente Fox）也指出，查韦斯的"21 世纪社会主义"缺少实用性，甚至公开指责查韦斯"独裁"，想成为"21 世纪的卡斯特罗"①。

综上所述，21 世纪拉美地区的民族社会主义不仅包括查韦斯和科雷亚等拉美地区国家左翼政党领导人或左翼执政者的社会主义信仰、思想、理论，也包括在委内瑞拉和厄瓜多尔等拉美国家开展的所谓建设"21 世纪社会主义"的实践活动。

第二节 21 世纪拉美地区民族社会主义的思想理论渊源

无论是查韦斯、莫拉莱斯、科雷亚等"拉美 21 世纪社会主义"的重要代表人物，还是研究拉美地区"21 世纪社会主义"的众多中外学者，对"21 世纪社会主义"的思想和理论渊源都没有一个一致的说法。在不同场合与不同语境下，查韦斯等人有各自不同的表述方式。查韦斯在 2007 年 1 月 10 日再度就任总统的演说中对委内瑞拉"21 世纪社会主义"的思想和理论渊源做出了明确和具体的解释②，并在多种场合重申自己在这一问题上的观点和立场；他强调委内瑞拉的社会主义计划是从本国人民的传统和信念中有机地衍生出来的，植根于委内瑞拉和拉美历史，是"印第安的、委内瑞拉的、本土的、基督教的和玻利瓦尔的"社会主义。③ 众多拉美问题研究学者根据各自的理解，对拉美地区"21 世纪社会主义"的起源特别是思想及理论

---

① 袁东振：《拉美社会主义思想和运动：基本特征与主要趋势》，《拉丁美洲研究》2009 年第 3 期。袁东振：《拉美"21 世纪社会主义"的思想、理论和实践》，《当前拉美社会主义思想和运动新动向》，拉丁美洲研究所，2009 年 4 月。
② 刘瑞常：《查韦斯的"21 世纪社会主义"模式》，《决策与信息》2007 年第 5 期，http：//www. docin. com/p-377935069. html（2018 - 11 - 01）。
③ 徐世澄：《委内瑞拉查韦斯"21 世纪社会主义"初析》，《马克思主义研究》2010 年第 10 期。

来源等做了不同解读。

从现有可获得的文献资料看，以"21 世纪社会主义"为代表的 21 世纪拉美民族社会主义的思想和理论源泉来自六个方面：拉美地区民族英雄思想的指引和启示；基督教和基督教民主主义思想的影响；拉美地区印第安传统价值观念的影响；科学社会主义学说和马克思主义思想的影响；各种反对新自由主义思想的启示；中国和古巴等国家社会主义思想的引领。这六个方面思想的影响相互交织、相互融合，共同构成查韦斯等人民族社会主义思想的共同思想和理论渊源。

一 拉美地区民族英雄思想的指引和启示

有学者强调查韦斯等人"拉美 21 世纪社会主义"思想来源的本土性，认为查韦斯从委内瑞拉实际出发，吸纳了拉美地区众多民族英雄的思想，受到这些人思想的影响和启迪。有学者通过对查韦斯的大量言论和思想状况进行分析后指出，对查韦斯本人及其社会主义思想影响最大的非委内瑞拉立国者、南美地区的"解放者"玻利瓦尔莫属。查韦斯认为，玻利瓦尔本人就是一位"社会主义者"，玻利瓦尔关于自由、平等、地区团结等思想对其影响颇深。曾担任玻利瓦尔老师的西蒙·罗德里格斯①的乌托邦社会主义思想，以及 19 世纪委内瑞拉民族英雄萨莫拉②的思想，特别是他关于捍卫和维护国家主权、"人人平等、少数服从多数"的共和思想，也对查韦斯社会主义思想

---

① 西蒙·罗德里格斯（Simón Rodriguez，1771—1854），委内瑞拉思想家、教育家和哲学家。1895 年当过玻利瓦尔的老师，对其产生了较大影响。后因其自由思想为殖民统治当局所不容，被迫流亡他乡，游历了欧洲许多国家，并在那里办学。1823 年回国后，受玻利瓦尔委任担任教育总监，负责全国教育工作。后在玻利维亚、秘鲁、智利、厄瓜多尔等国兴办教育。主要著作有《美洲社会》《人民教育》《论教育与社会美德》《给拉塔库哥学校的友好建议》等。罗德里格斯的《为玻利瓦尔辩护》《美洲社会》《社会启蒙与品德》三部著作中西文对照本 2014 年由五洲传播出版社出版。

② 萨莫拉（Ezequiel Zamora，1817—1860），委内瑞拉联邦战争中的联邦派领导人，自由党人。1846 年曾参加自由党反政府的暴动；1858 年反对保守党人控制政权，流亡西印度群岛，参加创建爱国委员会，制定联邦纲领。1859 年联邦派发动起义后，领导建立临时政府，任联邦军最高统帅。1860 年在战斗中身亡。

的形成及其"和平革命"思想产生了重要影响。查韦斯还强调，乌拉圭"国父"阿尔蒂加斯①关于正义、消除特权的思想，中美洲联邦时期的民族英雄莫拉桑②关于美洲团结的思想也对其产生了重要影响，造就其"拉美21世纪社会主义"的鲜明民族特性。

二　基督教和基督教民主主义思想的影响

拉美是天主教大陆，天主教和基督教思想在拉美地区有着独特的影响力，查韦斯、莫拉莱斯和科雷亚等"拉美21世纪社会主义"的代表人物也是虔诚的天主教徒，深受天主教和基督教文化和思想的影响与熏陶。在谈到耶稣或基督教的影响时，查韦斯本人曾这样表述道："真正的基督比任何社会主义者都更加具有共产主义思想。"③ 查韦斯还指出，玻利瓦尔革命虽然没有"彻头彻尾的基督教化，但却深得基督教教义的精髓，诸如追求社会公正，以及为人类的尊严、平等和自由而斗争"等等。④ 科雷亚也认为，其本人的"21世纪社会主义"思想吸收了基督教社会主义的思想和原则。他表示："基督教社会主义对拉美、对我们国家的政府及对我本人都产生了非常重要的影响，因为我也是基督教徒，我的很多政治、经济及社会政策的基础都源于基督教社会主义，来源于基督教。"因此，"拉美这个特殊的社会主义也包括基督教社会主义的理论"⑤。

---

① 阿尔蒂加斯（Jose Gervasio Artigas，1764—1850），乌拉圭民族英雄，独立运动领袖。1814—1816 年，乌拉圭和阿根廷东北部五省相继脱离拉普拉塔联合省，组成以阿尔蒂加斯为"保护者"的"联邦同盟"。1816 年葡萄牙军从巴西侵入乌拉圭，1820 年阿尔蒂加斯战败退入巴拉圭，并在此隐居 30 年，直至 1850 年逝世。
② 莫拉桑（Francisco Morazán，1792—1842），中美洲联邦总统（1830—1840），自由派领袖。任内进行一系列改革，实行政教分离，削弱教会权力，鼓励移民，促进经济发展。
③ 靳辉明：《新自由主义对拉美国家的影响和拉美左翼运动的兴起》，《中国社会科学报》2014 年 8 月 18 日。
④ 刘瑞常：《查韦斯加速实践"新社会主义"模式》，新华网，http://news.xinhuanet.com/world/2007-02/26/content_5772868.htm。
⑤ ［厄瓜多尔］拉斐尔·科雷亚·德尔加多：《厄瓜多尔的"21世纪社会主义"》，《拉丁美洲研究》2008 年第 1 期。

三 拉美地区印第安传统价值观念的影响

莫拉莱斯提出的"社群社会主义"则把印第安价值观和传统文明，特别是玻利维亚的印第安宇宙观和传统文化作为其主要的思想理论渊源。玻利维亚执政的"争取社会主义运动"党认为："宇宙与地球是一体的，人类是大自然不可分割的一部分。古代玻利维亚社会是建立在平等和民主基础上的。当时人类与大自然和谐共处，男女众生和谐共存；社会生产为共同利益服务；互惠互利的经济原则有利于保护自然环境和创造社会财富；得益于食物的合理分配，老人和孤儿可以衣食无忧；个人利益服从于社群利益。"[①] 印第安人的上述传统文明和价值观，成为莫拉莱斯"社群社会主义"的最重要思想来源；人类与大自然和谐共存，平等、互惠与和谐社会，社会生产服务于社群利益，个人利益服从于社群利益等源于印第安传统的观念和价值观，成为玻利维亚"社群社会主义"的最主要原则。[②] 在"争取社会主义运动"党推动下，印第安人的一系列传统价值观念（如不懒惰、不撒谎、不偷盗、美好生活、和谐生活、无犯罪、举止得当、崇高生活等）成为国家的道德准则[③]，被作为构建当代玻利维亚多元社会和国家建设的道德准则。玻利维亚时任外交部长戴维·乔克万卡（David Choquehuanca）2014 年 8 月在"圣保罗论坛"峰会的讲话中对印第安人价值观做了如下阐述："在外来的欧洲人到来之前，我们已经均衡地生活在这个大陆，没有把我们分开的边界，我们是一个整体；我们有自己的身份特征，我们不是罗马人或拉丁人，我们为希望、团结、和谐而劳动。欧洲殖民者到来之后，我们被分裂，我们的大陆被肢解，开始有了利己主义。为了重新回到均衡、互补和共识的道路，为了回归本来的身

---

① 范蕾：《玻利维亚的社群社会主义》，《拉丁美洲研究》2009 年第 4 期。

② 齐萌：《玻利维亚"社群社会主义"》，《当代世界研究文选（2012—2013）》，党建读物出版社 2013 年版。http://theory.people.com.cn/BIG5/n/2013/0625/c365100 - 21967078 - 3.html（2016 - 02 - 20）.

③ 袁东振：《拉美"21 世纪社会主义"的理论与实践特性——以玻利维亚为例》，《拉丁美洲研究》2016 年第 2 期。Congreso Nacional, *Nueva Constitución Política del Estado*, Artículo 8, octubre 2008. http://aceproject.org/ero-en/regions/americas/BO/constitucion/nueva-constitucion-politica-del-estado-de-bolivia/view（2016 - 04 - 20）.

份特征，我们必须为团结而努力。身份特征是我们开始建设新社会的基石，因为我们不仅希望建立一个新社会，我们不仅关心人类自身，我们还准备建设新的生活。""我们希望重回我们的传统，重回我们具有身份特征的均衡之路、互补之路和共识之路；我们高度评价我们的起源，要恢复我们的文化和音乐。我们不仅要恢复我们的文化资源，还要恢复我们的哲学、美食，恢复我们那些被拒绝和遭鄙视的一切。这一恢复的任务要从土著人开始。"①

虽然印第安人在委内瑞拉总人口中所占比重不如玻利维亚和厄瓜多尔那么高，但查韦斯也将印第安文明和印第安价值观作为自己社会主义思想的理论来源。查韦斯指出："印第安人有着我们国家、我们美洲的社会主义'种子'……'21 世纪社会主义'应当将其吸收在内。"在谈到印第安人文明和传统思想的影响时，查韦斯说，拉美地区的印第安部落都过着集体生活，其集体主义观念和思想根深蒂固，将同甘共苦、患难与共作为重要的行为准则，这其中就包含着社会主义的思想。科雷亚的社会主义主张不仅借鉴了马里亚特吉的安第斯社会主义思想，还借鉴了拉美印第安人的一些传统思想。

四　科学社会主义学说和马克思主义思想的影响

科学社会主义学说、马克思主义思想，以及世界社会主义运动主要代表人物和思想家的思想，也是拉美地区"21 世纪社会主义"重要的思想来源。有学者强调，查韦斯的"21 世纪社会主义"不仅受到古巴民族英雄何塞·马蒂、拉美革命者切·格瓦拉、拉美和秘鲁共产主义者马里亚特吉等人思想的启发，也受到卢森堡、马克思、恩格斯、列宁、托洛茨基、葛兰西和毛泽东等世界社会主义运动领袖人物思想的影响。②

---

① 袁东振:《拉美"21 世纪社会主义"的理论与实践特性——以玻利维亚为例》,《拉丁美洲研究》2016 年第 2 期。Equipo de comunicación de la CLOC/Vía Campesina: El vivir bien un socialismo por la vida, http://www.semanariovoz.com/2014/09/10/ (2015 – 12 – 20).

② 陈华:《委内瑞拉"21 世纪社会主义"》,《当代世界研究文选》(2012—2013), 党建读物出版社 2013 年版, 中国共产党新闻网, http://theory.people.com.cn/n/2013/0625/c365100 – 21966930.html (2016 – 08 – 10)。

据说，查韦斯本人曾熟读马克思、列宁、毛泽东等人的著作，并深受这些马克思主义经典作家思想的影响。查韦斯曾指出："那些想要理解'21 世纪社会主义'的人，应当阅读马克思和列宁的著作。"①

科学社会主义学说也是玻利维亚"社群社会主义"重要的思想来源。阿尔瓦罗·加西亚是玻利维亚"社群社会主义"理论和思想最主要的阐释者。从年轻时代起，加西亚就受坎特、黑格尔、葛兰西、尼采等人思想的熏陶，也受到马克思、列宁等人思想的影响。他经常引用马克思、卢森堡和列宁的言语和观点来论述玻利维亚经济问题，用马克思的思想解释资本主义，用卢森堡的思想解释新自由主义，用列宁思想阐释玻利维亚当前的经济进程。② 他认为，玻利维亚处于由资本主义经济体制向社会主义和社群经济体制过渡中，声称"愿意用列宁主义的概念解释玻利维亚向社会主义和社群制度的过渡"③。虽然玻利维亚执政党拒绝把马克思主义作为分析工具或政策制定的理论基础，莫拉莱斯本人也极力回避阶级间的分歧④，但科学社会主义学说无疑是玻利维亚"社群社会主义"的重要理论来源。

科雷亚倡导的厄瓜多尔"21 世纪社会主义"，借鉴了以往各种社会主义的思想，不仅借鉴了欧文的空想社会主义、马里亚特吉的安第斯社会主义，也在很大程度上借鉴了包括马克思和恩格斯提出的科学社会主义理论和思想。⑤

---

① 刘瑞常：《查韦斯的"21 世纪社会主义"模式》，《决策与信息》2007 年第 5 期，http：//www. docin. com/p-377935069. html（2018 – 11 – 01）。

② 袁东振：《拉美"21 世纪社会主义"的理论与实践特性——以玻利维亚为例》，《拉丁美洲研究》2016 年第 2 期。

③ Redacción Central, "Bolivia Transita Hacia Economía Socialista", *Los Tiempos*, 4 de abril de 2014, http：//www. lostiempos. com/diario/actualidad/（2015 – 12 – 01）.

④ 詹姆斯·彼得拉斯：《历史视角下的拉美 21 世纪社会主义》，《国外理论动态》2010 年第 1 期。

⑤ 高波：《厄瓜多尔"21 世纪社会主义"》，《当代世界研究文选》（2012—2013），党建读物出版社 2013 年版，中国共产党新闻网，http：//theory. people. com. cn/n/2013/0625/c365100 – 21966968 – 4. html（2016 – 06 – 16）。

五　各种反对新自由主义思想的启示

各种反对新自由主义的理论和思想也是拉美地区"21世纪社会主义"极其重要的思想来源。如前所述，拉美国家在20世纪80年代初曾普遍出现经济危机，传统发展模式遇到巨大障碍。为化解发展难题和化解危机，拉美国家普遍进行新自由主义经济改革。改革虽取得一定的成效，特别是有利于拉美国家宏观经济的稳定，但并没有完全实现预期的目标，而且产生了一系列的负面影响，带来不少新问题，尤其是贫困现象加剧、社会分化加重、社会矛盾进一步尖锐，民众的不满情绪有所增加，不少国家甚至发生严重的社会冲突。从80年代中后期开始，新自由主义改革的消极后果日益凸显，拉美多国出现政治、经济和社会危机，民心思变。

在拉美社会各界对新自由主义经济改革进行深刻反思和反省的过程中，出现了批判新自由主义的各种思想和观点。在对新自由主义的全面批评中，社会各界重点批判其完全放松对国内市场的保护、以低于市场价值的价格将公有企业私有化、放松对战略性和资源性部门的控制、放任贫富差距的扩大等。为消除新自由主义改革的消极后果，拉美地区的各派政治力量尝试探索新的发展道路。在探索新发展道路的过程中，新兴左翼力量力图冲破旧体制的藩篱，开始探寻符合各自国情的新发展模式。以查韦斯等为代表的拉美地区左翼领导人高举反对资本主义和发达国家主导的全球化的旗帜，提出民族独立、政治民主、社会公正等一系列新主张和新诉求，积极探索新的发展战略和发展道路。他们提出要抛弃新自由主义发展模式，走可持续和更加公正的发展道路。在经过初步的理论和实践探索后，他们把解决拉美或本国发展问题的希望寄托于社会主义，继而提出了"21世纪社会主义"的政治主张和发展战略。

六　中国和古巴等国家社会主义思想的引领

中国、越南和古巴等国家的社会主义理论及其实践，也是拉美地区"21世纪社会主义"的重要思想理论来源。苏联和东欧地区社会主义国家发生巨变后，所谓的"历史终结论"盛行，许多人对世界社会主义的前途一度失去信心。然而，中国、越南等国家通过改革和革新，巩固和发展了社会主义，社会主义建设的政治、经济和社会成就赢得广泛尊重。中国等国家的社会主义建设成就"不但给占世界总人口四分之三的第三世界走出了一条路，更重要的是向人类表明，社会主义是必由之路，社会主义优于资本主义"①。中国、越南等国家社会主义的建设成就以及世界社会主义运动的新发展，在一定程度上增强了拉美地区社会主义者的信心，也为拉美"21 世纪社会主义"的产生与发展提供了较为强大的制度和道路吸引力。查韦斯"钦定"的接班人、委内瑞拉总统马杜罗认为："中国革命和古巴革命的相继胜利，让委内瑞拉人民能够清醒地认识到，应该沿着社会主义的道路前进。"② 科雷亚的社会主义思想也受到卡斯特罗、格瓦拉的社会主义思想，以及中国社会主义建设和发展的启示。科雷亚表示他研究了中国社会主义的理论，认为"毛泽东领导的中国社会主义基于马克思、恩格斯的思想，强调农民的作用。还有邓小平提倡的社会主义，其中解放思想、实事求是尤为重要。他以现实为基础，克服了传统社会主义的教条形式"③。

第三节　21 世纪拉美地区民族社会 主义的理论特性

　　"拉美 21 世纪社会主义"鲜明的理论特性是其批判性、替代性和民族性，对资本主义和新自由主义的批判、替代资本主义和新自由主义模式、强调社会主义具有本国的特点，是其基本与核心的理论主张。

---

① 《邓小平文选》（第 3 卷），人民出版社 1993 年版，第 225 页。

② 泓佐：《两种社会主义思想的相遇》，光明网，http: //theory. gmw. cn/2013 – 09/30/content_ 9062928. htm （2018 – 12 – 25）。

③ 高波：《厄瓜多尔"21 世纪社会主义"》，《当代世界研究文选》（2012—2013），中国共产党新闻网，http: //theory. people. com. cn/n/2013/0625/c365100 – 21966968 – 4. html （2016 – 06 – 16）。

一　批判和否定资本主义制度，主张建立不同于资本主义的"新社会"

批判和否定资本主义制度是"拉美 21 世纪社会主义"最主要的理论特点。它对资本主义的批评主要集中在以下方面：

批判资本主义制度，否定资本主义模式。"拉美 21 世纪社会主义"认为，资本主义模式是"邪恶"和"野蛮"的，只为少数人创造财富，给大多数人带来贫困。作为"拉美 21 世纪社会主义"精神导师的菲德尔·卡斯特罗不仅批评资本主义制度的野蛮，而且强烈指责资本主义制度具有掠夺性。[①] 查韦斯激烈批评并主张消灭以劳动剥削为基础的资本主义生产关系和发展模式。莫拉莱斯否定资本主义，认为资本主义既不是解决问题的办法，也不是一种希望，而且资本主义自身也不愿意成为解决问题的方案或希望；他重申，"为了子孙后代，我们不应该允许资本主义带来更多的危机"；他号召全世界的社会运动团结起来，寻求应对资本主义的方案，建立"人民的世纪"和没有等级、没有寡头统治，没有君主制度和各国人民平等的时代。[②]

认为资本主义不能解决发展问题，应该超越资本主义。查韦斯认为，"解决目前世界上存在的问题，依靠资本主义是行不通的，而是要靠社会主义"，只有社会主义才能使人类摆脱贫困、饥饿和破坏；因为"资本主义无法从内部实现自我超越，超越资本主义的道路只能是社会主义、正义和平等"[③]。

主张建立与资本主义不同的"新社会"。查韦斯等人提出消灭以劳动剥削为基础的资本主义生产关系和发展模式，建立一种劳动型的社会，建设一个可持续的、以内生式发展为基础的社会主义经济模

---

①　Carlos Malamud, *Populismos latinoamericanos*, *Populismos latinoamericanos*, *los topicos de ayer*, *de hoy y de siempre*, Edicion Nobel, 2010, p. 253.

②　袁东振：《拉美"21 世纪社会主义"的理论与实践特性——以玻利维亚为例》，《拉丁美洲研究》2016 年第 2 期。

③　陈华：《委内瑞拉"21 世纪社会主义"》，《当代世界研究文选》（2012—2013），中国共产党新闻网，http：//theory. people. com. cn/n/2013/0625/c365100 - 21966930 - 4. html（2016 - 08 - 10）.

式。玻利维亚"社群社会主义"或"美好生活社会主义"的主要阐释者加西亚提出，社会主义是该国的未来前景。加西亚认为，玻利维亚执政党及其政府所推动的"社群社会主义"是一种未来，是一种在当代必须建立的社会类型，是与资本主义所产生的野蛮、苦难和毁灭相对立的发展前景。① 他认为，当今世界充满不公平和过度不平等，因此"社群社会主义"的唯一目的是建立公正、平等和美好生活的社会。② 在 2013 年"反帝峰会"上，加西亚明确提出玻利维亚的最终目标是社群社会主义。③

二 否定新自由主义，主张探索新的发展道路和模式

反对、否定和批评新自由主义是"拉美 21 世纪社会主义"的另一个重要理论主张。尽管"拉美 21 世纪社会主义"的倡导者和践行者都没有对新自由主义做出确切定义，但新自由主义被作为掠夺和侵略的手段，是掌握在金融资本主义和投机者手中、寻求永远摧毁人民的工具。卡斯特罗甚至认为，新自由主义是"野蛮资本主义的最坏的部分"，对拉美所有的劣迹负有责任。莫拉莱斯则把新自由主义作为继续深化民主的障碍，与拉美社会主义者的主张完全不相容，认为需要在"继续深化民主或重新实施新自由主义"之间做出抉择。④ "拉美 21 世纪社会主义"对新自由主义的批判表现在以下方面：

与新自由主义决裂，探索新发展道路和新发展模式。拉美地区"21 世纪社会主义"的倡导者都认为，新自由主义在本质上具有掠夺

---

① El vicepresidente, Álvaro García Linera, explica las bases del socialismo comunitario, http://bloguerosrevolucion. ning. com/profiles/blogs/.

② 玻利维亚驻 77 国集团代表罗加（Cristel Roca）曾对美好社会主义中的"美好生活"做出解释，认为是指尊重自然资源、尊重环境、尊重地球妈妈、尊重发展；强调"国内生产总值不重要，福利的积累才重要"。（参见"G77 debatirá reforma de la ONU；García plantea otra globalización"，http：//www. la-razon. com/index. ）

③ 袁东振：《拉美"21 世纪社会主义"的理论与实践特性——以玻利维亚为例》，《拉丁美洲研究》2016 年第 2 期。

④ Carlos Malamud, *Populismos latinoamericanos, los topicos de ayer, de hoy y de siempre*, Edicion Nobel, 2010, pp. 245, 253.

性，是"资本主义的一种方式，基本特征是剥夺农民、强占社区资源、将公共资源私有化、把生态等同于知识产权、把自然界商品化"①。这些人公开否定新自由主义发展观，主张政府对经济进行一定程度的调节，对市场的消极作用予以限制。查韦斯本人反对新自由主义的态度和立场一直非常坚定，他明确主张用"21 世纪社会主义"替代"新自由主义改革"②。莫拉莱斯和科雷亚也明确反对并表示放弃新自由主义，主张改变新自由主义的经济社会发展模式，寻找适合本国国情的发展道路。2006 年莫拉莱斯就任总统后，宣布将改变本国的新自由主义发展模式，要在玻利维亚建立以团结、互惠、社群、共识为基础的发展模式。2007 年科雷亚在就任厄瓜多尔总统时宣布，要改变该国的经济和社会发展模式，探寻符合本国国情的发展道路。③除此之外，巴西劳工党、阿根廷正义党，以及尼加拉瓜等国家的左翼执政党和"拉美 21 世纪社会主义"的同情者也都曾公开表示反对新自由主义模式。

否定新自由主义发展观及其一系列政策主张。"拉美 21 世纪社会主义"反对新自由主义将市场置于优先与统治地位的观念，反对新自由主义把资本利润最大化作为公共政策的出发点和内在逻辑；反对新自由主义取消必要的经济调控、削弱金融监管的政策。科雷亚曾经对新自由主义的弊端做出比较详尽的分析、归纳和总结，认为致命的错误是它不加区别地彻底否定了国家的作用，反对所有形式的国家干预。他还具体地指出了新自由主义的五个缺陷或弊端。（1）完全放弃了国家的基本作用和功能，特别是放弃了国家在教育、医疗、卫生和公共服务等领域应该发挥的作用，对社会发展造成极大损害，削弱和腐蚀了社会和谐的根基。（2）比较严重地削弱了中央政府职权与

---

① VP Boliviano："El neoliberalismo no es invencible, tiene fisuras"，http：//www. contrainjerencia. com（2016 – 12 – 11）.

② 罗西奥·马内罗：《委内瑞拉的玻利瓦尔革命和 21 世纪社会主义》，2007 年 7 月 26 日委内瑞拉驻华大使罗西奥·马内罗在中国社会科学院拉美所举办的拉美国家大使论坛上的主旨报告。

③ 柴尚金：《拉美左翼执政党"21 世纪社会主义"的实践》，《党政研究》，转引自乌有之乡网站，http：//www. wyzxwk. com/Article/guoji/2015/01/336312. html（2018 – 12 – 25）。

权威，在一定程度上鼓动地方政府各行其是，各自为政，造成缺乏全国性的统一规划和协调。（3）忽视社会公平，进一步加剧拉美地区的贫困和不平等现象。（4）鼓励和倡导个人主义至上的价值观，导致民族、国家与集体观念淡薄，削弱了国家和民族的凝聚力。（5）削弱了拉美国家间的团结、协调与合作。①

认为新自由主义是可以被战胜的，主张消除新自由主义的消极后果。"拉美 21 世纪社会主义"的倡导者认为，新自由主义是可以被战胜的，新自由主义在拉美已经过时。2014 年 4 月，加西亚在法国一个叫"马克思空间"（Espacios Marx）组织举办的一次会议上，对欧洲政治力量对比状况做了分析，认为虽然新自由主义在欧洲地区占统治地位，但在拉美地区已经过时了。他认为，左翼和革命者的首要任务是从新自由主义中走出来，打破新自由主义制度是自然的和不可战胜的、是没有界限和没有其他选择的观念。2014 年加西亚在"圣保罗论坛"上的讲话中指出，在拉美，自由主义的意识形态 15 年前"还是圣经，但现在正在被丢弃"，在拉美地区斗争和反抗不断扩展的形势下，新自由主义及其对它的信仰已经坍塌，形势已经发生变化。② 他强调，新自由主义在拉美已经过时，谈论新自由主义越来越像说一件过时的东西，"就好像在说侏罗纪公园一样。新自由主义是一个过时的东西，我们正把它扔进历史的垃圾箱"③。他以玻利维亚为例指出，在经过多年的新自由主义政府的统治后，2005 年工人、农民、劳动者、土著人和城市部门的联合把一个土著人莫拉莱斯推上总统职位，因此，"新自由主义并不是不可战胜的，

---

① 高波：《厄瓜多尔"21 世纪社会主义"》，《当代世界研究文选》（2012—2013），党建读物出版社 2013 年版。中国共产党新闻网，http：//theory. people. com. cn/n/2013/0625/c365100 - 21966968 - 4. html（2016 - 06 - 16）。

② 袁东振：《拉美"21 世纪社会主义"的理论与实践特性——以玻利维亚为例》，《拉丁美洲研究》2016 年第 2 期。Vicepresidente inaugura Foro de Sao Paulo y compara el neoliberalismo con un "arcaísmo"，http：//www. la-razon. com/index（2016 - 11 - 20）。

③ "El Jurásico neoliberal quedó atrás"，http：//www. informa-tico. com/29 - 08 - 2014/（2016 - 10 - 18）。

它是有裂痕的"①。

"拉美 21 世纪社会主义"的倡导者认为，拉美的新自由主义屈从国外银行和私人资本，不加选择地取消关税壁垒、盲目地将国有企业以低于市场价值私有化、放松对战略资源的控制。因此，应通过变革消除新自由主义政策对国家发展所造成的损害。

三 批评和否定代议制民主制度，主张建立参与式民主

代议制民主是在拉美国家政治发展进程中形成的基本政治制度，特别是在 20 世纪 70 年代以后民主化进程不断深化和巩固的过程中，代议制民主制度不断稳固，成为拉美地区主流的政治制度形式。然而，这一制度也存在不少缺陷，甚至存在一定程度的官僚主义、效率低下、利益固化、国家权力被既得利益集团所垄断等弊端。"拉美 21 世纪社会主义"是作为中下社会阶层利益代表的身份、作为现存制度的替代者的角色登上政治舞台的，因此，查韦斯、莫拉莱斯、科雷亚等人批评和否定代议制民主制度，主张建立参与式民主，或用参与式民主取代代议制民主。

否定和批评代议制民主。查韦斯、莫拉莱斯、科雷亚等人均以不同方式批评代议制民主具有片面性，揭露和批驳资本主义代议制民主的虚假性与片面性；认为"代议制民主不可避免的趋势是走向官僚和精英体制""代议制民主的决策在密室中进行，剥夺了人民的主权，是反革命的"②。

主张用"参与式民主"取代或替代代议制民主。在批评和否定代议制民主的基础上，查韦斯等人声称"21 世纪社会主义"要创造新的民主形式，即要建立人民的政权以及由人民主导的"参与式民主"；用"参与式民主"取代代议制民主，用参与式民主解决代议制

---

① 袁东振：《拉美"21 世纪社会主义"的理论与实践特性——以玻利维亚为例》，《拉丁美洲研究》2016 年第 2 期。VP boliviano: "El neoliberalismo no es invencible, tiene fisuras", http://www.contrainjerencia.com（2016－12－11）.

② Carlos Malamud, *Populismos latinoamericanos, los topicos de ayer, de hoy y de siempre*, Edicion Nobel, 2010, pp. 111, 122.

民主条件下不能解决的问题。科雷亚主张建立参与性的"直接民主"。在这些拉美社会主义的倡导者看来,"参与式民主"的核心是鼓励民众广泛参与国家的政治、决策、管理;而"参与式民主"最重要的特征是人民决策或"人民拥有决策权"。

提出民主的新内涵,主张进行民主建设的新探索。"拉美 21 世纪社会主义"的代表人物普遍认为,民主既不是议会代表的统治,也不是多数人的统治,而是公民的自治,是公民积极和主动的参与,而不是被动和消极的被管理。"拉美 21 世纪社会主义"从拉美国家的现实出发,提出要在参与式民主主张的基础上,"探求经济民主、工厂民主、社团民主、社区委员会、社会参与和社会协商等各种民主形式,满足中下层民众政治参与的普遍诉求"①。

四 反对自由放任,主张发挥政府调控作用

国家与市场的关系问题,是"拉美 21 世纪社会主义"理论主张的核心问题。

主张既反对自由放任,也反对建立大规模生产资料公有制。以查韦斯为代表的"拉美 21 世纪社会主义"者既不认可完全的资本主义市场逻辑,也不赞同传统的社会主义国家那种完全按照指令性计划建立大规模生产资料公有制。他们都主张,建立一种以社会所有制为主体的混合经济体制,国有经济、合资经济、合作社经济及私人经济等多种所有制共存。

主张强化国家对经济的干预和控制,但政策主张略有差异。"拉美 21 世纪社会主义"者都强调发挥政府对经济的调控作用,但对调节力度有不同的认识。查韦斯和莫拉莱斯主张通过国有化和土地改革加强政府对经济的干预。科雷亚更加强调把市场和国家的作用有机结合起来,认为过度的个人主义势必会摧毁社会,而过度的国家主义也会摧毁个性,无论是个人还是国家对发展来说都是必要的。他们都主

---

① 柴尚金:《拉美左翼执政党"21 世纪社会主义"的实践》,《党政研究》,转引自乌有之乡网站,http://www.wyzxwk.com/Article/guoji/2015/01/336312.html(2018 - 12 - 25)。

张发挥政府的调控作用，强调政府既要承担维护社会稳定、调控经济运行、推动国家发展的责任，也要发挥金融监管、贸易保护，以及保护本国工业和市场的职能作用。委内瑞拉政府制定的《2007—2013年国家经济社会发展计划总方针》基本体现了查韦斯的思想；该总方针确定了"社会主义生产模式"，强化了国家在经济发展中的作用，规定通过大规模国有化加强国家对战略部门的全面控制；对战略性经济部门的生产、销售、价格、出口以及投资等各个环节进行较全面的控制；推进土地改革步伐，没收闲置土地并将这些土地分配给农民，鼓励农民兴办农业合作社组织；加强国家对汇率和物价的控制；政府免费或低价向低收入家庭提供生活必需品；改善收入分配，实行免费教育和免费医疗服务；政府和国有企业实施面向低收入家庭的住房及其他民生项目。与委内瑞拉一样，厄瓜多尔和玻利维亚左翼政府也在不同程度上主张强化国家对经济的干预和控制，但这两个国家的国有化规模较小，政府主要加强了对资源与能源的控制，并没有在其他领域强制推行国有化措施。

五 反对单纯追求经济增长，提出以社会公平为核心的新社会观

实现社会平等、正义、公正是"拉美 21 世纪社会主义"最主要的社会价值观；强调社会公平和平等，开展扶贫工作，缩小贫富差距成为其重要的政策取向。

强调平等是基本要素。查韦斯等人及其所属的政治组织，都把平等作为社会主义的最根本要素。2010 年委内瑞拉统一社会主义党的建党文件提出，党的根本宗旨是"使委内瑞拉成为一个法律平等、性别平等、公正与和平的国家"，而社会主义是建设平等国家和平等社会的唯一途径。[①] 查韦斯还提出，"拉美 21 世纪社会主义"的基本要素是"友爱、团结和平等"，其基础是满足社会需求而非攫取私人利润，是把经济社会化，建立新的生产模式；强调建立社会私有制和创

---

① 康学同主编，王玉林、王家雷副主编：《当代拉美政党简史》，当代世界出版社 2011 年版，第 474 页。

造新的生产关系，使生产满足所有人的需要。

强调以人为本是基本原则。"拉美 21 世纪社会主义"主张以人为本，承认人的权利，把人放在最重要的位置上；主张维护中下层民众的合理和合法利益；维护法律的公正性和平等性，保证社会各阶层合理诉求能通过正当、合法途径得以表达，使社会正义得以维护。厄瓜多尔执政党主导的 2008 年新宪法突出了"以人为本"和"公平分配"的理念，特别强调保障中下阶层民众的利益。新宪法强调，要在保证经济增长的同时，缩小贫富差距，增加就业，避免社会两极分化。玻利维亚执政党的社会主义也强调社会正义、以人为本和"人的权利"[①]；"争取社会主义"党的纲领强调各原住民族的土地所有权、享受医疗卫生服务的权利、享有本民族语言、接受教育等权利。[②]

突出社会公正是基本目标。"公平、正义、参与"是"拉美 21 世纪社会主义"的核心价值[③]，"拉美 21 世纪社会主义"主张将公正、平等、自由结合起来；实现社会公平，促进可持续发展；不单纯追求经济发展速度，更要追求财富的合理分配。查韦斯指出，"拉美 21 世纪社会主义"的重要任务是实现社会正义、公平和互助，主要敌人是帝国主义和贫困；在到达"21 世纪社会主义"之前，还需要经过"民主革命"的阶段；在该阶段需要实行全新的社会保障制度，为全体公民提供具有非歧视性的终生保护。[④]

六 批判发达国家主导的全球化，主张另一种形式的全球化

"拉美 21 世纪社会主义"反对发达国家主导的全球化，认为发达国家主导的全球化有损拉美的利益，主张开展系统的反全球化行动，推进另一种形式的全球化。

---

① 崔桂田、蒋锐等：《拉丁美洲社会主义及左翼社会运动》，山东人民出版社 2012 年版，第 299、201 页。

② ［玻］埃沃·莫拉莱斯·艾玛：《我的人生——从奥利诺卡到克马多宫》，王萍、颜娟、丁波文译，朱京阳、严新平校，南开大学出版社 2018 年版，第 243 页。

③ 贺钦：《试析拉美"21 世纪社会主义"的历史源流及其本质》，《当代世界与社会主义》2015 年第 3 期。

④ 崔桂田、蒋锐等：《拉丁美洲社会主义及左翼社会运动》，第 291 页。

　　批评全球化的本质。卡斯特罗、查韦斯、莫拉莱斯、科雷亚等拉美社会主义的倡导者，都对全球化的本质做了尖锐、深刻的批评。在他们看来，全球化和新自由主义两者在本质上是相同的，都是由新自由主义推动和促进的，是全球一切罪恶之集大成者。科雷亚认为，"消极的全球化"是"非人道和残酷的全球化"。卡斯特罗认为，新自由主义的全球化是"野蛮资本主义的最邪恶部分"。查韦斯则认为，"新自由主义和全球化是引导我们进入第五层地狱的居心叵测的向导"①。

　　认为发达国家主导的全球化对拉美造成损害。"拉美21世纪社会主义"认为，全球化和新自由主义是寡头集团用于扩大不平等、维持拉美国家贫困的工具和手段。在查韦斯看来，全球化是确定无疑发生的事，"但对我们欠发达国家来说，对我们在各方面有巨大困难的国家来说，全球化的……威胁多于收获。全球化有吞噬我们脆弱经济体系的危险，我们别无选择"。2006年查韦斯在玻利维亚科恰班巴（Cochabanba）召开的南美国家联盟第二届峰会上指出，"全球化是一场灾难""全球化是过去的旧事物，我们正在迎来一个新时代：多极世界"。莫拉莱斯指出，全球化不仅意味着日益贫困化的人口遭受巨大痛苦，还意味着因气候变化而导致世界的毁灭。莫拉莱斯指出："在谈到全球变暖、冰川融化时，这究竟来自何处？它来自所谓的全球化，来自不尊重多样化和差异的有选择的全球化"。这位对西方文明批评最尖刻的领导人认为，全球化允许北方（发达）国家的大公司通过把南方（发展中）国家稀缺资源资本化的方式和手段而成为主人。②"拉美21世纪社会主义"的同情者也对全球化进行了批评，如奥尔特加认为，"全球化是使贫困倍增的模式"。

　　主张开展系统的反全球化行动。"拉美21世纪社会主义"者认为，全球化是由新自由主义促进和推动的，它的表现是脱离常规的。

---

　　① Carlos Malamud, *Populismos latinoamericanos, los topicos de ayer, de hoy y de siempre*, Edicion Nobel, 2010, pp. 248, 253.

　　② Carlos Malamud, *Populismos latinoamericanos, los topicos de ayer, de hoy y de siempre*, Edicion Nobel, 2010, p. 253.

在他们看来，全球化完全展示了负面的特性，社会主义者及其所属的社会运动应开展系统的反全球化的行动；反全球化的行动也意味着反"华盛顿共识"，反对私有化的政策，反对卖国寡头的斗争，这些势力允许帝国主义及其公司的存在，结果是对拉美的福利造成损害。对"拉美 21 世纪社会主义"者来说，全球化是地球上所有罪恶的集大成者，全球化的概念与新自由主义在本质上是共同的。①

主张另一种形式的全球化。"拉美 21 世纪社会主义"的倡导者主张另一种形式或积极的全球化。科雷亚认为，全球化有积极和消极之分，"积极的全球化"是可以引发人民起来反对资本主义、反对帝国主义、反对新自由主义的全球化，而"消极的全球化"是"非人道和残酷的全球化"。2014 年 5 月在玻利维亚召开的"77 国集团"峰会上，玻利维亚时任副总统加西亚表示，希望峰会成为通向"新的全球化"的一种途径。所谓"新的全球化"是一种前景广阔和具有一体化特征的全球化，它应由被世界列强所认为的"边缘国家"来设计。当前的世界以市场为"中心"联系起来，形成了垂直的体系，这种状况应该改变。"现代世界体系不是水平的舞台而是垂直的舞台，各国不是以兄弟般友好的方式、和谐和均衡的方式联系和交流的"，这种现代世界体系的"现实是虚伪和耸人听闻的"。加西亚认为，在这个垂直的舞台上，存在着从世界化或全球化进程一开始就拥有较大影响力、统治力和决策能力较强的国家，存在着处于中间地位的国家，以及处于"边缘"地位的国家。这些"边缘"国家是被征服、被控制的目标，是向"世界中心"输送初级产品的来源地。为此，他号召追求另一种形式的全球化，这种全球化要充分考虑所谓"边缘"人民，考虑那些拥有传统、农民和手工业经济国家的话语权、需求、希望和能力，他号召学者探讨实现新全球化的方式和途径。②

---

① Carlos Malamud, *Populismos latinoamericanos, los topicos de ayer, de hoy y de siempre*, Edicion Nobel, 2010, pp. 245 – 246.

② 袁东振：《拉美"21 世纪社会主义"的理论与实践特性——以玻利维亚为例》，《拉丁美洲研究》2016 年第 2 期；G77 debatirá reforma de la ONU；García plantea otra globalización，http：//www. la-razon. com/index（2016 – 11 – 18）。

七　抵制"美洲自由贸易区倡议"，推进拉美地区一体化进程

在区域合作和区域一体化问题上，"拉美 21 世纪社会主义"者反对美国主导的地区一体化和自由贸易协定，主张抵制"美洲自由贸易区倡议"，推进拉美地区一体化。

批评、反对和抵制美国倡导的"美洲自由贸易区倡议"。"拉美 21 世纪社会主义"的倡导者认为，美国倡导的自由贸易协定和自由贸易已变成"自由贸易专制"和"自由市场专制"（tirania），成为罪恶的新表现。莫拉莱斯认为，美国所主导的"美洲自由贸易区倡议"（ALCA）已成为帝国主义邪恶的标志，其目的是掠夺拉美国家的资源。科雷亚认为，自由贸易只能带来失业和贫困，"应把自由贸易协定丢进历史垃圾堆""为发展厄瓜多尔的农业，必须阻止签订不负责任的自由贸易协定，因为这种协定将给厄瓜多尔农民带来失业。"[①]

认为自由贸易损害了拉美国家的发展。西班牙学者马拉穆德认为，"拉美 21 世纪社会主义"领导人拒绝自由贸易及其对拉美国家经济增长的贡献，选择了内生式的发展道路和国家资本主义的道路来解决问题，而不是选择向世界开放。2009 年，因秘鲁政府开发亚马孙地区石油和自然资源，爆发了秘鲁土著人反对秘鲁政府和跨国公司的斗争，双方的冲突造成 24 名警察和 10 名当地人死亡。事件发生后，莫拉莱斯认为："这是自由贸易协定的种族灭绝，是私有化的谋杀，是把南美的亚马孙雨林交给跨国公司造成的。"

主张公平贸易。2009 年查韦斯在访问伊朗期间，与内贾德总统会谈后在新闻发布会上强调，两国"应建立贸易联盟，以便使自己能从世界自由贸易中解放出来，创造共赢和公正的贸易"。在安第斯共同体与欧洲伙伴协定谈判过程中，科雷亚、莫拉莱斯质疑欧盟只愿意从事自由贸易，而不愿意谈及政治对话与合作，认为"这对贫穷国家

---

① Carlos Malamud, *Populismos latinoamericanos, los topicos de ayer, de hoy y de siempre*, Edicion Nobel, 2010, p. 250.

十分危险"。继玻利维亚退出与欧盟的谈判后，厄瓜多尔也放弃了与
欧盟的谈判。科雷亚认为，一个越来越追求商品自由流动、资本自由
流动，而把人员流动视为罪行的全球化，是没有什么道义质量的。

主张埋葬美洲自由贸易协定，推进拉美地区一体化。查韦斯等人
2005 年倡议建立"玻利瓦尔美洲替代计划"（后更名为"玻利瓦尔美
洲联盟"，简称 ALBA），ALBA 的根源、原则和唯一目标是击垮、替
代美国倡导的、帝国主义的美洲自由贸易协定（ALCA），推进拉美国
家间真正自由、平等、公正与和平的一体化。查韦斯 2005 年在第四
届美洲峰会上指出："我们有双重任务：一是埋葬 ALCA 和帝国主义
资本主义的模式，另一个是迎接新时代、新历史、新一体化和 ALBA
的到来，这是真正自由的一体化，是实现平等、公正与和平的一体
化。我们只有团结起来才能实现这一目标，才能埋葬资本主义，开创
21 世纪的社会主义，开辟新的社会主义的历史工程。"

在"拉美 21 世纪社会主义"者看来，ALBA 显然是作为 ALCA 的
对立物出现的。莫拉莱斯指出，ALCA 是华盛顿共识的拥抱，是新自
由主义的拥抱，是帝国主义的拥抱，是掠夺我们自然资源利益的拥
抱；而 ALBA 作为 ALCA 的反对者，目的是对抗自由贸易，倡导人民
贸易，倡导人民贸易协定（TCP），反对帝国主义的自由贸易协定。
他甚至认为，"我们希望与美国建立新型关系，如果我们说贸易，那
是公平贸易，是人民贸易协定，而不是自由贸易，也不是自由贸易协
定"，其目标是有利于小生产者和"农业和农民部门"，他强调中小
企业和贫穷国家无力与跨国企业竞争，他赞成实施 ALBA 所倡导的互
补政策和公平贸易的政策。①

此外，"拉美 21 世纪社会主义"的倡导者还反对美国等发达国家
主导的国际货币基金组织和世界银行等国际金融机构，特别是反对这
些机构干预拉美国家的发展进程。

---

① Carlos Malamud, *Populismos latinoamericanos*, *los topicos de ayer*, *de hoy y de siempre*,
Edicion Nobel, 2010, pp. 250, 253, 251.

第四节 21世纪拉美地区民族社会主义的理论贡献与缺陷

"拉美21世纪社会主义"在理论思想方面进行了有益的探索，提出了关于社会主义的一些新构想，规划了拉美社会主义的建设蓝图与规划，强调其拉美社会主义本土性的特色及其与其他社会主义的区别，在一定程度上丰富了拉美地区的社会主义理论。然而"拉美21世纪社会主义"自身具有难以克服的时代局限性，因而必然会有不可避免的理论缺陷。这些理论缺陷不仅削弱了其理论体系的科学性和完整性，也加大了其实践中的风险性。

一 理论贡献

"拉美21世纪社会主义"最重要的理论贡献是，由于它提出了关于拉美社会主义的新构想，在某种程度上丰富了该地区的社会主义理论思想。此外，由于它强调拉美社会主义的本土性和民族性特色，强调克服"传统社会主义"的教条主义缺陷，为世界社会主义理论思想的发展提供了新素材。

（一）提出了关于社会主义的新构想

查韦斯、科雷亚、莫拉莱斯等人不仅表示赞成或信仰社会主义思想，而且提出了关于拉美社会主义建设的一些初步构想。

明确提出了关于社会主义是资本主义的替代模式的理论思想。如前所述，2004年以前查韦斯虽没有明确提出社会主义的口号，但对资本主义进行了深刻批判，提出要探索新的发展道路。2004年以后他频繁地提出超越资本主义，认为超越资本主义的道路只能是社会主义，进而提出建设"21世纪社会主义"的设想和方案，并将其付诸实施。作为查韦斯的"钦定"接班人的马杜罗在执政后，强调"继续在委内瑞拉进行21世纪玻利瓦尔社会主义建设，用社会主义替代毁灭性和野蛮的资本主义制度"。委内瑞拉执政的统一社会主义党2014年召开"三大"，再次确认要建设一个社会主义的经济体系，

"因为没有社会主义，就不能保持 21 世纪委内瑞拉的独立和主权"，提出"社会主义就是民主，民主就是社会主义"的命题。该党"三大"确认其反资本主义的性质，重申用社会主义来替代"贪婪的"帝国主义的理想和信念，强调建立"21 世纪社会主义"模式是历史性和英雄的伟业。科雷亚 2007 年宣布在厄瓜多尔建立"21 世纪社会主义"，表示要提出新发展观，并用它代替目前的模式；随后又提出建设"美好生活社会主义"和"现代社会主义"的设想。莫拉莱斯及其所属"争取社会主义运动"党则陆续提出，要在玻利维亚建设"社群社会主义""印第安社会主义""美好生活社会主义"，提出了"美好生活社群社会主义"的目标。

规划了社会主义建设的蓝图和规划。委内瑞拉执政党详细规划了"社会主义"的蓝图，包括政治、经济、精神多个层面的社会主义建设目标。在政治层面，建立参与式和更广泛的新民主，建立新型的人民政权。在经济层面，建设以内生式发展为基础、可持续的社会主义经济模式。[①] 厄瓜多尔、玻利维亚等拉美国家的执政党也都提出了关于社会主义的设想和目标。在精神层面，要建设更加团结的"新社会"，消灭剥削和阶级的观念。莫拉莱斯和科雷亚等人所提出的社会主义设想，虽然表述方式各有不同，但与委内瑞拉的蓝图有许多共同点，都把建立公正、公平和幸福的社会作为基本目标，涵盖政治、经济、社会、卫生、教育和立法等领域的改革或构想。

（二）丰富了拉美社会主义的理论内涵

如前所述，查韦斯等人关于社会主义的思想理论和构想，在一定程度上丰富了拉美地区社会主义理论的内涵。作为"拉美 21 世纪社会主义"的重要推动者，科雷亚在 2014 年 8 月提出"拉美现代社会

---

① 马杜罗总统 2013 年 9 月 23 日在中共中央党校与委内瑞拉访华团联合举办的"两种社会主义思想的相遇：中国特色社会主义和委内瑞拉 21 世纪社会主义"座谈会上的讲话，引自泓佐《两种社会主义思想的相遇》，光明网，http：//theory. gmw. cn/2013 – 09/30/content_ 9062928. htm（2018 – 12 – 25）。

主义"的主张①，不仅进一步丰富了其先前倡导的"拉美 21 世纪社会主义"思想，也在一定意义上丰富了拉美地区的社会主义理论和思想。科雷亚在论及所谓现代社会主义思想时提出以下观点：

第一，新自由主义的失败为社会主义开辟了发展的道路，社会主义是解决拉美发展结构性问题的唯一道路。他指出，新自由主义已在拉美遭到惨重失败，"尽管它在媒体的共谋下想重返拉美，但人们不会上当受骗"；不少人以为新自由主义的方案或市场可以解决一切问题，坚信市场是最有效和最公正的，因为一切都是按照自愿交换和追求更大利益的原则进行的。但科雷亚认为，自由主义的结果通常都会非常糟糕，因为个人的志向和集体的意志完全是两回事。他反复强调，社会主义是解决拉美发展结构性问题的唯一道路。对于存在高度不平等的拉美大陆，"没有比社会主义更好的选择了"。

第二，"现代社会主义"从根本上克服了传统社会主义以及自由主义的错误，把市场的作用和国家的作用有机结合起来。他指出，"新自由主义的错误是相信个人可以解决一切，传统社会主义的错误是认为国家可以解决一切，但我认为，应该将两者结合起来"；个人对发展至关重要，社会对发展也至关重要；过度的个人主义会摧毁社会，而过度的国家主义会摧毁个性。个人和国家对发展来说都是必要的，这就是现代社会主义，"现代社会主义需要集体的行动"。

第三，"现代社会主义"的核心是把经济增长与社会发展有机结合起来。科雷亚强调，仅有经济的增长并不足以获得社会的发展，应该彻底改变经济增长仅仅有利于一部分人而不是有利于所有人的悖论，使所有人都能分享经济增长的利益。

莫拉莱斯等人将"社群社会主义"和"美好生活社会主义"界定为一种新的社会主义的主张，在一定程度上丰富了拉美地区的社会主义思想和理论。他们认为，玻利维亚的"社群社会主义"以美好

---

① "Rafael Correa apuesta por socialismo moderno para América Latina"，20 de agosto de 2014，http：//www. holapolitica. com/ （2016－09－17）.

生活理念为基础，其特点是"美好的生活"而非"更好的生活"，是
共享而非竞争，不是充满激烈阶级斗争的社会主义，而是寻求与地球
和谐共处的社会主义，是以尊严和平等为基础的社会主义。玻利维亚
社会主义理论家加西亚则以玻利维亚为例说明资本主义国家和社群社
会主义的区别，强调玻利维亚社会主义的本质特点。他指出，资本主
义没有建立真正的和谐国家（Estado Orgánico Real），而是建立了朋
党国家（Estado de Camarilla），少数部门和统治者建立了权力政治，
对土著人、劳动者和妇女被排除在外毫不关心。他认为，这是次等国
家（Estado de Pacotilla）和表面国家（Estado Aparente），没有努力去
代表或关注所有人。与此相反，社群社会主义是要建立代表所有人的
"真正国家"（Estado Real）。他指出，社群社会主义（它也可以有其
他名字）建立在社区以及与资本主义斗争了 500 年的土著人民潜力和
自身经验的基础上。①

（三）强调社会主义的本土和民族特色

"拉美 21 世纪社会主义"强调其自身的独特性，具有强烈的本
土性。委内瑞拉、玻利维亚、厄瓜多尔三国左翼执政党强调立足本
国国情，积极探索富有民族特色的"21 世纪社会主义"，三国的
"社会主义"都强调根植于本土价值观、历史文化和进步思想，立足
本国国情，突出本国特色。② 查韦斯一直强调自己所倡导的"21 世
纪社会主义"主张具有本土性和时代性特点，"是原生的社会主义，
"是委内瑞拉特色的新社会主义"。查韦斯认为，委内瑞拉的社会主
义是具有印第安特点的社会主义，不是空想社会主义，而是科学社
会主义；委内瑞拉要建设的是委内瑞拉独特的社会主义。马杜罗也
认为，每个国家都应自主选择自己的发展道路，因而"委内瑞拉
'21 世纪社会主义'有独创性，这种独创性是由很多的历史因素造
就的。在马杜罗看来，委内瑞拉只有实行社会主义，才能为国家和

---

① 袁东振：《拉美"21 世纪社会主义"发展新动向》，《世界社会主义》黄皮书，社
会科学文献出版社 2016 年版。
② 陈湘源：《拉美"21 世纪社会主义"的民族特色》，《当代世界》2017 年第 4 期。

人民的发展打开更广阔的空间"①。科雷亚也强调"21 世纪社会主义"的拉美特性，认为它是"拉美的思想"。莫拉莱斯强调，玻利维亚本国的印第安农民社群里就有社会主义，他所倡导和主张的"印第安社会主义"和"社群社会主义"本身就带有浓厚的印第安文化和传统特性。

"拉美 21 世纪社会主义"的倡导者认为，社会主义有不同流派，社会主义建设有不同道路，"21 世纪社会主义"也有不同的政治模式；他们都强调本国社会主义的独创性和原创性，强调不照抄外国模式。查韦斯强调从本国实际出发，不照搬曾经的社会主义模式，重申既不搞苏联式的社会主义，也不模仿古巴模式，而是要进行理论和实践创新，创造社会主义的新形式。

（四）强调克服"传统社会主义"的教条主义缺陷

查韦斯等人所倡导的"拉美 21 世纪社会主义"，与本国和本地区的传统社会主义缺乏承继关系，与世界社会主义运动也缺乏历史联系。无论是查韦斯等人本身，还是他们所代表的政党的思想体系、政治理念、斗争策略、组织形式和群众基础等等，都与传统的社会主义有着明显的不同。查韦斯等人并不赞同共产主义，查韦斯多次表示，自己既不是共产党人也不是反共分子，强调其政权过去或现在都与共产主义不存在丝毫联系，认为"社会主义不是马克思主义的同义词"。他们不认同以苏联东欧为代表的"20 世纪社会主义"，批评旧社会主义体制官僚主义盛行，资源配置不当，遏制创新与个人自由，没有充分考虑各国实际，特别是种族、民族、地域、文化、历史传统以及政治实践的差异。

查韦斯和科雷亚都曾多次批评以苏联东欧为代表的传统社会主义的缺陷，认为"传统社会主义"的最主要缺陷就是教条化。他们反复强调，拉美"21 世纪社会主义"要放弃传统社会主义的那种教条

---

① 马杜罗总统 2013 年 9 月 23 日在中央党校与委内瑞拉访华团联合举办的"两种社会主义思想的相遇：中国特色社会主义和委内瑞拉 21 世纪社会主义"座谈会上的讲话，引自泓佐《两种社会主义思想的相遇》，光明网，http：//theory. gmw. cn/2013 - 09/30/content_9062928. htm（2018 - 12 - 25）。

主义，吸收并把不同社会主义及其他思想流派的优点结合起来。每个国家的国情都不同，因此"拉美21世纪社会主义"只是一种方法论，是基本观点和基本原则，它既不是固定不变的教条，也不是任何的预设模式；不能期望从书本中找到拉美"21世纪社会主义"的固定模式或解释，或找到真理和解决问题的方案，21世纪的社会主义永远处于自我建设和自我革新的过程之中。科雷亚强调，不存在固定的规律或教条，盲目遵循一种教条将会造成灾难性的后果，宣称厄瓜多尔不会照搬查韦斯提出的"21世纪社会主义"，而应密切结合本国国情探索本国社会主义发展的道路和模式。

二 理论缺陷

拉美地区"21世纪社会主义"具有时代的局限性，因而也会有不可避免的和不可克服的理论缺陷。这些理论缺陷不仅削弱了其理论体系的科学性与完整性，也会加大其实践探索的风险性。

（一）严重的个人主义色彩

无论是委内瑞拉，还是玻利维亚和厄瓜多尔，其本国社会主义的理论和思想往往就是查韦斯、莫拉莱斯和科雷亚等领袖人物的思想，并不是作为执政党的理论和思想体系来提出和阐释的。例如玻利维亚执政党"争取社会主义运动"党的章程指出，该党的原则应包含在该党领袖莫拉莱斯的思想中。[①] 过度依赖和突出党的领袖个人的思想和作用，忽视党的理论和思想建设，成为这些拉美国家社会主义理论最明显和最严重的缺陷。拉美"21世纪社会主义"无论在实践上还是在理论上，都具有强人政治和魅力领袖的色彩。拉美"21世纪社会主义"是由具有个人魅力的政治领袖提出来的，查韦斯、科雷亚、莫拉莱斯等既是各自政党的创始人，也是本党和本国社会主义思想和理论的主要阐述者，并逐渐成为本国社会主义实施理论和实践探索的

---

① Estatuto Orgánico del "Movimiento Al Socialismo-Instrumento Político Por la Soberanía de los Pueblos（MAS-IPSP）", 2012. https：//zh. scribd. com/doc/112304655/Estatuto-Organico-del-MAS-IPSP（2016－01－28）.

化身，是本国社会主义思想和理论的传播者，以及实践的主要推动者。然而，拉美"21 世纪社会主义"思想和理论以魅力领袖为主要支撑，势必会造成明显的缺陷，甚至造成执政党对理论建设的严重忽视，不利于社会主义思想理论的系统化，也不利于拉美地区"21 世纪社会主义"思想理论的影响力，加大了拉美地区"21 世纪社会主义"实践前景和执政党前途的变数和不确定性。

（二）具有明显的民众主义倾向

拉美"21 世纪社会主义"的倡导者都是具有一定的民众主义倾向的政治家。如前所述，"拉美 21 世纪社会主义"最鲜明的理论特性是对资本主义和新自由主义的批判，替代资本主义和新自由主义模式，主张探索新的发展道路和发展模式。"21 世纪社会主义"思想和理论中的反传统体制、反政治精英、实现社会变革的口号，在普通民众中产生了极大的吸引力。在政策主张方面，强调满足和优先考虑中下阶层的利益诉求，表现出浓厚的民众主义特性。在反对和否定资本主义和新自由主义的同时，"拉美 21 世纪社会主义"在探索新发展模式和发展道路方面提出了一些新主张，如在关于国家与市场关系的问题上，提出反对自由放任，主张发挥政府调控作用；在经济与社会发展的关系问题上，提出反对单纯追求经济增长，主张以社会公平为核心的新社会观。然而，从总体上说，拉美 21 世纪社会主义并未能正确处理经济发展与社会发展、民众福利的关系。在经济方面，在强调国家干预、反对市场决定一切的同时，往往过度忽视市场的作用，一些国家的社会主义倡导者甚至反对市场导向政策所要求的纪律和原则。在社会方面，虽然提出了社会公平、合理分配、减少贫困的许多合理要求，但在具体政策方面强调向特殊阶层倾斜，增加了社会政策的非理性特点，造成社会政策和经济政策失调、社会政策能力和经济政策能力严重脱节，使社会政策失去可持续性。"拉美 21 世纪社会主义"的民众主义取向加大了其实践前景的不确定性甚至失败的风险。

（三）理论体系的非完整性

拉美"21 世纪社会主义"形成的时间还相对较短，尚处于独自摸索的起步阶段；理念性口号较多，尚未形成一个严密的科学理论体系。迄今为止，拉美"21 世纪社会主义"的主要倡导者基本上没有提出一套完整的、系统的和明确的社会主义思想理论或学说。这些人关于"21 世纪社会主义"的政策主张和理论观点更多的是零散地体现在其日常的言论、媒体访谈、会议讲话，甚至是其提出的经济政策以及发展计划之中。无论是查韦斯本人还是其继任者马杜罗，或者是莫拉莱斯、科雷亚等人，都没有对拉美"21 世纪社会主义"做出全面或系统的理论诠释。从总体上说，拉美"21 世纪社会主义"的思想学说还欠完整，尚未形成一套严密、系统的理论体系。"21 世纪社会主义"在内容上较为庞杂，例如查韦斯、科雷亚等人的社会主义思想中，都程度不同地融合了基督教的教义、本土印第安主义和玻利瓦尔主义、拉美民族主义思想、卡斯特罗思想、托派思想、马克思主义等多种思想。他们的社会主义理论概念还比较含混，有些表述和主张比较随意，一些提法甚至前后矛盾，某些观点引起了较大的争议。综合来看，拉美"21 世纪社会主义"的理论尚处于独自摸索的初级阶段。

（四）处于非主流的理论思想的地位

长期以来，西方价值观在拉美社会仍占上风，社会主义思潮在拉美虽源远流长，但拉美地区民众远未就社会主义达成共识，温和保守的思想反而更具有持续的影响力。即使在进入新世纪以来拉美"21 世纪社会主义"获得较快发展的情况下，上述状况依然未发生根本性的改变。从根本上说，拉美国家是西方世界的一部分，无论是在宗教信仰、价值观念、风俗习惯上，还是在政治理念和意识形态等方面，都与欧美国家较为接近。欧洲和美国盛行的自由民主、人权和多党制等观念在拉美占据着主流思想的地位，拉美国家分享着美国和西方的价值观。社会主义思想和运动的影响力虽不断增长，但主张温和、渐进和中间道路的思想和主张更受多数民众的青睐。拉美"21 世纪社会主义"思想和实践虽产生了重要的影响力，但其范围仅局限于委内瑞拉、厄瓜多尔和玻利维亚等少数国家，其思想的影响力和吸引力仅局限在拉美左翼政治力量中间，并没有成为全社会的共识，在拉美地区并不具有主流思想和实践的特征。查韦斯、莫拉莱斯和科雷亚等人的思想一直不被拉美地区主流社会或拉美地区多数民众所理解、接受和认可，相反，其思想和主张甚至被不少人认为是异端或极端思想，这在很大程度上制约了拉美地区"21世纪社会主义"理论和思想的影响力。

综上可见，拉美"21世纪社会主义"思想合理地吸纳了本地区以及本国传统文明和主流思想中的合理成分，也吸收了马克思主义以及科学社会主义的某些理念，受到20世纪80年代以后各种反对新自由主义思想的激励，并受到中国和古巴等国家社会主义思想的重要影响。拉美地区"21世纪社会主义"鲜明的理论特性是它的批判性、替代性、民族性，对资本主义的否定和对新自由主义的批判、替代资本主义和替代新自由主义模式、强调其社会主义具有本国特点，是其基本与核心的理论主张。拉美地区"21世纪社会主义"提出了关于社会主义的新构想，规划了社会主义建设的蓝图，强调其社会主义的本土特色及其与其他社会主义的区别，在一定程度上丰富了拉美地区社会主义理论的内涵。但拉美"21世纪社会主义"具有难以克服的时代局限性和不可避免的理论缺陷，这些局限性和缺陷在很大程度上削弱了其理论体系的科学性与完整性，也加大了其实践前景的不确定性和风险性。

第五节　21世纪拉美地区民族社会主义的实践特性

与拉美地区其他众多的社会主义流派相比，拉美"21世纪社会主义"最显著的特征是其实践性。委内瑞拉、厄瓜多尔、玻利维亚等拉美国家的左翼执政者不仅仅提出了关于社会主义的理论思想以及建设社会主义的路径，而且在政治、经济、社会等领域开展了社会主义建设的初步实践探索。

一　主要政策实践

（一）政治实践

拉美"21世纪社会主义"基本上是在现有政治体制框架内实施的，既没有彻底打破旧体制，也没有完全建立新制度，而是对现有体制进行一定程度的改革或改造。

第一，改造旧体制。主要做法是通过宪法改革和政治改革，在原有旧制度的框架内创造出具有原创性的新机构和新体制。委内瑞拉在传统立法权、司法权、行政权三权基础上，新增加了"公民权"和"选举权"，将"三权分立"改造成"五权并立"的新体制。厄瓜多尔也在传统三权外增加公民权，实行"四权分立"。玻利维亚虽没有改变"权力模式"，但力图改造旧体制的权力"功能"，强调其"选举、监督、社会保护"的功能。

第二，建立直接民主的实践。在推进"21 世纪社会主义"参与式民主实践过程中，试图用以工厂、社区自治为特征的直接民主取代职业政客操纵的代议制民主。委内瑞拉的措施是建立社区委员会，实现工厂等其他基层组织自治；有组织的民众通过委员会和基层组织，直接管理与自身相关的公共事务。玻利维亚新宪法强调土著民和农民、矿工等群体的政治和社会地位，建立更具有代表性的参与式民主。厄瓜多尔设立"公民参与社会管理委员会"负责行使"公民权"。

第三，重视思想领域的斗争。查韦斯本人一直强调，要重视开展社会主义的教育运动，用社会主义的教育取代资本主义的教育，培养社会主义的新人。[①] 委内瑞拉实施了"玻利瓦尔教育课程"，面向大、中、小学的学生宣传和传播"真正的社会主义理念"。针对私人媒体占优势的国情，这些国家的执政党重视加强思想、舆论和意识形态领域的斗争，并试图加强对私人媒体的监督和管制，为社会主义纲领的实施创造有利的社会氛围。

（二）经济实践

拉美"21 世纪社会主义"在经济领域的实践探索主要体现在以下方面。首先，强化国家对经济的控制。委内瑞拉通过持续的国有化，加强国家对资源能源、电力电信等一系列战略部门的控制，比较稳固地控制了国家的支柱产业、众多的国有企业与合作企业，并通过

---

① 袁东振：《拉美"21 世纪社会主义"实践探索的新困境与前景》，《当代世纪社会主义问题》2016 年第 4 期。

对这些经济战略部门的生产、销售、出口、价格、投资等的全面控制，增强了政府对经济的掌控能力。玻利维亚和厄瓜多尔等国家也强化政府对经济的控制力度，但其主要做法是加强对资源能源部门的控制，其国有化的规模相对较小。其次，建立新的发展模式。委内瑞拉试图建立"内生经济发展模式"，力图转变增长方式和模式，减轻对外部的依赖程度。玻利维亚承诺进行深入的经济变革，改变结构性不平等，推进"生产型经济社会发展模式"。厄瓜多尔则力图推进"社会的和团结的经济体制"建设，通过"生产力革命"或经济革命，转变经济增长方式。再次，推进与所有制相关的改革。委内瑞拉左翼执政党在"不取消私有制"的前提下，大力推动国有制、社会所有制、集体所有制以及合作制，推动管理方和职工"共同管理"企业。玻利维亚在将石油天然气部门收归国有的同时，支持"合作社"发展，支持各种所有制形式并存，规定无论是公有制还是私有制，或是混合所有制等其他所有制，都受国家保护。厄瓜多尔"生产力革命"的重要内涵是公有经济与私有经济、混合经济与合作经济、协作经济与社区经济，以及家庭经济等各种经济的共存。

（三）社会实践

拉美"21世纪社会主义"进行了一系列促进社会公平的实践探索。第一，追求社会公平。追求一种"全新生活方式"，谋求建立不同于资本主义的"新社会"，追求公平增长。具体措施是加大社会政策力度，推行公平分配，重视社会福利计划，提高工资和养老金等。科雷亚强调经济增长应与社会发展相结合，改变经济增长仅仅使部分人受益的悖论，要使所有人都能合理地分享到经济增长的利益。第二，加大民生政策力度。把消除贫困和改善民生作为施政重点。委内瑞拉左翼政府实行高补贴、低物价政策，以低价或免费方式向低收入家庭提供基本的必需品；实行免费教育和免费医疗；实行多种现金补助计划，由政府、国有企业等为主体实施大规模的民生发展项目，如建设住房，以较低的价格分配给低收入家庭使用。厄瓜多尔不断加大社会领域公共投资，对农民、小企业主、小手工业者实行补贴，还大力改善医疗卫生条件，建立面向贫穷人群的基础教育机构，大力开展扫盲运动和扶贫工作。玻利维亚左翼执政党采取切实措施，把保障印第安阶层居民权利作为政府执政的重要目标，关注贫困阶层和边缘群体利益，为包括老幼妇孺孕在内的弱势群体等提供生活补贴。第三，建设"美好生活"。玻利维亚和厄瓜多尔左翼政府都明确提出要建立"美好生活社会主义"，并把"美好生活"解释为人和自然环境和谐共处，加强生态环境的保护；认为"美好社会主义"是以美好生活为基础，是共享而不是竞争，是寻求与地球和谐共处，是尊严和平等。在"美好生活"理念下，玻利维亚和厄瓜多尔政府都制定了生态环境保护的计划，将生态环境保护纳入国家发展战略，并对国内外投资提出更为严格的环保要求。

（四）对外政策实践

拉美"21世纪社会主义"主张独立和自主的外交政策，倡导对外关系的多元化，推进拉美国家的合作与一体化，但最能反映其外交政策特性的是革命外交和反美政策。第一，革命外交。委内瑞拉一直推行"革命外交"，其对外政策具有强烈的政治和理想主义色彩。委内瑞拉和古巴联手，主导建立了"玻利瓦尔美洲联盟"，积极推动与其他拉美国家左翼政府的合作，以优惠价格向相关国家提供石油，以及大量资金和其他援助。第二，反美倾向。查韦斯等人在对外政策上体现出较强烈的反帝和反美倾向。他们反对美国的帝国主义和霸权政策，谴责美国对拉美国家的干涉，批评和抵制美国倡导的"美洲自由贸易区倡议"，在一些敏感国际问题上敢于同美国唱"对台戏"。

二　实践效果

拉美"21世纪社会主义"的实践探索在短期内取得明显成效后，遭遇不少挫折，所面临的压力和挑战不断加剧，当前实施难度加大，有些国家的社会主义实践出现中断迹象。

（一）主要成效

首先，丰富了拉美地区的政治实践。2003—2016年劳工党执政期间，巴西基本上保持着政治稳定、经济增长、国际地位提高的良性循环，创造出了独特的巴西模式。查韦斯1999年执政后，执政党掌控国家政治生活的能力不断提高。查韦斯2013年逝世后，国内不稳定因素有所增加，但执政党的政治优势依然明显，政治和社会基础相对稳固。2018年5月马杜罗再次连任，按照计划将继续执政到2025年1月。① 厄瓜多尔和玻利维亚在过去长时期内一直位于拉美极不稳定国家之列。其左翼政党分别于2006年和2007年执政以来，执政党地位逐渐稳固，有利于稳定的因素增多。在实施社会主义发展计划的过程中，这两个国家采取相对温和的执政方针，积极展开社会对话，努力化解社会矛盾，缓解社会冲突，收到较好效果。两国国内局势保持了多年的基本稳定，这在两国历史上并不多见。在玻利维亚执政多年后，莫拉莱斯的民意支持率一直较高，并在2009年和2014年又两次成功实现连选连任，创造了国家政治发展中的"奇迹"。

其次，社会发展取得进步。拉美"21世纪社会主义"实践成效最显著地体现在社会发展领域，具体表现为人民生活条件的明显改善，中下社会阶层较多地分享了经济增长的利益。巴西卢拉政府的一系列社会政策一度成为拉美国家的典范。在一定时期内，委内瑞拉贫困率下降，收入分配状况改善，基本普及免费医疗，实现全民脱盲；占总人口50%以上的中下阶层可通过"人民市场"获得廉价的生活品和食品，200多万户家庭有望通过政府惠民计划获得住房。根据联合国的统计，玻利维亚成为拉美地区贫困人口下降最快的国家。厄瓜多尔推行所谓"穷人经济"，中下阶层和普通民众在政府的惠民政策中所获颇丰。

（二）主要困难和挫折

经济可持续增长受到抑制。委内瑞拉、厄瓜多尔和玻利维亚经济结构单一，对自然资源依赖较重，且长期得不到纠正，经济易受外部冲击的影响。2014年后国际油价下跌，已经造成委内瑞拉经济增长的衰退。大宗产品价格下滑，也使玻利维亚、厄瓜多尔经济减速，进

---

① 2019年1月10日马杜罗就职后，委内瑞拉国内局势急剧恶化。反对党领导人、国会主席瓜伊多宣布就任临时总统，不承认马杜罗的合法性。瓜伊多得到美国和一些拉美国家的支持。马杜罗政权处于历史上前所未有的危机之中。

而抑制其增长潜力。

经济政策扭曲难以得到纠正。开展"21 世纪社会主义"实践的拉美国家普遍实施偏重于社会支出的财政政策，经济政策不同程度地存在着扭曲，加重了经济失衡的程度。一些国家投资环境恶化导致投资不足。委内瑞拉过度国有化政策导致生产率降低，食品、电力等供应紧张。个别国家对外资越来越苛刻的约束条件，使投资积极性受挫，甚至导致资本大量外逃，损害了经济的持续稳定增长。

不满情绪蔓延。2014 年以后，委内瑞拉执政党面临着越来越多的棘手难题，经济增长停滞，通货膨胀加剧，货物短缺，投资积极性不足，财政收支失衡，治安状况恶化，恶性案件多发，不安全感增强，不满情绪蔓延，政治和社会对抗加剧。玻利维亚和厄瓜多尔社会矛盾和社会冲突也呈多发态势。这些政党长期执政也产生了官僚主义等消极现象，许多民众产生"执政疲劳症"，民众不满情绪蔓延，对政府施政提出更高的要求，多国左翼政府的执政压力加大，一些左翼政党的执政地位被终结。

蕴含着潜在的政治风险。玻利维亚和委内瑞拉等国家的左翼执政党具有典型的民众主义的取向，克里斯玛式领袖的威信和个人魅力是这些政权得以稳定的重要条件。但是，魅力型领袖执政也会加大政治体系的一些固有缺陷。对权力监督与制衡的不充分，行政权力的过度集中，新闻媒体监督作用不能正常发挥，司法机构缺乏独立性等，加剧了政府的低效，助长了腐败现象的滋生，增加了体制和制度的脆弱性，积累了未来发生政治和社会动荡的风险。

（三）意义与影响

拉美"21 世纪社会主义"的实践探索对拉美经济社会发展道路、对拉美和世界社会主义运动均产生了重要的影响。

首先，对拉美经济社会发展道路的探索产生了重要影响。在探索新的发展道路的过程中，拉美"21 世纪社会主义"在发展道路和模式选择、经济和社会政策取向、地区一体化策略、对外政策的优先选择等方面提出一整套新主张，特别强调经济社会协调发展、重视缓和社会矛盾。无论"21 世纪社会主义"的实践前景怎样，其实践探索都将会对拉美地区经济社会发展产生重大影响，推动拉美国家走上更加务实温和的发展道路。一方面，为了应对"21 世纪社会主义"等左翼力量的竞争，拉美国家右翼政治力量会逐渐放弃极端立场，采取更加务实与温和的路线，争取一般民众的支持，避免国家落入"激进"变革的"陷阱"。另一方面，"21 世纪社会主义"的实践探索遇到不少难题，在一些国家甚至遭遇困境，甚至有中断的危险，这也促使拉美左翼执政党自身进行深刻的反思和调整，采取更加务实的路线，推进拉美国家探索符合自身国情的发展道路。

其次，对拉美地区乃至世界上其他地区社会主义运动的发展产生了重要影响。拉美"21 世纪社会主义"的思想和实践探索，得到该地区左翼进步力量的支持和响应，也引起了世界的关注。它不仅扩大了拉美社会主义的世界影响力，也壮大了世界社会主义运动的声势。它的思想理论和政策主张，丰富了世界社会主义理论的内涵，为世界社会主义发展提供了新素材。拉美"21 世纪社会主义"的实践是对社会主义发展道路的探索与尝试，推进了世界社会主义发展的多样性。拉美"21 世纪社会主义"的产生和发展表明，社会主义对资本主义世界中的进步力量仍具有强大的吸引力，社会主义的思想和实践只有符合各国国情才会有强大的生命力。拉美"21 世纪社会主义"的发展特点也提供了重要的启示，即世界社会主义运动将在多样性和差异性中丰富和发展。

三　实践前景

拉美"21 世纪社会主义"是近年来拉美地区民族社会主义的典型代表。拉美地区国家在传统上长期缺乏深刻的社会变革，所谓社会排斥现象与边缘化现象一直都十分严重。近年来，许多拉美国家虽在减少贫困、改善收入分配等方面取得明显进步，但还远没有达到理想的状态。大众的不公平感仍然较为强烈，要求变革的各种力量仍在不断增长，包括拉美"21 世纪社会主义"在内的社会主义思想和主张仍有较强的号召力和进一步发展的空间。但受体制、政治环境、政策能力和外部环境的制约，"21 世纪社会主义"的发展前景有较大的不确定性，其实践探索甚至有中断的风险。

拉美 "21 世纪社会主义" 发展的地区环境恶化。进入新世纪以后一大批左翼政党在拉美国家相继上台执政，国内外学界称其为 "粉红色" 潮流，为民族社会主义的实践探索提供了有利条件。2015 年以后，拉美政治生态和政治环境继续发生新变化，左右翼势力的争夺加剧，持续近 20 年的 "粉红色" 潮流继续褪色，左翼政党执政周期继续退潮，"左退右进" 的效应持续发酵。阿根廷、巴西、秘鲁、智利等拉美主要国家的左翼政党相继失去执政地位。2018 年，巴拉圭、哥伦比亚右翼政党在大选中获胜，执政地位进一步稳固。面对地区环境的恶化，仍继续执政的委内瑞拉、玻利维亚等国家左翼政党的政治环境十分不利，失去执政地位的风险增加。只有保住执政地位，再通过调整政策，处理好改革、发展和稳定的关系，进而巩固执政地位，才能保持拉美 "21 世纪社会主义" 实践探索的可持续性，为继续发展 "21 世纪社会主义" 提供可能。否则，一旦执政地位不保，其社会主义的实践探索也就失去了条件。2019 年 1 月 10 日，马杜罗再次宣誓就任总统后，委内瑞拉局势发生急剧变化。当月 23 日，在美国和拉美右翼政府的支持下，反对派人士、国会主席瓜伊多（Juan Guaido）自封临时总统，宣布马杜罗为 "篡权者"，要求其下台。瓜伊多开展一系列试图取代马杜罗政府的攻势和行动，在委内瑞拉形成了两个政府、两位总统和两套国家机构的既成事实。在政治变局的风险明显加大的背景下，委内瑞拉 "21 世纪社会主义" 实践前景面临着前所未有的不确定性。2019 年 10 月 20 日，玻利维亚举行大选，莫拉莱斯获得约 47% 的选票。按照选举法，他获得的选票超过第二名候选人 10% 即可直接当选总统。但选举结果受到反对派质疑，国内爆发大规模抗议活动，进而演变为社会骚乱。11 月 10 日，莫拉莱斯被迫辞职。虽然玻利维亚左翼政党 "争取社会主义运动" 党一年之后通过大选重新上台执政，但执政环境有所恶化。

拉美 "21 世纪社会主义" 实践探索遭遇新挫折。随着拉美一些左翼政党执政国家的经济陷入衰退，困难增多，委内瑞拉等左翼执政党的 "社会主义" 实践探索难度加大。在这种形势下，围绕 "拉美21世纪社会主义"的争论趋于激烈。一些左翼学者和左翼政党继续论证"拉美21世纪社会主义"的历史必然性与合理性，充分肯定其政治社会成就。右翼学者和媒体则加大对其攻击和批判力度，渲染"拉美左翼势力正在遭遇最黑暗的时刻"，并"在拉美沉没和退潮"；宣称"'21世纪社会主义'是拉美最大的不幸和灾难"，强调"不应再犯'21世纪社会主义'的错误"，断言"21世纪的社会主义"最终会滑向"军事独裁"。尽管对拉美"21世纪社会主义"有着不同的评价，但有一点是确定无疑的，即持续近20年的拉美"21世纪社会主义"实践探索，由于玻利维亚左翼政党领袖莫拉莱斯辞职、委内瑞拉国内政治危机的发生而陷入新困境，甚至有完全中断的风险。

拉美左翼政党长期执政的前景暗淡。目前，玻利维亚、厄瓜多尔、委内瑞拉、尼加拉瓜等国家的左翼政党的执政难度明显增加。

第一，厄瓜多尔左翼执政党"主权祖国联盟运动"党内部发生严重分裂。2017年，莫莱诺总统执政后进行政策调整，取得较好业绩，但党内矛盾加剧，形成两派。2018年1月，前总统科雷亚宣布正式脱离2006年他所创建的"主权祖国联盟运动"党，另组"公民革命运动"，执政党正式分裂。科雷亚指责莫莱诺是"叛徒"，背叛"公民革命"。由于执政党发生分裂，现总统莫莱诺已经偏离既定的左翼路线。

第二，委内瑞拉左翼执政党面临新难题。在2018年5月总统选举中选民缺乏热情，在注册的2005万选民中只有860万人参加投票，创1998年以来总统选举最低投票率。马杜罗虽然取胜，但只得到580万张选票，而执政党号称有600万—700万党员。而且马杜罗获胜并没有得到国内反对派和一些拉美国家的承认，为委内瑞拉国内冲突升级埋下了隐患。越来越多的委内瑞拉人对国家经济状况不满，对政府执政业绩不满，执政党的合法性基础受到严重损害。2019年以后，委内瑞拉国内局势继续恶化，执政党和反对派的对抗加剧，外部势力的卷入力度增加。在外部和国内局势不断恶化的双重压力下，执政党继续执政前景暗淡，内部分化的风险加大。

第三，尼加拉瓜左翼执政党桑地诺民族解放阵线的执政难度增加。因对执政党社会政策不满，2018 年 4 月发生小型示威游行，随即演变成长时间的全国性抗议，并逐渐发展成旨在推翻总统奥尔特加政府的政治运动。大规模的反政府抗议活动造成数百人死亡，上千人受伤。尼加拉瓜危机由各阶层对执政党业绩不满而引发，是社会矛盾激化的缩影，加大了政府执政的难度。左翼政党长期执政的前景暗淡，这将会极大地增加"21 世纪社会主义"在拉美地区前景的不确定性。①

拉美地区"21 世纪社会主义"的实践难以突破现存体制的束缚。"21 世纪社会主义"在资本主义体制内进行变革和改良，其实践探索难以突破体制的约束，无法从根本上解决困扰拉美发展的各种问题，成长空间受到抑制。新世纪以来执政的"21 世纪社会主义"者，都是以和平与合法的斗争手段取得政权的，其执政后的改革和政策调整都是在现有制度和体制的框架内进行的。即使是被视为"激进"的委内瑞拉政府，虽然其政策调整力度和体制改革力度较大，但基本也是在宪法和法律制度的框架内进行的，没有超越和突破现存政治体制。迪特里奇认为，这些政府仍在实行"资产阶级的发展主义"，没有坚持反体制的政策，没有建立"新的革命国家"②。在委内瑞拉，即使执政党实力长期占优，也始终无法突破国内两大敌对阵营对垒的政治格局，不得不遵从现存体制的基本规则。委内瑞拉执政党虽极力推进国有化，但私有资本仍控制着近 70% 的国民生产总值，它们对金融、建筑、交通、服务等行业的垄断一直未被打破。在现存政治制度下，玻利维亚执政党既无法将体现"社群社会主义"本质特点的"村社所有制""村社司法"等关键内容写入宪法，更难以将其列入国家改革日程。2017 年科雷亚卸任后，执政党虽然高举"21 世纪社会主义"口号，但它既无力彻底变革现存政治制度，也难以在财产所

① 袁东振：《拉美政治生态的新变化与基本趋势分析》，《国际论坛》2019 年第 3 期。
② Heinz Dieterich, *No Hay ni Habra Socialismo en Venezuela*, http：//www.aporrea.org/ideologia, 21 de febrero de 2011（2016 - 11 - 12）。

有权与公民权利变革方面取得实质性突破。

多党制带来的制约，使拉美"21世纪社会主义"发展前景存在诸多不确定性。多党制在拉美逐渐成为主流，包括巴西、委内瑞拉、玻利维亚、厄瓜多尔在内的国家都实行多党制。在多党竞争环境下，所有政党都面临着其他政党的竞争，在多党竞争中求生存和发展，通过选举实现执政党更迭和政府更替是政治发展的常态。由于各政党的社会基础、执政理念、政策主张、党派利益各不相同，执政党更迭势必给拉美"21世纪社会主义"的实践探索增添不确定性。①

过分依赖魅力领袖所导致的潜在风险。魅力领袖对拉美"21世纪社会主义"发展具有巨大的推动作用，但过分突出魅力领袖个人的作用，往往会降低执政党的作用。一旦魅力领袖遭遇不测，社会主义事业将遭受较大损失。委内瑞拉执政党的指导思想和奋斗目标较明确，但在查韦斯去世后，该党缺乏坚强的领导集体，产生了不良的影响。厄瓜多尔和玻利维亚执政党内部关系比较混乱，成分复杂，派系众多，组织机构不健全，干部队伍不够成熟，纲领体系欠完善，党的前途和"社会主义"的命运过分依赖魅力领袖个人，党的事业有潜在风险。例如科雷亚卸任总统后，执政党内部发生分裂，给厄瓜多尔"社会主义"实践探索带来了许多障碍。2018年10月，厄瓜多尔通信部长米切莱纳甚至指责委内瑞拉奉行"骗人、腐败和杀人的21世纪社会主义"，完全背离了科雷亚时期的执政路线。

外部威胁带来的风险。在拉美"21世纪社会主义"实践探索中，遇到来自外部的诸多阻力。由于执政理念的不同，美国政府公开指责查韦斯及其"21世纪社会主义"实践，极力扶持委内瑞拉反对派。美国还通过多种途径，试图分化瓦解拉美左翼进步力量。在美国的支持下，玻利维亚、委内瑞拉等拉美国家的反对派一直都在聚集力量，伺机与执政党"血拼"，阻止"21世纪社会主义"政策的实施。在外部势力的配合下，玻利维亚反对派成功地把莫拉莱斯总统逼下台。可

---

① 袁东振：《拉美"21世纪社会主义"实践探索的困境与未来前景》，《当代世界社会主义问题》2016年第4期。

以预见，一旦反对派上台，拉美"21 世纪社会主义"的实践探索就会有逆转的风险。

总之，以"21 世纪社会主义"为代表的拉美地区民族社会主义，只是拉美地区社会主义的思想和实践长河中一种特定的思想理论与政策主张，以及在拉美数个国家的实践探索活动。无论在思想理论还是实践探索上，拉美"21 世纪社会主义"都欠成熟，甚至还引发了诸多争议；查韦斯、科雷亚、莫拉莱斯以及其他社会主义的倡导者，都没有能够对"21 世纪社会主义"进行全面的系统性的诠释；从某种程度上说，查韦斯等人所倡导的"21 世纪社会主义"实践探索基本上也是"摸着石头过河"[①]，缺乏长远的实施路径，最终效果不甚理想，难逃不断受挫甚至被中断的命运。

本章小结

进入 21 世纪以后，拉美地区出现新一轮民族社会主义思想理论和实践探索。此轮拉美民族社会主义兴起在特殊的国际、地区和国内条件下，具有其独特含义和特殊表现形式。以拉美"21 世纪社会主义"为代表的民族社会主义思想和理论源泉具有多元化特点，呈现出鲜明的批判性、替代性和民族性特征，对资本主义的否定和对新自由主义的批判、替代资本主义模式和新自由主义模式、强调社会主义的拉美本土性，是其基本与核心理论主张。拉美"21 世纪社会主义"提出了关于社会主义的新构想、建设蓝图和规划，强调其本土性特色及其与其他社会主义流派的区别，在一定程度上丰富了拉美地区的社会主义理论。然而，拉美"21 世纪社会主义"具有难以克服的时代局限性，有不可避免的理论缺陷，这些局限性和缺陷在一定程度上削弱了其理论体系的完整性和科学性，也加大了其实践探索的风险性。"21 世纪社会主义"在拉美国家的实践探索在短期内取得明显成效

---

① 袁东振：《拉美社会主义思想和运动：基本特征与主要趋势》，《拉丁美洲研究》2009 年第 3 期。

后，遭遇重大挫折，实施难度加大，甚至出现中断迹象和风险。拉美
"21 世纪社会主义"实践对拉美国家发展道路的探索、对拉美和世界
社会主义运动发展均产生了重要影响。从长远来看，拉美民族社会主
义思想和主张仍有进一步成长的空间，但受体制、政治环境、政策能
力和外部环境的制约，其发展前景有较大的不确定性。

第九章　21世纪古巴的社会主义及其趋势

古巴在拉美地区具有不可替代的重要性和特殊性。古巴是西半球第一个社会主义国家，也是唯一的社会主义国家。古巴共产党是古巴唯一的政党，也是长期执政的政党。长期以来，古巴是拉美地区左翼的重要精神领袖和大本营，对拉美地区共产党和左翼力量具有重要的影响力、引领性和塑造力。此外，古巴与美国的关系具有特殊性，对拉美地区地缘政治的塑造具有重大的关联性。因此古巴社会主义的发展对拉美地区社会主义发展、对地区政治都具有不可忽视的重要影响。

第一节　古巴社会主义发展的基本特点

古巴是较早传播社会主义思想、较早建立社会主义政党、较早进行社会主义实践探索的拉美国家之一。古巴在1959年革命胜利后逐渐走上社会主义发展道路，进行社会主义建设的初步探索，犯过"理想主义"的错误。1976年开始实施"经济领导和计划体制"，1986年开展"纠偏运动"，1990年宣布进入"和平时期的特殊阶段"，1993年开始实施改革和政策调整，2003年以后中止改革。20世纪70年代和90年代的两次政策调整为新世纪后的"模式更新"积累了经验，奠定了初步的思想、政策和策略基础。

一　古巴社会主义思想和运动的历程

19世纪中叶以后，包括马克思主义在内的各派社会主义思想在古巴得到一定程度的传播，并为一些先进阶层和人士所接受。社会主义思想的传播，推动了工人运动的兴起，以及社会主义政党和组织的出现。1892 年，何塞·马蒂（José Julián Martí Pérez，1853—1895）等人领导建立古巴革命党，并创办《祖国报》宣传民主主义革命思想，在工人中产生了一定的影响。由于该党存在着严重的组织和政治缺陷，其影响力逐渐减弱，党的组织也逐渐消失。1899 年，古巴一批进步知识分子着手建立工人党，后改称社会党，但该党也是昙花一现，寿命不长。1900 年，古巴又出现一个名为人民党的组织。1904 年巴利尼奥（Carlos Baliño López，1848—1926）等人又创建了工人党（Partido Obrero），自 1905 年起改称社会主义工人党（Partido Obrero Socialista）。1917 年俄国十月革命发生后，古巴的社会主义者受到很大的鼓舞，工人运动进一步发展，社会主义思想得到更广泛的传播。1925 年 8 月巴利尼奥同梅亚（Julio Antonio Mella，1903—1929）等人创建古巴共产党（Partido Comunista de Cuba，PCC），并决定加入共产国际。

　　古巴共产党建立后，开展各种形式的斗争，在争取民族独立，开展工人运动，维护劳工权益，参加议会选举，反对专制独裁统治等方面做了大量工作。1925 年古巴共产党参与领导成立第一个全国性的劳工组织——古巴全国工人联合会（CNOC）。20 世纪 30 年代初期，古巴共产党积极参加反对马查多独裁统治的斗争。① 这一时期，古巴共产党提出建立民主政府、改善劳动人民的生活状况、摆脱古巴对美国的半殖民地依附关系等主张。30 年代以后，古巴共产党在建立统一阵线方面进行了卓有成效的探索。1938 年 5 月，古巴共产党开始出版发行自己的机关报《今日报》，同年 9 月获得合法地位，1939 年改名为共产主义革命联盟（Unión Revolucionaria Comunista），参与制定了具有进步意义的"1940 年宪法"，并通过参加选举、加入政府等途径参政。在 1940 年大选中古巴共产党获得 10 个议会议席，在市政选举中获得 100 多个市议员席位；1943 年共产党人马里内略（Juan

---

　　① 马查多（Gerardo Machado y Morales，1871—1939）是 1895—1898 年古巴独立战争时期的将领，1925—1933 年任古巴总统。

Marinello Vidaurreta，1898—1977）出任古巴政府不管部长，成为拉美国家第一个出任政府部长的共产党人。

为了更有效地参加选举斗争，1944 年古巴共产党更名为古巴人民社会党（Partido Socialista Popular）。1952 年巴蒂斯塔通过政变再度上台后①，该党主张建立反对派统一战线，但反对进行武装斗争，主张以和平方式恢复"1940 年宪法"。直到 1957 年该党才开始改变策略，支持卡斯特罗领导的反政府起义军，并组织游击队从事反对巴蒂斯塔独裁政权的武装斗争。

1959 年 1 月古巴革命取得胜利，独裁政府被推翻。卡斯特罗及其所创建的"七·二六运动"②是革命的主要领导者，古巴共产党（人民社会党）在推翻独裁政府的斗争中并未发挥主要领导者的作用。革命胜利后，卡斯特罗不止一次地表示，古巴将在美苏之间保持等距离；在全世界的冷战中，他的心是"同西方在一起的"。卡斯特罗等古巴领导人都表示"古巴革命不是赤色的，而是橄榄绿色的"③；卡斯特罗宣称自己的意识形态是古巴至上，"不是共产主义，也不是马克思主义，而是在计划良好的经济下实行代议制民主和实现社会正义"④。当时美国驻古巴使馆在给国务院的报告中认为，古巴新政府"对美国基本上是友好的，并倾向于反共"；中央情报局局长杜勒斯也认为，"古巴政府并不是共产党控制的"⑤。革命胜利后，以"七·

---

① 巴蒂斯塔（Rubén Fulgencio Batista y Zaldívar，1901—1973 年），古巴军事领导人，1940—1944 年任古巴总统。1952 年通过军事政变再次成为古巴最高领导人，实行独裁统治。1959 年革命胜利后流亡国外。

② 当卡斯特罗领导的"七·二六运动"以武装斗争方式反对巴蒂斯塔独裁统治时，人民社会党虽然支持并参加了起义军的斗争，却没有发挥领导作用。古巴革命的最后胜利是在"七·二六运动"领导下取得的。"七·二六运动"是 1959 年古巴革命的主导力量。1953 年 7 月 26 日，卡斯特罗率起义军攻打蒙卡达兵营失败而被捕。1955 年 6 月获特赦后组建"七·二六运动"组织，随即流亡墨西哥。1956 年 11 月乘"格拉玛号"游艇从墨西哥返回古巴，开展反对独裁政府的武装斗争。后与另一革命组织"三·一三革命指导委员会"领导的义军汇合，开始解放全古巴的斗争。

③ 洪育沂主编：《拉美国际关系史纲》，外语教学与研究出版社 1996 年版，第 235 页。

④ 刘锐：《古巴，从繁荣走向贫困的孤岛》，http：//view. 163. com/special/resound/cuba20160324. html（2018 - 10 - 12）。

⑤ 徐世澄主编：《帝国霸权与拉丁美洲》，世界知识出版社 2002 年版，第 341 页。

二六运动"为主体组建的革命政府在政治、经济及社会领域开展大规模的民主改革，采取了取缔反动政党，废除反动法令，没收反动分子财产，解散旧军队，改变旧经济制度，建立新生产关系，实行土地改革，将本国和外国企业国有化，实施充分就业，免费教育和免费医疗，所有劳动者享受社会保险等一系列进步措施。

革命胜利后，古巴在极为特殊的历史条件和国际环境下逐渐走上了社会主义的发展道路，甚至带有一定的偶然性。① 如前所述，很显然，卡斯特罗领导的古巴革命只是一场民族民主革命，而非社会主义革命。然而，1959 年 5 月后美古关系开始恶化，冲突和矛盾加剧，推动古巴革命向社会主义方向转变。1959 年 5 月 17 日，古巴政府颁布土地改革法，征收了大量美国人拥有的农场和牧场，并拒绝美国提出的以现款支付赔偿的要求，而是以为期 20 年的债券形式支付赔偿，古美关系趋于紧张。1960 年 7 月，为了回击美国的经济压力，古巴政府把 26 家美国公司在古巴的财产和企业收归国有，引起美国资本家和美国政府的强烈不满。美国不仅担心自己在古巴的利益受损，而且害怕古巴政府的政策在拉美地区引起多米诺效应。于是便开始从政治、经济、外交、军事等各方面对古巴施加极大的压力②，采取敌视古巴新政府的态度和措施，甚至支持雇佣军武装入侵古巴，企图推翻古巴革命政府，扼杀古巴革命。面对美国的敌视和威胁，古巴最终倒向当时以苏联为首的社会主义阵营。

1961 年 4 月，卡斯特罗宣布古巴革命是"一场社会主义革命"③，宣布古巴是社会主义国家。同年 7 月，古巴三个主要革命组织"七·二六运动"、人民社会党、"三·一三革命指导委员会"合并成"革命统一组织"，1962 年 5 月改名为古巴社会主义革命统一党，1965 年

---

① ［美］托马斯·E. 斯基德莫尔、彼得·史密斯、詹姆斯·N. 格林：《现代拉丁美洲》，张森根、岳云霞译，当代中国出版社 2014 年版，第 144—154 页。

② 袁东振、张全义：《美国中央情报局对拉美国家事务的干预》，《拉丁美洲研究》2001 年第 4 期。

③ 菲德尔·卡斯特罗：《在敌机突袭遇难者葬礼上的讲话》，《卡斯特罗言论集》第二册，人民出版社 1963 年版，第 25 页。

10 月更名为古巴共产党。① 自此至今，古巴共产党成为古巴唯一的政党和执政党，古巴成为西半球第一个和唯一的社会主义国家。

二 古巴社会主义建设的初步探索

中外学者对古巴社会主义建设和发展的划分各有自己的标准。外国学者对古巴社会主义发展阶段的划分有其独特的合理性，可为我们认识古巴社会主义的发展历程提供参照。

（一）中外学者对古巴社会主义发展阶段的划分

2011 年古巴共产党召开"六大"，提出社会主义模式的"更新"，此后对古巴社会主义"更新"进程的研究成为国内外学界追踪的热点问题。2015 年 3 月，加利西亚国际文献和分析研究所（IGADI）发布题为"古巴社会经济模式更新"的研究成果，对自 1959 年古巴革命胜利以后 50 多年的社会主义实践模式经验做出概括和总结，将这一进程分为四个阶段，分析了每个阶段的一般特点和具体特性。② 第一阶段（1959—1975 年）是"自我社会主义"的探索阶段，主要任务是探索通向社会主义的新道路。第二阶段（1976—1990 年）是欧洲社会主义经验与古巴政治社会现实和经济方向相适应的阶段，古巴向真实的社会主义靠近。第三阶段（1990—2006 年）是所谓"和平时代的特殊时期"，主要任务是应对世界局势急剧变化特别是苏联东欧剧变冲击的影响，维持住社会主义政权。第四阶段（2007 年以后）是社会主义模式的更新时期，主要任务是开始和逐渐推进经济社会模式更新的进程。对于古巴的社会主义发展进程，外国学者也有不同的认识。阿基克（Dariela Aquique）主要依据外部环境的变化，将古巴革命和社会主义发展划分为 1959—1960 年、1961—1972 年、1972—1986 年、1986—1990 年、1991—2000 年、2000 年至今六个阶段，并主要从外部环境和生存条件的变化方面分析古巴社会主义模式的更新

---

① 1965 年古巴共产党重建后，1925—1962 年的人民社会党（及其前身古巴共产党）被称为原古巴共产党。

② IGADI, Cuba: actualización del modelo económico y social, 17 de Marzo de 2015, http://www.igadi.org/web/analiseopinion/ （2016 – 11 – 18）.

问题。① 中国学者毛相麟把古巴社会主义政治制度的建设分为社会主义民主政治制度的建立和运作（1959—1990）和特殊背景下社会主义民主政治制度的完善（1990 年以后）两个时期；把古巴社会主义经济建设的实践探索分为经济的社会主义改造（1959—1963），社会主义经济体制的探索、确立和运作（1964—1985），对经济体制的反思和纠偏运动（1986—1989），特殊背景下的改革（1990 年以后）等时期。②

（二）古巴对社会主义建设的探索

如前所述，革命胜利后古巴逐渐走上社会主义发展道路。1961—1963 年古巴对国民经济进行社会主义改造，扩大国有化范围、进行第二次土地改革、建立计划经济体制、加强与社会主义国家的经贸关系，宣布进入社会主义时期，并开始进行社会主义建设的探索。

1968 年古巴宣布开展"革命攻势"，开展全国总动员，倡导提高思想觉悟和无偿奉献；没收小商贩财产；提出把糖产量从每年五六百万吨提高到 1000 万吨，强调要充分利用蔗糖生产的比较优势，集中力量发展糖业，增加外汇收入，保障经济持续快速发展。1970 年"革命攻势"和"千万吨糖计划"失败。20 世纪 70 年代中期古巴领导人承认犯了"理想主义"错误，承认国家仍处在建设社会主义物质基础的第一阶段，需要建立与之相适应的政治和经济体制，并于1976 年开始实施"经济领导和计划体制"。这一体制是基于苏联的经验制定的，承认商品和价值规律在社会主义经济中的作用，重视企业自主权和物质鼓励。

1986 年卡斯特罗开展"纠偏运动"，否定了"经济领导和计划体制"，认为它照搬别国模式，在工作中滥用价格、利润、利息、奖金

①　Dariela Aquique，"Cuba, un Nuevo Modelo Económico o ¿Capitalizar el Entusiasmo de laIntegración Latinoamericana?"，Cuba in Transition，ASCE 2014. https：//www. ascecuba. org/ asce_ proceedings/cuba-un-nuevo-modelo-economico-o-capitalizar-el-entusiasmo-de-la-integracion-lati noamericana/（2017 – 10 – 19）.

②　毛相麟：《古巴社会主义研究》，社会科学文献出版社 2005 年版。由于此书出版时间较早，对 2003 年以后古巴社会主义的理论和实践论及较少。

等物质手段，削弱了政治思想工作，减弱和淡化了党的领导作用，出现了资本主义倾向。在"纠偏"过程中，古巴政府强调革命意识和精神鼓励，强化经济计划和管理的集中化，采取了关闭农贸自由市场和限制个体经济等措施。卡斯特罗认为，苏联和东欧社会主义国家的改革不适合古巴国情，古巴要奉行独立政策。

在 20 世纪 80 年代末 90 年代初苏东巨变的冲击下，古巴经济陷于困境和危机中。1990 年古巴宣布进入"和平时期的特殊阶段"。为应对苏东巨变后的严峻形势和各种威胁的增多，古巴共产党 1991 年召开"四大"，提出"拯救祖国、革命和社会主义"的原则和口号，制定特殊时期的内外政策：实行开放政策，取消对外贸易垄断权，实行外贸多元化，放宽外资条件，改善投资环境，还多次修改和补充《外国投资法》。从 1993 年开始进行经济政策调整，把国营农场改为具有合作社性质的农业生产合作组织，扩大个体经济，扩大企业自主权，允许美元在市场上流通，发展合作经济。

2003 年以后，持续 10 年之久的政策调整被叫停。卡斯特罗批评调整造成了扭曲和失误，产生非法致富、贫富差距拉大、腐败、盗窃等与革命原则不相符合的现象，并就此扭转了经济政策调整的方向。

20 世纪 70 年代和 90 年代的两次政策调整有很大的局限性，政策措施多限于应急，实质性转变不够。调整的重点在于应付经济困难和危机，缺乏长远的顶层设计或全局性观念，没有带来古巴经济和社会的深刻变革。尽管如此，这两次被中断的政策调整积累了经验，为新世纪以后古巴"模式更新"的启动奠定了重要的思想、政策和策略基础。

第二节 古巴社会主义实践的基本经验

对于古巴社会主义建设，学界有不同的评价。然而，古巴共产党在领导社会主义建设过程中积累了诸多经验，这些经验不仅对未来古巴社会主义建设有警示意义，也为其他共产党执政国家的社会主义建设提供了可以参考的素材。

一　对古巴社会主义的不同评价

古巴是西半球第一个也是唯一的社会主义国家，在世界社会主义运动以及当前全球社会主义版图中占有特殊的地位。但很长时间以来，对于古巴社会主义建设和发展有着不同评价，对古巴社会主义发展前景也有不同的看法。

赞成者认为，古巴共产党在面临美国封锁的不利条件下，不仅捍卫了社会主义国家政权，而且在医疗、教育等领域取得了举世瞩目的成就，实现了全民免费教育和免费医疗，不少指标甚至位居世界前列；经过几十年的社会主义建设，古巴大大提高了国民素质，实现了社会公正；国际地位得到明显提高，成为拉美进步力量的大本营；古巴共产党在执政党建设、治国理政方面积累了丰富的经验，为世界社会主义的发展做出了贡献。[①]

但也有不少人认为，古巴社会主义搞了几十年，在经济发展方面并不成功，社会进步也不充分。有人甚至对古巴社会主义提出了激烈的批评，在这方面，德裔墨西哥学者迪特里奇的观点较具代表性。他指责古巴的社会主义基本属于"历史社会主义"，不符合时代要求，指责古巴领导人"因循守旧"，攻击其"在20世纪社会主义失败面前"进行"自我辩护"[②]。特别是2010年以后，迪特里奇对古巴社会主义展开了毫不留情的批评。他认为，菲德尔·卡斯特罗在古巴建立的统治模式是斯大林模式：经济上实行苏维埃式的生产方式，是独特的非资本主义生产方式；政治上是共产党一党垄断权力，阻断了参与式民主和公共自治的可能性；这种模式的特点从来没有在古巴公众中进行过讨论，在政治和经济两方面从根本上偏离了马克思的"历史设计"；古巴模式虽然没有实行斯大林主义的国家恐怖主义，但照搬了苏联模式的经济政策，卡斯特罗从来没有对苏联的斯大林主义进行过

---

① 毛相麟：《古巴社会主义研究》，社会科学文献出版社2005年版。

② Heinz Dieterich, La Des-fidelizacion de Cuba, http：//www. kaosenlared. net/noticia/la-des-fidelizacion-de-cuba, 21 de septiempre de 2011 （2015–08–09）.

严肃批判，即便在苏联解体后也没有这样做。迪特里奇认为，古巴的传统模式"不再有效"，劳尔启动的"改革开放"意味着古巴在与卡斯特罗创建的古巴革命模式决裂。劳尔一方面试图在保持国家控制的基础上引入市场经济，允许个体经营；另一方面允许对党进行公开批评，打破了历史上的政治禁区。迪特里奇认为，当前的古巴与斯大林去世后的苏联和毛泽东去世后的中国类似，也面临着资本主义渗透和不可逆因素侵入的双重风险。人类社会发展的铁律是：一种模式的"创建者神话"的消失意味着新的变革出现，这正是古巴当前所面临的形势。

虽然这两种观点和认识都有一定的道理，但也有各自的立场或片面性，都不一定能全面、客观地反映古巴社会主义的成就和问题，但如果将这两种观点综合起来，我们就可以得出结论，即古巴社会主义建设既有成就，又有许多缺陷和不足，有不少亟待解决的问题，面临着不少需要应对的挑战。

二 古巴社会主义建设的基本经验

古巴共产党在社会主义建设过程中积累了多方面的经验，其中基本的有以下方面。

（一）将马列主义作为党的指导思想，坚持马克思主义的本土化

古巴共产党在建设社会主义的过程中，一直坚持把马列主义作为指导思想。古巴宪法和古共党章都明确将马列主义作为古巴共产党的指导思想。古共 1975 年党章规定，古巴共产党以马克思、恩格斯和列宁的思想为指导；1976 年《古巴共和国宪法》明确指出古巴共产党是"工人阶级和马克思列宁主义的先锋队"；1986 年古共"三大"通过的党纲以及随后的所有党纲都规定，古巴共产党的理论基础是马克思列宁主义。

古巴共产党强调和重视马克思主义的本土化，把马克思主义本土化的成果作为党的重要指导思想和原则。古巴共产党先后把马蒂思想和卡斯特罗思想融入党的指导思想之中，突出古共的民族性和

本土化。① 1975 年古共党章强调，古巴共产党是古巴人民革命传统的
继承者，马列主义是党的 "理论和行动指南"；马蒂思想是 "后来革
命者的旗帜" "古共继承了何塞·马蒂的思想"。1991 年古共 "四
大" 修改党章和党纲，把马列主义与马蒂思想一并作为古共的指导思
想，这也是古共第一次明确将马蒂思想作为党的指导思想。1992 年
古巴修改宪法，确认古巴共产党 "以马蒂思想和马列主义为指导"。
1997 年古共 "五大" 提出以 "马列主义、马蒂学说和菲德尔思想为
指导"，这也是古共首次明确把菲德尔的思想作为党的指导思想。②
2012 年古共第一次全国代表会议通过的《古巴共产党工作目标》指
出，古共是以马克思主义、列宁主义和马蒂思想为指导的党。③ 2019
年生效的古巴新宪法把马蒂思想、菲德尔思想和马列主义并列为党的
指导思想。④

　　在总结历史经验教训的基础上，古巴共产党在坚持马列主义指导
的同时，创造性地把马列主义与本国实际相结合，把马克思主义的本
土化成果作为指导思想，极大地丰富和发展了马列主义，使马列主义
在实践中获得源源不断的生命力，突出了古巴社会主义的民族特色，
为世界社会主义运动的丰富和发展、为世界社会主义实践的多样性做
出了特殊贡献。

　　（二）从自己的错误中学习，探索符合本国国情的发展道路

　　古巴共产党在领导本国社会主义建设过程中，经历了曲折历程，
甚至曾出现严重失误。但古巴共产党能及时总结经验，汲取教训，善

---

　　① 马蒂是古巴民族英雄，马蒂思想的精神实质是团结、共享、勤劳、智慧，建立劳动
者的共和国。马蒂思想一直鼓舞和激励着古巴人民进行反对外来压迫、维护民族独立、争
取社会进步的正义斗争，在古巴民众中有着深远的影响。

　　② 徐世澄：《卡斯特罗的人格魅力、思想和历史功绩》，《当代世界》2008 年第 3 期。

　　③ Objetivos de trabajo del PCC aprobados en la Conferencia Nacional, http：//www. cubad
ebate. cu/especiales/2012/02/01/objetivos-de-trabajo-del-pcc-aprobados-en-la-conferencia-nacional-
pdf/（2016 – 12 – 16）.

　　④ Constitución de la República de Cuba, proclamada el 10 de abril de 2019, https：//
www. gacetaoficial. gob. cu/es/constitucion-de-la-renublica-de-cuba-proclamada-el-10-de-abril-de-
2019（2020 – 01 – 10）.

于从自己的错误中学习，逐渐成长为成熟的执政党，成为国家无可替代的领导力量。

20 世纪 70 年代以前，由于执政经验不足，古巴共产党对形势的分析和对国情的认识有主观主义偏差，犯了理想主义的错误。[①] 在建设社会主义的初期或特定阶段，党的工作在指导方针上也出现过失误。古巴曾照搬苏联模式建立了以"计划体制"为特点的经济制度，使本国社会主义建设走了一些弯路，没有取得本应取得的更大成就。在经历惨痛教训后，古巴共产党开始强调从本国特殊国情出发建设社会主义。卡斯特罗多次强调，苏联和东欧国家社会主义国家的改革措施不适合古巴国情，古巴要奉行独立政策。根据国内和国际形势的变化，古共相继实施"经济领导和计划体制"（70 年代以后）和"纠偏运动"（80 年代）；为应对苏东巨变的冲击，1990 年宣布进入"和平时期的特殊阶段"。1991 年古共"四大"后开始进行经济政策调整。2011 年古共"六大"强调更新社会主义模式，调整计划和市场的关系，主张利用市场，走发展和振兴经济之路。2016 年古共"七大"讨论古巴社会主义"经济和社会模式的理论"（Conceptualización del Modelo Económico y Social Cubano de Desarrollo Socialista），以及国家中期发展目标、计划、重点和战略方向，评估"六大"《党和革命的经济社会政策纲要》执行情况，对党的工作目标进行评估。2018 年 3 月，古共七届五中全会重点讨论修改宪法问题，以便推动"更新"进程进入新阶段。2019 年 4 月生效的新宪法强调，古巴社会主义制度不可更改；继续确定古巴是法治、独立、主权、统一、民主的社会主义国家，增加并特别强调古巴是"法治"的社会主义国家的内容。

（三）坚持和不断加强党对国家和社会的领导，确保社会主义的发展方向

如前所述，古巴共产党是由对古巴革命做出重要贡献的三支革命

① 袁东振、杨建民等：《拉美国家政党执政的经验与教训研究》，中国社会科学出版社 2018 年版，第 253 页。

力量改组合并而成的。1965 年重组后至今，古巴共产党一直是古巴执政党和唯一的合法政党。2017 年前后有党员 67 万人，约有 5.45 万个党支部。① 古巴共产党一直坚持党对一切工作的领导，一直强调自己是古巴人民的先锋队，是社会和国家最高的领导力量。古巴宪法也明确了党在国家政治、社会生活中的领导地位。古巴共产党虽根据形势变化多次修改党纲，但党在国家政治、经济和社会生活中的领导作用这一条从来没有改变过。20 世纪 90 年代以后，古巴共产党强调在新的形势下必须坚持党的领导。1991 年古共"四大"关于修改党章和党纲的决议指出，古巴共产党是古巴社会的领导力量；古巴 1992 年修改后的宪法（第 5 条）规定：古巴共产党是"古巴民族有组织的先锋队，是社会和国家最高的领导力量，它组织和指导为实现建设社会主义的崇高目标和向共产主义社会迈进的共同努力"；是古巴社会和国家的最高领导力量。1997 年古共"五大"强调党是国家可靠的捍卫者和中流砥柱；党的领导是古巴的唯一选择；强调坚持古巴共产党的一党领导、不搞多党制的历史必然性和现实必要性。2012 年古共《第一次全国代表会议关于党工作目标的决议》强调党"最高领导力量"的地位；劳尔在大会上重申必须坚持党的领导，不允许"多个政党的合法化"，将坚持和"捍卫一党制"②。2018 年 7 月，古巴全国代表会议通过《古巴共和国宪法草案》③，2019 年古巴新宪法以全民公决的形式通过，新宪法重申古巴共产党是古巴社会和国家的最高领导力量。

（四）注重不断完善党内政治生活，加强干部队伍建设

古巴共产党注重不断完善党内政治生活，重视党内组织生活的正

---

① 7th PCC Congress Central Report, presented by First Secretary Raúl Castro Ruz, http://en.cubadebate.cu/news/2016/04/18/7th-pcc-congress-central-report-presented-by-first-secretary-raul-castro-ruz/（2016 – 08 – 20）.

② Raúl Castro, *Discurso pronunciado en la clausura de la Primera Conferencia Nacional del Partido*, en el Palacio de Convenciones, el 29 de enero de 2012.

③ Proyecto de Constitución de la República de Cuba, Artículo 5. http://www.cubadebate.cu/noticias/2018/07/30/descargue-el-proyecto-de-constitucion-de-la-republica-de-cuba-pdf/（2018 – 08 – 02）.

常化。古巴共产党曾于 1975 年、1980 年、1986 年、1991 年和 1997 年举行过党的代表大会，但在 1997 年之后的 14 年里，就没有再召开全国代表大会，党内组织生活很不正常，中央领导层的老龄化问题也越来越严重。2011 年古共"六大"提出要实现党内的组织生活正常化，并决定要定期召开党的代表大会，每年至少应召开两次中央全会；提出要限制干部任期，包括国务委员会主席和各部部长在内的党和国家高级领导人任期最多为两届，每届五年。2012 年《古巴共产党工作目标》提出了党在工作方法和作风、思想政治工作、党的干部政策，以及党与群众的关系等方面的具体目标要求，强调要确保干部具有牢固的专业基础、模范表现、优秀道德和政治思想品质；注重选拔与群众有密切联系、有实际工作经验的干部；注重选拔干部的业绩标准；加强对干部的培养，制定干部提拔政策。[1] 2016 年古共"七大"正式提出了干部年轻化问题，并建议进入古共领导层人员的年龄应不超过 70 岁，逐步实现领导干部年轻化，在今后五年内实现领导层新老交替。2018 年 4 月，在第九届古巴全国人民政权代表大会上，选举出迪亚斯—卡内尔为国务委员会主席兼部长会议主席，老一代领导人、前国务委员会主席劳尔和前第一副主席本图拉不再担任国家和政府行政职务，至此，古巴正式开始领导班子新老交替。[2] 这次"人代会"具有承前启后、继往开来的历史意义，标志着古巴进入"后卡斯特罗时代"，古巴共产党逐步解决了干部年轻化难题。

（五）坚持全心全意为人民服务的宗旨，不断夯实党的社会和群众基础

古巴共产党一直把群众路线作为党的重要生命线，把全心全意为人民服务作为基本要求；古巴共产党长期以来一直要求密切和改进党群关系，在党与群众组织的关系方面摆脱形式主义的困扰，不断夯实

---

① Objetivos de trabajo del PCC aprobados en la Conferencia Nacional, http：//www. cubadebate. cu/especiales/2012/02/01/objetivos-de-trabajo-del-pcc-aprobados-en-la-conferencia-na-cional-pdf/（2016 - 12 - 16）.

② 两人仍将分别担任古共中央第一和第二书记至 2021 年古共"八大"，届时再进行党的最高领导人的更替。

党的社会和群众基础。在党的建设特别是扩大党的社会基础方面，接受信教者入党堪称古巴共产党的一个创举。古巴革命胜利之初，教会敌视新政权，甚至参与反对社会主义的活动，政府与教会处于敌对状态。20 世纪 90 年代后，古巴的教会已发生根本性的变化，一些教徒积极支持和参加社会主义建设，拥护政府的方针政策，古巴政府与教会的关系得到改善，古巴共产党对宗教和信教者的态度也发生改变。1991 年古共"四大"修改党的章程，取消了对于"有宗教信仰的革命者不能入党"的限制性规定，凡符合条件的宗教人士，在接受党纲、赞同党的原则、拥护社会主义的前提下，可以申请入党。① 这些宗教人士入党后仍可继续从事宗教活动，但前提是不得影响党的工作；如果两者发生冲突和矛盾，须优先考虑党的需要。古巴共产党允许信教者入党的决定，是根据国内形势的变化，从天主教徒占人口多数的现实出发做出的抉择。这一决定扩大了党的社会基础和群众基础，改善了古巴共产党的国际形象，发展了马克思主义的宗教观。

（六）把推进反腐败斗争作为社会主义建设事业的重要保障

和其他长期执政的政党类似，古巴共产党在不同程度上也存在着体制僵化、监督机制不健全、制度的效率不高、党政关系不明晰等弊端。特别是在过去一段时间内曾实行高度集中的计划经济体制，这种体制不可避免地造成人浮于事、国有部门效率低下等后果。此外，长期的计划体制不可避免地造成过度集权和垂直化管理，加剧官僚主义习气。尽管古巴的"更新"进程有助于提高效率、减少官僚主义和完善监督机制，但党在长期执政环境下仍不可避免地受到官僚主义、形式主义和腐败作风的严重危害，肃清这些危害和不良影响，是其面临的艰巨任务和挑战。反对腐败因而也成为古巴共产党廉政建设的主要内容。

首先，高度重视反腐斗争的重要意义。古共一直强调加大与腐败、违法乱纪和不道德行为做斗争的力度，严厉惩处腐败行为。随着国内外形势的变化，特别是在古巴经济逐步开放后，腐败现象趋于严

---

① 毛相麟：《古巴社会主义研究》，社会科学文献出版社 2005 年版，第 228—231 页。

重，古巴领导人也越来越重视反腐斗争的重要性和必要性。1980 年卡斯特罗在古共"二大"报告中宣布要"应对一切腐败现象的挑战"。1986 年他在古共"三大"报告中强调："在腐败这个毒瘤尚未侵蚀党的肌体之前，必须将其切除。"2007 年劳尔执政后更加强调反腐斗争的重要性，2011 年他在古共中央六届三中全会上强调说，"腐败等于反革命""我们应根据法律，对腐败现象必须毫不留情，决不能袖手旁观""党在反腐斗争中应发挥主角作用"。2012 年 1 月，劳尔在古共全国代表会议上再次警告说，"腐败已成为革命的主要敌人之一"，呼吁全党与腐败现象做斗争，并坚信能赢得反腐斗争的胜利。2013 年 7 月，劳尔在古巴第八届全国代表会议第一次会议上严厉抨击古巴社会所存在的种种腐败和不道德现象，号召民众与这些恶行做积极的斗争。

其次，重视反腐败的法规建设。古巴共产党制定了一系列廉政规章制度。1996 年 7 月颁布《国家干部道德法规》，试图加强国家干部的道德纪律建设，最大限度地防止腐败的产生。古巴还制定了国家机关工作人员廉政规定，强调严惩贪污受贿行为。

此外，重视反腐败的组织建设。古巴设立专门的反腐败机构。古共设立中央、省和市三级纪律监察委员会。在全国范围内设立群众举报委员会，动员群众和全国代表会议代表对党员干部进行有效监督。2018 年《宪法草案》规定，设立全国检察委员会，加强纪检监察工作力度。

第三节　21 世纪后古巴社会主义
模式"更新"进程

进入新世纪后，古巴对社会主义的理论认识不断取得新突破，社会主义的"更新"实践不断推进，古巴社会主义的建设与发展呈现出一些新动向，古巴社会主义出现的这些新变化和新动向，也引起国际学界的广泛关注。

一　国际学界对古巴社会主义模式"更新"的评论

2015 年以后，西班牙学者乌哈特（Luismi Uharte）连续发表《古巴的权力集团、社会阶层及经济变革方向》[①]《面向经济变革的古巴》[②] 等一系列文章，对古巴学者和官员在古巴经济变革问题上的观点做了综述和评论，涉及古巴国内围绕经济变革的争论、经济变革的社会条件、变革方式的选择、变革的基本方向等重要问题。乌哈特文章中的主要内容和观点代表了国际学界对古巴社会主义更新的基本评价。

（一）在经济变革问题上古巴国内有三派不同立场和主张

2007 年劳尔·卡斯特罗主政后，古巴政府实施一系列经济变革的新政策。2011 年古巴共产党"六大"以后，经济模式转变进程加快，开始为新经济模式奠定根基。然而，无论是古巴政府的新政策，还是古巴经济模式更新的方向，在国内外都引起了广泛的讨论，出现不同的观点和政策建议。有人认为，劳尔的政策类似列宁在 20 世纪20 年代所推行的"新经济政策"，即国家向私人部门让渡部分空间，而不是向其移交经济的管理权。但现实情况往往更为复杂，各社会阶层、各部门在经济社会政策问题上存在不同观点，各派展开了激烈的争论和讨论。

在经济变革的方向问题上，古巴国内有三个主要派别或三种不同的观点。第一派是所谓的"国家主义论"。认为"更新"是一种"暂时的让步"，是"战术性妥协"。这派观点有"亲苏联"的传统特征，在官员和官僚机构中的影响较大，在所有社会阶层中都有一些支持者和同情者，在老年民众中影响更大。这些人或者害怕失去革命的社会成果，或者认为这是维护秩序和安全的需要。

第二派是"经济主义论"。这派观点赞同邓小平"不管黑猫白

---

① Luismi Uharte, "Grupos de poder, estratos sociales y orientación del cambio económico", http：//www. rebelion. org（2016 – 11 – 12）.

② Luismi Uharte, "Cuba ante el cambio de modelo económico", http：//www. rebelion. org（2016 – 11 – 16）.

猫，抓住老鼠就是好猫"的所谓"猫论"。其中许多人赞成自由主义经济政策，认为变革就是创造财富，提高效率。这派观点主要在企业界占上风，在一些特定阶层特别是在个体经营者中影响较大，在企业管理者、学术界特别是经济学界也有众多的支持者。有越来越多的人把"经济主义论"的政策建议看成是解决古巴经济低效率问题的途径。

第三派是"左派论"，所谓的左派包括古巴共产党内的左派、自由主义左派、无政府主义左派和社区左派等。"左派论"支持变革，认为社会主义不仅仅是公平分配，还是一种水平式的管理模式，是劳动者直接的参与；变革的目的是建设"自治的社会主义"，主张社会主义的"去国家化"。虽然支持"左派论"的人在数量上不占优势，但其在知识界影响巨大。与"国家主义论"和"经济主义论"两派不同，持"左派论"的人通常不在权力机构之内。乌哈特认为，支持"左派论"的人数量较少，主要源于古巴人对其所主张的"自治观"认同度较低，因为自 1959 年古巴革命以来所有自治管理的经验都不是很成功，效果不理想。

（二）古巴在经济变革问题上出现争论的社会背景

古巴在经济变革问题上出现争论的社会背景非常复杂，总起来说是源于 20 世纪 90 年代初"特殊时期"开始至今 20 多年间逐渐形成的社会环境特点。这些条件决定了古巴经济变革进程的不可逆性。具体有以下四个方面：其一，应对人口增长减缓和年龄结构变化的挑战。古巴的人口和社会经济具有独特性，融合了"第一世界"和"第三世界"的特点。一方面，在人口预期寿命、婴儿死亡率等指标方面，古巴甚至超过一些发达国家。另一方面，古巴人有向外移民的愿望，人均收入水平较低，具有发展中国家的特点。上述两个特点造成古巴人口老龄化和人口出生率下降。今后 20 年内古巴经济自立人口将仅占总人口的 1/3 强。为了支撑非经济自立人口比重较高的负担，古巴必须构建新的生产发展模式，推进经济更新与变革进程。

其二，应对向外移民现象的加剧。古巴虽然将大量公共资源投入人力资源培训上，但仍有很多古巴人希望去国外寻求更好的生活条件，造成严重的向外移民现象。古巴向外移民不仅流向发达国家，甚至也希望向其他拉美国家移民，这在以前是不多见的。为了减低智力人才外流，特别是减少青年人外流，需要在古巴进行有效的经济变革。

其三，应对不平等现象的增加。不平等现象增加在古巴是一个不可忽视的事实。有学者认为，古巴的基尼系数由20世纪80年代的0.24增加到0.38，与此同时，贫困率从6%增加到20%。古巴在应对不平等问题上面临着巨大挑战，因为在经济政策的选择方面，必须避免走两个极端。一方面，不应该回到"忽视生产的平均主义"；另一方面，也不能加重20世纪90年代经济改革进程中所产生的那种不平等现象。

其四，缓解日常生活的困难。日常生活必需品缺乏现象在古巴持续了多年，已引起相当多民众身体、心理和情感上的厌烦。劳尔上台后启动的全国性经济社会政策大讨论非常有意义，共有500多万人参与，讨论的目的是了解人民的真正诉求。结果显示，民众居前五位的诉求是工资水平、食品价格、交通、住宅、娱乐场所不足。这些诉求都是民众日常生活中的基本问题，显示了现行模式的结构性缺陷，与"华盛顿共识"及古巴国内反对派组织的反政府活动没有关联性。因此，为了满足日常生活的基本需求，必须克服巨大困难，推进变革，有效解决日常生活品的缺失。

尽管在经济变革问题上有不同的观点和政策主张，但古巴社会各界在传统经济模式陷于困境这一基本问题上有着共识，因此古巴经济变革和更新具有不可逆性。无论是政治精英还是基层民众，或是学术界，都认为传统模式已经难以为继。为了消除古巴传统模式中过度集中、国家包办、不可持续的大规模补贴、工业和农业资本化程度极差等弊端，除了改革或更新外，已别无出路。上述共识是推进古巴经济更新的基本动力。古巴最高决策层之所以积极推进更新，主要是因为其已经认识到古巴经济存在"结构性问题"。以前，古巴政府通常会认为国内经济危机是由外部因素引起的（如社会主义阵营的瓦解，美国的封锁等），现在则认为危机主要是由内部问题引起的，化解危机的途径是进行内部革新或更新。

（三）古巴模式更新的选择

在古巴模式更新的讨论过程中，不仅在经济变革的方向问题上有争论，在是否借鉴外国模式问题上也存在不同看法。许多人将古巴与中国和越南进行比较后认为，中国模式和越南模式在古巴均不可行。一是古巴不会采用中国模式。中古之间国情不同，在人口规模、地缘战略地位、产业能力、社会政策方面差距很大。二是越南模式也难以成为古巴道路的参照。古巴虽与越南的相近性大一些，且有共同的与美国帝国主义斗争的历史，但两国在经济结构（农业基础）、劳工文化等方面存在巨大差异。三是古巴不会恢复资本主义。因为地缘和历史的原因，在"世界体系论"的条件下，古巴不大可能恢复资本主义，因为古巴官方认为，恢复资本主义"意味着会有更多的贫困，将会失去公费医疗"等社会福利。四是古巴模式更接近于拉美地区的新发展主义政策模式。新发展主义政策模式是指拉美地区的一些进步政府在社会政策领域实施再分配政策，但在经济领域实施新发展主义政策。但与拉美新发展主义不同的是，古巴更具政治优势，即政策可控，能继续对经济实行控制。五是古巴的拉美观发生了变化。以前古巴认为应该输出革命，而现在则认为古巴和拉美国家应相互学习。

（四）古巴经济更新的基本方向和本质特征

古巴经济更新的基本方向和本质特征有以下几方面：

第一，明确经济更新的社会主义性质。2007 年以来，古巴政府实施一系列经济政策，在经济转变过程中，最主要的概念是更新，古巴最高层明确更新的目标不同于苏东地区转向资本主义，古巴的经济更新是社会主义性质的变革。

第二，如何推进新模式。推进新模式的主要机制是推进分散化、非国家化和财富分配。管理的分散化是这一进程的关键，管理的分散化不是为了实行私有化，而是为了获得更高的效率。具体办法有两个：一是把决策权向各企业转移，使其更具参与性、竞争性和自给自足性。与此同时，赋予市政更多的权力。二是推进财产的"部分去国家化"和分散化。古巴官方认为，非国家所有制的两种财产形式

（合作制和个体经济）是必要的和补充性的；对个体经济的看法已发生根本性变化，认为个体经营者是新模式的另一个因素，把它看成是发展的动力，改变了先前认为个体经济是"较小罪恶"的偏见。

第三，更新具有艰巨性和深刻性。许多古巴学界和政界人士认为，古巴经济模式面临着1959年革命以来前所未有的变革；经济更新是深刻的，"是整个革命历史上最为复杂艰巨的任务"；更新是历史性的，将带来"深刻的体制变革"，在实现经济变革的同时，也将发生政治和思想的深刻变革。

第四，更新的基本趋势与速度。从短期来看，分散化和"去国家化"进程将缓步推进，但不会停止，因为更新速度是一把双刃剑，如果速度过快，许多问题就会难以管控。古巴官方既注重提高经济模式的效率，又确保不会像前东欧社会主义阵营那样滑入资本主义的"灾难"中。

二　古巴的社会主义模式"更新"实践

2006年7月，劳尔接替卡斯特罗担任古巴党和国家的最高领导人后，进行了大量调研工作，提出要进行"结构变革"和"观念变革"，并就变革问题在党内进行公开讨论，提出要把政府工作的重点转移到经济工作上来，为改革和革新做好充足的思想准备。2011年4月，古巴共产党召开已经推迟了7年之久的"六大"，通过了《党和革命的经济社会政策纲要》（以下简称《纲要》），提出要"更新"社会主义经济模式，推进"模式更新"（actualización del modelo），规划了"更新"要坚持的基本原则、目标和蓝图：保持社会主义制度的持续性和不可逆转性，促进国家经济发展和人民生活水平的提高，培养公民的伦理道德和政治价值观。《纲要》强调古巴是以计划经济为主的社会主义国家，提出在坚持社会主义原则和社会主义所有制为主体的前提下发展其他所有制形式，使所有制形式多样化；考虑市场的影响，承认并鼓励外资企业、个体劳动者、合作社、土地承包、租赁等其他所有制形式；实行"按能力和劳动"进行分配的原则；继续保留免费医疗、免费教育等革命的成果，但要减少或取消不必要的社会开支。《纲要》列举了更新的具体措施：完善就业结构，减少冗员；开放私营部门、扩大个体劳动者的经营范围，并向其提供银行贷款和允许其进入原材料批发市场；深化农业改革，进一步推行土地承包；进一步吸收外资，增加出口等等。①

随后古巴政府陆续出台一系列"更新"措施，如制定五年计划，实行货币和汇率并轨的改革，实行国有企业改革，提高国有部门效率，放松个体经营限制，强调市场因素的作用等；修改税法、外资法、劳动法，出台新移民法，努力为经济发展和外国投资创造新的机会。2016 年 4 月古共"七大"召开，讨论了古巴社会主义经济和社会模式的理论，以及国家中期发展规划、目标、具体措施和重点。经过数年"更新"进程的实践探索，古巴的政治、经济和社会条件以及古巴共产党的执政方略都已发生重大变化，对现行宪法的修改不得不提上党和政府的议事日程。2018 年 3 月古共召开七届五中全会，除讨论总结《纲要》所提出的模式更新实施情况外，还重点讨论修改宪法问题，"更新"进程进入新阶段。与古巴以往的政策调整和改革相比，2011 年以来的模式更新在思想准备上更加充分，具有顶层设计或全局性观念，策略和政策谋划更加成熟，后续手段更加系统，因而具有不可逆性。

三　古巴社会主义理论认识的新突破

与以往的革新、改革或政策调整相比，2011 年以来古巴社会主义模式更新，是在对社会主义的理论认识不断取得重要突破的基础上实施的。古巴共产党和政府对社会主义理论认识的新突破主要体现在以下方面。

明确了社会主义模式更新的本质。古巴党和政府为"模式更新"做了充分的思想和策略谋划，明确了"更新"的本质，在充分的思想准备的基础上，确定了更新的渐进战略。古巴共产党强调"更新"

---

① 杨建民：《古巴"更新"社会主义经济模式与中古关系》，《拉丁美洲研究》2014年第 2 期。

进程既不能冒进也不能停顿；更新不再是"进一步，退两步"的暂时调整，不再是向资本主义的"策略性让步"，更不是实行"休克疗法"，而是"进两步，退一步"或是"一步更进一步"的渐进战略；强调经济模式更新不仅仅是经济领域的变革，而是全方位多领域的变革；更新不仅是经济形势所需，而且是政治转变的需要，涉及政治、经济和社会等多个领域，包括精简国家机构、扩大非国有部门，推动权力分散化、扩大地方政府和企业的权力，减少官僚权力、加强法治、政策与法制并重；党政分开、政企分开，宪法改革、整合政府机构、裁撤冗员等十分丰富的内容。由于有明确的思想和策略支撑，古巴"更新"社会主义模式的进程得以全面推进。[①]

对社会主义经济体制问题的认识有所突破。古巴共产党和古巴政府确认公有制的主体地位，强调继续以计划经济为经济管理的主要手段，将国有企业作为国家经济最为重要的主体，赋予国企更大的经营自主权。与此同时，承认各种形式的所有制并存（全民所有制，合作所有制、混合所有制、政治组织所有制、群众和社会所有制、私人和个人所有制），为小农制和个体经济提供法律保护；承认国家的根本目标包括实现个人和集体经济的繁荣。[②]

澄清了在生产资料所有制、市场作用等问题上的模糊认识。2018年的古巴新宪法草案确定，基本生产资料全民所有制和经济的计划指导是经济模式的基本原则，但承认其他所有制形式的存在与合法性，承认不同财产所有形式，国家鼓励更具有社会特点的所有制的发展。与此同时，在承认市场作用问题上取得实质性突破。长期以来，古巴共产党不承认市场的作用。但古巴共产党2011年以来的重要文件以

---

① 杨建民：《古巴"更新"：探索新的社会主义发展模式》，《国外理论动态》2018年第3期。

② 古巴一位重要的理论家认为，古巴社会主义更新的实践已经走在理论前面。古巴当前的有些变化是自然的，没有理论，需要理论工作者提出相关的理论，为更新实践提供依据和支撑。这位理论家还提出，所有制不是社会主义的标准；社会主义这个词被滥用了，在涉及古巴时，必须加上古巴革命。社会主义是一个手段，是一个工具，改善和提高人民的生活，建设公平富裕的社会才是目标。（2018年10月17日中国社会科学院代表团在古巴哲学研究所同古巴学者的座谈。）

及 2018 年宪法草案都承认市场的作用，承认个人可拥有财富，但反对财富的过于集中，肯定外资在发展经济中的作用。①

明确古巴社会主义法治国家建设的目标。以卡斯特罗为代表的古巴老一辈领导人德高望重，在人民群众中享有崇高的威望和权威。而新一代领导人则缺乏老一辈领导人那样的个人魅力，更多地依靠制度、依靠法制来治理国家，而制定新的宪法是古巴依法治国的重要步骤。2014 年 6 月，劳尔·卡斯特罗主持的修宪筹备组在专家的帮助下开始修宪进程，制定了相关修改宪法的法律草案，提供给古共中央全会和政治局讨论。2018 年 6 月，古巴第 9 届全国代表会议召开特别会议，决定正式开始修宪进程，成立以劳尔为主席的修宪委员会。修宪委员会根据古共六大、七大的有关文件、方针、政策，在古巴现行的 1976 年宪法基础上，参考世界各国制宪经验，完成了宪法草案的起草工作。新宪法草案在一些原则性条款上保持了原宪法的精神②，如继续强调古巴社会主义制度的不可更改性，重申古巴共产党是古巴社会和国家的最高领导力量；确定古巴是法治、独立、主权、统一、民主的社会主义国家，强调古巴法治国家的性质和特点，并在建设法治国家方面出台了许多新措施，预示着古巴将进入法治国家的新阶段。

第四节　21 世纪古巴社会主义的基本趋势

21 世纪古巴社会主义建设既面临着一系列有利条件，也仍有诸多阻力和困难。古巴社会主义在保持历史连续性的基础上继续出现一些新变化，展现出新的发展趋势。

---

① *Proyecto de Constitución de la República de Cuba*，http：//www. cubadebate. cu/noticias/2018/07/30/descargue-el-proyecto-de-constitucion-de-la-republica-de-cuba-pdf/（2018 – 08 – 02）.

② 1976 年宪法曾在 1992 年、2002 年做过两次修改。2002 年的宪法修正案，确定古巴宪法所规定的古巴社会主义制度的不可更改性，强调"古巴永远不会回到资本主义社会"，并建议"将社会主义性质和政治、社会体制宣布为不可更改"。

一　古巴社会主义建设的有利条件

21世纪古巴社会主义建设和发展面临着一系列有利条件。第一，在相对有利的环境中顺利实现领导班子的新老交替，为改革和更新提供了重要的领导保障。自2007年以来，经过精心准备和筹划，在政治和社会相对稳定中，新一代领导班子逐渐形成，新老交替顺利实现。古巴共产党继续坚持社会主义方向，党的领导坚强稳固，政权基础相对牢固。在老一辈革命家的主导下完成领导班子的新老交替，有利于古巴社会主义建设和发展的连续性，为社会主义更新进程按照既定的路线展开提供了组织保障。

第二，社会各界就更新和改革问题达成广泛共识，规避了未来更新进程发生反复的风险。20世纪70年代和90年代的两次改革或政策调整之所以出现反复，是因为改革是由领导层特别是最高领导人个人决定的，缺乏广泛的社会共识。而此次更新则力图在所有重要问题上达成最广泛的社会共识，避免政策出现摇摆。在古共"六大"召开前，古共中央号召全国人民对《纲要》草案和即将进行的模式更新进行大讨论，"六大"吸收了社会各界的意见和建议，最终通过的《纲要》共313条，比原草案增加了22条。为了加强对更新进程的领导，古共还史无前例地召开了第一次全国代表会议，提出了党在各方面的具体工作目标，为模式更新做了充分的组织准备。在经过数年的精心准备和内部讨论，并达成广泛的共识之后，古巴共产党才正式推出关于更新的文件。2018年古巴开始修改宪法，新宪法草案共224条，比现行1976年宪法增加了87条，对原宪法（共137条）中的113条做了修改，取消了11条，宪法内容修改之全面前所未有。宪法草案由全国代表会议通过后，于8月11日至11月15日提交全民进行讨论。约有900万人参加了对宪法草案的讨论，提出了修改意见和建议。新宪法起草委员会根据民众的意见，对草案60%的内容做了修改，之后，提交全国代表会议第二次会议讨论。2018年12月22日，第九届全国代表会议第二次会议与会的583名代表（共有代表605名，22人缺席）一致通过古巴新宪法草案的修正案，决定将新宪法草案修正案提交 2019 年 2 月 24 日举行的全民公决通过。

第三，更新的理论准备更加充分。经过数年的讨论和更新实践，古巴共产党和古巴社会在对社会主义的认识方面更加深刻，抛弃了一系列陈旧的观念和思想。在多种所有制共存、外资的作用、市场的作用、党与政府的关系、党与企业的关系等问题上有了全新的认识，为更新进程的不断深入提供了思想和理论基础。

第四，古巴共产党对更新的信心更加坚定。近年来，古巴共产党密切与中国共产党、越南共产党的党际交流，对中越等社会主义改革的经验进行了深入的研究。通过对中越等国家改革经验及本国社会主义建设经验教训的总结，古巴共产党意识到不进行更新，社会主义制度的优越性就难以充分发挥出来，更新是古巴社会主义发展的必由之路，进行更新的决心和改革的信心更加坚定。

第五，美古关系的改善为古巴社会主义模式更新提供了相对有利的环境。长期以来，美国采取了敌视古巴的政策，对古巴进行政治、经济和金融封锁，在国际上最大限度地孤立古巴，致使古巴社会主义建设长期处于相对不利的环境中。奥巴马执政后期，美古关系取得突破性进展，正式恢复了外交关系。美古关系正常化进程为古巴改革提供了较为有利的外部条件，外部压力缓和。虽然特朗普执政后对古政策出现停滞甚至回摆，但古美关系长期改善的态势已很难逆转。近年来，在拉美国家的支持下，古巴已经回归拉美大家庭，并积极参与地区性事务，地区环境也有明显改善。

二 古巴社会主义发展的基本走向

古巴社会主义将会在延续中创新。所谓延续是指古巴社会主义的性质和方向不会变，共产党的领导不会变；所谓创新是指古巴的法制化程度将逐渐加强，制度化水平将不断提高。无论是延续还是创新，都可从 2019 年古巴新宪法中得到体现。

其一，社会主义的性质和方向将得到延续。新宪法重申古巴社会主义的本质属性和基本原则，强调古巴政治、经济和社会制度的社会主义特点；坚持基本生产资料社会主义全民所有制和计划经济仍然是本质原则；强调计划经济是社会经济发展指导制度的核心成分，国家领导、调节和管理经济活动，协调经济活动、服务社会，协调国家、地区和公民利益。这些都是数十年来古巴共产党在领导社会主义建设中一直坚持的基本原则。可以预见，古巴将坚定地继续坚持社会主义制度，保持社会主义制度的持续性和不可逆转性。

其二，坚持和改善共产党领导的宗旨不会改变。新宪法突出共产党的领导，强调古巴共产党是社会和国家的最高领导；与此同时强调党要具有民主的特点，应与人民群众保持联系。古巴共产党是古巴的唯一政党，也是长期的执政党，是古巴社会主义道路的开创者和领导者。古巴社会主义的模式更新和政策调整，必须以共产党执政为前提，这也是古巴共产党和政府的底线。无论是在过去的社会主义革命和建设过程中，还是未来的改革或更新进程中，古巴共产党都会坚守这个底线，不会轻易进行自我否定。

其三，法制化程度将得到逐渐加强。新宪法强调，法治国家是宪法的最重要原则，明确了宪法的至高无上地位，明确依法治国是方向。第一，强调所有人都应遵守宪法。国家机构和领导机构的法令、官员和工作人员的行为都要遵从宪法的规定。国家机构和工作人员要按照宪法的规定，尊重人民、为人民服务，与人民群众保持密切联系，接受人民的监督。第二，强调保障公民依法享受的权利。新宪法规定，因国家工作人员、官员、机构和领导人在履职过程中玩忽职守而使权利受到损害的人，可以向司法机关申请恢复权利，获取赔偿。第三，调整党与政府、政府与企业的关系。国家不承担企业的责任，企业也不承担国家的责任（企业自主）。重视工人在指导、调节和管理经济活动中的作用。第四，建立常设的负责选举事务的全国选举委员会，专门负责选举事务，组织、指导监督选举，组织全民公投，解决选举争议。该机构具有自主权，对全国代表会议负责。第五，建立国家总检察院，完善和发挥监察机构的职能。上述规定如能得到有效落实，必将极大地加大古巴的法制化程度。

其四，制度化水平将不断提高。古巴党和政府将进一步致力于增进制度的活力和效率，提高制度化程度和水平。古巴新宪法对政治经济体制改革做出创新性规定。在政治体制方面，提出设立总统、副总统和总理职位，明确其分工①；确定国家领导人任期制，总统最多可连任一届，每届 5 年；改组国家机构，国务委员会将成为全国代表会议的常设机构，国务委员会主席、副主席和秘书职务由全国代表会议主席、副主席和秘书兼任；注重增加地方机构的权力，取消各省的人民政权大会，设立省政府和省级委员会；各市获得更大的自主权。这些措施将对改变长期以来制度僵化、缺乏活力和效率的状况，增进国家治理的制度化程度起到积极的推动作用。

迪亚斯—卡内尔在 2018 年出任国务委员会主席兼部长会议主席后表示，将忠于菲德尔·卡斯特罗和劳尔·卡斯特罗的教导，继续推进古巴革命和社会主义事业，继续贯彻执行古共六大和七大制定的纲领，继续推进古巴经济和社会模式的更新，不改变古巴的外交政策，强调将加强集体领导，扩大人民参政。根据古巴的历史传统和现实，从卡内尔的言论中可以断定，古巴新领导集体将不会脱离卡斯特罗和劳尔领导制定的古共纲领、基本方针和基本路线。但将在完善社会主义民主、加强集体领导、完善党内政治生活、推进社会主义模式更新、加大所有制改革、发挥市场作用、完善经济结构、改善民生、开展对外经济合作等方面采取一些更加具体的政策和措施。

三 21 世纪古巴社会主义面临的阻力和困难

21 世纪的古巴社会主义建设虽然面临着一系列有利条件，但仍有诸多阻力和困难。

（一）古巴共产党和政府在思想认识上仍存在局限性

古巴共产党和政府虽然在对社会主义的认识上取得了巨大突破，不再排斥市场的作用，承认所有制形式的多样化，允许个体经济和合作社经济等非公经济形式的存在，承认非国家所有制包括私人所有制的作用，但仍然没有明确承认市场经济，仍然强调古巴是以计划经济

---

① 1976 年古巴取消总统制，改为国务委员会主席（国家元首）兼任部长会议主席（政府首脑）的体制。

为主的社会主义国家。古巴的新外资法出台了大规模减税、保护投资者利益等方面的相关措施，新宪法规定国家保护外国投资，显示了古巴政府改善投资环境的决心，但相关细则还不是很明确，难以消除外资方的所有疑虑，仍需要补充完善具体措施和条例。古巴对于土地所有权和使用权有着严格的限制。由于思想认识上仍存在局限，虽然古巴国内政治、经济形势发生了很大变化，市场化方向已不可逆转，但仍难以摆脱渐进的方式，从传统计划经济模式向市场经济模式的转化将是缓慢和渐进的过程。

（二）对改革消极后果的恐惧依然存在

古巴共产党对改革的消极后果仍有疑虑和担忧。随着经济政策调整和更新进程的持续推进，市场因素的影响不断扩大，特别是个体经济的发展造成社会不平等现象及贫富差距扩大。此外，贫困现象也有所加重，仅凭工资收入不足以在市场上买到更多的商品。收入差距越来越大，造成居民在心理上缺乏安全感，在一定程度上危及社会稳定。特别值得警惕的是，随着更新进程的不断深入，社会领域的改革将不可避免地被触及，而社会领域的改革将加大社会不稳定的风险。长期以来，古巴实行全民福利政策，全民享受免费教育和免费医疗，教育、医疗、住房开支基本上由国家负担，水、电、煤气以及公共交通等其他日常生活开支也很低，食品和日常生活必需品等居民基本消费品定量低价供应。长期的普遍福利政策已经成为全民的习惯。但随着更新进程的深入，社会领域的改革也不可避免地会被实施。而社会领域改革更为敏感，特别是任何削减福利的措施都会引起民众的忧虑或不满，进而增加社会的不稳定风险。这种隐患和风险会在很大程度上制约古巴政府的决策。

（三）外部环境不利的威胁

古巴国内市场较小，能源和资源稀缺，经济发展严重依赖国外市场。古巴从能源资源到农业产品都需要进口，经济较脆弱，容易受到国际政治、经济环境变化的影响。古巴是一个小国，也是西半球唯一的社会主义国家，临近强大的美国。在建设社会主义的进程中，长期遭受美国的敌视和政治经济封锁，外部压力一直较大，外部环境相对不利。美国长期的封锁政策加剧了古巴的外部风险。1992 年的"托里切利法"和 1996 年的"赫尔姆斯—伯顿法"强化对古巴的封锁，规定对与古巴做生意和在古巴投资的外国企业实施拒发入美签证、禁止其船舶在美港口停泊等制裁措施，对古巴同美国之外的国家进行经贸往来设置许多障碍，使古巴在国际上处于被孤立的状态。2014 年 12 月，古巴和美国同时宣布开启两国关系正常化进程并展开对话，两国持续了 50 多年的敌对状态逐渐缓和。2015 年 4 月，奥巴马总统与劳尔主席在巴拿马出席第七届美洲国家首脑会议期间实现"互动"，这是古美这对"宿敌"对抗 50 多年后其最高领导人的首次会晤，随后两国正式复交。尽管古美关系出现改善迹象，但双方在民主、人权、政治和社会制度等一系列重大问题上还存在分歧，美国在政治上特别是人权、民主、释放政治犯和自由选举等方面继续对古巴施压。美国对古巴的经济封锁和制裁在短期内难以完全取消。特别是特朗普政府执政后，从前任政府的立场上倒退，强化对古巴的压力，致使美古关系出现全面倒退。在此情况下，古巴对美国不得不保持应有的警惕和担忧。2019 年古巴新宪法重申要强化防演变、反侵略能力。对外部环境特别是美国因素的担忧，会在较大程度上制约古巴更新进程的深度和广度。

（四）需要应对的执政难题增多

古巴社会主义建设和发展是在共产党长期执政的条件下进行的。在一党长期执政的环境下，古巴在不同程度上存在体制僵化、监督机制不健全、制度效率不高、党政关系不明晰、国有部门效率低下、官僚主义习气重等弊端。尽管"更新"进程有助于提高效率、减少官僚主义和完善监督机制，但"更新"进程中还会出现新的矛盾和新的冲突，还会出现许多新的执政难题。这些都对古巴共产党的执政能力提出了新的要求和新的考验。

（五）党的建设的任务仍然艰巨

世界历史发展经验表明，在长期执政环境中，任何政党如果缺乏监督或党的建设缺失，都容易滋生官僚主义和腐败作风，古巴共产党也不例外。从这个角度上说，古巴共产党面临着不断加强党的建设的长期任务。作为国家政治和社会生活的领导力量并长期执政的政党，只有不断加强思想、政治、组织建设，确保党的先进性，才能凝聚全社会的力量、团结所有爱国者建设社会主义，确保把社会主义事业不断推向前进，确保发挥社会主义制度的优越性，确保实现公正的理想。否则，共产党的长期执政就会失去合法性与合理性。劳尔主席2011 年以后多次号召改革"工作方法和作风"，抛弃已不符合现实需要的方法和作风，呼吁克服官僚主义恶习，对官僚主义宣战；呼吁彻底纠正"狭隘"的和"排斥"更新的思想、意识和观念。但要克服这些多年积累下来的陋习，还需要付出艰苦的努力。

本章小结

古巴在极为特殊的历史条件下走上了社会主义发展道路。作为西半球第一个也是唯一的社会主义国家，古巴在拉美地区乃至世界社会主义运动中占有特殊地位。古巴共产党在社会主义建设过程中积累了许多宝贵经验。进入 21 世纪后，古巴对社会主义的理论认识不断取得新突破，社会主义"更新"实践不断推进，社会主义建设与发展呈现出一些新动向。古巴共产党和政府对社会主义理论认识有新突破，明确了社会主义模式更新的本质，澄清了在社会主义经济体制、生产资料所有制、市场作用等问题上的模糊认识，明确社会主义法治国家建设的目标。21 世纪的古巴社会主义建设既面临着一系列有利条件，也有诸多阻力和困难。古巴共产党和政府在思想认识上仍存在局限性，对改革的消极后果仍存在恐惧，依然面临着不利的外部环境的威胁，仍需要应对诸多执政难题，党的建设的任务仍然艰巨。

第十章　21世纪拉美社会主义的比较研究

　　拉美地区社会主义理论思想流派众多，实践方式各式各样。拉美社会主义各流派间既有不少共性也有很大的差异性。对这些共性和差异性的理性认识，是观察拉美地区社会主义的重要和基本前提，也是准确了解该地区社会主义理论思想和实践探索的重要基础。

第一节　拉美地区各派社会主义的共性

　　拉美地区最重要的社会主义流派包括共产党主张的共产主义、改良主义政党主张的社会民主主义、激进左翼政党主张的激进社会主义、托派政党主张的托洛茨基主义的社会主义，以及各式各样的本土或民族社会主义。拉美各派社会主义有一些共性，有一些共同的理念和价值观，有一些相近的政治立场和政策主张。

一　认同反对资本主义的理念和价值观
　　拉美各派社会主义都在一定程度上否定资本主义，对资本主义持整体的批判态度，不少流派还主张开展反对资本主义的斗争。
　　拉美地区共产党认为，随着世界多极化进程的深入以及新兴大国的群体性崛起，世界资本主义体系陷于结构性危机之中，当前的世界仍然处于从资本主义向社会主义过渡的阶段。资本主义和帝国主义仍然没有能力化解其先天性的缺陷和结构性的矛盾。资本主义生产消费的方式不可持续，以及资本主义国家内部的民主机制退化，使政府治理能力缺陷不断暴露出来，治理能力下降。拉美共产党认为，资本主义不仅没有解决困扰人类的各种问题，而且以战争、经济剥削和破坏环境的方式威胁着人类本身的生存。各种进步力量为摆脱资本主义控制、消除资本主义和帝国主义的缺陷，正在努力探求替代资本主义的方案，而这也会为社会主义的成长和发展创造巨大的空间。在遭受资本主义剥削、正经历资本主义苦难的拉美国家，在某些情况下，人民的组织得到发展，民主内容得到丰富，民主进程得以加强。拉美共产党认为，虽然资本主义陷于历史上最严重的危机中，但作为危机的后果，帝国主义变得更具有侵略性①；资本主义正自我组织起来，并在世界范围内制定了新战略，加大了对社会主义及进步力量的反扑、遏制和打压。因此，拉美国家的共产党需要对特定的经验进行检视，并制定共同的策略，反对资本主义对信息、媒体和文化的垄断，开展反对资本主义和新自由主义的斗争。②

　　拉美地区托派社会主义和激进社会主义也都主张开展反对资本主义的斗争。拉美托洛茨基主义认为，民族的、种族的和其他类似的斗争，"都要与推翻资本主义的斗争结合起来，只有打倒了资本主义，这些问题才可逐一获得解决"。拉美激进社会主义强调开展反对资本主义和帝国主义斗争的意义。拉美托洛茨基主义认为，反帝不只是一个空洞的口号，而是反资本主义阶段的最后斗争，是作为反对不平等国际分工斗争的一部分，是反对外债循环和反对外部强加政策的斗争的一部分；强调无产阶级因其所具有的物质和精神条件而成为当代社会最革命的阶级，其与资产阶级是对立的和不可调和的，是资本主义—帝国主义生产方式的掘墓人；应该开展反对资本和反对资产阶级的斗争，为建立无产阶级的专政和建设社会主义做准备，为"按需分

---

　　①　袁东振：《拉美社会主义发展的历史、特点与趋势》，《国外理论动态》2018 年第 3 期。

　　②　"Declaración Política en el Encuentro de Partidos Comunistas y Revolucionarios", http：// tercerainformacion. es/opinion/opinion/2016/09/05/declaracion-politica-en-el-encuentro-de-partidos-comunistas-y-revolucionarios-de-america-latina-y-el-caribe（2017 – 09 – 30）.

配"的共产主义社会奠定基础。①

拉美地区社会民主主义也批评资本主义，并主张改良资本主义。与欧洲地区的社会民主主义类似，拉美社会民主主义在传统上崇尚"第三条道路"，既批评资本主义野蛮，认为自由经济造成贫富悬殊和两极分化；也批评共产主义专制，认为公有制经济会导致极权主义。拉美社会民主主义主张走既非资本主义又非共产主义的"第三条道路"，主张建立自由、民主、平等和正义的新社会，倡导民主政治、混合经济、社会正义，主张实现政治、经济和社会的民主化。一些拉美社会民主主义政党自称是革命党，但从总体上看，相对于拉美共产主义、托洛茨基主义和激进社会主义而言，拉美社会民主主义对资本主义的批评要相对温和。②

拉美地区各种民族社会主义也坚持反对资本主义的理念。拉美"21 世纪社会主义"认为，资本主义模式是"邪恶"和"野蛮"的，只为少数人创造财富，给大多数人带来贫困；查韦斯等人激烈批评以劳动剥削为基础的资本主义生产关系和发展模式③，批评资本主义是野蛮的制度，认为资本主义制度具有掠夺性④；认为资本主义既不是解决问题的办法，也不是一种希望，而且资本主义自身也不愿意成为解决问题的方案或希望。拉美"21 世纪社会主义"认为，资本主义不能解决发展问题，因此应该超越资本主义，建立不同于资本主义的"新社会"；认为不能依靠资本主义来解决当前世界所存在的问题，因为这是行不通的，"资本主义无法从内部实现自我超越"⑤。莫拉莱

---

① ¿Quiénes somos? https：// pcmml. wordpress. com/quienes-somos/ （2018 - 09 - 29）.

② 崔桂田、蒋锐等：《拉美社会主义及左翼社会运动》，山东人民出版社 2012 年版，第 223 页。

③ 柴尚金：《拉美左翼执政党"21 世纪社会主义"的实践》，http：//www. wyzxwk. com/Article/guoji/2015/01/336312. html （2008 - 12 - 31）。

④ Carlos Malamud, *Populismos latinoamericanos*, *los topicos de ayer*, *de hoy y de siempre*, Edicion Nobel, 2010, p. 253.

⑤ 陈华：《委内瑞拉"21 世纪社会主义"》，《当代世界研究文选》（2012—2013），中国共产党新闻网，http：//theory. people. com. cn/n/2013/0625/c365100 - 21966930 - 4. html （2016 - 08 - 10）。

斯重申，"为了子孙后代，我们不应该允许资本主义带来更多的危机"，主张寻求应对资本主义的方案，建立"人民的世纪"和没有等级、没有寡头统治，没有君主制度和各国人民平等的时代。[①]

二 认同社会主义的理念和目标

拉美地区各派社会主义的意识形态和政治立场虽不尽一致，但都在不同程度上认同社会主义的理念，把社会主义作为奋斗目标或价值追求。

拉美地区不少共产党认为，"社会主义仍充满活力，无论现在和将来都是人类的希望"，也是"拉美人民唯一的选择"；拉美共产党把实现科学社会主义和实现共产主义作为自己的最终目标，认为共产主义和社会主义是拉美未来唯一正确的出路；社会主义是更高级、更完善的革命民主制度，要用人民的民主国家取代资产阶级的国家，向建设社会主义的方向迈进。拉美地区不少国家的共产党都把"开辟社会主义道路"作为自己的主要活动目标。2016 年召开的、有 20 多个政党参加的"拉美共产党和革命政党会议"的《政治决议》重申，坚持社会主义原则和方向，并提出一些关于社会主义的新设想和新阐述；强调社会主义是反对资本主义的唯一选择，重申"为建立社会主义而斗争"[②]。

拉美地区的激进社会主义也赞同社会主义理念，并主张把实施社会主义的任务与民主和反帝的特点结合起来。拉美激进社会主义政党认为，社会主义是人类的未来，在 100 年前已经播下了种子，在全球都存在有利于其成长的因素，劳动者、人民、共产主义者将在马克思列宁主义旗帜下为实现这一未来而战斗。社会主义在经济、社会、科

---

① 袁东振：《拉美"21 世纪社会主义"的理论与实践特性——以玻利维亚为例》，《拉丁美洲研究》2016 年第 2 期。

② "Declaración Política en el Encuentro de Partidos Comunistas y Revolucionarios", http：//tercerainformacion.es/opinion/opinion/2016/09/05/declaracion-politica-en-el-encuentro-de-partidos-comunistas-y-revolucionarios-de-america-latina-y-el-caribe（2017 – 09 – 30）. 袁东振：《拉美社会主义发展的历史、特点与趋势》，《国外理论动态》2018 年第 3 期。

学、文化、体育等所有方面都显示了超越资本主义的优越性。因此，无产阶级革命政党要"为无产阶级革命、夺取政权、建立社会主义社会而斗争"①。拉美托洛茨基社会主义同样也赞成社会主义理念，认为争取社会主义是唯一的斗争内容，认为实行大陆革命的第一步应先进行反帝的土地革命，然后再不间断地向社会主义推进。

拉美地区社会民主主义政党对社会主义的态度虽不尽一致，但许多党都认可社会主义理念，有些党甚至还把社会主义作为本党的目标。拉美地区有些社会民主主义政党曾明确提出而且目前仍在坚持"社会主义"的主张和口号，如智利社会党、阿根廷社会党等拉美老牌政党，以及巴西劳工党、巴西民主工党、萨尔瓦多马蒂阵线、尼加拉瓜桑解阵等新兴社会民主主义政党。拉美地区也有这样一批社会民主主义政党，它们曾主张甚至依然主张社会主义，但逐渐淡化了社会主义的色彩；虽仍把社会主义作为重要的思想理论来源，但呈现出去社会主义化，特别是去马克思主义化的倾向，不再把马克思主义作为党的指导思想。比较典型的是智利社会党、委内瑞拉"争取社会主义运动"党（MAS）等。20 世纪八九十代后智利社会党宣称，马克思主义已不再是本党唯一的指导思想，而是赞赏和主张社会主义的人道主义，承认激进民主思想、左翼基督教思想和世俗理性主义的特殊贡献。此外，拉美地区还有一批社会民主主义性质的政党，从一开始这些党就不主张和不赞同社会主义或马克思主义，甚至是反马克思主义的；它们主张的是社会民主主义而非社会主义。

拉美地区民族社会主义代表人物查韦斯、科雷亚、莫拉莱斯等人不仅表示赞成或信仰社会主义思想，而且提出社会主义建设的初步构想，并将其付诸实施。马杜罗 2015 年在委内瑞拉"接班"后，强调继续"进行玻利瓦尔社会主义建设，用社会主义替代毁灭性和野蛮的资本主义制度"。2014 年委内瑞拉统一社会主义党召开"三大"，确认要建设社会主义的经济，并再次重申，建立"21 世纪社会主义"

---

① "El PCMLE, Partido de la Clase Obrera lucha por la Revolución y el y el Socialismo", Martes 21 de abril de 2015, Semanario En Marcha. www.pcmle.org（2019 – 01 – 01）.

模式是历史性的英雄伟业。① 科雷亚2007年宣布在本国建立"21世纪社会主义",他随后还提出了建设"美好生活社会主义"和"现代社会主义"的口号和设想。莫拉莱斯则提出在玻利维亚建设"社群社会主义"和"印第安社会主义",随后又陆续提出建设"美好生活社会主义""美好生活社群社会主义"的口号和目标。在上述新构想的基础上,委内瑞拉、厄瓜多尔、玻利维亚等国家的左翼执政党还规划了社会主义建设的蓝图和规划。

三　相近的政治立场和政策主张

尽管在一些原则问题上存在分歧,然而,拉美地区各派社会主义有一些相近的政治立场和政策主张,特别是在实现政治、经济、社会民主化和国际关系民主化方面有一些共同或类似的诉求。

在经济政策方面,拉美地区各社会主义派别都反对完全放任的自由市场经济,主张在不同程度上实施或强化国家对经济的干预和控制;拉美许多具有社会主义倾向的政党执政期间在一定范围内加强对战略部门和重大国计民生部门的控制;主张建立新发展模式,减轻国家经济对外依赖程度,通过深入的经济变革,改变经济结构的不平等;主张推进所有制改革和多种所有制并存,规定公有制、私有制、混合所有制等都受国家的保护。

在政治政策领域,拉美地区各派社会主义都主张打破寡头集团和传统利益集团对国家政权的垄断,扩大民众的政治参与权;主张巩固和完善以民众参与为基础的民主政治制度,通过对现存政治体制进行一定程度的改造,消除和克服代议制民主的缺陷,一些政党还提出建立"参与式"民主的主张;提高政治体制和政府的效率,建立自由、民主、平等和正义的新社会。

在社会政策方面,拉美各派社会主义都把社会公平作为重要的政策目标,谋求建立不同于资本主义的"新社会";强调经济增长与社

① 袁东振:《拉美左翼回应新自由主义"回潮"》,《中国社会科学报》2017年8月31日。

会发展相结合，要推进经济和社会改革，使所有人都能够合理地分享经济增长的利益；反对贫富悬殊和两极分化，主张不断加大社会政策和民生政策力度，推行公平分配，重视社会福利计划，采取提高工资和养老金等有利于维护中下阶层利益的政策。

在对外政策领域，拉美地区绝大多数具有社会主义倾向的政党都强调实行独立自主的对外政策，注重对外关系多元化，倡导和推动国际关系民主化；反对美国的霸权主义和帝国主义政策，反对美国干涉拉美地区国家的事务；在政治、经济、社会和国际关系民主化的基础上，积极推动拉美一体化，加强和巩固拉美国家的团结合作。

第二节　拉美地区各派社会主义的差异性

尽管拉美地区各派社会主义在理念、价值观和政策主张方面有一些共性，但其历史渊源不尽相同，在对待马克思列宁主义、资本主义与社会主义制度、对共产主义的态度等一系列重大理论和重要原则问题上有比较明显的差异。在这些重大理论和原则问题上，拉美各派社会主义立场各异，存在难以消除和不可克服的分歧和矛盾。

一　拉美地区各派社会主义的不同历史渊源

拉美地区各派社会主义有不同的历史渊源，总体上大概可分为两类：一类主要源于马克思主义的社会主义，另一类主要源于本地区或本国文明和价值观的社会主义。

（一）主要源于马克思主义的社会主义

拉美地区的共产主义、社会民主主义、托洛茨基主义和激进社会主义，虽在政治纲领、意识形态、斗争策略、政策主张等方面有根本性和原则性的分歧，但其理论体系均源自欧洲地区的社会主义思想，特别是源自欧洲地区的马克思主义，与世界社会主义思想和运动一直保持着较为密切的联系。

从世界社会主义发展史上看，共产主义和社会民主主义有共同的历史渊源。社会主义思想最早产生于 16 世纪的欧洲。19 世纪中叶，马克思和恩格斯在充分吸收德国古典哲学、英国古典政治经济学和法国空想社会主义合理成分的基础上，发明了唯物史观和剩余价值学说，创立了科学社会主义理论。"社会民主党"或"社会民主主义"的概念大概也在这一时期出现在欧洲。19 世纪 70 年代之前，社会民主党人主要指激进的民主主义者或小资产阶级社会主义者，马克思和恩格斯有时也自称是社会民主主义者。从 19 世纪 80 年代第二国际成立一直到 1914 年第一次世界大战爆发，社会民主主义逐渐具有了科学社会主义的内容，成为科学社会主义的同义词。然而，也是在这一时期，欧洲各国的社会党普遍发生分化，对社会主义的理解和解释也出现分歧。第一次世界大战爆发后第二国际瓦解，国际共产主义运动出现分裂，欧洲社会党内的左派成立共产党，并组建第三国际（共产国际）。此后，作为各国社会党共同思想理念的社会民主主义一直与俄国（苏联）领衔的布尔什维克主义相对立，欧洲各国社会党用社会民主主义的概念明确表述了自己的社会改良主义观点，并为二战后民主社会主义或社会民主主义的兴起奠定了基础。① 因此，世界共产主义和社会民主主义有共同的历史渊源。

　　拉美地区的共产主义和社会民主主义也有共同的思想和历史渊源。从 19 世纪中叶起欧洲的社会主义思想开始传入拉美，19 世纪 70 年代以后拉美地区出现第一批社会主义政党和团体，其中比较重要的有墨西哥社会党、巴西社会主义中心、阿根廷社会党、智利社会党、古巴社会党和乌拉圭社会党。拉美国家这些政党主要受第二国际的影响，信奉社会民主主义。1917 年俄国十月革命胜利后，拉美地区的共产主义和社会主义思想分歧加剧，进而引发组织上的分裂。拉美国家社会党内部在俄国革命以及是否加入共产国际等问题上发生分歧，一些共产主义者对传统的社会民主主义立场不满，成立了共产党。拉美地区建立较早的共产党组织有些是由社会党直接改名的（智利），有些是因社会党分裂后由部分党员组建的（阿根廷、乌拉圭、厄瓜多

---

　　① 崔桂田、蒋锐等：《拉丁美洲社会主义与左翼社会运动》，山东人民出版社 2012 年版，第 173 页。

尔等）。因此，拉美地区的共产党和社会民主主义政党的思想和历史渊源也是相同的。不仅如此，"在欧洲发生的社会民主主义和革命的马克思列宁主义之间的不和并未在拉丁美洲重演"[1]，该地区一些国家的共产党和社会民主主义政党在一定时期还保持着较密切的联系；某些社会民主主义政党虽然也反对共产主义，但态度相对温和，有些政党甚至还长期把马克思主义作为本党的指导思想，把社会主义作为奋斗的目标。

托派社会主义也源于国际共产主义运动，是国际共产主义运动中的重要派别。托洛茨基主义 20 世纪初出现在俄国工人运动中，后来在与斯大林主义的斗争中进一步发展。20 世纪 20 年代托洛茨基主义传入拉美，阿根廷、墨西哥等国家都出现托派组织。30 年代拉美托派社会主义思想和实践进一步发展，该地区主要国家的共产党内都有一批托派分子分离出来，建立了托派组织。1938 年托洛茨基在墨西哥领导创建第四国际（即世界社会主义革命党），与斯大林领导的共产国际（第三国际）公开唱对台戏。拉美托洛茨基主义只反对斯大林主义，一直把马克思列宁主义作为指导思想，从未放弃社会主义革命的口号，也从未放弃共产主义的目标。

（二）主要源于拉美本土文明和价值观的民族社会主义

与拉美共产主义、社会民主主义、托洛茨基主义、激进社会主义主要源于马克思主义不同，拉美地区民族社会主义更多地起源于拉美本地区或拉美各国的文明和价值观，无论是在历史上还是现实中，拉美民族社会主义都缺乏与欧洲及其他地区社会主义的国际性联系。

早期的拉美本土社会主义者，无论是马里亚特吉还是阿亚，都受拉美本土因素的影响，因而也强调其社会主义固有的本土特色。马里亚特吉重视印第安人原始共产主义的残存形态——村社经济在社会主义改造中的作用，认为村社中仍保留着的印第安人共有社会的集体主义活动、各种各样合作与结社形式和习惯，公社式的生活本身就使印

---

[1] ［英］莱斯利·贝瑟尔主编：《剑桥拉丁美洲史》（第 6 卷下），当代世界出版社 2001 年版，第 175 页。

第安人具有集体主义的意识，这种古老的生产方式是"最先进的原始共产主义组织形式"。阿亚虽然受到马克思恩格斯的影响并吸取了其辩证法的中心观点，但认为必须对马克思主义进行适应拉美情况的"改制"。21 世纪的拉美民族社会主义者们也强调其社会主义根植于本国和本地区传统文明和价值观。和马里亚特吉相似，莫拉莱斯也强调本国印第安农民社群里就存在社会主义。查韦斯认为，玻利瓦尔"是主张社会主义的思想家"和"社会主义者"，西蒙·罗德里格斯的社会主义思想比玻利瓦尔更深刻；巴西的德阿布雷（José Ignacio Abreu de Lima）则完成了"美洲地区的第一部社会主义著作"①；秘鲁的马里亚特吉是 20 世纪初伟大的社会主义思想家；"耶稣是我们时代的第一位社会主义者""真正的基督比任何社会主义者都更加具有共产主义思想""我们可以从圣经中找到社会主义思想"。许多学者强调，查韦斯等人的社会主义思想虽受到马克思主义的影响，但主要是受历史上拉美地区主流思想的影响，玻利瓦尔的思想、基督教主义思想、马克思主义思想以及印第安人传统价值观对其影响最大，认为其"21 世纪社会主义"来源于"玻利瓦尔、耶稣、马克思和印第安人，是四位一体的结合体"②。

二　对待马克思主义或马列主义的态度不同

对待马克思主义或马列主义的态度，也是观察拉美地区各派社会主义的重要视角。

拉美地区的共产主义政党（共产党）、托洛茨基主义性质的政党、激进社会主义政党一般都把马克思主义或马克思列宁主义作为重要指导思想。拉美国家的共产党自建党伊始就明确地、严格地将马克思列

---

① 德阿布雷（José Inácio de Abreu e Lima，1794—1869），巴西政治家、记者和作家。曾参加大哥伦比亚地区的独立战争，是玻利瓦尔手下的一名将军。1850 年以后致力于写作，传播傅立叶和法国乌托邦社会主义思想家的思想。主要著作有《巴西简史》（1843）、《社会主义》（1855）等。

② 刘瑞常：《查韦斯的"21 世纪社会主义"模式》，《决策与信息》2007 年第 5 期，http：//www.docin.com/p-377935069.html（2018 - 11 - 01）。

宁主义作为自己的思想基础、指导思想或意识形态，一直坚持马列主义的基本原则。这些党强调，在当前新的历史条件下，马列主义对解决拉美的社会问题、对满足人民的迫切要求仍具有现实意义。托派政党除信奉马列主义外，还把托洛茨基的思想作为指导思想和重要原则。拉美激进社会主义政党主张以马克思、恩格斯、列宁和斯大林提出的思想为基础，认为马列主义是鲜活的科学，应该将其运用于国家的现实中，以便获得对政治经济和社会现象的全面理解，指导为建设一个新社会而进行的斗争。这些激进社会主义政党除把马列主义作为基本理论原则和指导思想外，还把斯大林主义作为党的重要指导思想。一些党甚至还把卡斯特罗、霍查和格瓦拉等人的思想作为党的重要原则和口号。

拉美地区社会民主主义政党对马克思主义的态度不尽一致，情况比较复杂。一些社会民主主义政党初期曾把马克思主义作为本党的原则和指导思想，但随着形势的变化，不少党逐渐放弃了马克思主义的原则，而是过多地强调社会主义中的民主价值。也有一些政党从建党之日起就持一种反马克思主义的立场。虽然有些党没有完全放弃马克思主义或与马克思主义决裂，但出现明显的"去马克思主义化"倾向。智利社会党是比较典型的案例。该党在建立后一直声称拥护马克思主义，并把它作为解释世界的方法；20 世纪 60 年代接受列宁的思想，宣称是马列主义政党。20 世纪八九十年代后，该党的指导思想出现"去马克思主义化"倾向。该党虽依然认为马克思主义是解释现实的方法，但宣称其不再是本党唯一的指导思想，在指导思想中融合了马克思主义、人道主义的优良传统、基督教思想中团结互助和解放的价值。[①]

拉美地区民族社会主义虽然经常声称得到马克思主义的启示和引导，甚至把科学社会主义作为指导思想之一，但拉美绝大多数民族社会主义从来没有把马克思主义作为唯一的指导思想。查韦斯、莫拉莱斯、科雷亚等人的社会主义都把马克思主义和科学社会主义思想作为

---

① "Declaracion de Principios del Partido Socialista de Chile", publicado por Diario Oficial del 30 de marzo de 1990.

重要的理论来源，甚至声称愿意用列宁主义的概念解释拉美国家向社会主义的过渡①，但拒绝把马克思主义作为分析工具或政策制定的理论基础，强调"社会主义不是马克思主义的同义词"。查韦斯强调，马克思提出的无产阶级专政不可行，它不是委内瑞拉的道路。

三　对待资本主义制度的态度和立场不同

拉美地区各种流派的社会主义虽都对资本主义持批评和否定的态度，但它们对资本主义制度却有着不尽相同的立场。对资本主义的态度如何，是判断拉美各派社会主义性质的重要尺度。

拉美地区国家的共产党坚持用社会主义制度取代资本主义制度的目标，这既是其社会主义主张最本质的特点，也是其与拉美社会民主主义以及其他社会主义流派的最根本区别。拉美共产党认为，资本主义制度面临危机，它远不能够保证社会发展，致使社会财富越来越集中在少数垄断寡头的手中，加重了失业，加剧了多数人的贫困，也使更多的人陷入了被遗弃境地。因而，拉美地区的共产党坚信，社会主义制度取代资本主义制度是人类历史发展的必然选择。

拉美地区社会民主主义也批判资本主义，但越来越多的拉美社会民主主义政党由过去强调推翻资本主义制度，转向维护现存的民主体制。例如，智利社会党成立后就一直坚持反对资本主义，宣称拒绝资本主义制度强加给人类的自私自利和"排斥"行为，认为把这一制度转变为绝大多数人接受和支持的社会主义制度有历史的现实可能性。该党强调，资本主义生产制度建立在私有制基础上，这一制度不可避免地会被集体所有制的社会主义经济制度所取代；不可能通过民主制度实现逐渐过渡，因为统治阶级已按世俗组织方式武装起来，建立了自己的专政，力图阻碍劳动者阶级实现解放；在制度过渡进程中，需要有组织的劳动者阶级的专政。20 世纪 70 年代，该党的理论主张有所变化，并提出和平过渡的主张，认为智利是资本主义国家，

---

① Redacción Central, "Bolivia Transita hacia Economía Socialista", *Los Tiempos*, 4 de abril de 2014，http：//www. lostiempos. com/diario/actualidad/ （2015 - 12 - 01）.

为从根本上解决智利存在的问题，应该走"和平过渡到社会主义"的道路。20 世纪 90 年代后，智利社会党强调用民主的方式解决利益冲突，认为民主是可以保障所有社会成员共处的政治制度，"民主政治体制不仅仅是对现存秩序的一种管理形式，而且是实现自我转变的道路，还是实现在国家生活各领域社会政治文化组织和公民扩大参与的所有制结构的方式。"智利社会党理论主张的变化，特别是对资本主义制度的态度，在拉美地区社会民主主义政党中具有典型的代表性。

拉美地区民族社会主义也批判和否定资本主义制度，并寻求替代资本主义的方案。玻利维亚"美好生活社会主义"和"社群社会主义"理论的主要阐释者加西亚认为，资本主义变成了"掠夺性资本主义"，造成了不负责任的死亡和贫困；莫拉莱斯认为，如果人类继续沿资本主义道路无节制地发展经济，其结果必将是自取灭亡①，他们号召寻求应对资本主义的方案。查韦斯多次呼吁要超越资本主义制度，其继任者马杜罗强调"用社会主义替代毁灭性和野蛮的资本主义制度"。特别值得指出的是，以"21 世纪社会主义"为代表的拉美民族社会主义，虽提出了替代资本主义的口号和主张，但并没有找到切实可行的替代方案，其社会主义的实践探索效果并不尽如人意。

四 对社会主义制度的认知不同

拉美地区各派社会主义虽都认同社会主义的理念，但它们对社会主义制度却有着不同的认知。对社会主义制度的认知，也是区分拉美地区各种社会主义流派的重要尺度。

拉美国家的共产党坚信社会主义制度取代资本主义制度的必然性。这些政党认为，资本主义有其自身难以克服的固有矛盾，社会主义取代资本主义是历史的必然；"社会主义无论现在和将来都是人类的希望"，是"拉美人民的唯一选择"，建立没有资本剥削、没有资

---

① 《莫拉莱斯总统在巴黎气候变化大会上批评资本主义发展模式》，中国驻玻利维亚大使馆经济商赞处。http：//bo. mofcom. gov. cn/. （2015 - 12 - 02）.

本压迫的"另一个世界"是可能的。2016—2017 年拉美国家的共产党相继召开一系列重要会议，如拉美国家共产党大会、智利共产党二十五大，哥伦比亚共产党二十二大，委内瑞拉共产党十五大等。这些重要会议的文件都强调，社会主义是更高级、更完善的革命民主制度，要用人民的民主国家取代资产阶级的国家，向建设社会主义的方向迈进；共产党的最终目标是实现科学社会主义和共产主义。①

拉美地区的社会民主主义虽仍信守社会主义理念与目标，但更多的是把社会主义作为一种价值追求，不仅否认建立社会主义制度是历史的必然性，而且有意无意地回避关于社会主义制度建设的问题。智利社会党 2006 年通过的《道德准则》虽仍然要求本党党员尊重和拥护社会主义的基本原则，却更加强调民主价值对社会主义的重要性，认为"党的主要任务是巩固真正的民主体制，争取建立自由、平等和富有正义的社会"，不再提建设社会主义制度的必然性。智利争取民主党及其领导人并不反对社会主义理念，甚至认同社会主义主张，但该党 2008 年《党章》全篇都没有提到社会主义，而是强调民主、人权等原则，强调为建立公正和平等的社会而斗争。智利激进民主党20 世纪 70 年代曾把社会主义作为最终目标，80 年代以后却放弃"社会主义"的口号和理念。委内瑞拉的"争取社会主义运动"党宣称自己是社会主义政党，但该党的《党员道德准则》强调党员的基本责任是遵守和保护"宪法和国家的法律"。

拉美地区的民族社会主义（特别是查韦斯的"21 世纪社会主义"）也主张，社会主义是解决拉美地区、世界和人类面临的各种难题的"唯一办法"，提出建立与资本主义不同的"新社会"。查韦斯认为，超越资本主义的道路只能是社会主义；"解决世界目前的问题，靠资本主义行不通，而是要依靠社会主义"，只有社会主义才能使人类摆脱贫困、饥饿和破坏；超越资本主义的道路只能是社会主义，他提出要建设以可持续、内生式发展为基础的社会主义经济模式。加西

---

① 袁东振：《拉美社会主义发展的历史、特点与趋势》，《国外理论动态》2018 年第 3 期。

亚等人提出，社会主义是玻利维亚的未来前景，社群社会主义是玻利维亚的未来和最终目标。① 拉美民族社会主义虽然强调建立社会主义社会，并在政治、经济、社会、文化和意识形态，以及对外关系等各领域进行"社会主义"实践探索，但对社会主义这一"新社会"的本质尚缺乏明确的论述和界定。

五　对共产主义的态度不同

在拉美地区社会主义各派别看来，社会主义和共产主义是两个完全不同的概念。因此它们对共产主义的态度并不完全一样，有时甚至是截然相反的。对共产主义的态度，也是判定拉美各派社会主义性质的重要标准。

拉美国家的共产党、激进左翼政党和托洛茨基主义政党，都把共产主义作为最终目标。拉美国家的共产党坚持共产主义的信仰，坚持为实现共产主义的理想而奋斗，这是其与拉美社会民主主义以及各种民族社会主义的最显著区别。拉美地区国家的共产党普遍把实现共产主义或科学社会主义作为自己的最终目标，并把社会主义、共产主义作为拉美未来发展的唯一正确出路。所有拉美国家的共产党都坚持以马克思主义为指导、为在本国实现社会主义和共产主义而奋斗。拉美托派政党以及激进左翼政党也一直把实现共产主义作为本党的口号、主张和理想。

拉美地区的社会民主主义者和共产主义者自20世纪20年代起逐渐分道扬镳后，在共产主义问题上的不同观点，成为两者意识形态的主要分歧。拉美社会民主主义的基本价值取向之一是反对共产主义，它在批评资本主义野蛮的同时，批评共产主义"专制"，认为共产主义者所主张的公有制经济会导致极权主义，主张走既非资本主义又非共产主义的"第三条道路"。

拉美地区民族社会主义虽然没有激烈反对共产主义，但强调自己

---

① El vicepresidente, Álvaro García Linera, explica las bases del socialismo comunitario, http://blogguerosrevolucion. ning. com/profiles/blogs/ （2017 - 09 - 10）.

与共产主义者有区别。查韦斯本人就宣称自己不反对共产主义，但也不认为自己是共产主义者，不认可共产党的或共产主义的理念。为此查韦斯等人一直反复强调，自己的政权与共产主义之间没有丝毫联系；强调自己不是共产党人，认为自己所主张的社会主义与国际共产主义运动没有直接的联系。

第三节　拉美地区社会主义的发展前景

随着20世纪末以来拉美国家政治民主化的巩固，拉美地区社会主义生存和成长与发展的条件更为有利，社会主义思想与实践的环境更加自由。拉美广泛存在的社会不公平现象，使社会主义思想在该地区具有深厚的社会基础，社会主义的政策主张仍具有较强的生命力、影响力和号召力，社会主义在拉美地区仍有进一步成长的空间和发展潜力。但受内外部诸多因素的制约，拉美社会主义发展前景有较大的不确定性，特别是其实践探索更不会一帆风顺。在文化多元化和包容性都较强的拉美地区，共产主义、社会民主主义、托派社会主义、激进社会主义和其他各种民族社会主义，均会获得一定的生存空间和发展条件，各种流派的社会主义思想和实践会在相互竞争的环境下共存和发展。但由于各派社会主义的理论基础和政策主张存在较大差异，其面临的挑战及发展前景也不尽相同。

一　拉美地区社会主义有进一步成长和发展的空间

社会主义在拉美地区绵延约170年，已表现出较强的生命力和发展韧性，这表明它在拉美地区有着较为深厚的历史、政治和社会基础。在当前历史条件下，拉美地区社会主义思想进一步发展的空间依然存在，其成长的政治和社会环境依然相对有利。

拉美地区社会主义生存和发展的政治环境相对有利。拉美国家建立后，政治社会生活长期被保守势力所垄断，主张变革、革命的力量一直受到压制甚至遭到残酷镇压。纵观拉美社会主义发展史不难看出，无论是拉美共产党还是其他社会主义政党和组织，都曾遭到不同程度的压制，有些政党曾多次被取缔，社会主义者遭受残酷的人身迫害。20 世纪 70 年代末以来，拉美国家进入历史上最长一轮的民主发展周期，民主政治制度渐趋稳固，稳定的多党竞争局面成为拉美政治发展的常态，西方民主政治制度中的代议制、多党制、政党轮替等观念在拉美主要国家已根深蒂固。在民主政治和多党制度的环境中，所有合法政党都可在与其他政党的相互竞争中求生存谋发展，通过社会政治动员宣传自己的主张，通过参加选举实现参政和发挥政治影响。这种相对宽松、自由的政治气氛为各社会主义政党从事正常的政治活动提供了重要保障，为社会主义政党和社会主义者开展合法斗争，并通过民主斗争的途径获得执政地位提供了现实的可能性，为拉美地区社会主义的思想和实践探索提供了相对有利的政治社会环境。

社会主义思想在拉美有着深厚的社会基础。长期以来，拉美国家财富占有和收入分配严重不合理，社会矛盾、社会冲突比较尖锐。社会主义所倡导的平等和社会公平主张，在很大程度上满足了广大中下社会阶层要求社会变革、合理分享经济增长利益的诉求，对其有较大号召力和影响力。拉美国家在传统上一直缺乏深刻的社会变革，所谓的"社会排斥"和"边缘化"现象一直很严重，收入分配不公和贫困现象异常普遍，社会财富高度集中在少数人手中，广大民众有着强烈的不公平感。相关调查显示，该地区绝大多数人认为，本国的收入分配不公平或极度不公平，60% 的人认为，政治体制和国家机构不合理。广大民众对现状不满意和要求改变现状的强烈愿望，与拉美社会主义政党的主张和社会主义者的立场较为接近，从而为社会主义在该地区的发展提供了广阔的社会基础。作为一种价值理念和政策选择，社会主义在拉美仍有巨大的号召力、重要的影响力和强大的生命力，仍有进一步成长的空间。①

社会主义在拉美有强大的组织和社会支撑。拉美地区存在着组织良好、影响强大的左翼力量，其中包括左翼政党、左翼组织、左翼团

① 袁东振：《拉美"21 世纪社会主义"实践探索的新困境与前景》，《当代世纪社会主义问题》2016 年第 4 期。

体、左翼政治家，以及具有左翼倾向的大众群体。左翼力量在拉美政
治社会生活中有巨大的影响力，在政治社会发展中一直发挥着不可替
代的作用。左翼和右翼相互竞争、共同发展和轮流执政，已成为拉美
地区国家的重要政治现象。一般说来，拉美地区左翼力量不满传统的
或现存的政治社会秩序，主张进行政治和社会变革，主张推进利益与
权力的再分配，这恰恰与拉美地区各派社会主义的政策主张较为切
合。该地区的左翼力量对社会主义思想和主张有着天然偏好，是拉美
社会主义实践的强大动力和重要的社会基础。左翼力量发展壮大有利
于拉美社会主义思想的传播和实践探索。

此外，社会主义古巴的存在对拉美社会主义有极大的激励作用。
古巴逐渐成为拉美社会主义的大本营和左翼力量的精神领袖。古巴不
仅给拉美左翼力量以思想指导，而且给予其各种方式的支持，已成为
拉美地区社会主义发展的重要推动力。

二　拉美地区社会主义发展前景的曲折性和不确定性

受政治体制、文化传统、内外部各种因素的制约，拉美地区社会
主义的发展前景仍具有曲折性和较大程度的不确定性，将在曲折和不
确定中波浪式地向前发展。

拉美地区主流意识形态对社会主义发展形成一定的制约。拉美国
家在思想信仰、风俗习惯、价值观念、政治理念、意识形态等方面与
欧美国家较接近。欧美国家的自由、民主、人权、多党制等观念在拉
美也占主流地位。社会主义的理念和实践并未成为拉美全社会的共
识，多数民众青睐更加温和的中间道路。社会主义思想和实践的影响
力仅局限于拉美国家的一些阶层和群体，在整个地区并不具有主流思
想和主流实践的特征。在不少拉美国家，许多人对社会主义仍有疑
虑，社会主义难以从左翼执政党的口号转变成国家的纲领和共识。所
有这些都对社会主义思想的传播和实践探索构成极大的制约。[①]

---

① 袁东振：《拉美"21世纪社会主义"实践探索的新困境与前景》，《当代世界社
主义问题》2016年第4期。

拉美社会主义的发展和实践探索难以突破该地区国家的体制性约束。多党民主制度的稳固为拉美地区社会主义的发展提供了有利环境，与此同时，也会对社会主义的发展形成体制性约束。在民主政治体制下，拉美各派社会主义都主张通过和平、合法手段取得政权，其所开展的政治动员、参与选举、参政议政，乃至执政后实施的变革或改良都在现有制度的框架内进行和开展。即使是那些最"激进"的民族社会主义的实践探索（如查韦斯的拉美"21世纪社会主义"），也无法超越或突破现有政治体制框架，自然也难以从根本上解决该地区或本国所面临的各种发展难题。这势必会对其社会基础造成侵蚀或损害，甚至有失去既有群体支持的风险，增加其社会主义实践前景的不确定性。

外部威胁增加了拉美地区社会主义发展的不确定性。纵观拉美社会主义发展史，不少民族社会主义的实践都是在外来压力不断加大的背景下最终走向末路的，如智利20世纪70年代的社会主义实验和80年代格林纳达社会主义的实践都是如此。进入新世纪以来，拉美"21世纪社会主义"的实践探索也遇到诸多的外部阻力。众所周知，美国自始至终都反对拉美地区的"21世纪社会主义"，一直向该地区的左翼执政党施压，给其制造障碍。拉美不少学者认为，美国试图制造拉美国家间的不团结，以维护拉美一体化"碎片化"的状态；美国"利用委内瑞拉、玻利维亚和厄瓜多尔等拉美左翼执政国家经济面临的困难，向这些国家施加更大的压力"[1]，竭力促使这些国家的反对派上台执政。一旦得到美国支持的反对派上台执政，拉美"21世纪社会主义"实践探索在这些国家就会有被逆转的风险，甚至有被完全中断的可能。

综上所述，由于受到多种因素的约束，拉美地区社会主义实践探索和发展前景有诸多的不确定性。在多党制和政党轮替的环境下，拉美地区社会主义的实践探索将会继续在曲折中推进和发展。

---

[1] 宋洁云：《白宫易主 美拉关系面临调整》，新华网2016年11月10日，http://news.xinhuanet.com/2016-11/10/c_1119889883.htm（2016-12-10）。

三　拉美地区各派社会主义发展前景的差异性

如前所述，拉美地区国家共产党的社会主义、改良主义政党主张的社会民主主义、托洛茨基主义政党的社会主义、其他各种民族社会主义，都将会得到一定的发展空间，各种社会主义的思想和流派也将会在竞争中共存和发展。但各派社会主义面临的挑战及发展前景不尽相同。

拉美地区共产主义面临着新的发展困境。拉美共产党建立百年来经历了艰难曲折的发展历程，经受过专制政权的镇压、党内教条主义和宗派主义的危害、中苏论战的波及、苏联解体东欧剧变的冲击等内外部多重因素的影响，共产党的发展出现过大起大落的波折。然而，拉美国家的共产党经受住了上述各种严峻考验，不仅生存下来而且取得了一定的发展，目前仍是该地区不可忽视的政治和社会力量。尽管如此，拉美国家共产党的发展也面临着新的困境，其成长空间受到一定的限制。拉美共产党的主张在多数国家并未占据主流地位，党在思想理论、组织动员、干部队伍建设方面存在严重缺陷，没有成为拉美主流政治力量。在日益完备和激烈的多党制竞争体制下，拉美国家的共产党在与其他政党的竞争中往往不具备优势。许多共产党组织内部宗派主义和教条主义依然严重，制约其政治影响力的扩展。共产党的思想和斗争策略存在严重缺陷，领导层缺乏对马克思主义精髓和本国国情的精准把握，在相当长时期内没有能制定出符合本国国情、得到各阶层群众支持的斗争战略和政策主张。许多拉美共产党仍未提出解决各自国家政治社会难题的有效建议，斗争策略不能满足新形势的需要，政治影响力局限于特定群体和特定阶层，总体社会影响力相对不足。[①]

拉美地区的社会民主主义将获得更大的成长空间。拉美社会民主主义一直是该地区重要的社会主义思想理论和实践。自 20 世纪中期以后，拉美地区社会民主主义的影响力迅速扩大，特别是 20 世纪 80

---

① 袁东振：《拉美社会主义发展的历史、特点与趋势》，《国外理论动态》2018 年第 3 期。

年代末 90 年代初苏联东欧剧变发生后，与拉美地区国家的共产党影响力出现明显的下降不同，该地区社会民主主义的影响力有所提升。拉美地区国家的社会民主主义主张民主政治、混合经济、社会正义，倡导政治、经济和社会的民主化，要求建立自由、民主、平等和正义的新社会。拉美社会民主主义这种温和化、改良化、全民化倾向，符合拉美地区的社会主流观念，也与大众追求秩序和稳定的心态有较高的吻合度，较易得到各社会阶层的认可和接受。为此，社会民主主义思想在拉美具有深厚的政治和社会基础，它作为社会主流思想的地位相对稳固，有利于其获得更大的成长空间。

拉美地区民族社会主义将在曲折中发展。民族社会主义是拉美社会主义思想和实践的重要表现形式。20 世纪上半叶，秘鲁等国家就出现了印第安社会主义的思想与实践。20 世纪中叶以后，古巴、圭亚那、智利、格林纳达、尼加拉瓜等拉美国家相继出现了民族社会主义的理论和实践探索。进入 21 世纪，拉美地区出现民族社会主义思想和实践的"新周期"。拉美地区新一轮民族社会主义理论和实践探索在多党竞争的环境下进行，具有较大的不确定性。左翼执政党无法突破现有的体制性束缚，也无法确保自己能长久执政。一旦发生执政党的更迭，拉美地区国家民族社会主义的实践就有出现中断的可能。在历史上，圭亚那、智利、格林纳达、尼加拉瓜等国家的民族社会主义就是如此。21 世纪以后，委内瑞拉、玻利维亚等国家的民族社会主义的实践探索也一直面临着类似的风险。曲折性和周期性发展，或将成为拉美地区国家民族社会主义思想理论与实践的基本路径。

拉美地区托派社会主义有继续被"边缘化"的趋势。托洛茨基主义是拉美重要的社会主义思潮。但长期以来，拉美托洛茨基主义政党规模小，影响力局限在首都或少数大城市；拉美地区托洛茨基主义的政治和社会影响力相对较弱，没有成长为具有足够影响力的政治力量。拉美地区托洛茨基主义各个政党内部分歧较严重，各派的立场观点也不相同。更为重要的是，拉美托派社会主义观点陈旧，斗争策略混乱，理论和政策主张脱离拉美国家的实际。如果拉美托洛茨基主义政党不能从根本上修正或改变其传统的理论主张和斗争策略，就势必难以取得突破性的进展，只能继续处于被边缘化的地位。

拉美地区激进社会主义的未来成长空间依然有限。拉美激进社会主义呈现出顽强的生命力，目前激进社会主义政党在十几个拉美国家开展活动。这些政党的政治立场和意识形态既陈旧又激进，既反对拉美地区的正统共产党，也反对其他社会主义流派。这些激进社会主义政党的力量相对较弱，在各自国家的政治社会生活中影响有限，影响力主要局限在一些特定阶层，特别是知识分子群体和工会等团体之中。拉美地区这些激进社会主义政党无论在理论还是在组织方面都有严重缺陷，其思想理论主张和斗争策略都严重落后于拉美现实，很难引起广大社会阶层的共鸣。在其他左翼力量的挤压下，拉美地区激进社会主义的成长空间依然十分有限。[①]

本章小结

拉美地区的社会主义思想理论流派众多，其实践方式也各式各样。拉美地区各派社会主义有一些共性，认同反对资本主义的理念和价值观，认同社会主义的理念和目标，有一些相近的政治立场和政策主张。但该地区各派社会主义又有明显的差异性。无论是在历史渊源，还是对待马克思主义、对待资本主义制度和社会主义制度、对待共产主义的态度等问题上，该地区各派社会主义都有明显的差异。因而，它们在重大理论和原则问题上自然会有难以消除和不可克服的分歧和矛盾。伴随着政治民主化的日益巩固，拉美地区社会主义的成长条件更加有利。在拉美地区特殊的社会政治条件下，社会主义的思想和主张仍有深厚的社会基础，仍具有较强的号召力、影响力和生命力，仍有进一步成长和发展的空间。但受诸多内外因素的制约，拉美社会主义的发展前景有较大的不确定性，其实践探索更不会一帆风顺。由于拉美地区各派社会主义的理论基础和政策主张存在较大差异，其所面临的挑战及发展前景也不尽相同。

---

① 袁东振：《拉美社会主义发展的历史、特点与趋势》，《国外理论动态》2018年第3期。

参考文献

（一）中文著作

［玻］埃沃·莫拉莱斯·艾玛：《我的人生——从奥利诺卡到克马多宫》，王萍、颜娟、丁波文译，朱京阳、严新平校，南开大学出版社 2018 年版。

崔桂田、蒋锐等：《拉美社会主义及左翼社会运动》，山东人民出版社 2012 年版。

程玉海、林建华等：《世界社会主义共产主义运动新论》（上、下册），人民出版社 2010 年版。

［美］E. 布拉德福德·伯恩斯：《简明拉丁美洲史》，王宁坤译，涂光楠校，湖南教育出版社 1989 年版。

［美］E. 布拉德福德·伯恩斯、朱莉·阿·查利普：《简明拉丁美洲史》，王宁坤译，张森根审校，世界图书出版公司北京公司 2009 年版。

［南非］达里尔·格雷泽、［英］戴维·M. 沃克尔编：《20 世纪的马克思主义——全球导论》，王立胜译，铁省林校，凤凰出版传媒集团、江苏人民出版社 2011 年版。

［日］对马忠行：《托洛茨基主义》，大洪译，黑龙江人民出版社 1984 年版。

［古］菲德尔·卡斯特罗、［法］伊格纳西奥·拉莫内：《卡斯特罗访谈传记：我的一生》，中国社会科学院拉丁美洲研究所组织翻译，中国社会科学出版社 2008 年版。

［古巴］菲德尔·卡斯特罗：《总司令的思考》，徐世澄、宋晓平、黄

志良、郝名玮译，徐世澄校，社会科学文献出版社 2008 年版。

冯颜利：《亚太与拉美社会主义研究》，中国社会科学出版社 2013
年版。

高放：《社会主义运动：从理论到实践的转变（1848—1917）》，北京
师范大学出版社 2018 年版。

关达主编：《第二次世界大战后拉丁美洲政治》，中国社会科学出版
社 1987 年版。

贺钦：《拉丁美洲的替代一体化运动（ALBA-TCP 的经验与启示）》，
时事出版社 2016 年版。

姜士林、郭德宏编：《当代社会民主党与民族主义政党论丛》，中国
展望出版社 1986 年版。

［古巴］卡秋斯卡·布兰科·卡斯蒂涅拉：《菲德尔·卡斯特罗·鲁
斯：时代游击队员》，宋晓平、徐世澄译，人民出版社、五洲传播
出版社 2015 年版。

康学同主编，王玉林、王家雷副主编：《当代拉美政党简史》，当代
世界出版社 2011 年版。

［秘鲁］何塞·卡洛斯·马里亚特吉：《关于秘鲁国情的七篇论文》，
白凤森译，汤柏生校，商务印书馆 1987 年版。

贺喜：《智利现代化道路研究——1970—1973 年阿连德政府对“社会
主义道路”的探索》，世界图书出版公司北京公司 2014 年版。

孔寒冰、项佐涛：《世界社会主义：理论、运动与制度》，北京大学
出版社 2017 年版。

黄宗良、孔寒冰主编：《世界社会主义史论》，北京大学出版社 2005
年版。

靳呈伟：《多重困境中的艰难抉择：拉美共产党的社会主义理论与实
践》，中央编译出版社 2016 年版。

靳呈伟主编：《世界主要政党规章制度文献（墨西哥、巴西）》，中央
编译出版社 2016 年版。

［厄］拉斐尔·科雷亚·德尔加多：《厄瓜多尔：香蕉共和国的迷
失》，尹承东、郭旭译，王玉林校，当代世界出版社 2014 年版。

［英］莱斯利·贝瑟尔主编：《剑桥拉丁美洲史》（第 4 卷），涂光楠、
　　陈绂、刘宪生、江时学等译，徐壮飞、涂光楠、张森根校订，社会
　　科学文献出版社 1991 年版。

［英］莱斯利·贝瑟尔主编：《剑桥拉丁美洲史》（第 6 卷下），林无
　　畏、张家哲、慈文华、丁兆敏等译，徐壮飞校订，当代世界出版社
　　2001 年版。

李春辉、苏振兴、徐世澄主编：《拉丁美洲史稿》，商务印书馆 1993
　　年版。

李明德主编：《简明拉丁美洲百科全书》，中国社会科学出版社 2001
　　年版。

李慎明主编：《世界社会主义黄皮书：世界社会主义跟踪报告》
　　（2015—2016），社会科学文献出版社 2016 年版。

李慎明主编：《世界社会主义黄皮书：世界社会主义跟踪报告》
　　（2017—2018），社会科学文献出版社 2018 年版。

李慎明主编，姜述贤、王立强副主编：《执政党的经验教训》，社会
　　科学文献出版社 2008 年版。

［苏联］列夫·托洛茨基：《托洛茨基：我的生平》，赵泓、田娟玉、
　　郑异凡译，上海人民出版社 2007 年版。

［俄］列·托洛茨基著，郑异凡编：《托洛茨基文选》，人民出版社
　　2010 年版。

吕薇洲等：《世界社会主义整体发展视阈中的国外社会主义流派》，
　　中国社会科学出版社 2016 年版。

毛相麟：《古巴社会主义研究》，社会科学文献出版社 2005 年版。

毛相麟：《古巴：本土的可行的社会主义》，社会科学文献出版社
　　2012 年版。

［美］罗·杰·亚历山大：《拉丁美洲的托洛茨基主义》，高铦、涂光
　　楠、张森根译，商务印书馆 1984 年版。

［秘鲁］莫妮卡·布鲁克曼：《马里亚特吉的革命理论与实践》，白凤
　　森译，社会科学文献出版社 2016 年版。

［英］尼古拉斯·科兹洛夫：《乌戈·查韦斯：石油、政治以及对美

国的挑战》，李致用译，国际文化出版公司 2007 年版。

潘国良：《社会主义思想：从乌托邦到科学的飞跃（1516—1848）》，北京师范大学出版社 2018 年版。

潘金娥等：《马克思主义本土化的国际经验与启示》，社会科学文献出版社 2017 年版。

［法］让·范·埃热努尔：《托洛茨基流亡生涯》，张敏梁译，上海三联书店 1991 年版。

［英］唐纳德·萨松：《欧洲社会主义百年史：二十世纪的西欧左翼》，社会科学文献出版社 2013 年版。

田保国、姜爱凤、林建华等：《世界共产党与社会民主党关系论纲》，社会科学文献出版社 2011 年版。

吴晓明主编：《国外马克思主义报告 2015—2016》，人民出版社 2017 年版。

吴晓明主编：《国外马克思主义报告 2017》，人民出版社 2018 年版。

肖枫、王志先：《古巴社会主义》，人民出版社 2004 年版。

肖楠等编写：《当代拉丁美洲政治思潮》，东方出版社 1988 年版。

徐崇温：《当代资本主义新变化》，重庆出版社 2005 年版。

徐世澄：《查韦斯传——从玻利瓦尔革命到 21 世纪社会主义》，人民出版社 2011 年版。

徐世澄主编：《拉丁美洲现代思潮》，当代世界出版社 2010 年版。

徐世澄等：《拉美左翼和社会主义理论》，中国社会科学出版社 2017 年版。

徐世澄：《古巴模式的"更新"与拉美左派的崛起》，中国社会科学出版社 2013 年版。

徐世澄：《当代拉丁美洲的社会主义思潮和实践》，社会科学文献出版社 2012 年版。

徐世澄：《卡斯特罗评传：从马蒂主义者到马克思主义者》，人民出版社 2008 年版。

闫志民、王炳林、贺亚兰主编：《社会主义 500 年编年史》，北京出版集团公司北京出版社 2018 年版。

杨志敏主编：《回望拉美左翼思潮的理论与实践》，中国社会科学出版社 2018 年版。

［波］伊萨克·多伊彻：《先知三部曲》，施用勤等译，中央编译出版社 2013 年版。

俞吾金主编：《国外马克思主义报告 2007》，人民出版社 2007 年版。

俞吾金主编：《国外马克思主义报告 2008》，人民出版社 2008 年版。

俞吾金主编：《国外马克思主义报告 2009》，人民出版社 2009 年版。

俞吾金主编：《国外马克思主义报告 2010》，人民出版社 2010 年版。

俞吾金主编：《国外马克思主义报告 2011》，人民出版社 2011 年版。

俞吾金主编：《国外马克思主义报告 2012》，人民出版社 2012 年版。

俞吾金主编：《国外马克思主义报告 2013》，人民出版社 2013 年版。

俞吾金主编：《国外马克思主义报告 2014》，人民出版社 2015 年版。

袁东振、杨建民等：《拉美国家政党执政的经验教训研究》，中国社会科学出版社 2016 年版。

张凡：《当代拉丁美洲政治研究》，当代世界出版社 2009 年版。

张世鹏：《西欧社会民主主义政党指导思想的演变》，山东人民出版社 2014 年版。

中共中央对外联络部拉丁美洲研究所：《拉丁美洲各国政党》，上海人民出版社 1980 年版。

中共中央组织部党建研究所课题组主编：《国外政党专题研究报告》（第一卷），党建读物出版社 2007 年版。

中共中央组织部党建研究所课题组主编：《国外政党专题研究报告》（第三卷），党建读物出版社 2008 年版。

中国社会科学院拉丁美洲研究所编：《拉丁美洲历史词典》，上海辞书出版社 1993 年版。

朱继东：《查韦斯的"21 世纪社会主义"》，社会科学文献出版社 2013 年版。

祝文驰、毛相麟、李克明：《拉丁美洲的共产主义运动》，当代世界出版社 2002 年版。

（二）中文论文

柴尚金：《拉美左翼和"21世纪社会主义"的兴起》，《党建》2009年第11期。

柴尚金：《影响拉美左翼的三种社会主义思潮》，《当代世界》2008年第6期。

陈华：《委内瑞拉"21世纪社会主义"》，《当代世界研究文选（2012—2013）》，党建读物出版社2013年版。

陈湘源：《拉美"21世纪社会主义"的民族特色》，《当代世界》2017年第4期。

成晓叶、布成良：《拉美新左翼政权的三个特点——基于对拉美老左翼政权的比较》，《社会主义研究》2013年第3期。

范蕾：《玻利维亚的"社群社会主义"》，《拉丁美洲研究》2009年第4期。

方旭飞：《厄瓜多尔的"美好生活社会主义"初探》，《现代国际关系》2015年第12期。

方旭飞：《试析查韦斯执政14年的主要成就与失误》，《拉丁美洲研究》2012年第6期。

方旭飞：《拉美左翼对新自由主义替代模式的探索、实践与成效》，《拉丁美洲研究》2019年第4期。

高波：《厄瓜多尔"21世纪社会主义"》，《当代世界研究文选（2012—2013）》，党建读物出版社2013年版。

高波：《马克思主义对拉美本土发展理论的影响分析》，《拉丁美洲研究》2018年第5期。

贺钦：《试析拉美"21世纪社会主义"的历史源流及其本质》，《当代世界与社会主义》2015年第3期。

贺钦：《拉美替代一体化运动初探——以美洲玻利瓦尔联盟——人民贸易协定为例》，《拉丁美洲研究》2012年第4期。

詹姆斯·彼得拉斯：《历史视角下的拉美21世纪社会主义》，《国外理论动态》2010年第1期。

姜涵：《玻利维亚社群社会主义发展模式评析》，《拉丁美洲研究》

2015 年第 5 期。

靳辉明：《新自由主义对拉美国家的影响和拉美左翼运动的兴起》，《中国社会科学报》2014 年 8 月 18 日。

拉斐尔·科雷亚：《厄瓜多尔的 21 世纪社会主义》，《拉丁美洲研究》2008 年第 1 期。

李菡：《秘鲁阿普拉主义的本土性特征及其启示》，《西南科技大学学报》（哲学社会科学版）2015 年第 5 期。

李紫莹：《拉美左翼政权困局分析》，《当代世界与社会主义》2017 年第 1 期。

李紫莹：《新时期拉美地区共产党的发展状况与理论探索》，《马克思主义研究》2018 年第 9 期。

刘瑞常：《查韦斯的"21 世纪社会主义"模式》，《决策与信息》2007 年第 5 期。

齐萌：《玻利维亚"社群社会主义"》，《当代世界研究文选（2012—2013）》，党建读物出版社 2013 年版。

秦章：《国外媒体评述：查韦斯"21 世纪社会主义"构想及其实践》，《党的文献》2006 年第 2 期。

路易斯·费尔南多·罗德里格斯·乌雷尼亚：《社群社会主义：对极端自由主义的回应》，《拉丁美洲研究》2008 年第 6 期。

沈安：《拉美"21 世纪社会主义"经济思想评述》，《南方》杂志2013 年第 11 期。

沈尤佳：《从马克思的社会主义到"21 世纪社会主义"——迈克尔·A. 勒博维茨学术思想评介》，《拉丁美洲研究》2012 年第 1 期。

王建礼、成亚林：《巴西共产党的现状、理论政策及面临问题》，《当代世界社会主义问题》2014 年第 3 期。

王鹏：《论委内瑞拉"21 世纪社会主义"思想和实践》，《拉丁美洲研究》2009 年第 4 期。

徐世澄：《拉美社会主义运动现状和趋势》，《当代世界》2013 年第 11 期。

徐世澄：《从古共六大到古共七大：古巴社会主义模式的更新》，《拉丁美洲研究》2016 年第 5 期。

徐世澄：《委内瑞拉查韦斯"21 世纪社会主义"初析》，《马克思主义研究》2010 年第 10 期。

徐世澄：《十月革命后拉美共产主义运动发展》，《唯实》2017 年第5 期。

文学：《莫拉莱斯执政以来玻利维亚发展政策的特点与评析》，《拉丁美洲研究》2016 年第 5 期。

肖枫、季正矩：《关于古巴社会主义革命与建设若干问题的思考》，《当代世界与社会主义》2005 年第 1 期。

杨建民：《厄瓜多尔的 21 世纪社会主义》，《拉丁美洲研究》2009 年第 3 期。

杨建民：《古巴"更新"：探索新的社会主义发展模式》，《国外理论动态》2018 年第 3 期。

杨建民：《劳尔·卡斯特罗主政后古巴共产党的新变化》，《世界社会主义研究》2019 年第 9 期。

杨建民、毛相麟：《古巴社会主义及其发展前景》，《拉丁美洲研究》2013 年第 2 期。

于蕾：《古巴社会主义发展的经济和社会模式概念化草案》，《当代世界社会主义问题》2016 年第 3 期。

袁东振：《拉美"21 世纪社会主义"发展新动向》，《世界社会主义》黄皮书，社会科学文献出版社 2016 年版。

袁东振：《拉美社会主义思想和运动：基本特征与主要趋势》，《拉丁美洲研究》2009 年第 3 期。

袁东振：《拉美"21 世纪社会主义"的理论与实践特性——以玻利维亚为例》，《拉丁美洲研究》2016 年第 2 期。

袁东振：《拉美社会主义发展的历史、特点与趋势》，《国外理论动态》2018 年第 3 期。

袁东振：《拉美"21 世纪社会主义"实践探索的新困境与前景》，《当代世界社会主义问题》2016 年第 4 期。

祝文驰：《19 世纪后期拉美的社会主义宣传运动》，《拉丁美洲研究》

1989 年第 5 期。

张慧玲：《从古共"七大"看古巴社会主义发展新动向》，《当代世界与社会主义》2016 年第 4 期。

张森根：《委内瑞拉民粹主义模式的困境》，《炎黄春秋》2016 年第 4 期。

张森根、谭道明：《委内瑞拉：查韦斯模式走向颓败》，《财经》2016 年第 8 期。

周淼：《后查韦斯时代与拉美左翼发展前景》，《社会主义研究》2013 年第 3 期。

（三）外文著作

Aguilar, Luis E. （ed.）. *Marxism in Latin America*. Revised Edition, Philadelphia：Temple University Press，1978.

Álvarez, Jairo Estrada（Compilador）. *Izquierda y Socialismo en América Latina*. Bogotá：Universidad Nacional de Colombia, 2008.

Boron, Atilio A. *América Latina en la Geopolítica del Imperialismo*. Caracas：Ministerio del Poder Popular para la Cultura, 2013.

Brading, Ryan. *Populism in Venezuela*. New York：Routledge，2013.

Brito, Gisela, y Agustín Lewit（Coordinadores）. *Epoca de Cambio：Voces de America Latina*. Caracas-Venezuela：Fundación Editorial El perroy la rana, 2015.

Bruera, Gómez, Hernán F. *Lula, the Workers' Party and the Governability Dilemma in Brazil*. New York, NY；Abingdon, Oxon：Routledge ╱ Taylor & Francis Group, 2013.

Casas, Aldo. *Karl Marx, Nuestro Compañero*. Buenos Aires：Herramienta, 2016.

Castañeda, Jorge G. *Utopia Unarmed：The Latin American Left after the Cold War*. Vintage Books（USA），1994.

Concheiro, Elvira, Massimo Modonesi, Horacio Crespo（coordinadores）. *El Comunismo：Otras Miradas desde América Latina*. segunda edición aumentada, CEEICH-UNAM, México, 2012.

Chávez Frías, Hugo. *El Libro Azul*. Caracas: Ministerio el Poder Popular para la Comunicación e Información, octubre de 2013.

Chomsky, Noam, Perry Anderson and others. *New Worldwide Hegemony*. Buenos Aires: CLACSO Books, 2004.

Davin, Eric Leif. *Radicals in Power: The New Left Experience in Office*. Lanham: Lexington Books, 2012.

Dieterich, Heinz. *Hugo Chávez y el Socialismo del Siglo XXI*. Caracas: MI-BAM y CVG (Venezuela), 2005.

FMLN. *Estatuto del Partido Politico Frente Farabundo Marti para la Liberacion Nacional* (FMLN). http://www. fmln. org. sv/index. php/internas/105-contenidos/2040-estatuto-2017.

FSLN (El Frente Sandinista de Liberación Nacional). *Estatutos* 2002 *FSLN*. http://www. fsln-nicaragua. com/documentos/estatutos/index. html.

Frente Amplio de Uruguay. *Estatuto del Frente Amplio*. http://www. epfa prensa. org/hnoticia_ 66. html.

Friedman, Max Paul. *Rethinking Anti-Americanism: The History of an Exceptional Concept in American Foreign Relations*. Cambridge: Cambridge University Press, 2012.

Harnecker, Marta. *Un Mundo a Construir (nuevos caminos)*. Caracas: Ministerio del Poder Popular para la Cultura, 2014.

Harnecker, Marta. *La izquierda en el umbral del siglo XXI*. Mexico: Siglo XXI Editores, 2000.

Harnecker, Marta, y José Bartolomé (con la colaboración de Noel López). *Planificando desde Abajo: una propuesta de planificación participativa descentralizada*. Centro de Investigaciones "Memoria Popular Latinoamericana". La Habana: Cuba, 26 marzo 2015.

Huber, Evelyne. *Democracy and the Left: Social Policy and Inequality in Latin America*. Chicago: The University of Chicago Press, 2012.

Jeifets, Lazar, y Víctor Jeifets. *América Latina en la Internacional Comuni-*

sta. 1919-1943. Diccionario biográfico, Tercera edición, Buenos Aires: CLACSO, septiembre de 2017.

Levin, Judith. *Hugo Chávez.* New York: Chelsea House, 2007.

Lowy, Michael. *El Marxismo en América Latina: de 1909 a nuestros dias.* Santiago de Chile: Editorial LOM, 2007.

Malamud, Carlos. *Populismos Latinoamericanos, los Topicos de Ayer, de Hoy y de Siempre.* Oviedo: Edición Nobel, 2010.

MAS de Venezuela. *Declaración de Principios y Estatutos del M. A. S.* https://reformaspoliticas. files. wordpress. com/2015/03/venezuelaestatutomas2000. pdf.

Ministerio de Comunicación e Información: *Taller de Alto Nivel "El nuevo mapa stratégico".* Intervención del Presidente Hugo Chávez Frías, 12 y 13 de Noviembre de 2004.

Ministerio del Poder Popular para la Comunicación e Información. *Agenda Alternativa Bolivariana.* Caracas: Libro Gratuito, Febrero de 2007.

Moreno, Luis Alberto. *la Década de América Latina y el Caribe, una Oportunidad Real.* Washington: Banco Interamericano de Desarrollo, 2011.

Muhr, Thomas (ed.). *Counter-globalization and Socialism in the 21st Century: The Bolivarian Alliance for the Peoples of Our America.* New York, NY: Routledge, 2013.

Partido de la Revolución Democrática de México. *Estatuto del Partido de la Revolución Democrática* (reformado en el XIV Congreso Nacional, celebrado en Oaxtepec, Morelos, los días 21, 22, 23 y 24 de noviembre de 2013).

Partido Socialista de Chile. *Estatuto del Partido Socialista de Chile.* aprobado por el Consejo General (30 noviembre – 1° diciembre 1996) y modificado por el Congreso General Extraordinario "clodomiro almeyda medina" (29 – 31 de mayo de 1998), el XXVI Congreso General Ordinario "Verdad y Justicia" (26 – 28 de enero de 2001) y la Conferencia Nacional de Organización (16 – 18 de agosto de 2002).

Partido por la Democracia de Chile. *Declaración de Principios* 2012. http：//americo. usal. es/oir/opal/documentos/chile/ pdf.

Partido por la Democraciade Chile. *Estatutos del Partido por la Democracia*, https：//reformaspoliticas. files. wordpress. com/2015/03/chileestatutoppd2008. pdf.

Partido Socialistade Argentina. *Estatuto de JS-Partido Socialista*. http：// www. partidosocialista. org. ar/estatuto-js/.

Partido Socialista Unido de Venezuela（PSUV）. *Libro Rojo*, *Documentos Funtamentales*, Impreso en Venezuela, junio de 2010.

Partido Socialista Unido de Venezuela（PSUV）. *Líneas Estratégicas de Acción Política*, Caracas：enero de 2011.

Ponniah, Thomas. *The revolution in Venezuela：social and political change under Chávez*. Cambridge, MA：Harvard University David Rockefeller Center for Latin American Studies：Distributed.

PSUV. *Acta de Decisiones*. Aprobadas en la Plenaria Nacional del III Congreso Socialista del Partido Socialista Unido de Venezuela Realizada entre el 26 y el 31 de julio de 2014.

PSUV. *Propuesta de Documento Programático：Venezuela Lucha Contra el Imperialismo*. III Congreso del PSUV 2014.

Petras, James F. *Social Movements in Latin America：Neoliberalism and Popular Resistance*. Basingstoke：Palgrave Macmillan, 2013.

Ponniah, Thomas, Jonathan Eastwood（eds. ）. *The Revolution in Venezuela：Social and Political Change under Chávez（Series on Latin American Studies）*. Cambridge, MA：Harvard University, 2011.

Poppino, Rollie E. *International Communism in Latin America：A History of the Movement 1917-1963*. London：The Free Press of Glencoe, Collier-Macmillan Limited, 1964.

Rojas Villagra, Luis（coordinador）. *Neoliberalismo en América Latina. Crisis, tendencias y alternativas*. Asunción：CLACSO, 2015.

Sader, Emir（coord. ）. Alfredo Serrano Mancilla, Álvaro García Linera y otros. *Las vías abiertas de América Latina*：*siete ensayos en busca de una respuesta*：*¿fin de ciclo o repliegue temporal?* Caracas：CELAG；BANDES，2017.

Serrano，Mancilla，Alfredo. *America Latina en Disputa*. Caracas-Venezuela：Fundación Editorial El perro y la rana，2015.

Thomas，Muhr. *Counter-globalization and socialism in the 21st century*：*the Bolivarian alliance for the peoples*. Milton Park，Abingdon，Oxon；New York，NY：Routledge，2013.

Torre，Carlos de la. *Latin American Populism in the Twenty-first Century*. Washington，D. C.：Woodrow Wilson Center Press；Baltimore：The Johns Hopkins University Press，2013.

Webber，Jeffery R. *The New Latin American Left*：*Cracks in the Empire*. Lanham：Rowman & Littlefield Publishers，2013.

作者简介

袁东振　毕业于中国社会科学院研究生院国际政治专业，法学博士。长期从事拉丁美洲问题研究。曾在墨西哥国立自治大学学习，在拉美社会科学院智利分院做访问学者，曾在中国驻秘鲁使馆工作，在西班牙及多个拉美国家进行学术访问和考察。现任中国社会科学院拉丁美洲研究所副所长、研究员、学术委员会副主任；中国社会科学院大学（研究生院）教授、博士生导师、拉丁美洲研究系主任；中国拉丁美洲学会副会长兼秘书长，中国拉丁美洲史研究会副理事长；金砖国家智库合作中方理事会专家委员会委员。出版《拉美国家可治理性问题研究》（主编）、《拉美国家政治制度研究》（袁东振、徐世澄著）、《发展模式与社会冲突》（苏振兴、袁东振著）、《拉美国家执政党建设的经验教训研究》（合著）、《拉美国家腐败治理的经验教训研究》（合著）等著作；在各类学术期刊上发表《理解拉美主要国家政治制度的变迁》《对拉美国家社会冲突的初步分析》《拉丁美洲崛起的世界意义及其对中国的影响》《拉美国家社会治理的经验教训》《对拉美国家经济和社会不协调发展的理论分析》《拉美民众主义的悖论：根源与后果》《拉美政治生态的新变化与基本趋势分析》等文章。